Die Krisenwarnpflichten des Jahresabschlussprüfers gegenüber dem Aufsichtsrat

Europäische Hochschulschriften
Publications Universitaires Européennes
European University Studies

Reihe II
Rechtswissenschaft

Série II Series II
Droit
Law

Bd./Vol. 3687

PETER LANG
Frankfurt am Main · Berlin · Bern · Bruxelles · New York · Oxford · Wien

Andreas Ball

Die Krisenwarnpflichten des Jahresabschlussprüfers gegenüber dem Aufsichtsrat

PETER LANG
Europäischer Verlag der Wissenschaften

Bibliografische Information Der Deutschen Bibliothek
Die Deutsche Bibliothek verzeichnet diese Publikation in der Deutschen Nationalbibliografie; detaillierte bibliografische Daten sind im Internet über <http://dnb.ddb.de> abrufbar.

Zugl.: Berlin, Freie Univ., Diss., 2002

D 188
ISSN 0531-7312
ISBN 3-631-50721-6

www.peterlang.de

In memoriam meiner Mutter

Vorwort

Die Promotion wurde mit der mündlichen Prüfung am 30. November 2002 abgeschlossen. Gesetzgebung, Rechtsprechung und Literatur wurden bis Anfang 2002 berücksichtigt.

Die KPMG Deutsche Treuhand-Gesellschaft Aktiengesellschaft hat den Druck der Arbeit durch einen Zuschuß großzügig unterstützt. Dafür an dieser Stelle meinen herzlichen Dank.

Mein besonderer Dank gilt meiner Frau Beatrice für zahlreiche fachliche und technische Hinweise, die für das Gelingen der Arbeit entscheidend waren und vor allem für ihre große Geduld, die sie in all den Jahren aufgebracht hat.

Bielefeld, im Winter 2002 Andreas Ball

Inhaltsverzeichnis

Literaturverzeichnis

Wird ein Titel nicht in der aktuellsten Auflage zitiert, ist die verwandte Auflage durch einen kursiv gedruckten Hinweis in den Fußnoten kenntlich gemacht.

Adler/Düring/Schmaltz (ADS): Rechnungslegung und Prüfung der Unternehmen, bearbeitet von Forster, Goerdeler, Lanfermann, Müller, Siepe, Stolberg, Teilbände 1-7, 6. Aufl. Stuttgart ab 1995; Teilband 3 auch in *5. Aufl.*, Stuttgart 1996

AICPA: Professional Standards, Volume 1, New York 2001

Albach, Horst: Strategische *Unternehmensplanung* und Aufsichtsrat, ZGR 1997, S. 32-40

Alsheimer, Herbert: Von der Gründerkrise zum *Zusammenbruch* der Frankfurter Allgemeine-Versicherungs-Aktiengesellschaft, Wpg 1988, S. 471-478

Arbeitskreis „Internes Rechnungswesen" der Schmalenbach-Gesellschaft e.V.: Beiträge zur Betriebswirtschaft des Anlagenbaus, zfbf Sonderheft (28) 1991

Arbeitskreis „Finanzierung" der Schmalenbach-Gesellschaft e.V.: *Investitions-Controlling* – Zum Problem der Informationsverzerrung bei Investitionsentscheidungen in dezentralisierten Unternehmen, zfbf 1994, S. 899-924

Arbeitskreis „Externe und interne Überwachung der Unternehmung" der Schmalenbach-Gesellschaft e.V.: Grundsätze ordnungmäßiger Aufsichtsratstätigkeit – ein Diskussionspapier, DB 1995, S. 1-4

Auler, Wolf-D.: *Prüfungspflichten* bei einer notleidenden Aktiengesellschaft DB 1976, 1537-1539

Baetge, Jörg: *Früherkennung* negativer Entwicklungen der zu prüfenden Unternehmen mit Hilfe von Kennzahlen, Wpg. 1980, S. 651-665

Baetge, Jörg/Fischer, Thomas/ Paskert, Dierk: Der *Lagebericht*, Stuttgart, 1989

Baetge, Jörg/Huß, Michael/Niehaus, Hans-Jürgen: Die statistische Auswertung von *Jahresabschlüssen* zur Informationsgewinnung bei der Abschlußprüfung, Wpg. 1986, S. 605-612

Baetge, Jörg: Möglichkeiten der *Objektivierung* der Redepflicht nach § 321 Abs. 1 Satz 4 und Abs. 2 HGB, in Lanfermann (Hrsg.), Internationale Wirtschaftsprüfung, Festschrift für Hans Havermann, Düsseldorf 1995, S. 2-30

Baetge, Jörg/Feidicker, Markus: Prüfung der Vermögens- und Finanzlage, in: Handwörterbuch der Revision (HWdRev), Sp. 2086-2107

Baetge, Jörg/Schulze, Dennis: Möglichkeiten der Objektivierung der *Lageberichterstattung* über Risiken der künftigen Entwicklung, DB 1998, S. 937-948

Baetge, Jörg/Linßen, Thomas: *Beurteilung* der wirtschaftlichen Lage durch den Abschlußprüfer und Darstellung des Urteils im Prüfungsbericht und Bestätigungsvermerk, BFuP 1999, S. 369-389

Ballwieser, Wolfgang: Sind mit der neuen *Generalklausel* zur Rechnungslegung auch neue Prüfungspflichten verbunden? BB 1985, S. 1034-1043

Ballwieser, Wolfgang: Zur *Berichterstattung* des Abschlußprüfers nach neuem Recht, BFuP, 1988, S. 313-329

Bartram, Werner: Die *Umsatz-Rentabilität* – zentrale Kennzahl zur Unternehmensbeurteilung, Wpg. 1996, S. 393-403

Baumbach, Adolf/Hueck, Alfred: GmbH-Gesetz, 17. Aufl. München 2000

Bea, F.X./Kötzle A.: Ursachen von *Unternehmenskrisen* und Maßnahmen zur Krisenvermeidung, DB 1983, S. 565-571

Beck`scher Bilanz-Kommentar, 4. Aufl. München 1999

Beck`scher Bilanz-Kommentar, *3. Aufl.* München 1995

Beise, Wilhelm/Klumpp, Hans-Hermann: Der *Unternehmenskauf*, 3. Aufl., München 1996

BFuP-Redaktion: Finanzinnovationen im Jahresabschluß, BFuP 1995, S. 230-248

Biener, Herbert: Die *Erwartungslücke* – eine endlose Geschichte, in Lanfermann (Hrsg.), Internationale Wirtschaftsprüfung, Festschrift für Hans Havermann, Düsseldorf 1995, S. 39-63

Biener, Herbert/Berneke, Wilhelm: Bilanzrichtlinien-Gesetz, Düsseldorf 1986

Biener, Herbert: Kommentierte Textausgabe der *Bilanzrichtlinie* u.a., Düsseldorf 1986

Bigge, Klaus: *Bilanzpolitik* bei angespannter Ertragslage und steuerliche Konsequenzen, Wpg. 1983, S. 2529-2535

Binkowski, Peter: Finanzinnovationen, 2. Aufl. 1991, Bonn 1991

Bischof, Stefan/Oser, Peter: Zweifelsfragen zur *Teilnahmepflicht* des Abschlußprüfers an der Bilanzsitzung des Aufsichtsrats, Wpg. 1998, S. 539-543

Blohm, Hans: Investitionsprüfung, in: Handwörterbuch der Revision (HWdRev), Sp. 918-928

Böcking, Hans-Joachim/Orth, Christian: Mehr Kontrolle und Transparenz im Unternehmensbereich durch eine *Verbesserung* der Qualität der Abschlußprüfung, BFuP 1999, S.418-436

Bolsenkötter, Heinz: *Prüfung* der wirtschaftlichen Verhältnisse und der Ordnungsmäßigkeit der Geschäftsführung bei öffentlichen Unternehmen, Wpg. 1981, S. 505-514

Boujong, Karlheinz: Rechtliche *Mindestanforderungen* an eine ordnungsgemäße Vorstandskontrolle und -beratung, AG 1995, S. 203-207

Brebeck, Frank/Hermann, Dagmar: Zur Forderung des KonTraG-Entwurfs nach einem *Frühwarnsystem* und zu den Konsequenzen für die Jahres- und Konzernabschlußprüfung, Wpg 1997, S. 381-391

Bretzke, Wolf-Rüdiger: Inhalt und Prüfung des *Lageberichtes*: Anmerkungen zur gegenwärtigen und zukünftigen Praxis der Prognosepublizität, Wpg 1979, S. 337-349

Burkel, Peter: Zum Krisenwarnproblem der *Wirtschaftsprüfer* nach § 166 Abs. 2 AktG bei insolvenzgefährdeten Unternehmen, ZIP 1982, S. 28-35

Busse von Colbe, Walther/Lutter, Marcus (Hrsg.): Wirtschaftsprüfung heute: Entwicklung oder Reform?, Bochum 1977

Busse von Colbe, Walther: Die *Entwicklung* des Jahresabschlusses als Informationsinstrument, in Wagner (Hrsg.), Ökonomische Analyse des Bilanzrechts, Düsseldorf 1993, S. 11-31

Claussen, Carsten P./Semler, Johannes: Abgestufte *Überwachungspflicht* des Aufsichtsrats?, AG 1984, S. 20-22

Clemm, Hermann: Die Bedeutung des *Bestätigungsvermerks* des Abschlußprüfers einer Aktiengesellschaft nach derzeitiger gesetzlicher Regelung und nach dem Verständnis der Allgemeinheit, Wpg 1977, S. 145-158

Clemm, Hermann/Reittinger, Wolfgang: Die Prüfung des *Lageberichts* im Rahmen der jährlichen Abschlußprüfung von Kapitalgesellschaften, BFuP 1980, S. 493-513

Clemm, Hermann: *Abschlußprüfer* und Aufsichtsrat, ZGR 1980, S. 455-465

Clemm, Hermann: § 264 HGB und *Wahlrechte*, in Förschle, Kaiser, Moxter (Hrsg.), Rechenschaftslegung im Wandel, Festschrift für Wolfgang Dieter Budde, München 1995, S. 135-156

Clemm, Hermann: Der Abschlußprüfer als *Krisenwarner*, WPK-Mitt. 1995, S. 65-78

Coenenberg, Adolf: Meinungsspiegel, BFuP 1987, S. 71-72

Coenenberg, Adolf/Edeltraud, Günther: Prüfung der Ertragslage, in Coenenberg, Adolf/Wysocki, Klaus von (Hrsg.), Handwörterbuch der Revision (HWdRev), 2. Aufl., Stuttgart 1992, Sp. 476-488

Culp, Christopher/Miller, Merton: *Metallgesellschaft* and the Economics of Synthetic Storage, ZBB 1995, S. 2-13

Dörner, Dietrich: Der Abschlußprüfer als *Überwachungsorgan*, SzU, Band 56, Wiesbaden 1995, S. 171-205

Dörner, Dietrich: Von der Wirtschaftsprüfung zur *Unternehmensberatung*, Wpg 1998, 302-318

Dörner, Dietrich: *Zusammenarbeit* von Aufsichtsrat und Wirtschaftsprüfer im Lichte des KonTraG, DB 2000, S. 101-105

Dörner, Dietrich: Ändert das KonTraG die *Anforderungen* an den Abschlußprüfer?, DB 1998, S. 1-8

Dörner, Dietrich/Bischof, Stefan: *Zweifelsfragen* zur Berichterstattung über die Risiken der künftigen Entwicklung im Lagebericht, Wpg., S. 445-455

Dörner, Dietrich/Oser, Peter: Erfüllen *Aufsichtsrat* und Wirtschaftprüfer ihre Aufgaben?, DB 1995, S. 1085-1093

Dörner, Dietrich/Schwegler, Iren: Anstehende *Änderungen* der externen Rechnungslegung sowie deren Prüfung durch den Wirtschaftsprüfer, DB 1997, S. 285-289

Dreher, Meinrad: Das *Ermessen* des Aufsichtsrats, ZHR 158 (1994) S. 614-645

Dreher, Meinrad: Nochmals: Das unternehmerische Ermessen des *Aufsichtsrats*, ZIP 1995, S. 628-629

Ebenroth, Carsten Thomas/Boujong, Karlheinz/Joost, Detlev: Handelsgesetzbuch, Bd. 1 München 2001

Ebke, Werner: Wirtschaftsprüfer und *Dritthaftung*, Bielefeld 1983

Eggemann, Gerd/Konradt, Thomas: Risikomanagement nach KonTraG aus dem *Blickwinkel* des Wirtschaftsprüfers, BB 2000, S. 503-509

Eibelshäuser, Manfred: Die *Aufgaben* des Abschlußprüfers nach § 53 Haushaltsgrundsätzegesetz, in Ballwieser (Hrsg.), Bilanzrecht und Kapitalmarkt, Festschrift für Moxter, Düsseldorf 1994, S. 921-950

Elmendorff, Wilhelm: Bilanzierungs- und Prüfungsprobleme bei rückläufiger *Konjunktur*, Wpg 1972, S. 205-210

Emmerich, Gerhard/ Kühnemann, Martin: Zum *Lagebericht* der Kapitalgesellschaft, Wpg, 1986, S. 145-152

Emmerich, Gerhard: Die *Beratung* auf der Grundlage der Abschlußprüfung, Wpg 1988, S. 637-648

Engelhardt, Horst: Die Implikation der *Unternehmensfortführung* im aktienrechtlichen Bestätigungsvermerk, Berlin 1979

Erle, Bernd: Der *Bestätigungsvermerk* des Abschlußprüfers, Düsseldorf 1990

Ernst & Young: Derivatives: Managing the risks, London 1994

Eschenbruch, Klaus: *Bauindustrie* und KonTraG, NZ Bau 2000, S. 217-225

Eschert-Weingart, Christina: Die gewandelte Rolle des Wirtschaftsprüfers als *Partner* des Aufsichtsrats nach den Vorschriften des KonTraG, NZG 1999, S. 909-919

Farr, Wolf-Michael: *Insolvenzprophylaxe* durch Wirtschaftsprüfung: Untersuchung über die Aufgaben und Stellung des Wirschaftsprüfers nach dem Bilanzrichtliniengesetz, Frankfurt am Main 1986

Feddersen, Dieter: Nochmals – Die Pflichten des Vorstands zur *Unternehmensplanung,* ZGR 1993, S. 114-117

Forster, Karl-Heinz: Die durch § 53 des Haushaltsgrundsätzegesetzes erweiterte Abschlußprüfung von privatrechtlichen Unternehmen, Wpg. 1975, S. 393-402

Forster, Karl-Heinz: Zur „Erwartungslücke" bei der *Abschlußprüfung,* Wpg 1994, S. 789-795

Forster, Karl-Heinz: MG, Schneider, Balsam und die Folgen – was können *Aufsichtsräte* und Abschlußprüfer gemeinsam tun?, AG 1995, S. 1-7

Forster, Karl-Heinz: Abschlußprüfung nach dem Regierungsentwurf des *KonTraG,* Wpg 1998, S. 41-56

Forster, Karl-Heinz: Zum *Zusammenspiel* von Aufsichtsrat und Abschlußprüfer nach dem KonTraG, AG 1999, S. 193-198

Freckmann, Anke: Die *Abschlußprüferhaftung* des englischen Abschlußprüfers, WPK-Mitt. 1993, S. 155-160

Freidank, Carl-Christian: Erfolgsrealisierung bei langfristigen *Fertigungsprozessen,* DB 1989, S. 1195-1204

Frerk, Peter: Praktische Gedanken zur *Optimierung* der Kontrollfunktion des Aufsichtsrates, AG 1995, S. 212-218

Frühauf, Martin: *Geschäftsleitung* in der Unternehmenspraxis, ZGR 1998, S. 407-418

Früh, Andreas: Die *Bonitätsprüfung* nach § 18 Kreditwesengesetz, WM 1995, S. 1701-1709

Früh, Hans-Joachim/Wagner, Wolfgang: *Überschuldungsprüfung* bei Unternehmen, Wpg. 1998, S. 907-913

Füser, Karsten/Gleißner, Werner/Meier, Günter: Risikomanagment (KonTraG)- *Erfahrungen* aus der Praxis, DB 1999, S.753-758

Ganzert, Siegfried/Kramer, Lutz: *Due Diligence Review* – eine Inhaltsbestimmung, Wpg 1995, S. 576-581

Gebhardt, Günther: Probleme der bilanziellen Abbildung von *Finanzinstrumenten,* BFuP 1996, S. 557-584

Gelhausen, Hans Friedrich: Aufsichtsrat und Abschlußprüfer – eine *Zweckgemeinschaft,* BFuP 1999, S. 390-406

Geßler/Hefermehl/Eckhardt/Kropff: Kommentar zum Aktiengesetz, München 1972

Giese, Rolf: Die Prüfung des Risikomanagementsystems einer *Unternehmung* durch den Abschlußprüfer gemäß KonTraG, Wpg. 1998, S. 451-458

Gmelin, Hans Jörg/Weber, Eberhard: Neue *Prüfungsaufgaben* des Abschlußprüfers aufgrund der Erweiterung seiner Berichterstattungs- und Testatspflichten durch das HGB? BFuP 1988, S. 301-329

Goerdeler, Reinhard/ Müller, Welf: Die Behandlung von nichtigen oder schwebend unwirksamen *Anschaffungsgeschäften*, von Forderungsverzichten und Sanierungszuschüssen im Jahresabschluß, Wpg. 1980, S. 313-322

Götz, Heinrich: Die *Überwachung* der Aktiengesellschaft im Lichte jüngerer Unternehmenskrisen, AG 1995, S. 337-353

Grewe, Wolfgang: Die *Pflichtprüfung* nach neuem Recht, Wpg 1986, S. 85-92

Grochla, Erwin (Hrsg.): Handwörterbuch der Organisation, Stuttgart 1980

Groll, Karl-Heinz: Ermittlung des *Cash-flows* anhand von Zahlen der Bilanz, DB 1995, S. 1725-1727

Groß, Paul: *Sanierung* durch Fortführungsgesellschaft, 2. Aufl., Köln 1995

Großkommentar (Gk)/Bearbeiter: zum Aktiengesetz, 3. Aufl., Berlin/New York 1973/75, 4. Aufl. ab 1992

Hachmeister, Dirk: Die gewandelte Rolle des Wirtschaftsprüfers als *Partner* des Aufsichtsrats nach den Vorschriften des KonTraG, DStR 1999, 1453-1459

Hakelmacher, Sebastian: *Hakelmachers ABC* der Finanzen und *Bilanzen*, 3. Aufl. Köln 1997

Hammers-Strizek, Gisela/Dannenbring, Silvia: Die *Sicherung* der Qualität der Abschlußprüfung im europäischen Kontext, WPK-Mitt. Sonderheft 2001, S. 18-22

Hauschildt, Werner: Erfolgs- und *Finanzanalyse.* Fragengeleitete, computergestützte Analyse der Vermögens-, Finanz- und Ertragslage des Unternehmens nach geltendem Aktienrecht und nach dem Bilanzrichtliniengesetz, 2. Aufl. Köln 1987

Havermann, Hans: Der *Aussagewert* des Jahresabschlusses, Wpg 1988, S. 612-617

Heermann, Peter W.: Unternehmerisches *Ermessen*, Organhaftung und Beweislastverteilung, ZIP 1998, S. 761-769

Helmrich, Herbert: Bilanzrichtlinien-Gesetz, München 1986

Hellwig, Hans-Jürgen: Die öffentliche *Aufgabe* des Abschlußprüfers: Untersuchungs- und Redepflicht versus verbale Verschleierung, in Lutter (Hrsg.), Der Wirtschaftsprüfer als Element der Corporate Governance, Düsseldorf 2001, S. 67-88

Hense, Burkhard: Der *Prüfungsbericht* hat zu viele Empfänger – auch ein Beitrag zur besseren Zusammenarbeit von Aufsichtsrat und Abschlußprüfer, in Förschle, Kaiser, Moxter (Hrsg.), Rechenschaftslegung im Wandel, Festschrift für Wolfgang Dieter Budde, München 1995, S. 287-3110

Henze, Hartmut: *Leitungsverantwortung* des Vorstands – Überwachungspflicht des Aufsichtsrats, BB 2000, S. 209-216

Hilke, Wolfgang: *Bilanzpolitik*, 4. Aufl., Wiesbaden 1995

Höffken, Ernst: Das *Anlagengeschäft* im Jahresabschluß, zfbf-Sonderheft 20 aus 1986, S. 101-122

Hoffmann, M. Karsten: Jahresabschlußpolitik und die *Generalnorm* des § 264 Abs. 2 HGB, DB 1995, S. 1821-1827

Hofmann, Rolf: Interne Revision, Aufgaben: in Handwörterbuch der Revision (HWdRev), Sp. 855-864

Hoffmann, M. Karsten: *Sale- and - lease - back* - Geschäfte, in DB-Spezial, Beilage Nr. 8 zu Heft 19 aus 1996

Hoffmann, M. Karsten: Einsatz von *Sachverhaltsgestaltungen* zur Ausschöpfung des jahresabschlußpolitischen Potentials sachverhaltsabbildender Aktionsparameter, DB 1996, S. 1245-1251

Hoffmann, Wolf-Dieter: *Berichterstattung* des Wirtschaftsprüfers über die Jahresabschlußprüfung nach den Vorschriften des Bilanzrichtliniengesetzes, BB 1983, S. 874- 878

Hoffmann-Becking, Michael: Der *Aufsichtsrat* im Konzern, ZHR 159 (1995), S. 325-345

Hofmann, Rolf: Interne Revision und *Wirtschaftsprüfung* als Instrumente gegen dolose Handlungen im Unternehmen, DB 1989, S. 1354-1359

Hofmann, Rolf: *Zusammenarbeit* zwischen Interner Revision und Abschlußprüfung – Instrumente zur Erhöhung des Wirkungsgrades, DB 1991, S. 2249-2254

Hommelhoff, Peter: Gesellschaftsrechtliche Fragen im Entwurf eines *Bilanzrichtlinie-Gesetzes*, BB 1981, S. 944-948

Hommelhoff, Peter: Die neue *Position* des Abschlußprüfers im Kraftfeld der aktienrechlichen Organisationsverfassung (Teil I), BB 1998, S. 2567-2573

Hommelhoff, Peter: Die neue *Position* des Abschlußprüfers im Kraftfeld der aktienrechlichen Organisationsverfassung (Teil II), BB 1998, S. 2625-2631

Hommelhoff, Peter: Die *Autarkie* des Aufsichtsrats – Besprechung der Entscheidung BGHZ 85, 293 „Hertie"-, ZGR 1983, S. 551-580

Hommelhoff, Peter: Abschlußprüfer-Berichte an den *Wirtschaftsausschuß*?, ZIP 1990, S. 218-221

Hommelhoff, Peter: Grundsätze ordnungsgemäßer *Kontrolle* der Beteiligungsverwaltung des Konzernvorstands durch den Konzernaufsichtsrat, AG 1995, S. 225-227

Hommelhoff, Peter/Schwab, Martin: Zum *Stellenwert* betriebswirtschaftlicher Grundsätze ordnungsgemäßer Unternehmensleitung und -überwachung im Vorgang der Rechtserkenntnis, in v.Werder (Hrsg.), Grundsätze ordnungsgemäßer Unternehmungsführung (GoF) für die Unternehmensleitung (GoU), Überwachung (GoÜ) und Abschlußprüfung (GoA), Zfbf: Sonderheft (36) 1996, S. 149-175

Hommelhoff, Peter/Mattheus, Daniela: *Corporate Governance* nach dem KonTraG, AG 1998, S. 249-259

Hüffer, Uwe: Aktiengesetz, 4. Aufl. München 1999

Hütte, Klaus: Die *Sorgfaltspflichten* der Verwaltung und Geschäftsleitung im Lichte der aktienrechtlichen Verantwortlichkeit, ZGR 1986, S. 1-43

Institut der Wirtschaftsprüfer: Abschlußprüfung nach International Standards on Auditing (*ISA*), Düsseldorf 1998

Institut der Wirtschaftsprüfer: Die *Abschlußprüfung* der mittelgroßen GmbH – Checklisten, Musterbestätigungsschreiben, Formulierungshilfen für einen Prüfungsbericht, Düsseldorf 1989

Institut der Wirtschaftsprüfer: Wirtschaftprüferhandbuch 2000, Bd. I, 12. Aufl. Düsseldorf 2000

Institut der Wirtschaftsprüfer: Wirtschaftprüferhandbuch *1996*, Bd. I, *11. Aufl.* Düsseldorf 1996

Institut der Wirtschaftsprüfer: Wirtschaftprüferhandbuch 1998, Bd. II, 11. Aufl. Düsseldorf 1998

Institut der Wirtschaftsprüfer: Fachgutachten 1/1937 i.d.F.1990, Pflichtprüfung und Unterschlagungsprüfung, in Die Fachgutachten und Stellungnahmen, Düsseldorf 2000

Institut der Wirtschaftsprüfer (Hauptfachausschuß): Fachgutachten 1/1988, Grundsätze ordnungsgemäßer Durchführung von Abschlußprüfungen, Wpg. 1989, S. 9-19

Institut der Wirtschaftsprüfer (Hauptfachausschuß): Fachgutachten 2/1988: Grundsätze ordnungsmäßiger Berichterstattung Wpg 1989, S. 20-26

Institut der Wirtschaftsprüfer (Hauptfachausschuß): Fachgutachten 3/1988: Grundsätze für die Erteilung von Bestätigungsvermerken bei Abschlußprüfungen, Wpg 1989, S. 27-36

Institut der Wirtschaftsprüfer (Hauptfachausschuß): Stellungnahme HFA 2/1995: Zur Unternehmensbewertung im Familien- und Erbrecht, Wpg 1995, S. 522-526

Institut der Wirtschaftsprüfer (Hauptfachausschuß): Stellungnahme HFA 7/1997: Zur Aufdeckung von Unregelmäßigkeiten im Rahmen der Abschlußprüfung, FN 1997, S. 7-14

Institut der Wirtschaftsprüfer (Hauptfachausschuß): Rechnungslegungsstandard: Aufstellung des Lageberichts (IDW RS HFA 1), Wpg. 1998, S. 653-666

Institut der Wirtschaftsprüfer (Hauptfachausschuß): Prüfungsstandard: Ziele und allgemeine Grundsätze der Durchführung von Abschlußprüfungen (IDW PS 200), Wpg. 2000, S. 706-710

Institut der Wirtschaftsprüfer (Hauptfachausschuß): Prüfungsstandard: Rechnungslegungs- und Prüfungsgrundsätze für die Abschlußprüfung (IDW PS 201), Wpg. 2000, S. 710-713

Institut der Wirtschaftsprüfer (Hauptfachausschuß): Prüfungsstandard: Beauftragung des Abschlußprüfers (IDW PS 220), Wpg. 2001, S. 895-898

Institut der Wirtschaftsprüfer (Hauptfachausschuß): Prüfungsstandard: Kenntnisse über die Geschäftstätigkeit sowie das wirtschaftliche und rechtliche Umfeld des zu prüfenden Unternehmens im Rahmen der Abschlußprüfung (IDW PS 230), Wpg. 2000, S. 842-846

Institut der Wirtschaftsprüfer (Hauptfachausschuß): Prüfungsstandard: Grundsätze der Planung von Abschlußprüfungen (IDW PS 240), Wpg. 2000, S. 846-849

Institut der Wirtschaftsprüfer (Hauptfachausschuß): Prüfungsstandard: Das interne Kontrollsystem im Rahmen der Abschlußprüfung (IDW PS 260), Wpg. 2001, S. 821-831

Institut der Wirtschaftsprüfer (Hauptfachausschuß): Prüfungsstandard: Prüfungsnachweise im Rahmen der Abschlußprüfung (IDW PS 300), Wpg. 2001, S. 899-903

Institut der Wirtschaftsprüfer (Hauptfachausschuß): Entwurf Prüfungsstandard: Interne Revision und Abschlußprüfung (IDW EPS 321), Wpg. 2001, S. 570-573

Institut der Wirtschaftsprüfer (Hauptfachausschuß): Prüfungsstandard: Die Prüfung des Risikofrüherkennungssystems nach § 317 Absatz 4 HGB (IDW PS 340), Wpg. 1999, S. 658-662

Institut der Wirtschaftsprüfer (Hauptfachausschuß): Prüfungsstandard: Prüfung des Lageberichts (IDW PS 380), Wpg. 1998, S.663-670

Institut der Wirtschaftsprüfer (Hauptfachausschuß): Prüfungsstandard: Grundsätze ordnungsgemäßer Berichterstattung bei Abschlußprüfungen (IDW PS 450), Wpg. 1999, S. 601-613

Institut der Wirtschaftsprüfer (Fachausschuß für öffentliche Unternehmen und Verwaltung): Prüfungsstandard: Fragenkatalog zur Prüfung der Ordnungsmäßigkeit der Geschäftsführung und der wirtschaftlichen Verhältnisse nach § 53 HGrG (IDW PS 720), Wpg. 2000, S. 326-331

Institut der Wirtschaftsprüfer (Sonderausschuß Bilanzrichtlinien-Gesetz): Stellungnahme 1/1986: Zur erstmaligen Anwendung der Vorschriften über die Pflichtprüfung nach dem Bilanzrichtlinien-Gesetz und zum Wortlaut des Bestätigungsvermerks bei freiwilligen Abschlußprüfungen, Wpg 1986, S. 166-169

Institut der Wirtschaftsprüfer (Bankenfachausschuß): Stellungnahme BFA 2/1993: Bilanzierung und Prüfung von Financial Futures und Forward Rate Agreements, Wpg 1993, S. 517-518

Institut der Wirtschaftsprüfer: (Bankenfachausschuß) Stellungnahme BFA 2/1995: Bilanzierung von Optionsgeschäften, Wpg 1995, S. 421-422

Institut der Wirtschaftsprüfer (Bankenfachausschuß): Stellungnahme BFA 3/95 Währungsumrechnung bei Kreditinstituten, Wpg 1995, S. 735-737

Institut der Wirtschaftsprüfer: (Fachausschuß Recht 1/1991): Anforderungen an Sanierungskonzepte, FN 1991, S. 319-330

Institut der Wirtschaftsprüfer (Fachausschuß Recht): Stellungnahme FAR 1/1996: Empfehlungen zur Überschuldungsprüfung bei Unternehmen, FN 1996, S. 523-527

Institut der Wirtschaftsprüfer (Fachausschuß Recht): Prüfungsstandard: Empfehlungen zur Prüfung eingetretener oder drohender Zahlungsunfähigkeit bei Unternehmen (IDW PS 800), Wpg. 1999, S. 250-253

Jaeger, Carsten/Trölitzsch, Thomas: Unternehmerisches *Ermessen* des Aufsichtsrats bei der Geltendmachung von Schadensersatzansprüchen gegenüber Vorstandsmitgliedern, ZIP 1995, S. 1157-1163

Jakob, Hans – Joachim: Die *Transformation* der International Standards on Auditing in deutsche Grundsätze ordnungsgemäßer Abschlußprüfung, Wpg. 2001, S. 237-244

Janke, Günter: *Insolvenzen*: – Warnzeichen – Prophylaxe – Verhinderung –, BuW 1996, S. 193-199

Janssen, Karl: Überlegungen zum „*Going concern concept*", Wpg 1984, S. 341-348

Jung, Willi: Praxis des *Unternehmenskaufs*, Stuttgart 1983

Kallmeyer, Harald: *Pflichten* des Vorstands der Aktiengesellschaft zur Unternehmensplanung, ZGR 1993, S. 104-113

Kaminski, Horst/Marks, Peter: Die Qualität der Abschlußprüfung in der internationalen Diskussion, in Lanfermann (Hrsg.), Internationale Wirtschaftsprüfung, Festschrift für Hans Havermann, Düsseldorf 1995, S. 247-280

Kiethe, Kurt: *Vorstandshaftung* aufgrund fehlerhafter Due Dilligence beim Unternehmenskauf, NZG 1999, 976-983

Kirchgässer, Werner: Die rechtliche und wirtschaftliche Bedeutung des *Anlagenvertrages*, zfbf Kontaktstudium 1981, S. 936-945

Kleindiek, Detlef: Geschäftsleitertätigkeit und Geschäftsleitungskontrolle: Treuhänderische *Vermögensverwaltung* und Rechnungslegung, ZGR 1998, S. 466-489

Kless, Thomas: Beherrschung der *Unternehmensrisiken*: Aufgaben und Prozesse eines Risikomanagements, DStR 1998, S. 93-96

Knop, Wolfgang: Eine *Prüfungsstrategie* zur Prüfung des Internen Kontrollsystems (IKS) einer Unternehmung durch den Abschlußprüfer, Wpg 1984, S. 348-355

Köhler, Richard: Überwachung des Marketing, in: Handwörterbuch der Revision (HWdRev), Sp. 1270-1284

Kölner Kommentar/Bearbeiter: zum Aktiengesetz, 2. Aufl., Köln ab1990

Korth, H.-Michael: *Prüfungsbericht* der GmbH, München 1988

Kossen, Klaus C.: Haftung des Vorstandes und des Aufsichtsrates einer Aktiengesellschaft für *Pflichtverletzungen*, DB 1988, 1785-1791

KPMG: *Financial Instruments*, Frankfurt 1995

KPMG: Integriertes *Risikomanagement*, Berlin 1998

Krawitz, Norbert: Zur Prüfung des *Lageberichts* nach neuem Recht, Wpg 1988, S. 225-234

Kronstein, Heinrich: Die kleine *Aktienreform*, ZBH 1931, S. 217-221

Kropff, Bruno: Textausgabe des *Aktiengesetzes* vom 6.9.1965, Düsseldorf 1965

Kropff, Bruno: Bilanzpolitisch motivierte *Rechtsgeschäfte* im Jahresabschluß, in Treuarbeit (Hrsg.), Rechtliche Vorfragen im Jahresabschluß, Düsseldorf, 1991, S. 9-33

Kropff, Bruno: Der *Lagebericht* nach geltendem und künftigem Recht, BFuP 1980, S. 515-532

Kropff, Bruno: Die *Unternehmensplanung* im Aufsichtsrat, NZG 1998, S. 613-619

Kropp, Matthias: Die *Öltermingeschäfte* der Metallgesellschaft – Anmerkungen zu einer Kontroverse, ZBB 1995, S. 14-32

Krumnow, Jürgen: *Risikosteuerung* im derivativen Geschäft, in Lanfermann (Hrsg.), Internationale Wirtschaftsprüfung, Festschrift für Hans Havermann, Düsseldorf 1995, S. 343-371

Krystek, Ulrich: Unternehmenskrisen, Wiesbaden 1987

Küting, Karlheinz/Weber, Claus-Peter: Handbuch der Rechnungslegung: Kommentar zur Bilanzierung und Prüfung, 4. Aufl., Stuttgart 1995

Küting, Karlheinz/Hütten, Christoph: Die *Lageberichterstattung* über Risiken der künftigen Entwicklung, AG 1997, S. 250-256

Kuhl, Karin/Nickel, Johann-Peter: Risikomanagement im Unternehmen-Stellt das KonTraG neue *Anforderungen* an die Unternehmen?, DB 1999, S. 133-135

Kupsch, Peter: Zur Ableitung einer *Krisenwarnfunktion* im Rahmen der gesetzlichen Abschlußprüfung nach geltendem und künftigem Recht, in Pack/ Börner (Hrsg.), Festschrift für Heinen, Wiesbaden, 1984, S. 233-254

Lange, Christoph: Zur Publizitätspflicht „zusätzlicher Angaben" im *Anhang*, Wpg 1991, S. 369-376

Langenbucher, Günther/Blaum, Ulf: Die *Aufdeckung* von Fehlern, dolosen Handlungen und sonstigen Gesetzesverstößen im Rahmen der Abschlußprüfung. DB 1997, S. 437-443

Larenz, Karl: *Methodenlehre* der Rechtswissenschaft, 5. Aufl., Berlin 1983

Leffson, Ulrich: Der Einfluß einer erkennbaren *Gefährdung* der Unternehmung auf die Aussagen im Prüfungsbericht und Bestätigungsvermerk, Wpg. 1980, 637-643

Leffson, Ulrich: Handwörterbuch unbestimmter Rechtsbegriffe im Bilanzrecht des HGB, Köln 1986

Leffson, Ulrich: Bilanzanalyse, 3. Aufl., Stuttgart 1984

Lenz, Hansrudi/Ostrowski, Markus: Kontrolle und Transparenz im Unternehmensbereich durch die Instituion *Abschlußprüfung*, BB 1997, S. 1523-1529

Leuschner, Carl-Friedrich: *Gewinnrealisierung* bei langfristiger Fertigung, in Förschle/Kaiser/Moxter (Hrsg.), Rechenschaftslegung im Wandel, Festschrift für Wolfgang Dieter Budde, München 1995, S. 377-396

Lingemann, Stefan/Wasmann, Dirk: Mehr Kontrolle und *Transparenz* im Aktienrecht: Das KonTraG tritt in Kraft, BB 1998, S. 853

Lohse, Dieter: Wirtschaftskriminalität, WPK-Mitt. 1996, S. 144-150

Loitz, Rüdiger: Die *Prüfung* von öffentlichen Unternehmen, Hamburg 1996

Ludewig, Rainer: Die *Einflüsse* des „true and fair view" auf die zukünftige Rechnungslegung, AG 1987, S. 12-15

Ludewig, Rainer/Olbrich, Thomas: Die gesteigerte Verantwortung des Abschlußprüfers nach dem KonTraG – *Hilfsmittel* zu deren Bewältigung, Wpg. 1999, S.381-388

Ludewig, Rainer: *Abschlußprüfung* und kriminelle Energien in Unternehmen, in Lanfermann (Hrsg.), Internationale Wirtschaftsprüfung, Festschrift für Hans Havermann, Düsseldorf 1995, S. 398-412

Ludewig, Rainer: Gedanken zur Ausgestaltung des *Prüfungsberichtes*, Wpg 1996, S. 337-342

Ludewig, Rainer: KonTraG-Aufsichtsrat und *Abschlußprüfer*, DB 2000, S. 634-636

Lück, Wolfgang: Neuere *Entwicklungen* auf dem Gebiet der Internen Revision – auch von Interesse für den Wirtschaftsprüfer?, WPK-Mitt. 1995, S. 195-205

Lück, Wolfgang/ Hunecke, Jörg: Zur *Warnfunktion* des Abschlußprüfers, DB 1996, S. 1-6

Lück, Wolfgang: Elemente eines *Risiko-Managementsystems*, DB 1998, S. 8-14

Lück, Wolfgang: Das *Going-Concern-Prinzip* in Rechnungslegung und Jahresabschlußprüfung, DB 2001, S. 1945-1949

Lück, Wolfgang: Anforderungen an die *Redepflicht* des Abschlußprüfers, BB 2001, S. 404-408

Lüder, Klaus: *Investitionskontrolle* in industriellen Großunternehmen, ZfB 1980, S.351-376

Luik, Hans: *Einblick* in die tatsächlichen Verhältnisse – Ein neues Ziel der Rechnungslegung?, in Institut der Wirtschaftsprüfer: Fachtagung-Bericht 1981, 50 Jahre Wirtschaftsprüferberuf, Düsseldorf 1981

Luik, Hans: Das *Going-Concern-Prinzip* im deutschen Bilanzrecht, in Gross (Hrsg.), Der Wirtschaftsprüfer: im Schnittpunkt nationaler und internationaler Entwicklungen, Festschrift für Klaus von Wysocki, Düsseldorf 1985, S. 61-72

Lutter, Marcus: Der *Wirtschaftsprüfer* und seine Aufgaben in unserer Zeit, in Institut der Wirtschaftsprüfer (Hrsg.), Bericht über die Fachtagung 1974, S. 227-247

Lutter, Marcus/Hommelhoff, Peter/Timm, Wolfram: Finanzierungsmaßnahmen zur *Krisenabwehr* in der Aktiengesellschaft, BB 1980, S. 737-750

Lutter, Marcus: *Information* und Vertraulichkeit im Aufsichtsrat, 2. Aufl. Köln 1984

Lutter, Marcus: *Unternehmensplanung* und Aufsichtsrat, AG 1991, S. 249-255

Lutter, Marcus/Krieger, Gerd: Rechte und Pflichten des Aufsichtsrates, 3. Aufl. 1993

Lutter, Marcus: Zum unternehmerischen *Ermessen* des Aufsichtsrates, ZIP 1995, S. 441-442

Lutter, Marcus: Defizite für eine effiziente *Aufsichtsratstätigkeit* und gesetzliche Möglichkeiten der Verbesserung, ZHR 159 (1995), S. 287-309

Lutter, Marcus: *Grundsätze* ordnungsmäßiger Aufsichtsratstätigkeit, DB 1995, S. 1925-1926

Lutter, Marcus/Krieger, Gerd: *Hilfspersonen* von Aufsichtsratsmitgliedern, DB 1995, S. 257-260

Lutter, Marcus: *Haftung* und Haftungsfreiräume des GmbH – Geschäftsführers, GmbHR 2000, S. 301-312

Lutter, Marcus: Kommentar zum Umwandlungsgesetz, Bd. II, 2. Aufl. 2000, Köln

Mai, Thomas R.: Rechtsverhältnis zwischen *Abschlußprüfer* und prüfungspflichtiger Kapitalgesellschaft, Düsseldorf 1993

Maly, Werner: Die Entwicklung von *Grundsätzen* ordnungsmäßiger Unternehmensführung aus Sicht der Praxis, in v.Werder (Hrsg.), Grundsätze ordnungsgemäßer Unternehmungsführung (GoF) für die Unternehmensleitung (GoU), Überwachung (GoÜ) und Abschlußprüfung (GoA), Zfbf: Sonderheft (36) 1996, S. 179-197

Marten; Kai-Uwe: Die externe Qualitätskontrolle (Peer Review) im *Berufsstand* der Wirtschaftsprüfer in Deutschland und in den USA, WPK-Mitt. Sonderheft 2001, S. 23-26

Martens, Klaus-Peter: Der *Aufsichtsrat* im Konzern, ZHR 159 (1995), S. 567-592

Martens, Klaus-Peter: Die *Vorlage* des Jahresabschlusses und des Prüfungsberichts gegenüber dem Wirtschaftsausschuß, DB 1989, S. 1229-1238

Mattheus, Daniela: Die gewandelte *Rolle* des Wirtschaftsprüfers als Partner des Aufsichtsrats nach dem KonTraG, ZGR 1998, S. 682-714

Mattheus, Daniela: *Mängel* in der Abschlussprüfung, in Lutter (Hrsg.), Der Wirtschaftsprüfer als Element der Corporate Governance, Düsseldorf 2001, S. 7-17

Maul, Karl-Heinz: Geschäfts- und Konzernlagetäuschungen als *Bilanzdelikte*, DB 1989, S. 185-192

Mertin, Dietz: Verantwortlichkeit des Abschlußprüfers für *Unterschlagungen*, Wpg 1989, S. 385-390

Meyer zu Lösebeck, Heiner: Prüfung der Vorratsinventur unter besonderer Berücksichtigung von *Unterschlagungsrisiken*, Wpg 1988, S. 153-160 (I) und S. 201-209 (II)

Möhlmann, Thomas: Der *Nachweis* eingetretener und drohender Zahlungsunfähigkeit im neuen Insolvenzverfahren – Anforderungen und Aufgaben für Steuerberater und Wirtschaftsprüfer, Wpg. 1998, S. 947-961

Möhlmann, Thomas: Die Überschuldungsprüfung nach der neuen *Insolvenzordnung*, DStR 1998, S. 1843-1848

Moxter, Adolf: Die Vorschriften zur Rechnungslegung und Abschlußprüfung im *Referentenentwurf* eines Gesetzes zur Kontrolle und Transparenz im Unternehmensbereich, BB 1997, S. 722-730

Müller, Hans-Peter: Pflicht des Jahresabschlußprüfers zur Prüfung rechtlicher *Vorfragen*, in Treuarbeit (Hrsg.), Rechtliche Vorfragen im Jahresabschluß, Düsseldorf, 1991, S. 35-48

Münchener Handbuch des Gesellschaftsrechts: Band 4: Aktiengesellschaft, 2. Aufl. München 1999

Mutter, Stefan: Unternehmerische *Entscheidungen* und Haftung des Aufsichtsrats der Aktiengesellschaft, Köln 1994

Niehaus, Hans-Jürgen: *Früherkennung* von Unternehmenskrisen, Düsseldorf 1987

Niehaus, Hans-Jürgen: *Bedeutung* und Inhalt des Berichts über die handelsrechtliche Jahresabschlußprüfung, DB 1988, S. 817- 821

Nierhaus, Michael: Zur gerichtlichen Kontrolle von *Prognoseentscheidungen* der Verwaltung. DVBl. 1977, S. 19-26

Niehus, Rudolf: Die *Going concern Prämisse* bei der Rechnungslegung, WPK-Mitt. 1998, S. 13-21

Nonnenmacher, Rolf: *Sanierung,* Insolvenz und Bilanz, in Ballwieser (Hrsg.), Bilanzrecht und Kapitalmarkt, Festschrift für Moxter, Düsseldorf 1994, S. 1313-1332

Nonnenmacher, Rolf: *Abschlußprüfung* und wirtschaftliche Lage des Unternehmens, in Ballwieser (Hrsg.), Rechnungslegung – warum und wie, Festschrift für Hermann Clemm, München 1996, S. 261-285

Oechsler, Walter/Schormair, Thomas: *Krisenmanagement* II: Fallstudien aus der Unternehmenspraxis, Bamberg 1983

Oehler, Otto: Checkliste Frühwarnsystem mit *Alarmkennziffern,* München 1980

Olbrich, Thomas: Die *Prüfung* der wirtschaftlichen Lage und deren Darstellung im Bericht über das Ergebnis der Abschlußprüfung der Kapitalgesellschaft, Münster 1991

Otto, Hans-Jochen/Mittag, Jochen: Die *Haftung* des Jahresabschlußprüfers gegenüber Kreditinstituten, WM 1996, S. 325-376 und S. 377-424

Pauli, Hans: Probleme der Feststellung der wirtschaftlichen Verhältnisse der *Genossenschaft* durch die Prüfung, BFuP 1980, S. 533-543

Peemöller, Volker H./Finsterer, Hans/Weller, Heino: *Vergleich* von handelsrechtlichem und genossenschaftlichen Prüfungswesen, Wpg. 1999, S. 345-353

Perridon, Louis/Steiner, Manfred: *Finanzwirtschaft* der Unternehmung, 10. Aufl., München 1999

Pföhler, Martin/Nemitz, Michaela/Hermann, Markus: Die *Umweltprüfung* im Rahmen der Jahresabschlußprüfung, DB 1996, S. 1484-1487

Picot, Gerhard: *Kauf* und Restrukturierung von Unternehmen, München 1995

Plendl, Martin: Die *Berichterstattung* des Abschlußprüfers über nachteilige Lageveränderungen und wesentliche Verluste nach § 321 Abs. 1 Satz 4 HGB, München 1990

Pohl, Ulf: Risikoeinschätzung und *Haftung* des Wirtschaftsprüfers und vereidigten Buchprüfers -national-, WPK-Mitt. Sonderheft 1996, S. 1-16

Pollanz, Manfred: *Due Diligence* als künftiges Instrument einer risikoorientierten Abschlußprüfung?, BB 1997, S. 1351-1356

Pollanz, Manfred: Konzeptionelle *Überlegungen* zur Einrichtung und Prüfung eines Risikomanagementsystems – Droht eine Mega – Erwartungslücke?, DB 1999, S. 393-399

Potthoff, Erich: Die Möglichkeiten der Geschäftsführungsprüfung, Wpg 1966, 586-591

Potthoff, Erich/Trescher, Karl: Das *Aufsichtsratsmitglied*: Ein Handbuch der Aufgaben, Rechte und Pflichten, 5. Aufl., Stuttgart 2001

Prahl, Reinhard/Naumann, Thomas: *Financial Instruments*, in v. Wysocki/ Schulze-Osterloh (Hrsg.), Handbuch des Jahresabschlusses in Einzeldarstellungen, Losebl.-Ausg., Abt. II/10 August 2000

Prahl, Reinhard: *BFuP Meinungsspiegel* 1995, 246.

Prühs, Hagen: Der *Sachverstand* im Aufsichtsrat, AG 1970, S. 347-353

Randow, Philipp von: *Derivate* und Corporate Governance, ZGR 1996, S. 594-641

Rechenberg, Wolf-Georg Frhr. von: *Zustimmungsvorbehalte* des Aufsichtsrats für die Unternehmensplanung, BB 1990, S. 1356-1363

Regierungskommission Corporate Governance: Bericht der Regierungskommission Corporate Governance: Unternehmensführung, Unternehmenskontrolle, Modernisierung des Aktienrechts, hrsg. von Theodor Baums, Köln 2001

Reichsjustizministerium: *Entwurf* eines Gesetzes über Aktiengesellschaften und Kommanditgesellschaften auf Aktien, Berlin 1930

Röhricht, Volker: *Unabhängigkeit* des Abschlußprüfers, Wpg. Sonderheft 2001: Reformbedarf der deutschen Corporate Governance im globalen Wettbewerb, S. 80-90

Röller, Wolfgang: Quo vadis *Aufsichtsrat*?, AG 1994, S. 333-336

Roth, Markus: Unternehmerisches Ermessen und *Haftung* des Vorstands: Handlungsspielräume und Haftungsrisiken insbesondere in der wirtschaftlichen Krise, München 2001

Rückle, Dieter: Externe Prognosen und *Prognoseprüfung*, DB 1984, S. 57- 69

Rückle, Dieter: *Grundsätze* ordnungsmäßiger Abschlußprüfung (GoA) – Stand und Entwicklungsmöglichkeiten im Rahmen des Gesamtsystems der Unternehmensführung, in v.Werder (Hrsg.), Grundsätze ordnungsgemäßer Unternehmungsführung (GoF) für die Unternehmensleitung (GoU), Überwachung (GoÜ) und Abschlußprüfung (GoA), Zfbf: Sonderheft (36) 1996, S. 107-147

Rürup, Lebrecht: Möglichkeiten verbesserter Kontrolle und Beratung der Geschäftsführung durch den *Aufsichtsrat* mit Hilfe des Wirtschaftsprüfers, AG 1995, S. 219-225

Rüschen, Gerhard: Absatzwirtschaftliche Maßnahmen zur Sicherung der *Erlöse* in der Konsumgüterindustrie, in zfbf-Sonderheft 6 aus 1977, S. 55-65

Ruhnke, Klaus/Deters, Eric: Die *Erwartungslücke* bei der Abschlußprüfung, ZfB 1997, S. 923-9445

Saage, Gustav: Die *Prüfung* der Geschäftsführung, Stuttgart 1965

Säcker, Franz Jürgen: Die Rechte des einzelnen *Aufsichtsratsmitglieds*, NJW 1979, S. 1521-1523

Säcker, Franz Jürgen: Unternehmensgegenstand und Unternehmensinteresse, in Lessmann (Hrsg.), Festschrift für Lukes, Köln 1989, S. 547-557

Sarx, Manfred: Grenzfälle des Grundsatzes der *Unternehmensfortführung* im deutschen Bilanzrecht, in Förschle, Kaiser, Moxter (Hrsg.), Rechenschaftslegung im Wandel, Festschrift für Wolfgang Dieter Budde, München 1995, S. 561-578

Schaefer, Hans/Missling, Patrick J.: Haftung von *Vorstand* und Aufsichtsrat, NZG 1998, S.441-447

Scharpf, Paul: Derivative *Finanzinstrumente* im Jahresabschluß unter Prüfungsgesichtspunkten – Erfassung, Abwicklung und Bildung von Bewertungseinheiten-, BFuP 1995, S. 166-207

Scharpf, Paul/Epperlein, J.K.: *Risikomangement* derivativer Finanzinstrumente, BFuP 1995, S. 209-228

Scharpf, Paul: Die *Sorgfaltspflichten* des Geschäftsführers einer GmbH, DB 1997, S. 737-743

Scheffler, Eberhard: Betriebswirtschaftliche Überlegungen zur Entwicklung von Grundsätzen ordnungsmäßiger *Überwachung* der Geschäftsführung durch den Aufsichtsrat, AG 1995, S. 207-212

Scheffler, Eberhard: *Aufsichtsrat* und Abschlußprüfer als Überwachungsorgane der Aktiengesellschaft, in Lanfermann (Hrsg.), Internationale Wirtschaftsprüfung, Festschrift für Hans Havermann, Düsseldorf 1995, S. 652-680

Schierenbeck, Henner: Grundzüge der *Betriebswirtschaftslehre*, 15. Aufl. München 2000

Schiessl, Maximilian: Gesellschafts- und mitbestimmungsrechtliche Probleme der *Spartenorganisation* (Divisionalisierung), ZGR 1992, S. 64-86

Schildbach, Thomas: Die neue *Generalklausel* für den Jahresabschluß von Kapitalgesellschaften- zur Interpretation des Paragraphen 264 Abs. 2 HGB, BFuP 1987, S. 1-15

Schildbach, Thomas: Die *Jahresabschlußprüfung* im Spannungsfeld möglicher Prüfungsgegenstände und Adressaten, BFuP 1988, S. 341-355

Schildbach, Thomas: Die *Glaubwürdigkeitskrise* der Wirtschaftsprüfer – zu Intensität und Charakter der Jahreabschlußprüfung aus wirtschaftlicher Sicht, BFuP 1996, S. 669-681

Schindler, Joachim/Rabenhorst, Dirk: *Auswirkungen* des KonTraG auf die Abschlußprüfung (Teil I), BB 1998, S. 1886-1893

Schindler, Joachim/Rabenhorst, Dirk: *Auswirkungen* des KonTraG auf die Abschlußprüfung (Teil II), BB 1998, S. 1939-1944

Schindler, Joachim/Rosin, Udo: Die *Unabhängigkeit* des Wirtschaftsprüfers nach deutschem und amerikanischem Recht – insbesondere: Beratungsverbot und Rotation, in Lutter (Hrsg.), Der Wirtschaftsprüfer als Element der Corporate Governance, Düsseldorf 2001, S. 117-133

Schmalenbach, Eugen: Dynamische *Bilanz*, 4. Aufl. Leipzig 1926

Schmid, Peter/Walter, Wolfgang : *Teilgewinnrealisierung* bei langfristiger Fertigung in Handels- und Steuerbilanz, DB 1994, S. 2353-2359

Schmidt, Karsten: *Gesellschaftsrecht*, 3. Aufl. Köln, Berlin, Bonn, München 1997

Schmidt, Karsten: *Konkursgründe* und präventiver Gläubigerschutz, AG 1978, S. 334-340

Schmidt, Karsten/Uhlenbrock, Wilhelm: Die GmbH in *Krise*, Sanierung und Insolvenz, 2. Aufl. Köln 1999

Schmölder; Karl: *Entwurf* eines Gesetzes über Aktiengesellschaften und Kommanditgesellschaften auf Aktien (III), JW 1930, S. 2623-2628

Schneider, Otmar: Grundsätzliche Überlegungen zur polizeilichen *Gefahr*, DVBl 1980, S. 406-409

Scholz: Kommentar zum GmbHG, I. Band, 9. Aufl. Köln 2000

Schruff, Wienand: Zusätzliche *Anforderungen* an den Abschlußprüfer, Wpg. Sonderheft 2001: Reformbedarf der deutschen Corporate Governance im globalen Wettbewerb, S. 90-94

Schubert, Werner/Hommelhoff, Peter: Die *Aktienrechtsreform* am Ende der Weimarer Republik, Berlin 1986

Schüppen, Matthias: Systematik und Auslegung des *Bilanzstrafrechts*, Köln 1993

Schulze-Osterloh, Joachim: Zur öffentlichen *Funktion* des Abschlußprüfers, ZGR 1976, S. 411-434

Schulze-Osterloh, Joachim: Der Umfang der *Prüfungspflicht* des aktienrechtlichen Abschlußprüfers, in Fischer (Hrsg.), Strukturen und Entwicklungen im Handels-, Gesellschafts- und Wirtschaftsrecht, Festschrift für Wolfgang Hefermehl, München 1976, S. 406-426

Schulze-Osterloh, Joachim: Zum Umfang der *Berichtspflicht* des Abschlußprüfers, in Gross (Hrsg.), Der Wirtschaftsprüfer: im Schnittpunkt nationaler und internationaler Entwicklungen, Festschrift für Klaus von Wysocki, Düsseldorf 1985, S. 239-251

Schulze-Osterloh, Joachim: Jahresabschluß, Abschlußprüfung und Publizität der Kapitalgesellschaften nach dem *Bilanzrichtlinien-Gesetz*, ZHR 150 (1986), S. 532-569

Schulze-Osterloh, Joachim: *Unternehmensüberwachung* und Prüfung des Jahresabschlusses durch den Aufsichtsrat, ZIP 1998, S. 2129-2135

Schwark, Eberhard: *Spartenorganisation* in Großunternehmen und Unternehmensrecht, ZHR 142 (1978), 203-227

Schwarzkopf, Helmut: Prüfung der Finanzinnovationen in: Handwörterbuch der Revision (HWdRev), Sp. 537-545

Seitz, Jürgen: Die Verordnung über den Inhalt der *Prüfungsberichte* zu den Jahresabschlüssen und Zwischenabschlüssen der Kreditinstitute, Wpg 1994, S. 489-499

Selchert, Friedrich W.: Wird die *Warnfunktion* des Abschlußprüfers nach dem Bilanzrichtlinien-Gesetz ausgeweitet? DB 1985, S. 981-988

Selchert, Friedrich W.: Nachteilige *Veränderungen* und Verluste im Prüfungsbericht, BB 1984, S. 1719-1724

Semler, Johannes: *Aufgaben* und Funktionen des aktienrechtlichen Aufsichtsrats in der Unternehmenskrise, AG 1983, S. 141-148

Semler, Johannes: Die *Unternehmensplanung* in der Aktiengesellschaft, ZGR 1983, S. 1-33

Semler, Johannes: *Leitung* und Überwachung der Aktiengesellschaft: die Leitungsaufgabe des Vorstands und die Überwachungsaufgabe des Aufsichtsrats, 2. Aufl., Köln 1996

Sieben, Günter/Bretzke, Wolf-Rüdiger/Raulwing, Helmut: Zur Problematik einer Prüfung von *Managementleistungen*, BFuP 1976, S. 181-201

Sieben, Günter: Die „wirtschaftliche Lage" des Arbeitgebers – ein zentraler Begriff der betrieblichen *Altersversorgung* aus betriebswirtschaftlicher Sicht, zfbf 1987, S. 923-940

Sieben, Günter/Gatzen, Manfred/Husemann, Walter: Die Abschlußprüfung als Beitrag zu einer betriebswirtschaftlichen *Unternehmensanalyse* Wpg 1988, S. 606-612

Sieben, Günter: Offene Fragen bei der Erstellung und Prüfung des *Lageberichts*, in Havermann (Hrsg.), Bilanz- und Konzernrecht, Festschrift für Goerdeler, Düsseldorf 1987, S. 582-600

Sievers, Hubertus: *Bilanzpolitik* und Prüfungsprobleme bei notleidenden Unternehmen, Berlin 1986

Sorg, Peter: Die voraussichtliche *Entwicklung* der Kapitalgesellschaft, Wpg 1988, S. 381-389

Spannagl, Thomas/Häßler, Armin: Ein Ansatz zur *Implementierung* eines Risikomanagement-Prozesses, DStR 1999, 1826-1832

Spillers, Kurt: Finanzielle *Risiken* im Anlagengeschäft, zfbf-Kontaktstudium 31 (1979), S. 209-214

Spremann, Klaus/Herbeck, Thomas: Zur *Metallgesellschaft* AG und ihrer Risikomanagement-Strategie, in Franke (Hrsg.), Bewertung und Einsatz von Finanzderivaten, Zfbf: Sonderheft (38) 1997, S. 155-188

Steinbeck, Claudia: *Überwachungspflicht* und Einwirkungsmöglichkeiten des Aufsichtsrats der Aktiengesellschaft, Berlin 1992

Steiner, Bertram: Der *Abschlußprüfer* als externer Controller, Wpg 1991, S. 470-482

Stibi, Eva-Marie: *Prüfungsrisikomodell* und risikoorientierte Abschlußprüfung, Düsseldorf 1995

Stobbe, Thomas: Der *Lagebericht*, BB 1988, S. 303-311

Streim, Hannes: Die *Generalnorm* des § 264 Abs. 2 HGB – Eine kritische Analyse, in Ballwieser (Hrsg.), Bilanzrecht und Kapitalmarkt, Festschrift zum 65. Geburtstag von Moxter, Düsseldorf 1994, S. 392-406

Tettinger, Peter: Überlegungen zu einem administrativen *Prognosespielraum*, DVBl. 1982, S. 421-433

Theisen, Manuel René: *Grundsätze* einer ordnungsgemäßen Information des Aufsichtsrats, 2. Aufl., Stuttgart 1996

Theisen, Manuel René: Grundsätze ordnungsgemäßer *Kontrolle* und Beratung der Geschäftsführung durch den Aufsichtsrat, AG 1995, S. 193-203

Theisen, Manuel René: Grundsätze ordnungsmäßiger *Überwachung* (GoÜ) – Problem, Systematik und erste inhaltliche Vorschläge, in v.Werder (Hrsg.), Grundsätze ordnungsgemäßer Unternehmungsführung (GoF) für die Unternehmensleitung (GoU), Überwachung (GoÜ) und Abschlußprüfung (GoA), Zfbf: Sonderheft (36) 1996, S. 75-106

Tiedemann, Klaus: *Bilanzstrafrecht*, Handwörterbuch des Wirtschafts- und Steuerstrafrechts (HWiStR), Heidelberg 1988

Tielmann, Sandra: *Durchsetzung* ordnungsmäßiger Rechnungslegung – Zur Umsetzung der Empfehlungen der Regierungskommission „Corporate Governance“ zur Schaffung eines deutschen Review Panel, DB 2001, S. 1625-1634

UEC: *Empfehlung Nr. 4:* Die Beachtung des Grundsatzes der Fortführung des Unternehmens („going concern“-Basis) bei der Abschlußprüfung, FN 1978, S. 289-291

Vogler, Matthias/Gundert, Martin: *Einführung* von Risikomanagementsystemen, DB 1998, S. 2377-2383

Wardenbach, Frank: *Interessenkonflikte* und mangelnde Sachkunde als Bestellungshindernisse zum Aufsichtsrat der AG, Köln 1996

Warneke, Heinz: Der *Prüfungsbericht*, Wpg 1960, S. 201-207

Weber, Claus-Peter: *Jahresabschlußprüfung* im Zeichen rückläufiger Konjunktur, Wpg 1993, S. 729-740

Weber, Jürgen: Neue Perspektiven des *Controlling*, BB 2000, S. 1931-1937

Wehrheim, Michael: Krisenprognose mit Hilfe einer *Kapitalflußrechnung*?, DStR 1997, S. 1699-1704

Weiland, Heiner: Zur Vereinbarkeit von Abschlußprüfung und *Beratung*, BB 1996, S. 1211-1216

Weirich, Siegfried: *Abschlußprüfung* im Wandel, in: Institut der Wirtschaftsprüfer: Fachtagungsbericht 1981: 50 Jahre Wirtschaftsprüferberuf, Düsseldorf 1981, S. 375-393

Weiss, Heinrich: *Unternehmensstrategie* und Aufbau einer strategischen Planung in einem Unternehmen der Maschinenbauindustrie, in zfbf-Sonderheft 15 aus 1993, S. 35-41

Weiss, Heinrich: Internationale *Kooperationsstrategien,* zfbf 1981, 947-957

v. Werder, Axel: *Vorstandsentscheidungen* nur auf der Grundlage „sämtlicher relevanter Informationen"?, ZfB 1997, S. 901-922

Werner, Rüdiger: *Haftungsrisiken* bei Unternehmensakquisitionen: die Pflicht des Vorstands zur Due Dilligence, ZIP 2000, S. 989-996

Wetzel, Eckart: Bedeutung und Probleme des *Going-Concern-Prinzips* für die Rechnungslegung und Abschlußprüfung notleidender Unternehmen, Mannheim 1990

Wiedmann, Harald: Der risikoorientierte *Prüfungsansatz,* Wpg 1993, S. 13-24

Wiedmann, Harald: Ansätze zur *Fortentwicklung* der Abschlußprüfung, Wpg 1998, S. 338-350

Witte, Andreas: Der *Prüfungsbericht* als Informationsträger im Konzern: Zum System konzerninterner Informationsrechte, Köln 1996

Wöhe, Günter: *Bilanzierung* und Bilanzpolitik, 9.Aufl., München 1997

Wöhe, Günter: Einführung in die Allgemeine *Betriebswirtschaftslehre,* 20. Aufl. München 2000

Wüstemann, Jens: *Mängel* bei der Abschlußprüfung, in Lutter (Hrsg.), Der Wirtschaftsprüfer als Element der Corporate Governance, Düsseldorf 2001, S. 19-43

Wysocki, Klaus von: Meinungsspiegel, BFuP 1987, S. 74-75

Ziemons, Hildegard: *Erteilung* des Prüfungsauftrags an den Abschlußprüfer einer Aktiengesellschaft durch den Aufsichtsratausschuß?, DB 2000, S. 77-81.

Zippelius, Reinhold: Juristische *Methodenlehre,* 7. Aufl., München 1999

Abkürzungsverzeichnis

Allgemein werden die gebräuchlichen Abkürzungen verwendet, dazu Kirchner, Abkürzungsverzeichnis der Rechtssprache, 4. Auflage 1993.

Im übrigen haben die Abkürzungen folgende Bedeutung:

AAB	Allgemeine Auftragsbedingungen für Wirtschaftsprüfer und Wirtschaftsprüfungsgesellschaften
A/D/S	Adler/Düring/Schmaltz
AICPA	American Institute of Certified Public Accountants
BAK	Bundesaufsichtsamt für das Kreditwesen
BAV	Bundesaufsichtsamt für das Versicherungswesen
BeBiKo	Beck'scher Bilanz-Kommentar
BetrAVG	Gesetz zur Verbesserung der betrieblichen Altersversorgung
bez.	bezüglich
BFA	Bankenfachausschuß
BMJ	Bundesministerium der Justiz
BT-Drucksache	Bundestagsdrucksache
bzw.	beziehungsweise
ders.	derselbe
EPS	Entwurf Prüfungsstandard
Erg. Lfg.	Ergänzungslieferung
EzA	Entscheidungssammlung zum Arbeitsrecht
FAR	Fachausschuß Recht
FAZ	Frankfurter Allgemeine Zeitung
FN	IDW-Fachnachrichten
ggf.	gegebenenfalls
GK	Großkommentar
GoA	Grundsätze ordnungsmäßiger Abschlußprüfung
GoF	Grundsätze ordnungsmäßiger Unternehmensführung
GoU	Grundsätze ordnungsmäßiger Unternehmensleitung
GoÜ	Grundsätze ordnungsmäßiger Überwachung
HB	Handelsblatt
HdJ	Handbuch des Jahresabschlusses in Einzeldarstellungen
HFA	Hauptfachausschuß
HGB-E	Entwurf des Handelsgesetzbuchs

Hrsg.	Herausgeber
hrsg.	herausgegeben
HuRB	Handwörterbuch unbestimmter Rechtsbegriffe im Bilanzrecht des HGB
HWdRev	Handwörterbuch der Revision
HWdOrg.	Handwörterbuch der Organisation
HWiStR	Handwörterbuch des Wirtschafts- und Steuerstrafrechts
idR	in der Regel
IDW	Institut der Wirtschaftsprüfer
IFAC	International Federation of Accountants
IKS	internes Kontrollsystem
InsO	Insolvenzordnung
ISA	Standards on Auditing
ISAR	International Standards of Accounting and Reporting
iSd	im Sinne der/des
Kölner Komm.	Kölner Kommentar
KonTraG	Gesetz zur Kontrolle und Transparenz im Unternehmensbereich
Losebl.-Ausg.	Loseblattausgabe
Lit.	Literatur
lt.	laut
Mio.	Million
MM	Manager Magazin
Mrd.	Milliarde
MünchHdb. AG	Münchner Handbuch des Gesellschaftsrechts, Band IV: Aktiengesellschaft
NZBau	Neue Zeitschrift für Baurecht und Vergaberecht
o.V.	ohne Verfasser
PrüfbV	Prüfberichtsverordnung
PS	Prüfungsstandard
RS	Rechnungslegungsstandard
SAS	Statements on Auditing Standards
Schr.	Schreiben
sogen.	sogenannt(en)
SZ	Süddeutsche Zeitung
SzU	Schriften zur Unternehmensführung
TransPubG	Transparenz- und Publizitätsgesetz
u.a.	unter anderem
UEC	Union Européenne des Experts Comptables, Economiques et Financiers

VDMA	Verband deutscher Maschinen- und Anlagenbau e.V.
Verf.	Verfasser
VW	Versicherungswirtschaft
WP Handbuch	Wirtschaftsprüfer-Handbuch
WpHG	Wertpapierhandelsgesetz
WPO	Wirtschaftsprüferordnung
WW	Wirtschaftswoche
z.	zum
z.B.	zum Beispiel
ZBH	Zentralblatt für Handelsrecht (Zeitschrift)
zfbf	Schmalenbachs Zeitschrift für betriebswirtschaftliche Forschung
ZfgK	Zeitschrift für das gesamte Kreditwesen
Ziff.	Ziffer

Teil 1: Einleitung

Die Jahresabschlußprüfung ist zu einem festen Bestandteil des Wirtschaftslebens geworden. Ein nach Beendigung der Prüfung erteilter uneingeschränkter Bestätigungsvermerk gilt als Gütesiegel für das geprüfte Unternehmen, auf das Banken, Aktionäre, Lieferanten und Kunden vertrauen und von dem nicht selten Aufnahme oder Fortbestand der Geschäftsbeziehungen abhängig gemacht werden. Dieser Umstand hat dazu geführt, daß sich auch zahlreiche nach den gesetzlichen Bestimmungen nicht prüfungspflichtige Gesellschaften trotz des erheblichen Zeit- und Kostenaufwandes einer freiwilligen Jahresabschlußprüfung unterziehen. Die Jahresabschlußprüfung ist jedoch nicht nur für die Geschäftspartner eines Unternehmens, sondern auch für den Aufsichtsrat von entscheidender Bedeutung. Der Aufsichtsrat stützt sich bei der Überwachung des Vorstandes u.a. auch auf den Prüfungsbericht des Jahresabschlußprüfers. Nicht zuletzt der Gesetzgeber hat daher der Jahresabschlußprüfung einen hohen Stellenwert zugemessen. Mit dem Publizitätsgesetz und zuletzt dem KapCoRiLiG vom 24.2.2000 wurde die Prüfungspflicht über die nach § 316 HGB prüfungspflichtigen Kapitalgesellschaften hinaus auf Personenhandelsgesellschaften ausgedehnt, soweit diese bestimmte gesetzliche Größenmerkmale überschreiten.[1]

Das in die Jahresabschlußprüfung gesetzte Vertrauen hat in der jüngeren Vergangenheit tiefe Risse erhalten. Nach den spektakulären Unternehmenskrisen Mitte der neunziger Jahre bis hinein in die Gegenwart – an dieser Stelle seien nur die Fälle Metallgesellschaft, Schneider, Balsam, KHD Wedag, Holzmann und Enron genannt – sind nicht nur die Vorstände und Aufsichtsräte der betroffenen Unternehmen in das Kreuzfeuer der Kritik geraten. Auch die Jahresabschlußprüfer sind in der öffentlichen Diskussion zur Zielscheibe beißender Kommentare geworden. Schlagzeilen wie „Wirtschaftsprüfer – Kurzsichtige Pfadfinder im Gestrüpp der Bilanzzahlen", „Geprüft und gesiegelt – dann kam die Pleite" oder „Taub, stumm, blind: Die Prüfer erfüllen ihre Aufgabe als Krisenwarner gegenüber Aktionären und Aufsichtsräten immer schlechter" belegen plakativ, daß das Ansehen der Wirtschaftsprüfer gelitten hat und sich das Institut der Jahresab-

1 KapCoRiLiG: *Gesetz zur Durchführung der Richtlinie des Rates der Europäischen Union zur Änderung der Bilanz- und Konzernbilanzrichtlinie hinsichtlich ihres Anwendungsbereichs (90/605/EWG), für Verbesserungen der Offenlegungen von Jahresabschlüssen und zur Änderung anderer handelsrechtlicher Bestimmungen, BGBl. I/2000, S. 154 ff.*

schlußprüfung in einer Vertrauenskrise – laut Forster der schwersten seit Einführung der Jahresabschlußprüfung im Jahre 1931 – befindet.[2] Aus der Vertrauenskrise droht sogar eine Existenzkrise für die Abschlußprüfer zu werden. In den USA hat die Insolvenz des Energieversorgers Enron Ende 2001 dazu geführt, daß die betroffene Prüfungsgesellschaft aufgrund drohender Regreßansprüche selbst von der Insolvenz bedroht ist.[3]

Was wird nun den Abschlußprüfern zum Vorwurf gemacht? Wo liegen mögliche Versäumnisse der Prüfer? Die öffentliche Diskussion über Versäumnisse der Jahresabschlußprüfer entzündet sich vor allem daran, daß die Abschlußprüfer der fallierten Unternehmen nicht oder nicht mit hinreichender Deutlichkeit auf den drohenden Zusammenbruch der Unternehmen hingewiesen haben. Die Abschlußprüfer hätten in einigen Fälle den von ihnen geprüften Gesellschaften zum Teil nur Monate vor dem wirtschaftlichen Zusammenbruch uneingeschränkte Testate erteilt. Bemängelt wird auch, daß die Abschlußprüfer den Aufsichtsrat in ihren Prüfungsberichten nicht hinreichend informiert hätten. Insolvenzen und Massenentlassungen hätten vermieden werden können – so der Vorwurf –, wenn die Wirtschaftsprüfer nur rechtzeitig auf die drohenden Gefahren hingewiesen hätten. Liest man die Pressekommentare nach den Unternehmenskrisen der letzten Jahre, muß man zu dem Schluß kommen, daß die Wirtschaftsprüfer der fallierten Gesellschaften eine Mitverantwortung an dem Schicksal der Unternehmen und ihrer Arbeitnehmer trifft. Ihr Schweigen kann jedoch den Wirtschaftsprüfern nur zum Vorwurf gemacht werden, wenn sie eine Pflicht zum „Reden“ haben. Die Kernfrage der öffentlichen Diskussion und auch dieser Arbeit muß daher lauten: Ist der Jahresabschlußprüfer verpflichtet, Krisensachverhalte aufzudecken und auf sie hinzuweisen? Oder kürzer formuliert: Ist der Jahresabschlußprüfer ein Krisenwarner?

Der Berufsstand der Wirtschaftsprüfer verteidigt sich gegen die angesprochenen Vorwürfe mit dem Hinweis, daß die Insolvenzprophylaxe – sprich eine Krisenwarnung – nicht zu den Aufgaben des Jahresabschlußprüfers gehöre. Es bestehe eine Diskrepanz zwischen den gesetzlichen Aufgaben des Jahresabschlußprüfers einerseits und den Erwartungen der Öffentlichkeit an Inhalt und Umfang der Jahresabschlußprüfung andererseits. Das Wort von der sog. „Erwartungslücke“ macht in diesem Zusammenhang die Runde.[4] Die öffentliche Kritik

---

2 *Forster, Aufsichtsräte, AG 1995, S. 1.FR vom 3.9.1994, S. 9; MM, 6/1996, S. 34.*

3 Vgl zur Krise von Arthur Andersen *FAZ v. 15.3.2002, S. 22, 32.* Andere große Prüfungsgesellschaften mußten in anderen Fällen z.T. Regreßzahlungen in mehrstelliger Millionenhöhe leisten.

4 Vgl. die Stellungnahme des damaligen Vorsitzenden des Instituts der Wirtschaftsprüfer (IDW) *Dörner* in *SzU, Bd. 56, 1995, S. 192, 199, 203* vor dem Hintergrund der Unternehmenskrisen der neunziger Jahre; zur Gefahr einer „Mega-Erwartungs-

erklärt sich damit nach Auffassung weiter Kreise des Berufsstandes der Wirtschaftsprüfer allein mit der Unkenntnis der Kritiker von den gesetzlichen Aufgaben des Jahresabschlußprüfers.

Kritik und der Ruf nach einer Reform der Jahresabschlußprüfung werden jedoch nicht nur in der Wirtschaftspresse laut. Auch Rechtswissenschaft und Betriebswirtschaftslehre haben sich des Themas angenommen. So hat der Rechtswissenschaftler Lutter schon im Jahre 1974 auf einer Fachtagung des Instituts der Wirtschaftsprüfer den Berufsstand angemahnt, sich seiner besonderen Verantwortung bei der Früherkennung von Unternehmenskrisen bewußt zu werden.[5] Auch im Kreise der Wirtschaftsprüfer sind Ansätze zu einer Krisenwarnung durch den Jahresabschlußprüfer entwickelt worden.[6] Daß die genannten Ansätze, die dem Abschlußprüfer die Rolle eines Krisenwarners zuschreiben, nicht ganz aus der „Luft" gegriffen sind, zeigt ein kurzer Streifzug durch die Historie der Jahresabschlußprüfung:

Die Einführung der Pflichtprüfung durch die Notverordnung vom 19.3.1931 „über Aktienrecht, Bankenaufsicht und über eine Steueramnestie" ging einher mit der Erkenntnis, daß „der Aufsichtsrat die ihm gesetzlich zugewiesenen Aufgaben alleine nicht mehr erfüllen kann und daß ihm für die Bilanzkontrolle unabhängige selbstständige Persönlichkeiten zur Seite gestellt werden müssen...".[7] Der Notverordnung waren eine Reihe Zusammenbrüche namhafter Unternehmen vorausgegangen.[8] Konkreter Anlaß für den Erlaß der Notverordnung war der Zusammenbruch der Frankfurter Allgemeine-Versicherungs-Aktiengesellschaft, die als zweitgrößtes Versicherungsunternehmen des Deutschen Reichs im Ruf unzweifelhafter Bonität stand und in deren Aufsichtsrat bekannte Vertreter deutscher Großbanken saßen.[9] Mitglieder des Vorstands hatten Verluste aus versicherungsfremden, spekulativen Geschäften jahrelang durch Bilanzmanipulationen vor dem Aufsichtsrat verborgen. Mitursächlich für diese und andere Unternehmenskrisen war die mangelnde Überwachung der Geschäftsführung durch den Aufsichtsrat. Daher wurde dem Aufsichtsrat der Abschlußprüfer als „Hilfsorgan" zur Seite ge-

---

lücke" durch das KonTraG: *Pollanz, Überlegungen, DB 1999, 393* sowie zur Erwartungslücke aus empirischer Sicht *Ruhnke/Deters, Erwartungslücke, ZfB 67. Jg. (1997), 923;* zu dem Versuch des KonTraG, die Erwartungslücke zu schließen *Hommelhoff/Mattheus, AG 1998, 249, 258.*

5 *Lutter in IDW, Fachtagung, S. 227, 233.*

6 Vgl. vor allem *Clemm, Krisenwarner, WPK-Mitt. 2/1995, 65.*

7 Verordnung des Reichspräsidenten über Aktienrecht, Bankenaufsicht und über eine Steueramnestie vom 19. September 1931, RGBl. 1931 I, S. 493; Zitat des Fachreferenten im Reichsjustizministerium *Schmölder, Entwurf, JW 1930, 2623, 2625,* zum Aktiengesetzentwurf von 1930.

8 *A/D/S § 316 Rn. 8.; Mai, Abschlußprüfer, S. 4 ff.*

9 Vgl. *Alsheimer, Zusammenbruch, Wpg. 1988, 471, 477 f.*

stellt, der den Aufsichtsrat bei der Prüfung der Rechnungslegung entlasten sollte.[10] Der Aufsichtsrat sollte jedoch durch die Einführung der Pflichtprüfung nicht von seiner Verantwortlichkeit für die Überwachung der Geschäftsführung entbunden werden. Vielmehr sollte dem Aufsichtsrat mit dem vom Bilanzprüfer erstellten Prüfungsbericht ein Hilfsmittel an die Hand gegeben werden, auf dessen Informationen er sich einerseits verlassen konnte, zu dessen sorgfältiger Lektüre und Analyse er andererseits aber verpflichtet war.[11] Das Vertrauen der Aktionäre, Gläubiger, Arbeitnehmer u.a. in die Funktionsfähigkeit und Solidität des Aktienwesens sollte durch die Einführung der Pflichtprüfung wiederhergestellt werden. Da den großen Aktiengesellschaften in einer kapitalistischen Volkswirtschaft eine zentrale Bedeutung zugemessen wird, berühren Fehlentwicklungen im Aktienwesen nämlich nicht nur die Belange einzelner, sondern auch das öffentliche Interesse an einer funktionierenden Volkswirtschaft.[12]

Rund zwanzig Jahre später hat der Bundesgerichtshof in seiner grundlegenden Entscheidung vom 15.12.1954 festgestellt, daß der Abschlußprüfer „nicht zusehen (darf), wenn sich eine ruinöse Entwicklung anbahnt oder die Gefahr des Zusammenbruchs entsteht“.[13] Die vom BGH begründete „Redepflicht“ wurde im Zuge der Aktienrechtsreform im Jahre 1965 als § 166 II AktG – heute § 321 I S. 3 HGB – kodifiziert. Danach ist der Jahresabschlußprüfer verpflichtet, über Tatsachen, „die den Bestand des geprüften Unternehmens oder des Konzerns gefährden oder seine Entwicklung wesentlich beeinträchtigen „„ zu berichten.

Die Berichtspflichten des Jahresabschlußprüfers wurden mit dem Bilanzrichtliniengesetz vom 24.12.1985 nochmals erweitert. Gem. § 321 I S. 4 HGB a.F. war der Jahresabschlußprüfer zusätzlich verpflichtet „nachteilige Veränderungen der Vermögens-, Finanz- und Ertragslage gegenüber dem Vorjahr und Verluste, die das Jahresergebnis nicht unwesentlich beeinflußt haben,“ aufzuführen und zu erläutern.

Der Gesetzgeber hat im Jahre 1998 die Unternehmenskrisen Metallgesellschaft, Schneider, Balsam und KHD Wedag zum Anlaß genommen, um mit dem „Gesetz zur Kontrolle und Transparenz im Unternehmensbereich (KonTraG)“ u.a. eine Änderung der handelsrechtlichen Prüfungs- und Berichtsbestimmungen

---

10 Der Abschlußprüfer wurde als Organ des Unternehmens angesehen vgl. *Kronstein, Aktienreform, ZBH 1931, 217, 219;* vgl. dazu Teil 1, Kap. 1, II.

11 Vgl. zum damaligen Rechtsverständnis die Protokolle des Aktienrechtsausschußes des vorläufigen Reichswirtschaftrates 14. Sitzung vom 13.1.1933 mit einem Vorwort von *Hommelhoff* in *Hommelhoff/Schubert, Aktienrechtsreform, S. 85 f., 756 f.*; sowie auch *Mattheus, Rolle, ZGR 1999, 682, 687.*

12 Vgl. dazu *Schulze-Osterloh, Funktion, ZGR 1976, 411, 412 f.*

13 *BGHZ 16, 17, 23.*

einzuleiten.[14] Erklärte Zielsetzung der Gesetzesänderung war es, dem Aufsichtsrat „zusätzliche Informationen vor allem im Hinblick auf bestehende oder drohende Risiken für das Unternehmen und damit auch verbesserte Kontrollmöglichkeiten" zu geben.[15] Dem Abschlußprüfer wird dabei eine zentrale Bedeutung zugemessen. Der Gesetzgeber hat mit dem KonTraG auf zweierlei Weise versucht, diesem geänderten Rollenverständnis des Abschlußprüfers Rechnung zu tragen. Zum einen hat er die der organisatorischen Zusammenarbeit zwischen Abschlußprüfer und Aufsichtsrat dienenden Vorschriften (§§ 111 II, 170 III 2, 171 I 2 AktG n.F.) reformiert. Zum anderen hat der Gesetzgeber den prüferischen Pflichtenkanon und die Berichterstattungspflichten des Wirtschaftsprüfers gegenüber dem Aufsichtsrat erheblich erweitert (§ 317 II und IV, § 321 I und IV HGB). Damit hat er insgesamt die Unterstützungsfunktion des Abschlußprüfers gegenüber dem Aufsichtsrat wieder in den Vordergrund gerückt.[16] Die zunehmende Nähe des Prüfers zum Aufsichtsrat geht dabei einher mit einer größeren Distanz des Abschlußprüfers zum Vorstand.

Im Zusammenhang mit dem KonTraG steht auch eine Anfang 2001 in Kraft getretene Änderung der Wirtschaftsprüferordnung und des Handelsgesetzbuches.[17] Schwerpunkt der Gesetzesänderung ist die Einführung eines externen Qualitätssicherungssystems für Abschlußprüfer. Nach dem neu gefaßten § 319 II S. 2 Nr. 2 HGB darf ein Wirtschaftsprüfer nunmehr nur Abschlußprüfer sein, wenn er über eine Bescheinigung über die Teilnahme an einer Qualitätskontrolle nach § 57 a WPO verfügt. Der Gesetzgeber hat sich dabei für das Modell des sog. „peer review", d.h. eine von praktizierenden Abschlußprüfern unter Aufsicht der Wirtschaftsprüferkammer durchgeführte Qualitätskontrolle und gegen ein „monitoring", d.h. eine Kontrolle durch staatliche Stellen, entschieden. Für das „peer review" Verfahren gem. § 57 a WPO spricht, daß die Berufsangehörigen über praxiserprobte Erkenntnisse der Jahresabschlußprüfung verfügen. Die Qualitätskontrolle durch Berufskollegen birgt jedoch die Gefahr in sich, daß mangelhafte eigene Prüfungsstandards der Kontrolleure zur Meßlatte für die Kontrollierten werden. Wohl auch deswegen wurde ein Qualitätskontrollbeirat gem. § 57 f WPO, der sich aus externen Experten zusammensetzt, bei der Wirtschaftsprüferkammer eingerichtet.

---

14 Gesetz zur Kontrolle und Transparenz im Unternehmensbereich vom 27. April 1998, BGBl. I Nr. 24, S. 768.

15 Begründung zum von der Bundesregierung beschlossenen Gesetzesentwurf zum KonTraG, *BT Drucksache 13/9712, S. 11.*

16 *Böcking/Orth, Kontrolle, BFuP 1999, 418, 432; Hommelhoff/Mattheus, Corporate Governance, AG 1998, 249, 251 f.; Forster, Zusammenspiel, AG 1999, 193, 194.*

17 *Gesetz zur Änderung von Vorschriften über die Tätigkeit der Wirtschaftsprüfer vom 19.12.2000, BGBl. 2000 I, S. 1769 ff.* in Kraft getreten am 1.1.2001.

Bei den gesetzgeberischen Bemühungen, das Vertrauen der Öffentlichkeit in die Abschlußprüfung zu festigen, handelt es sich dabei keineswegs um eine rein nationale Problematik. Vielmehr sind das KonTraG und die Einführung einer Qualitätskontrolle für Prüfungsleistungen vor dem Hintergrund einer weltweiten Diskussion der Corporate Governance zu sehen. Im Blickpunkt der Corporate Governance steht dabei die Unternehmensführung und ihre Kontrolle. Der Stellenwert der Jahresabschlußprüfung, die Erwartungen, die an sie berechtigterweise gerichtet werden können und nicht zuletzt die „expectation gap", sind Teil dieser Diskussion, die von nationalen Einrichtungen über die EU bis in die Gremien der Vereinten Nationen reicht.[18]

Ein weiterer Höhepunkt der Entwicklung in Deutschland stellte die Einsetzung der Regierungskommission „Corporate Governance – Unternehmensführung – Unternehmenskontrolle – Modernisierung des Aktienrechts" im Mai 2000 durch den Bundeskanzler dar. Die Kommission hat den Auftrag, „sich aufgrund der Erkenntnisse aus dem Fall Holzmann mit möglichen Defiziten des deutschen Systems der Unternehmensführung und -kontrolle zu befassen."[19] Anlaß für die Einrichtung der Kommission war somit ein weiterer Unternehmenskrisenfall, nämlich die nur durch die Intervention der Bundesregierung verhinderte Insolvenz der Philipp Holzmann AG, des zweitgrößten Baukonzerns der Republik. Der Fall hat 1999 nicht nur ein großes Medienecho, sondern nur wenige Monate nach Inkrafttreten des KonTraG herbe Kritik an der beauftragten Prüfungsgesellschaft ausgelöst.[20]

Die Regierungskommission Corporate Governance hat am 10.7.2001 einen Bericht mit fast 150 Empfehlungen zur Modernisierung des Unternehmensrechts vorgelegt. Darin enthalten sind auch Empfehlungen zur Abschlußprüfung sowie

---

18 Vgl. zu der nationalen und internationalen Entwicklung der Corporate Governance die Zusammenfassung im *Bericht der Regierungskommission „Corporate Governance" vom 10.7.2001, Erstes Kapitel Rn. 5*; zur internationalen Entwicklung im Bereich Sicherung der Rechnunglegung vgl. *Tielmann, Durchsetzung, DB 2001, 1625;* zur Qualitätssicherung der Abschlußprüfung im euopäischen Kontext vgl. *Hammers-Strizek/Dannenbring, Sicherung, WPk-Mitt.Sonderheft April 2001, 18;* zum „peer review" in den USA vgl. *Marten, Berufsstand, WPk-Mitt.Sonderheft April 2001, 23;Empfehlung der EU Kommission vom 15.11.2000: Mindestanforderungen an Qualitätssicherungssysteme für die Abschlußprüfung in der EU, Abl.L 126 v. 12.5.1984, S. 20;* vgl. *Biener in FS Havermann, S. 39, 42* zur Intergovernmental Working Group of Experts on International Standards of Accounting and Reporting (ISAR) der Vereinten Nationen, die sich mit der expectation gap beschäftigt hat.

19 *Regierungskommission Corporate Governance, S. 1.*

20 Vgl. für viele *HB v. 23.12.1999, S. 1, 17; MM 6/2000, S. 150.*

zum Verhältnis von Abschlußprüfung und Aufsichtsrat.[21] Das Bundesjustizministerium hat auf der Grundlage des Berichts einen Referentenentwurf für ein Transparenz- und Publizitätsgesetz erarbeitet.[22]

Die Regierungskommission Corporate Governance hat sich darüber hinaus für einen deutschen Corporate Governance-Kodex ausgesprochen, der Verhaltensmaßstäbe zur Unternehmensleitung und -überwachung festlegen soll.[23] Eine eigens dafür eingerichtete, weitere Regierungskommission hat daraufhin einen entsprechenden Entwurf eines Corporate Governance – Kodex vorgelegt, der zum einen die geltenden gesetzlichen Regelungen zusammenfaßt und zum anderen ergänzende Empfehlungen für börsennotierte Aktiengesellschaften ausspricht.[24] Börsennotierte Gesellschaften, die in dem Kodex aufgeführte Empfehlungen nicht anwenden, sollen dabei verpflichtet werden, dies gegenüber den Aktionären publik zu machen.[25]

Im Vergleich zu den durch das KonTraG eingeführten Neuerungen haben die Empfehlungen der Regierungskommission, der Referentenentwurf für ein Transparenz- und Publizitätsgesetz sowie der Entwurf des Corporate Governance- Kodex jedoch eher geringfügige Auswirkungen auf die Krisenwarnpflichten des Abschlußprüfers.[26]

Bereits dieser kurze geschichtliche Abriß von den Wurzeln der Abschlußprüfung bis in die Gegenwart macht deutlich, daß Krisenwarnung und Jahresabschlußprüfung keineswegs zwei einander diametral gegenüberstehende Materien sind, sondern daß der Jahresabschlußprüfung von ihrer Einführung an bis zum heutigen Tage eine Krisenwarnfunktion zukommt, die von Rechtsprechung und Gesetzgebung beständig ausgebaut wurde. Aufgabe der vorliegenden Arbeit soll es sein, die gesetzlichen Prüfungs- und Berichtspflichten des Jahresabschlußprüfers auf ihre Krisenwarnfunktion hin zu untersuchen. Im Zentrum der Betrachtung soll dabei nicht die Frage stehen, ob dem Bestätigungsvermerk nach § 322 HGB eine Krisenwarnfunktion zukommt. Thema der Bearbeitung sind vielmehr die Krisenwarnpflichten des Jahresabschlußprüfers im Prüfungsbericht.

---

21 *Regierungskommission Corporate Governance, S. 293 ff., 316 ff.*

22 *Referentenentwurf des Bundesjustizministeriums vom 26.11. 2001,* abgedruckt in *NZG 2002, S. 78.*

23 *Regierungskommission Corporate Governance, S. 49 ff.*

24 Die von der Bundesjustizministerin am 6.9.2001 eingesetzte *Regierungskommission Deutscher Corporate Governance, Kodex* hat in ihrer Plenarsitzung vom 17.12.2001 den Entwurf eines *Deutschen Corporate Governance, Kodex* verabschiedet (abgedruckt in *NZG 2002, S. 75*). Vgl. die Präambel des Kodex zur Verbindlichkeit der Empfehlungen.

25 Vgl. § 161 AktG im Referentenentwurf des Transparenz- und Publizitätsgesetzes.

26 Soweit sich im Einzelfall substantielle Auswirkungen ergeben, sind diese im Text aufgeführt.

Diese Differenzierung ist notwendig, da Prüfungsbericht und Bestätigungsvermerk verschiedene Adressaten haben. Der Prüfungsbericht richtet sich an den Aufsichtsrat und damit nur an einen eng begrenzten Adressatenkreis, während der Bestätigungsvermerk gem. § 325 HGB der Registerpublizität unterliegt. Entsprechend unterschiedlich in Inhalt und Umfang sind Prüfungsbericht und Bestätigungsvermerk.

Die Untersuchung konzentriert sich auf die Aktiengesellschaften, die der paritätischen Mitbestimmung nach § 1 I Mitbestimmungsgesetz unterliegen, d.h. Gesellschaften, die mindestens 2000 Arbeitnehmer beschäftigen und zur Bildung eines mitbestimmten Aufsichtsrates verpflichtet sind. Hierbei wird es sich in aller Regel um große Kapitalgesellschaften iSd § 267 III HGB handeln, die nach § 316 I HGB prüfungspflichtig sind. Für eine Beschränkung auf Gesellschaften dieser Größenordnung sprechen im wesentlichen zwei Gründe. Zum einen ist die Überwachung des Vorstandes für Aufsichtsrat und Abschlußprüfer in großen, international operierenden Aktiengesellschaften, die in zahlreichen verschiedenen Geschäftsfeldern tätig sind, mit besonderen Schwierigkeiten verbunden. Zum anderen haben sich gerade auch in dem Bereich der Großunternehmen die Unternehmenskrisen gehäuft, so daß hier ein besonderer Korrekturbedarf besteht. Krisen bei Unternehmen dieser Größenordnung sind mit besonders gravierenden Folgen – man denke nur an die damit verbundenen Auswirkungen auf den Beschäftigungsmarkt, die Steuereinnahmen und das soziale Gefüge in einer Region – für die Volkswirtschaft eines Staates verbunden. Dem Ausspruch vom „Konkurs als Wertevernichter der schlimmsten Art“ kommt bei Großunternehmen eine besondere Bedeutung zu.[27]

Mit der Konzentration auf die Krisenwarnung im Prüfungsbericht wird zwangsläufig auch das Verhältnis zwischen Abschlußprüfer und Aufsichtsrat in die Untersuchung miteinbezogen. Die Überwachungsaufgaben von Aufsichtsrat und Abschlußprüfer stehen nicht isoliert nebeneinander, sondern sind aufeinander bezogen. Im folgenden soll daher zunächst ein kurzer Überblick über die grundsätzliche Stellung von Aufsichtsrat und Jahresabschlußprüfer in der Aktiengesellschaft und die organisationsrechtlichen Rahmenbedingungen ihrer Zusammenarbeit gegeben werden. Anschließend wird dann ein weiterer Grundbegriff – der Begriff der Unternehmenskrise und ihre Abbildung im Jahresabschluß – näher untersucht.

27 *Lutter/Hommelhoff/Timm, Krisenabwehr, BB 1980, 737.*

Kapitel 1: Stellung des Jahresabschlußprüfers

I. Funktion

Der Abschlußprüfer hat gegenüber dem Aufsichtsrat eine Informationsfunktion. Die Krisenwarnpflicht des Abschlußprüfers stellt dabei eine besondere Ausprägung der Informationsfunktion dar. Da auch der Vorstand dem Prüfungsbericht Informationen entnehmen kann und soll, ist neben dem Aufsichtsrat auch der Vorstand von der Informationsfunktion des Abschlußprüfers erfaßt.

Daneben kommt der Jahresabschlußprüfung eine Kontroll- und Beglaubigungsfunktion zu.[28] Nach herkömmlicher Auffassung besteht die Kontrollfunktion der Jahresabschlußprüfung in erster Linie in einer umfassenden Prüfung der Ordnungsmäßigkeit der Rechnungslegung. Mit der (eingeschränkten) Erteilung oder Versagung des Bestätigungsvermerk übernimmt die Jahresabschlußprüfung schließlich eine Beglaubigungsfunktion gegenüber den unternehmensexternen Adressaten des Jahresabschlusses.[29] Der Bestätigungsvermerk ist bei großen Kapitalgesellschaften zusammen mit dem Jahresabschluß und weiteren Unterlagen beim Handelsregister einzureichen und im Bundesanzeiger bekanntzumachen (§ 325 I S. 1 u. II S. 1 HGB). Die Jahresabschlußprüfung wendet sich mit dem Bestätigungsvermerk an eine interessierte Öffentlichkeit, insbesondere an Aktionäre, Gläubiger, Geschäftspartner und Arbeitnehmer. Sie dient dem Schutz der genannten Personengruppen vor nicht den bilanzrechtlichen Vorschriften entsprechenden Jahresabschlüssen. Dies hat dazu geführt, daß der Abschlußprüfer als „der wichtigste Garant der aktienrechtlichen Publizität" gilt.[30] Zusammenfassend läßt sich feststellen, daß der Abschlußprüfer zugleich Gehilfe des Aufsichtsrats und Garant der öffentlichen Rechnungslegung ist.

---

28 *A/D/S § 316 HGB Rn. 16; Wiedmann in Ebenroth/Boujong/Joost, § 316 HGB Rn. 4; WP Handbuch Bd I, Abschnitt R, Rn. 1;* Die Kontroll- und die Beglaubigungsfunktion werden in der Literatur zum Teil auch als einheitliche Funktion begriffen. Vgl. *Brönner, GK, § 162 AktG Anm. 4; Claussen, Kölner Komm. § 316 HGB Fn. 6.*

29 *Wiedmann in Ebenroth/Boujong/Joost, § 316 HGB Rn. 6; Brönner, GK, § 162 AktG Anm. 4; Claussen, Kölner Komm. § 316 HGB Fn. 6; A/D/S § 316 HGB Rn. 16; WP Handbuch Bd I, Abschnitt R, Rn. 1.*

30 *Kropff in Geßler/Hefermehl/Eckhard/ Kropff, § 162 AktG, Rn.3 m.w.N.; Claussen, Kölner Komm. § 316 HGB Fn. 6; Hommelhoff, Position I, BB 1998, 2567.*

II. Organstellung

Der Abschlußprüfer ist kein Organ der zu prüfenden Aktiengesellschaft.[31] In Anlehnung an die Rechtsprechung des BGH wurde der Abschlußprüfer zunächst als „Organ", „Hilfsorgan" bzw. als „organähnlich" angesehen.[32] Dies wurde damit begründet, daß der Abschlußprüfer durch seine Auskunftsrechte, die Berichtspflichten und vor allem seine Wahl durch die Hauptversammlung in die innere Organisation der Gesellschaft integriert sei. Dem steht jedoch entgegen, daß im Konfliktfall die durch die Abschlußprüfung zu wahrenden öffentlichen Interessen Vorrang vor dem Unternehmensinteresse haben. Der Abschlußprüfer hat gem. § 43 WPO seine Prüfung eigenverantwortlich und weisungsunabhängig durchzuführen. Seinem Auftrag nach ist der Abschlußprüfer eine außerhalb der Gesellschaft stehende Prüfstelle.[33] Auch die Gesetzessystematik – der Abschlußprüfer wird in den Bestimmungen über die Verfassung der Aktiengesellschaft und der GmbH nicht aufgeführt – spricht gegen eine Organstellung des Abschlußprüfers.

III. Öffentliche Funktion

Der Jahresabschlußprüfer nimmt eine öffentliche Funktion wahr.[34] Die Jahresabschlußprüfung ist mit umfangreichen, quasi hoheitlichen Eingriffen in die Rechte des geprüften Unternehmens verbunden. Der Vorstand ist nach § 320 HGB verpflichtet, dem Jahresabschlußprüfer den Jahresabschluß und den Lagebericht unverzüglich nach seiner Aufstellung vorzulegen, ihm Einsicht in Bücher und Bestände zu gewähren und ihm alle Aufklärungen und Nachweise zu geben, die für eine sorgfältige Prüfung notwendig sind. Die beschriebenen Rechte gewährleisten, daß der Jahresabschlußprüfer die Möglichkeit hat, alle im Unternehmen vorhandenen, für die Prüfung notwendigen Informationsquellen zu nutzen. Der Umfang seiner Auskunftsrechte richtet sich nach dem Umfang seiner Prüfungspflichten. Der Gesetzespassus in § 320 II S. 1 HGB „... die für eine sorgfältige Prüfung notwendig sind" weist auf diesen Zusammenhang hin. Diese an den Prüfungspflichten orientierte Ausgestaltung der Auskunftsrechte ermöglicht bei einer

---

31 *Ebke, Dritthaftung, S. 14 f.; Schulze-Osterloh in Baumbach/Hueck, § 41 GmbHG Rn. 70; Schulze-Osterloh, Funktion, ZGR 1976, 411, 417 f.;* unentschieden *A/D/S § 316 HGB Rn. 13 f.*

32 *BGHZ 16, 17, 26,* vgl. dazu auch *Claussen, Kölner Komm. § 318 HGB Rn. 30 f. m.w.N.* der eine Organstellung ablehnt.

33 *Ebke, Dritthaftung, S. 14 f.; Schulze-Osterloh, Funktion, ZGR 1976, 411, 417 f.*

34 *Budde/Steuber in BeBiKo, § 318 HGB, Rn. 14.*

veränderten Auslegung der Prüfungspflichten eine flexible Gestaltung der Jahresabschlußprüfung. So stellt denn auch Forster fest: „In langjähriger Berufstätigkeit ist mir jedenfalls kein Fall bekannt geworden, in dem es etwa an ausreichenden Prüfungsrechten gemangelt hätte.“[35] Die Prüfungsrechte sind also auch dann ausreichend, wenn der Abschlußprüfung eine insolvenzprophylaktische Bedeutung zugemessen wird.

Der mit der Jahresabschlußprüfung verbundene Eingriff in Unternehmensrechte läßt sich nur durch einen im Ansatz hoheitlichen Charakter der Jahresabschlußprüfung erklären. Der Jahresabschlußprüfer ist dennoch nicht Inhaber eines öffentlichen Amtes, sondern übt wie der Rechtsanwalt als Privatperson einen freien Beruf aus. Bei dem vom Wirtschaftsprüfer mit der zu prüfenden Gesellschaft, die dabei gem. § 111 II S. 3 AktG durch den Aufsichtsrat vertreten wird, abgeschlossenen Vertrag zur Durchführung der Jahresabschlußprüfung handelt es sich um einen privatrechtlichen Geschäftsbesorgungsvertrag gem. § 675 BGB.[36] Der Vorschlag, Abschlußprüfer zu verbeamten und ihre Bestellung einem staatlichen Aktienamt zu übertragen, wurde im Aktienrechtsausschuß des vorläufigen Reichswirtschaftsrates im Jahre 1933 mit deutlicher Mehrheit verworfen.[37] Der „Verstaatlichung“ der Abschlußprüfung wurde eine privatwirtschaftliche Verantwortung des Abschlußprüfers mit stark öffentlich-rechtlichem Einschlag vorgezogen.

Die im Ansatz öffentlich – rechtliche Funktion der Jahresabschlußprüfung äußert sich auch in einer weitgehenden gesetzlichen Reglementierung des Berufsstandes der Wirtschaftsprüfer.[38] Abschlußprüfer von großen Kapitalgesellschaften iSd § 267 III HGB können nur Wirtschaftsprüfer oder Wirtschaftsprüfungsgesellschaften sein (§ 319 I HGB). Der bedeutenden Stellung des Abschlußprüfers im Wirtschaftsleben wird durch die Bestimmungen der Wirtschaftsprüferordnung (WPO) über die öffentliche Bestellung und Vereidigung des Wirtschaftsprüfers, die Zulassungsvoraussetzungen zum Wirtschaftsprüferexamen und seine Pflicht zur Fortbildung Rechnung getragen. Gegenstand der Wirtschaftsprüferprüfung sind nach § 5 B. und C. der Prüfungsordnung für die

---

35 *Forster, Abschlußprüfung, Wpg. 94, 789, 792.*

36 H.M.; nach a.A. handelt es sich um einen typengemischter Vertrag besonderer Art. Vgl. zum Meinungsstand *Mai, Abschlußprüfer, S. 245 ff; Claussen, Kölner Komm. § 318 HGB Fn. 21, beide m.w.N.*

37 Vgl. die Protokolle des Aktienrechtsausschußes des vorläufigen Reichswirtschaftrates mit einem Vorwort von *Hommelhoff* in *Schubert/Hommelhoff, Aktienrechtsreform, S. 83, 513, 521;*

38 *Schulze-Osterloh, Funktion, ZGR 1976, 411, 416f.; Lutter in IDW, Fachtagung, S. 227, 235;* a.A.: *Kropff in Geßler/Hefermehl/Eckhard/ Kropff, § 162 AktG, Rn.4,* der die Abschlußprüfung als Institution des Privatrechts sieht.

Prüfung als Wirtschaftsprüfer neben dem eigentlichen Prüfungswesen die Betriebswirtschaft und das Wirtschaftsrecht.[39] Dabei ist zu beachten, daß die angehenden Wirtschaftsprüfer idR bereits ein wirtschafts- oder rechtswissenschaftliches Studium und eine mehrjährige Berufstätigkeit hinter sich haben (vgl. §§ 8, 9 WPO). Über die genannten Bestimmungen hinaus hat die Wirtschaftsprüferkammer auf Grundlage der Ermächtigung in § 57 III und IV WPO eine Berufssatzung erlassen.[40] Nach den §§ 5 f. der Berufssatzung ist der Wirtschaftsprüfer verpflichtet, bei der Einstellung von Mitarbeitern die fachliche und persönliche Qualifikation der Bewerber zu prüfen und für eine angemessene Fortbildung der Mitarbeiter Sorge zu tragen. Die Wirtschaftsprüferkammer wacht über die Einhaltung der Berufspflichten. Schuldhafte Pflichtverletzungen sind in einem berufsgerichtlichen Verfahren nach §§ 67 ff. WPO zu ahnden. Die genannten Vorschriften der WPO und der Berufssatzung sollen eine hohe Qualifikation des Berufsstandes und der beschäftigten Mitarbeiter garantieren. Biener spricht sogar von einer im internationalen Vergleich bestehenden Überqualifikation der deutschen Wirtschaftsprüfer.[41]

IV. Abschlußprüfung und Unternehmensberatung

Konsequenz der öffentlich-rechtlichen „Verstrickung" der Jahresabschlußprüfung ist, daß der Jahresabschlußprüfer keine private Dienstleistung erbringt, sondern einen gesetzlichen Auftrag zu erfüllen hat. Vor diesem Hintergrund ist es mit Vorsicht zu betrachten, wenn dem Wirtschaftsprüfer in der Rolle des Jahresabschlußprüfers vermehrt die Rolle eines Unternehmensberaters zugeordnet wird.[42] Sogar in der Begründung der Bundesregierung zum Gesetzesentwurf zur Änderung von Vorschriften über die Tätigkeit der Wirtschaftsprüfer ist fortlaufend vom „Dienstleistungsprodukt Abschlußprüfung" und von „Beratungsleistungen" die Rede.[43] Hommelhoff stellt insoweit zutreffend fest: „Beraten können Abschlußprüfer nur dann und insoweit, wie ihre gesetzlichen Pflichtaufgaben nicht beeinträchtigt werden."[44] Die Jahresabschlußprüfung setzt in weiten Teilen eine

---

39 *Prüfungsordnung für Wirtschaftsprüfer BGBl. I S. 529 v. 31.7.1962,* zuletzt geändert am 22.2.1995 *BGBl. I S. 233.*

40 *Berufssatzung der Wirtschaftsprüferkammer vom 11. Juni 1996 (BAnz. S. 11077).*

41 *Biener in FS Havermann, Erwartungslücke, S. 39, 45.*

42 Vgl. *Dörner, Unternehmensberatung, Wpg, 1998, S. 302.*

43 *Gesetz zur Änderung von Vorschriften über die Tätigkeit der Wirtschaftsprüfer vom 19.12.2000, BGBl. 2000 I, S. 1769 ff.*; *Regierungsbegründung in BT-Drucksache 14/3649, S. 16 ff.*

44 *Hommelhoff, Position II, BB 1998, 2625, 2627.*

kritische Distanz gegenüber dem Vorstand als gesetzlichem Vertreter des Unternehmens voraus.[45] Der Wirtschaftsprüfer darf, eine Schlagzeile eines Wirtschaftsmagazins aufgreifend, nicht „vom Wachhund zum Schoßhund“ verkommen.[46] Der Jahresabschlußprüfer muß – anders als ein Unternehmensberater – die Bereitschaft aufbringen, den gesetzlichen Prüfungsauftrag auch gegen Widerstände in der Unternehmensführung durchzuführen. Insbesondere dann, wenn es um die Aufdeckung von Bilanzmanipulationen und Gesetzesverstößen des Vorstandes geht, ist eine kritisch distanzierte Prüfungsauffassung geboten.[47]

V. Unabhängigkeit und Unparteilichkeit

Die Bedeutung der kritischen Distanz des Jahresabschlußprüfers bei der Erfüllung seines gesetzlichen Auftrages hat in der Wirtschaftsprüferordnung in den §§ 43 ff. WPO ihren Niederschlag gefunden. So hat der Wirtschaftsprüfer seinen Beruf unabhängig und eigenverantwortlich auszuüben und sich insbesondere bei der Erstattung der Prüfungsberichte unparteiisch zu verhalten (§ 43 I WPO).[48] Unabhängigkeit und Unparteilichkeit sind unabdingbare Voraussetzungen für die Wahrnehmung der Informations-, Kontroll- und Beglaubigungsfunktion der Jahresabschlußprüfung. Die Unparteilichkeit beinhaltet, daß sich der Wirtschaftsprüfer auf keinen Fall einzelnen Interessen verpflichten darf. Er hat sich in strikter Neutralität zu üben.

Aus dem Grundsatz der Unabhängigkeit folgt, daß er sich in fachlicher, persönlicher, wirtschaftlicher und arbeitsrechtlicher Hinsicht frei von jeglicher Abhängigkeit halten muß. Die Unabhängigkeit des Abschlußprüfers vom Vorstand der zu prüfenden Gesellschaft wird jedoch im Zuge der letzten Unternehmenskrisen zunehmend in Frage gestellt.[49] Der Gesetzgeber hat sich daher im KonTraG dieser Fragestellung angenommen und Bestimmungen, die der Wahrung der Unabhängigkeit des Jahresabschlußprüfers dienen, verschärft bzw. neu geschaffen.

Die Regierungskommission Corporate Governance sieht in ihren Empfehlungen zur Rechnungslegung und Prüfung de lege ferenda Maßnahmen zur Stärkung der Unabhängigkeit des Abschlußprüfers vor. So soll der Abschlußprüfer eine Unabhängigkeitserklärung des Inhalts abgeben, daß keine Umstände (berufliche, finanzielle und familiäre Beziehungen zu der geprüften Gesellschaft und

---

45 *Hommelhoff/Mattheus, Corporate Governance, AG 1998, 249, 257.*
46 Vgl. *MM 6/1994 S. 45.*
47 Vgl. Teil 2, Kap. 2, II.2.c.cc.
48 Zu den Berufspflichten vgl. ausführlich *WP Handbuch Bd. I, Abschnitt A Rn. 58 ff;*
49 *MM, 6/1996, S. 34 ff; Schildbach, Glaubwürdigkeitskrise, BFuP 1996,*

ihren Organmitgliedern) bestehen, die die Besorgnis der Befangenheit begründen könnten.[50] Darüber hinaus spricht sich die Regierungskommission dafür aus, daß Aufsichtsrat und Hauptversammlung über Beratungsleistungen der Prüfungsgesellschaft bei der zu prüfenden Gesellschaft und deren Vergütung informiert werden.[51]

Beide Forderungen sind als Soll – Empfehlungen im Entwurf des Corporate Governance – Kodex aufgenommen worden. Die Klassifizierung als Soll – Empfehlung hat dabei zur Folge, daß börsennotierte Gesellschaften von der Empfehlung zwar abweichen können, die Abweichung aber jährlich offenlegen müssen.[52] Die Vorschläge gehen im übrigen auf entsprechende Regeln der US-amerikanischen Wertpapieraufsicht SEC zurück.[53]

Die Änderungen sind im Zeitalter der Globalisierung wahrscheinlich unvermeidbar; wirklich hilfreich sind sie nicht. Die Information der Öffentlichkeit über lukrative Beratungsaufträge der Prüfungsgesellschaften bei den Prüfungsmandaten wird nicht dazu beitragen, Gerüchte, daß die Erteilung eines uneingeschränkten Testates und Beratungsaufträge in einem wechselseitigen Verhältnis stehen, zum Verstummen zu bringen. Derartige Mutmaßungen wurden beispielsweise im Krisenfall Holzmann geäußert, als bekannt wurde, dass die Holzmann-Prüfer nicht nur prüfend, sondern auch beratend bei dem Baukonzern tätig waren.[54]

Im Gegenteil: Bei jeder (vermeintlichen) Fehlleistung des Prüfers wird durch die Information der Hauptversammlung die öffentliche Diskussion noch weiter angeheizt werden. Konsequent wäre es insoweit nur, ein Verbot von Beratungsleistungen der Prüfungsgesellschaften bei ihren Prüfungsmandanten zu fordern.

De lege lata sind bereits nach dem KonTraG folgende Unabhängigkeitsbestimmungen verschärft worden:

---

50 *Regierungskommission Corporate Governance, S. 311 ff.*

51 *Regierungskommission Corporate Governance, S. 313 ff.*

52 *Regierungskommission Corporate Governance Kodex, NZG 2002, S. 75, 78.*

53 Zu den Reformvorhaben äußern sich *Schindler/Rosin, Unabhängigkeit, S. 117, 133;* kritisch *Röhricht, Unabhängigkeit, Wpg. Sonderheft 2001, S. 80;* zustimmend hingegen *Schruff, Anforderungen, Wpg. Sonderheft 2001, S. 94.*

54 Vgl. zum Fall Holzmann insoweit *Mattheus, Mängel, S. 7, 11 ff; Schindler/Rosin, Unabhängigkeit, S. 117,129* weisen daraufhin, daß bisher kein Fall empirisch belegt sei, bei dem eine Beeinflußung des Abschlußprüfers durch anderweitige Beratungsleistungen festgestellt werden konnte.

1. Grenzwerte für Umsätze mit einzelnen Mandanten

Der Gesetzgeber hat, um eine Abhängigkeit des Abschlussprüfers gegenüber dem auftraggebenden Unternehmen und daraus resultierende Interessenkonflikte zu vermeiden, in § 319 II Nr. 8 HGB a. F. bestimmt, daß ein Wirtschaftsprüfer nicht als Abschlußprüfer tätig werden kann, wenn er in den letzten fünf Jahren mehr als die Hälfte der Gesamteinnahmen aus seiner beruflichen Tätigkeit aus der Prüfung und Beratung der zu prüfenden Gesellschaft bezogen hat und dies auch im laufenden Geschäftsjahr zu erwarten ist. Mit dem Gesetz zur Kontrolle und Transparenz im Unternehmensbereich wurde diese Umsatzgrenze auf 30 % abgesenkt. Die Neuregelung soll laut Gesetzesbegründung das Vertrauen in die Unabhängigkeit des Jahresabschlußprüfers stärken und einer möglichen Besorgnis der Befangenheit entgegengewirken, zumal die bisherige Regelung hinter internationalen Maßstäben zurückbleibe.[55]

2. Interne Rotation

Dieselbe Zielsetzung verfolgt der neu eingefügte § 319 III Nr. 6 HGB. Diese zweite Änderung des § 319 HGB ist jedoch nur bei der Prüfung von Aktiengesellschaften, die Aktien mit amtlicher Notierung ausgegeben haben, von Bedeutung. Eine Prüfungsgesellschaft darf bei solchen Gesellschaften nicht mehr Abschlußprüfer sein, wenn sie bei der Prüfung der Gesellschaft einen Wirtschaftsprüfer beschäftigt, der in den letzten zehn Geschäftsjahren, die dem zu prüfenden Geschäftsjahr vorausgehen, in mehr als sechs Fällen den Bestätigungsvermerk über die Prüfung der Jahres- oder Konzernabschlüsse der Gesellschaft gezeichnet hat. Diese Regelung zwingt die Prüfungsgesellschaft – will sie das Mandat nicht verlieren – dazu, einen internen Prüferwechsel vorzunehmen. Diese interne Rotation des verantwortlichen Abschlußprüfers ist denn auch die Zielsetzung der Norm. Weitergehende Vorschläge, die einen zwingenden Wechsel der Prüfungsgesellschaft – eine sog. externe Rotation – forderten, blieben hingegen im KonTraG unberücksichtigt.[56] Dies ist zu begrüßen, da anderenfalls das in Jahren erworbene Erfahrungswissen des Prüfers über das von ihm geprüfte Unternehmen verloren ginge und vom Prüfer der neuen Prüfungsgesellschaft erst wieder mühsam gesammelt werden müßte. Die interne Rotation dagegen beinhaltet einerseits die Chance, daß ein frischer Wind in die Prüfung einkehrt, gewährleistet aber andererseits, daß das erworbene Erfahrungswissen innerhalb der Prüfungsgesell-

---

55 *BT Drucksache 13/9712,S. 27.*
56 *Forster, KonTraG, Wpg. 1998, S. 41, 48.*

schaft ausgetauscht werden kann. Eine interne Rotation wird aufgrund dieser Vorteile auch in vielen Gesellschaften bereits praktiziert.[57]

Kapitel 2: Bedeutung des Aufsichtsrates

Nach den §§ 30, 95 ff. AktG ist der Aufsichtsrat ein zwingend vorgeschriebenes Organ der Aktiengesellschaft. Der Aufsichtsrat bildet zusammen mit dem Vorstand die Verwaltung der Aktiengesellschaft (vgl. § 120 II AktG). Die Verwaltung der Gesellschaft ist gekennzeichnet durch eine strikte personelle (§ 105 AktG) und im wesentlichen auch sachliche (§ 111 IV AktG) Trennung zwischen dem Geschäftsführungsorgan Vorstand und dem Kontrollorgan Aufsichtsrat.[58] Der Aufsichtsrat ist Sitz der betrieblichen Mitbestimmung nach den §§ 6 ff. MitbestG. Das Gesetz weist dem Aufsichtsrat als Kollegialorgan verstreut über die einzelnen Teile des Aktiengesetzes eine Vielzahl von Aufgaben und Befugnissen zu.[59]

Den Schwerpunkt der Tätigkeit des Aufsichtsrats stellt die Überwachung des Vorstands nach § 111 I AktG dar. Es lassen sich aber nicht alle Aufgaben als alleinige Ausprägungen seiner Pflicht zur Überwachung der Geschäftsführung deuten.[60] Weitere zentrale Funktionen sind die Bestellung und Abberufung von Vorstandsmitgliedern nach § 84 AktG sowie die gerichtliche und außergerichtliche Vertretung der Gesellschaft gegenüber Vorstandsmitgliedern gem. § 112 AktG. Die Überwachungspflicht des Aufsichtsrats erstreckt sich auf die Leitungs- und Führungsentscheidungen des Vorstands (§ 76 I AktG). Die Schwerpunkte der vom Aufsichtsrat zu überwachenden Leitungsaufgaben ergeben sich aus § 171 I AktG, der die Pflicht des Aufsichtsrats zur Prüfung von Jahresabschluß und Lagebericht statuiert (I.) sowie aus § 90 AktG, der die Berichtspflichten des Vorstands an den Aufsichtsrat regelt (II.).[61] Ein weitere, für das Verhältnis Aufsichtsrat – Abschlußprüfer bedeutsame Konkretisierung der Überwachungstätigkeit des Abschlußprüfers findet sich in § 321 IV HGB (III.). Die nachfolgend dargestellten Überwachungspflichten des Aufsichtsrats haben – dies sei an dieser

57 *Forster, KonTraG, Wpg. 1998, S. 41, 49.*
58 *MünchHdb. AG/Hoffmann-Becking § 19 Rn. 1 f.;*
59 Die überwiegende Zahl von Aufgaben und Befugnissen steht dabei nicht dem einzelnen Aufsichtsratmitglied, sondern dem Aufsichtsrat in seiner Gesamtheit zu.
60 *MünchHdb. AG/Hoffmann-Becking § 29 Rn 1f.;*
61 *Lutter/Krieger, Rechte, § 2 Rn.18; Semler, Leitung, § 5 Rn.103; Mertens, Kölner Komm. § 111 Rn. 29*

Stelle vorweggenommen – durch das KonTraG keine wesentliche Erweiterung, sondern in weiten Teilen lediglich eine Präzisierung erfahren.[62]

I. Prüfung von Jahresabschluß und Lagebericht

§ 171 I S. 1 AktG verpflichtet den Aufsichtsrat, den Konzern- und Jahresabschluß, den Lagebericht sowie den Gewinnverwendungsvorschlag zu prüfen. Die Prüfung durch den Aufsichtsrat ist Teil seiner allgemeinen Überwachungspflicht nach § 111 I AktG. Ein wichtiges Hilfsmittel hierbei ist der Prüfungsbericht des Abschlußprüfers.[63] Die Abschlußprüfung ist, wie aus § 170 I AktG hervorgeht, der Aufsichtsratsprüfung zeitlich vorgelagert; sie wird mit qualifiziertem und spezialisiertem Personal in beträchtlicher Prüfungstiefe durchgeführt. Vergleichbare Möglichkeiten hat der Aufsichtsrat nicht. Die unterschiedlichen personellen und zeitlichen Ressourcen von Aufsichtsrat und Abschlußprüfer, aber auch die rechtlichen Rahmenbedingungen – der Aufsichtsrat ist gem. § 111 V AktG zur höchstpersönlichen Ausübung seines Amtes verpflichtet – bedingen einen unterschiedlichen Prüfungsansatz. Das Gesetz setzt eine Zusammenarbeit zwischen Aufsichtsrat und Abschlußprüfer, nicht aber eine Doppelarbeit voraus.[64] Die Einrichtung von Bilanzausschüssen des Aufsichtsrats, die in Literatur und Praxis vermehrt gefordert wird, kann dazu beitragen, daß sich der Aufsichtsrat sachkundig mit dem Jahresabschluß und seiner Prüfung durch den Wirtschaftsprüfer befaßt.[65] Intensität und Umfang der Prüfungstätigkeit des Aufsichtsrats werden dabei wesentlich durch die Prüfungsfeststellungen des Abschlußprüfers bestimmt.[66] Soweit der Abschlußprüfer durch entsprechende Äußerungen im Prüfungsbericht und durch Erteilung eines uneingeschränkten Bestätigungsvermerks zum Ausdruck bringt, daß er keine Bedenken hinsichtlich des Jahresabschlusses hat, und dem Aufsichtsrat keine besonderen Umstände bekannt sind, kann der Aufsichtsrat von eigenen Nachforschungen in diesem Bereich absehen. Das Gesetz hebt

---

62 *Hommelhoff/Mattheus, Corporate Governance, AG 1998, 249, 252; Schulze-Osterloh, Unternehmensüberwachung, ZIP 1998, 2129, 2135.*

63 *Lutter/Krieger, Rechte, § 5 Rn.192; MünchHdb. AG/Hoffmann-Becking § 44 Rn 13.*

64 *A/D/S, § 171 AktG, Rn. 19 ff.; Schulze-Osterloh, Unternehmensüberwachung, ZIP 1998, 2129, 2133.*

65 *Röller, Aufsichtsrat, AG 1994, 333; Rürup, Aufsichtsrat, AG 1995, 219, 222; Götz, Überwachung, AG 1995, 337, 347; Forster, Aufsichtsräte, AG 1995, 1, 5 f.;*

66 Diese Differenzierung entspricht grundsätzlich der h.M.: *A/D/S § 171 AktG Rn. 24; Claussen, Kölner Komm. § 171 Rn. 7 ff.; Clemm, Abschlußprüfer, ZGR 1980 454, 457 f.; Rürup, Aufsichtsrat, AG 1995, 219, 220; MünchHdb. AG/Hoffmann-Becking § 44 Rn 15;* kritisch *Schulze-Osterloh, Unternehmensüberwachung, ZIP 1998, 2129, 2134.*

zwar für diesen Fall die Prüfungspflicht nicht auf, die Kontrolle durch den Aufsichtsrat kann sich dann aber auf das sorgfältige Studium des Prüfungsberichts sowie auf Rückfragen bei Vorstand und Prüfer beschränken. Stichproben, die eine Kontrolle der Jahresabschlußprüfung darstellen würden, müssen nicht mehr gezogen werden. Trotz eines uneingeschränkten Bestätigungsvermerks des Abschlußprüfers darf sich der Aufsichtsrat ausnahmsweise nicht auf die Prüfung des Wirtschaftsprüfers verlassen, wenn sich aus dem Prüfungsbericht oder im persönlichen Gespräch mit dem Prüfer schwerwiegende Zweifel daran ergeben, daß die Arbeit des Prüfers den gesetzlichen Anforderungen an die Jahresabschlußprüfung entspricht.[67] Ist letzteres nicht der Fall, kann im Interesse einer effizienten Aufsichtsratarbeit von einer umfänglichen Eigenprüfung Abstand genommen und auf der Arbeit des Prüfers aufgebaut werden.

Hat der Abschlußprüfer den Jahresabschluß im Prüfungsbericht beanstandet und/oder hat er den Bestätigungsvermerks verweigert bzw. einen eingeschränkten Bestätigungsvermerk erteilt, trifft den Aufsichtsrat bezüglich der Beanstandungen eine umfassende Prüfungspflicht. In diesem Fall kann er sich nicht mit Plausibilitätsbetrachtungen zum Jahresabschluß begnügen.

II. Überwachung nach § 90 I S. 1 AktG

§ 90 I AktG legt die Berichtsinhalte fest, die Gegenstand der Berichterstattung des Vorstandes an den Aufsichtsrat sind. Es gilt der Grundsatz, daß alle Vorgänge, über die der Vorstand zu berichten hat, auch vom Aufsichtsrat zu überwachen sind. Aus der Regelung der Berichtspflichten des Vorstandes ergibt sich, daß der Aufsichtsrat die Leitung des Unternehmens durch den Vorstand umfassend zu überwachen hat.

Im einzelnen ergeben sich folgende Überwachungspflichten des Aufsichtsrats: Nach § 90 I S. 1 Nr. 1 AktG gehören die Planung der künftigen Unternehmenspolitik und weitere wesentliche Fragen künftiger Geschäftsführung zu den vom Aufsichtsrat zu überwachenden Leitungsfunktionen des Vorstands.[68] Durch das Gesetz zur Kontrolle und Transparenz im Unternehmensbereich wurde § 90 I S. 1 Nr. 1 AktG neu gefaßt. Der Wortlaut, daß über „andere grundsätzliche Fragen der künftigen Geschäftsführung" zu berichten ist, wurde durch die Formulierung, daß „grundsätzliche Fragen der Unternehmensplanung (insbesondere die

67 So im Ergebnis auch *Schulze-Osterloh, Unternehmensüberwachung, ZIP 1998, 2129, 2134.*

68 Vgl. dazu umfassend *Kropff, Unternehmensplanung, NZG 1998, 613.*

Finanz-, Investitions- und Personalplanung)“ Gegenstand der Vorstandsberichte sind, ersetzt.

Nach § 90 I S. 1 Ziff. 2 und 3 AktG hat der Aufsichtsrat außerdem sein Augenmerk auf die Rentabilität sowie auf den Gang der Geschäfte, insbesondere den Umsatz und die Lage der Gesellschaft, zu richten.[69]

Nach § 90 I S. 1 Ziff. 4 AktG bedürfen einzelne Rechtsgeschäfte der Überprüfung des Aufsichtsrats nur, wenn sie von wesentlichem Einfluß auf die Rentabilität und Liquidität der Gesellschaft sein können. Ob ein Geschäft besondere Bedeutung hat, hängt zum einen von der Größenordnung des Geschäfts an sich und zum anderen von den wirtschaftlichen Verhältnissen der Gesellschaft ab.[70] Der Aufsichtsrat hat seine Kontrolle ausschließlich auf gewichtige Sachverhalte zu beschränken.[71] Innerhalb dieses Rahmens hat sich die Überwachung durch den Aufsichtsrat auf die Rechtmäßigkeit, Ordnungsmäßigkeit, Zweckmäßigkeit und Wirtschaftlichkeit der Geschäftsführung zu beziehen.[72] Insbesondere bei einer Überprüfung der Zweckmäßigkeit von Vorstandsentscheidungen ist jedoch zu beachten, daß das unternehmerische Ermessen des Vorstands respektiert wird (§§ 76 I, 111 IV AktG).[73]

Das Maßnahmeninstrumentarium des Aufsichtsrats reicht von Stellungnahmen und Beanstandungen über die Abberufung von Vorstandsmitgliedern gem. § 84 AktG bis zur Einberufung einer Hauptversammlung gem. § 111 III AktG.[74] Die Überwachungsaufgabe des Aufsichtsrats umfaßt auch die Beratung des Vorstands in allen wesentlichen Leitungsmaßnahmen. Die ständige Diskussion und

---

69 So *Lutter/Krieger, Rechte, §3 Rn. 59 ff.;* zustimmend zur Heranziehung von Vergleichszahlen *Semler, Leitung, § 6 Rn.153.;* enger bez. Vergleichszahlen *Mertens, AG 1980, 61, 67.*

70 *Lutter/Krieger, Rechte, § 3 Rn.66; Semler, Leitung, § 7 Rn.238;*

71 *Lutter/Krieger, Rechte, § 2 Rn.1; Semler, Leitung, § 5 Rn.103; Mertens, Kölner Komm. § 111 Rn. 29.*

72 H.M: *Steinbeck, Überwachungspflicht, S. 84 ff.; Lutter/Krieger, Rechte, § 2 Rn. 22 ff.; Semler, Leitung, § 6 Rn.183 ff.; Mertens, Kölner Komm. § 111 Rn. 11; MünchHdb. AG/Hoffmann-Becking § 29 Rn 26; Boujong, Mindestanforderungen, AG 95, 203, 204.* Die in der Lit. genannten Oberbegriffe variieren leicht, ohne daß dies gravierende inhaltliche Auswirkungen hat. Lutter und Semler nennen zusätzlich die "Ordnungsmäßigkeit" als Prüfungsmaßstab.

73 *Mertens, Kölner Komm. § 111 Rn. 11; Lutter/Krieger, Rechte, § 2 Rn. 27;*

74 Vgl. außerdem das Recht des Aufsichtsrats zum Erlaß einer Geschäftsordnung für den Vorstand gem. § 77 II AktG, Zustimmungsvorbehalte nach § 111 IV S. 2 AktG, Verweigerung der Zustimmung zum Jahresabschluß gem. § 172 S. 1 AktG und Beanstandung im Pflichtbericht an die Hauptversammlung über das Ergebnis der Jahresabschlußprüfung gem. § 171 II AktG.

laufende Beratung ist ein Mittel vorausschauender, präventiver Kontrolle.[75] Bei sich abzeichnenden Ergebnisverschlechterungen hat der Aufsichtsrat seine Überwachungstätigkeit zu intensivieren.[76] Der Aufsichtsrat hat die Kontrolldichte in sachlichem und zeitlichen Umfang zu erhöhen, d.h. er hat verstärkt Informationen zu sammeln und sich häufiger zu Aufsichtsratsitzungen zusammenzufinden. In der Krise selbst hat er alle ihm zur Verfügung stehenden Rechte auszuschöpfen, um Schaden vom Unternehmen abzuwenden. Gegebenenfalls hat er durch Ausübung seiner Personalkompetenz nach § 84 AktG für eine geeignete Besetzung des Vorstandes zu sorgen. In die eigentliche Geschäftsführung darf der Aufsichtsrat aber auch in dieser Situation nicht eingreifen.

III. Überwachung des Risikomanagements

Zusätzliche Überwachungspflichten des Aufsichtsrats ergeben sich mittelbar aus der durch das KonTraG neu eingeführten Pflicht des Vorstands börsennotierter Aktiengesellschaften gem. § 91 II AktG, ein Risikomanagementsystem einzurichten.

Damit korrespondiert nicht nur die Verpflichtung des Abschlußprüfers nach §§ 317 IV, 321 IV HGB zur Prüfung und Berichterstattung über das Überwachungssystem, sondern auch die Verpflichtung des Aufsichtsrats, das Bestehen eines Überwachungssystems und dessen Leistungsfähigkeit zu überprüfen. Da das genannte Risikomanagement der Früherkennung und Vermeidung bestandsgefährdender Unternehmenskrisen dient, ist damit auch der Aufsichtsrat in die Verantwortung für das unternehmenseigene Krisenfrühwarnsystem eingebunden.[77]

---

75 *BGHZ 114, 127, 130; Boujong, Mindestanforderungen, AG 95, 203, 204; Lutter/Krieger, Rechte, § 2 Rn. 30.; EWiR § 114 AktG 1/91, 525 (Semler);* a.A.: *Theisen, Kontrolle, AG 1995, 193, 199* Überwachung und Beratung seien einander wesensfremd;

76 *Semler, Aufgaben, AG 81, 141; ders. Leitung, § 6 Rn.231 ff.; Hüffer, § 111 AktG, Rn. 7; Steinbeck, Überwachungspflicht, S. 92 ff.; Lutter/Krieger, Rechte, § 2 Rn. 28.; Mertens, Kölner Komm. § 111 Rn. 20;* kritisch zu der inbesondere von Semler vertretenen dreifachen Abstufung der Überwachungspflicht *Claussen, Überwachungspflicht, AG 84, 20; Schulze-Osterloh, Unternehmensüberwachung, ZIP 1998, 2129, 2130.*

77 *Hommelhoff/Mattheus, Corporate Governance, AG 1998, 249, 252; Schulze-Osterloh, Unternehmensüberwachung, ZIP 1998, 2129, 2134; Mattheus, Rolle, ZGR 1999, 682, 690, 702 ff.*

IV. Informationsbedarf des Aufsichtsrats

Die weitreichende Überwachungsaufgabe des Aufsichtsrats kann nicht ohne entsprechende Informationen über die Tätigkeit des Vorstands wahrgenommen werden. Überwachung kann nur funktionieren, wenn das Überwachungsobjekt bekannt ist. Der Aufsichtsrat benötigt daher Informationen, die sich auf alle von ihm zu überwachenden Geschäftsfelder erstrecken, die aktuell und zukunftsorientiert sind und eine Krisenprophylaxe ermöglichen.[78]

Das KonTraG hat den vorstehend in seinen Grundzügen skizzierten Kontrollauftrag des Aufsichtsrats noch deutlicher als bisher in Richtung einer zukunftsorientierten Überwachung ausgerichtet.[79] Im Rahmen der zukunftsorientierten Überwachung gilt dabei das Hauptaugenmerk künftigen bestandsgefährdenden Entwicklungen. Dies bedingt eine entsprechende Informationsversorgung des Aufsichtsrats.

Die Hauptinformationsquelle des Aufsichtsrats in dem Überwachungsbereich des § 90 AktG ist dabei nach herkömmlichem Verständnis der Vorstand. Dies ergibt sich aus den Berichtspflichten des Vorstands nach § 90 AktG. Der Vorstand bietet aufgrund seines direkten Einblicks in die Unternehmensgeschäfte an sich auch die besten Voraussetzungen für eine umfangreiche und sachkundige Information. Problematisch ist jedoch, daß der Vorstand zugleich Überwachungsobjekt des Aufsichtsrats ist. Diese besondere Konstellation kann dazu führen, daß insbesondere in Krisensituationen Informationen vom Vorstand zurückgehalten bzw. verfälscht wiedergegeben werden, um die Aufdeckung eigener Versäumnisse und die eigene Abberufung durch den Aufsichtsrat zu verhindern. In zahlreichen Krisenfällen – an dieser Stelle seien nur die Fälle Metallgesellschaft und KHD Wedag genannt – wurde von Seiten des Aufsichtsrats beklagt, daß der Vorstand nicht, nur verspätet oder gar vorsätzlich falsch informiert habe. Der dem Vorstandsamt immanente Interessenkonflikt macht den Vorstand zu einer in Krisensituationen nur eingeschränkt glaubwürdigen Informationsquelle. Der Aufsichtsrat benötigt daher gerade zu Zeiten einer Unternehmenskrise Informationen aus unabhängiger Quelle, um die sich öffnende Informationslücke zu schließen. Nur so kann der Aufsichtsrat seinen gesteigerten Überwachungspflichten in Kri-

78 Einen detaillierten Überblick über die Informationsanforderungen aus betriebswirtschaftlicher Sicht bietet die Monographie von *Theisen, Grundsätze, S. 67-118;*

79 *Hommelhoff/Mattheus, Corporate Governance, AG 1998, 249, 253; Schulze-Osterloh, Unternehmensüberwachung, ZIP 1998, 2129, 2130; Mattheus, Rolle, ZGR 1999, 682, 691.*

sensituationen nachkommen und damit verhindern, daß aus der Informationslükke eine Überwachungslücke wird.[80]

Nach bisherigem Verständnis wird die Informationsaufgabe des Jahresabschlußprüfers überwiegend darin gesehen, dem Aufsichtsrat bei der Prüfung des Jahresabschlusses und des Lageberichts nach § 171 AktG Hilfestellungen zu geben. Dies kommt darin zum Ausdruck, daß der Abschlußprüfer nach wie vor häufig nicht als Informant in Bezug auf die Berichtsinhalte des § 90 I AktG genannt wird.[81] Dabei ist der Jahresabschlußprüfer nach seiner fachlichen Qualifikation und seiner Unabhängigkeit grundsätzlich dazu geeignet, dem Aufsichtsrat auch Informationen zur wirtschaftlichen Lage des Unternehmens zu vermitteln. Entscheidend ist jedoch, ob sich der Jahresabschlußprüfer nach seinem gesetzlichen Auftrag mit der wirtschaftlichen Situation des von ihm zu prüfenden Unternehmens zu beschäftigen hat. Nur dann kann der Abschlußprüfer einen Beitrag zur Schließung der Informations- und Überwachungslücke des Aufsichtsrats leisten.

Kapitel 3: Zusammenarbeit von Aufsichtsrat und Abschlußprüfer

Die Unterstützungsfunktion des Abschlußprüfers gegenüber dem Aufsichtsrat hängt von materiellen Bestimmungen ab, die den Prüfer zu einer Prüfung der wirtschaftlichen Situation des Unternehmens verpflichten. Neben diesen materiellen Bestimmungen sind jedoch auch Regelungen erforderlich, die den modus operandi der Zusammenarbeit festlegen. Die Zusammenarbeit und der Informationsfluß zwischen Aufsichtsrat und Abschlußprüfer werden denn auch in einer Reihe von organisationsrechtlichen Bestimmungen näher geregelt, die im Rahmen des KonTraG wesentlich überarbeitet wurden. Die Zielsetzung des KonTraG in diesem Bereich besteht darin, die Informationsachse Aufsichtsrat – Abschlußprüfer zu stärken. Nachfolgend soll zunächst die hinter den organisationsrechtlichen Bestimmungen stehende Kommunikationsordnung dargestellt werden (I.), ehe auf einzelne, durch das KonTraG geänderte Bestimmungen näher eingegangen wird (II.-V.).

---

80 Zur Überwachungslücke *Mattheus, Rolle, ZGR 1999, 682, 693.* Zu der auf einer mangelnden Vorbereitung der Aufsichtsratsitzungen beruhenden „Effizienzlücke" vgl. *Frühauf, Geschäftsleitung ZGR 1998, 407, 415.*

81 Vgl. z.B. zur Rechtslage nach KonTraG: *Kropff, Unternehmensplanung, NZG 1998, 613; MünchHdb. AG/Hoffmann-Becking, § 29 Rn. 22 ff. und § 44 Rn 13 ff.; Hüffer, § 111 Rn. 2 ff. und § 171 AktG, Rn. 5;* Vor KonTraG: *Mertens, Kölner Komm. § 111 Rn. 11 ff.*. Für eine weitergehende Informantenrolle auch im Hinblick auf die Berichtsinhalte nach § 90 I AktG: *Mattheus, Rolle, ZGR 1999, 682, 693.*

Den organisationsrechtlichen Bestimmungen läßt sich eine Mindestkommunikationsordnung zwischen Aufsichtsrat und Abschlußprüfer entnehmen. Dazu zunächst ein kurzer Überblick: Am Anfang der Zusammenarbeit von Aufsichtsrat und Abschlußprüfer steht das Vorschlagsrecht des Aufsichtsrats gem. § 124 III S. 1 AktG bei der Wahl des Abschlußprüfers durch die Hauptversammlung. Der Aufsichtsrat ist in diesem Rahmen verpflichtet sich einen persönlichen Eindruck von der Person, Qualifikation und dem Prüfungsansatz des verantwortlichen Wirtschaftsprüfers und seiner leitenden Mitarbeiter zu machen, ehe er einen entsprechenden Vorschlag zur Beschlußfassung formuliert.[82] Nach der Wahl durch die Hauptversammlung erteilt der Aufsichtsrat dem Abschlußprüfer gem. § 111 Abs. 2 S. 3 AktG den Prüfungsauftrag und legt u.a. auch die Prüfungsschwerpunkte fest. Nach Abschluß der Prüfung leitet der Abschlußprüfer den Prüfungsbericht gem. § 325 V S. 2 HGB an den Aufsichtsrat und nimmt gem. § 171 I S. 2 AktG an der Bilanzsitzung des Aufsichtsrats teil. Die organisationsrechtlichen Bestimmungen erfassen somit die Kommunikation vom Prüfungsbeginn an bis zur Bekanntgabe des Prüfungsergebnisses nach Abschluß der Prüfungstätigkeit. Für die Zeit während der Prüfung sieht der Gesetzeswortlaut keine weitere Kontaktaufnahme zwischen Prüfer und Aufsichtsrat vor.

Die genannten Bestimmungen stellen jedoch nur die Mindestanforderungen an die Zusammenarbeit dar. Sie verbieten nicht eine engere Zusammenarbeit zwischen Abschlußprüfer und Aufsichtsrat. Im Gegenteil: Ein schematisches Festhalten an dem gesetzlichen Mindestrahmen ist dem Abschlußprüfer dann als pflichtwidriges Verhalten auszulegen, wenn er während der Prüfung besorgniserregende Sachverhalte wie eine Bestandsgefährdung des Unternehmens oder schwerwiegende Gesetzesverstöße des Vorstands erkennt und den Aufsichtsrat nicht sofort, d.h. während der laufenden Prüfung darauf hinweist.[83] Aber auch in weniger dramatischen Situationen kann eine Kontaktaufnahme zwischen Prüfer und Aufsichtsrat geboten sein, beispielsweise um Prüfungsschwerpunkte neu zu definieren oder einfach nur um neue Informationen zur wirtschaftlichen Lage des Unternehmens auszutauschen.[84] Unabhängig davon ob man von Aufsichtsrat und Abschlußprüfer als „Zweckgemeinschaft" spricht oder den Abschlußprüfer als „Gehilfen" des Aufsichtsrats sieht, die durch das KonTraG nochmals betonte Zu-

---

82 *Gelhausen, Zweckgemeinschaft, BFuP 1999, 390, 391 f.; Forster, Zusammenspiel, AG 1999, 193, 194.*

83 Vgl. dazu umfassend *Gelhausen, Zweckgemeinschaft, BFuP 1999, 390, 398;* sowie *Budde/Kunz in BeBiKo, § 321HGB, Rn.45; A/D/S § 321 Rn. 88 ff.*

84 Kritisch zum allgemeinen Informationsaustausch *Gelhausen, Zweckgemeinschaft, BFuP 1999, 390, 398 f.*

sammenarbeit beider setzt einen intensiven Dialog in allen Phasen der Abschlußprüfung voraus[85] Der Dialog bewirkt dabei nicht nur einen besseren Informationsaustausch, sondern auch eine stärkere Entkoppelung des Abschlußprüfers von dem Vorstand.

Regelmäßige Kontakte zwischen Abschlußprüfer und Aufsichtsrat entsprechen somit der ratio legis des KonTraG. Es ist gleichermaßen die Aufgabe von Aufsichtsrat und Abschlußprüfer die Zweckgemeinschaft mit Leben zu erfüllen.[86] Gesetzliche Regelungen können hier nur Anstöße geben.

In der Unternehmenspraxis findet ein solcher Dialog bisher häufig nicht statt. Vielmehr ist der Abschlußprüfer für den Aufsichtsrat nicht selten ein „unbekanntes Wesen", während zwischen Vorstand und Abschlußprüfer regelmäßig ein reger Kontakt besteht.[87] Arbeitskontakte zwischen Abschlußprüfer und Finanzvorstand bzw. Leiter Rechnungswesen sind für die Prüfung unentbehrlich. Genauso unerläßlich ist jedoch auch, daß der Prüfer mit seinem Auftraggeber, dem Aufsichtsrat, engen Kontakt pflegt und sich diesem auch verpflichtet fühlt.

Angesichts der bisherigen Praxis wird mit dem KonTraG daher nicht ohne Grund der Versuch unternommen, die Unterstützungsfunktion des Abschlußprüfers wieder mehr in den Vordergrund zu rücken, nachdem sich in der Vergangenheit das Gewicht der Abschlußprüfung von der Gehilfenfunktion hin zu der Funktion als Garant der Publizität verschoben hat.[88] Mit der Stärkung der Unterstützungsfunktion des Abschlußprüfers geht dabei eine größere Distanz zum Vorstand einher.

II. Auftragserteilung durch den Aufsichtsrat

Die Auftragserteilung zur Prüfung des Jahresabschlusses erfolgt nach § 111 II S. 3 AktG nicht mehr durch den Vorstand, sondern durch den Aufsichtsrat.[89] Dieser kann – so die Gesetzesbegründung – die vorbereitende Tätigkeit auf einen

---

85 *Gelhausen, Zweckgemeinschaft, BFuP 1999, 390* spricht von einer Zweckgemeinschaft, *Böcking/Orth, Verbesserung, BFuP 1999, 418, 432* von einer Gehilfenstellung.

86 *Gelhausen, Zweckgemeinschaft, BFuP 1999, 390.*

87 Zu Defiziten vgl. *Gelhausen, Zweckgemeinschaft, BFuP 1999, 390, 391ff.;* bezugnehmend auf empirische Studien *Ziemons, Erteilung, DB 2000, 77, 77f.*, sowie zum Prüfer als unbekanntes Wesen *Forster, Zusammenspiel, AG 1999, 193, 194.*

88 *Böcking/Orth, Verbesserung, BFuP 1999, 418, 431; Hommelhoff/Mattheus, Corporate Governance, AG 1998, 249, 251; Mattheus, Rolle, ZGR 1999, 682, 696ff.*

89 Vgl. zu weiteren Details den Prüfungsstandard *IDW PS 220, Wpg 2001, 895.*

Aufsichtsratsausschuß, insbesondere auf den Bilanzausschuß, übertragen.[90] Von der Neuregelung durch das KonTraG unberührt bleibt das Recht der Hauptversammlung zur Wahl des Abschlußprüfers nach § 119 Abs. 1 Nr. 4 AktG. Die Unabhängigkeit des Abschlußprüfers wird durch die Gesetzesänderung weiter gestärkt; die Einflußnahmemöglichkeiten des Vorstands auf die Tätigkeit des Abschlußprüfers verringern sich. Hinzu kommt, daß die geänderte Auftragserteilung die Hilfsfunktion des Abschlußprüfers für den Aufsichtsrat auch gerade dem einzelnen Aufsichtsratsmitglied deutlich macht.[91] Der Aufsichtsrat hat nunmehr die Möglichkeit, unter Wahrung des gesetzlichen Prüfungsumfangs Prüfungsschwerpunkte vorzuschlagen und seine eigene Prüfungstätigkeit mit der des Abschlußprüfers abzustimmen. Derartige Abstimmungsmöglichkeiten gab es auch nach bisherigem Recht. Die gesteigerten Kontaktaufnahmepflichten könnten jedoch zu einer stärkeren Zusammenarbeit von Aufsichtsrat und Abschlußprüfer führen.[92] In der Vergangenheit haben viele Aufsichtsräte den Abschlußprüfer nie persönlich kennengelernt, obwohl die Kontrollarbeit in erheblichem Umfang auf den Feststellungen der Prüfer fußt.[93] Der persönliche Kontakt ist für die Zusammenarbeit unabdingbar.

Die begrüßenswerte Änderung des Gesetzes weist jedoch einen Wermutstropfen auf, der befürchten läßt, daß sich in der Auftragserteilungspraxis vieler Unternehmen nichts ändern wird. Der Gesetzesbegründung kann nämlich entnommen werden, daß der Aufsichtsrat die „vorbereitenden Arbeiten" auch auf den Vorstand übertragen kann.[94] In der Unternehmenspraxis werden denn auch nicht selten die Vertragsverhandlungen weiter vom Vorstand geführt.[95] Eine solche Praxis ist mit der ratio legis und dem Gesetzeswortlaut nicht zu vereinbaren. Die durch das KonTraG nochmals hervorgehobene Unterstützungsfunktion des Abschlußprüfers wird nicht verstärkt, sondern ausgehöhlt. Die Essentialien der Auftragserteilung, wie die Festlegung von Prüfungsschwerpunkten und die Honorarfrage, müssen vollumfänglich zwischen Aufsichtsrat und Prüfer verhandelt

---

90 *BT-Drucksache 13/9712, S. 16*; zur Zulässigkeit der Delegation auf Aufsichtsratausschüsse vgl. den Aufsatz von *Ziemons, Erteilung, DB 2000, 77.*

91 *Ziemons, Erteilung, DB 2000, 77, 78.*

92 *Hommelhoff, Position I, BB 1998, 2567, 2569.*

93 Verbesserungen in der Praxis sieht insoweit *Forster, Zusammenspiel, AG 1999, 193, 194.*

94 *BT-Drucksache 13/9712, S.16;* so auch *Forster, Zusammenspiel, AG 1999, 193, 194.*

95 So die *Regierungskommission Corporate Governance, S.309 f.; Dörner, Anforderungen, DB 1998, S. 1, 5* sieht die Gefahr einer nur formalen Befassung der Aufsichtsrats mit der Auftragserteilung. Vgl. auch *Forster, Zusammenspiel, AG 1999, 193, 194.*

werden.[96] Gerade mittels der Honorarfrage kann der Vorstand auf den Prüfer erheblichen wirtschaftlichen Druck ausüben. In den Entwurf des Corporate Governance – Kodex ist denn auch als zwingende Regelung aufgenommen, daß der Aufsichtsrat und nicht der Vorstand mit dem Abschlussprüfer die Honorarvereinbarung abschließt.[97] Lediglich rein organisatorische Fragen von untergeordneter Bedeutung, wie beispielsweise die konkrete Terminplanung der Prüfung innerhalb des von Aufsichtsrat und Abschlußprüfer gemeinsam abgesteckten Zeitrahmens, können im Verhältnis Vorstand - Abschlußprüfer geklärt werden.

III. Empfänger des Prüfungsberichts

Nach bisherigem Recht war es gem. § 170 I S. 2 AktG Aufgabe des Vorstandes, den Prüfungsbericht des Jahresabschlußprüfers entgegenzunehmen und unverzüglich an den Aufsichtsrat weiterzuleiten. Es war bisher gängige Praxis, daß der Abschlußprüfer dem Vorstand vor der endgültigen Abfassung des Prüfungsberichts sog. Vorwegexemplare hat zukommen lassen. Die Zuleitung eines Entwurfs des Prüfungsberichts an den Vorstand sollte sicherstellen, daß die im Prüfungsbericht erfaßten Sachverhalte richtig dargestellt waren und ggf. Fehler erkannt und korrigiert werden konnten. In der Realität wurde jedoch die Zuleitung von Entwurfexemplaren vom Vorstand nicht selten dazu benutzt, auf den Inhalt des Prüfungsberichts Einfluß zu nehmen.[98] § 170 I S. 2 AktG ist nun im Zuge der Neuregelung durch das KonTraG gestrichen worden. Nach dem neu eingefügten § 321 V HGB hat der Abschlußprüfer den Prüfungsbericht zu unterzeichnen und dem Aufsichtsrat zuzuleiten. Dem Vorstand ist vorher Gelegenheit zur Stellungnahme zu geben. Aufsichtsrat und Vorstand ist jeweils der vom Abschlußprüfer unterzeichnete Bericht, d.h. der Prüfungsbericht in seiner Endfassung zuzuleiten.

Die bisherige Praxis, dem Vorstand Vorwegexemplare zuzuleiten, ist damit nach Sinn und Zweck der Norm, der Gesetzessystematik und dem Willen des historischen Gesetzgebers nicht mehr zulässig. Das Stellungnahmerecht des Vorstands nach § 321 V S. 2 HGB besteht nicht gegenüber dem Abschlußprüfer, sondern gegenüber dem Aufsichtsrat.[99] Es soll bewirken, daß der Vorstand sich

---

96 So auch die weitere Gesetzesbegründung in *BT-Drucksache 13/9712, S.16;* Kritisch zur Honorarfrage *Forster, Zusammenspiel, AG 1999, 193, 194.*

97 *Regierungskommission Corporate Governance Kodex, NZG 2002, S. 75, 78.* Unschädlich ist dabei, daß sich der Aufsichtsrat vorher mit dem Vorstand über die Honorarfrage berät.

98 *Kropff in Geßler/Hefermehl, § 166 AktG Rn. 33.*

99 So auch *Schindler/Rabenhorst, Auswirkungen I, BB 1998, 1886, 1888; Hommelhoff, Position II, BB 1998, 2625, 2628; Budde/Kunz in BeBiKo, § 321 HGB Rn. 134.*

der Diskussion mit dem Aufsichtsrat stellen kann. Dazu benötigt er zwingend Kenntnis von der Endfassung des Prüfungsberichts und nicht von einem Vorwegexemplar. Eine Schlußbesprechung zwischen Vorstand und Abschlußprüfer vor Unterzeichnung des Prüfungsberichts ist hingegen nicht gewollt. Es gilt, Einflußnahmemöglichkeiten des Vorstandes im Keim zu ersticken, um bereits den Anschein zu verhindern, daß das Kontrollobjekt Einfluß auf den Kontrolleur nimmt. Auch in der Gesetzesbegründung zu § 170 AktG wird ausdrücklich davon ausgegangen, daß der Vorstand den Bericht nur in seiner „Endfassung" zu Gesicht bekommt.[100] Nicht zuletzt wird in § 321 V HGB ein bestimmtes Procedere der Prüfungsberichtsübergabe festgeschrieben: Erst die Unterzeichnung, dann die Zuleitung an den Aufsichtsrat und zur Stellungnahme auch an den Vorstand. Die sich in der Literatur formierende Gegenmeinung, die an der „bewährten Praxis" festhalten will, greift zu kurz.[101] Sie verkennt den grundlegenden Ansatz des KonTraG. Bei dem neugefaßten § 321 V S. 2 HGB handelt es sich um eine Norm, die Distanz zum Vorstand schaffen soll und die damit bewußt die Unabhängigkeit des Prüfers gegenüber dem Management unterstreicht.

IV. Recht auf Kenntnisnahme und Aushändigung des Prüfungsberichts

Jedem einzelnen Aufsichtsratsmitglied steht ein Recht auf Kenntnisnahme des Prüfungsberichts, des Jahresabschlusses und des Lageberichts zu (§ 170 III S. 1 AktG). Dieses Recht kann nicht eingeschränkt werden.[102] Dies war nach bisherigem Recht so und wurde auch durch das KonTraG nicht verändert. Darüber hinaus hatten die Aufsichtsratsmitglieder nach altem Recht gem. § 170 III S. 2 AktG a.F. einen Anspruch auf Aushändigung der genannten Unterlagen, soweit dies nicht durch einen Aufsichtsratsbeschluß ausgeschlossen war. Voraussetzung war außerdem, daß die Aufsichtsratsmitglieder ein ausdrückliches Verlangen äußerten. Mit dem KonTraG ist nunmehr das Recht der Aufsichtsratsmehrheit auf Ausschluß der Aushändigung der Prüfungsberichte an die Aufsichtsratsmitglieder eingeschränkt.[103] Der Prüfungsbericht ist danach ohne weitere Aufforderung an die Aufsichtsratsmitglieder auszuhändigen. Der Aufsichtsrat kann jedoch be-

---

100 *BT Drucksache 13/9172, S. 22.*

101 Zitat nach *Dörner, Anforderungen, DB 1998, S. 1, 5 f.; ders., Zusammenarbeit, DB 2000, 101, 104 f.;* a.A. auch *Forster, Zusammenspiel, AG 1999, 193, 197; Gelhausen, Zweckgemeinschaft, BFuP 1999, 390, 401;* unentschieden *Schindler/Rabenhorst, Auswirkungen I, BB 1998, 1886, 1888,* wie hier hingegen *Mattheus, Rolle, ZGR 1999, 682, 709.*

102 Vgl. dazu nur *Hommelhof, Autarkie, S. 579.*

103 *BT Drucksache 13/9712, S. 22.*

schließen, daß der Prüfungsbericht nur den Mitgliedern eines Bilanzausschusses auszuhändigen ist. Die bisher übliche Praxis, den Aufsichtsratsmitgliedern eine Einsichtnahme erst unmittelbar vor oder während der Aufsichtsratsitzung zu ermöglichen, erst recht eine bloße mündliche Zusammenfassung der wesentlichen Inhalte des Prüfungsberichts durch den Aufsichtsratsvorsitzenden, vereitelt eine wirksame Kontrolle und höhlt damit die Unterstützungsfunktion der Jahresabschlußprüfung bei der Überwachung des Vorstands aus.[104] Die nun getroffene Regelung kommt der Forderung der Praxis nach einer rechtzeitigen Kenntnisnahmemöglichkeit des Prüfungsberichts durch den Aufsichtsrat nach.[105] Den dem einzelnen Aufsichtsratsmitglied zustehenden Rechten steht die in §§ 116, 93 AktG iVm § 171 AktG statuierte Pflicht des Aufsichtsratsmitglieds gegenüber, von den übertragenen Kompetenzen zur Wahrnehmung der Überwachungsaufgabe auch Gebrauch zu machen. Schöpft das Aufsichtsratsmitglied die ihm übertragenen Kompetenzen zur Wahrnehmung seiner Überwachungsaufgabe nicht aus, handelt es sorgfaltswidrig und macht sich ggf. schadensersatzpflichtig.

V. Teilnahme des Jahresabschlußprüfers an der Bilanzsitzung

Nach der bisherigen gesetzlichen Regelung war der Jahresabschlußprüfer auf Verlangen des Aufsichtsrats verpflichtet, an der Bilanzsitzung des Aufsichtsrats teilzunehmen (§ 171 I S. 2 AktG a.F.).[106] Eine Verpflichtung des Aufsichtsrats, von diesem Recht Gebrauch zu machen, bestand bisher nicht. Praktiker wissen denn auch zu berichten, daß die Aufsichtsräte in der Vergangenheit selten die Prüfer zur Teilnahme an den Bilanzsitzungen aufforderten.[107] De lege ferenda wurde daher gefordert, die Teilnahme des Abschlußprüfers an der Bilanzsitzung des Aufsichtsrats zur Pflicht zu erheben.[108] Das Gesetz zur Kontrolle und Tran-

---

104 Ähnlich auch *Clemm/Jensen in BeBiKo, vor § 325 HGB Rn. 10; A/D/S § 170 AktG Rn. 53;* A.A.: *Claussen, Kölner Komm. § 170 Rn. 17; Kropff in Geßler/Hefermehl, § 170 AktG 1965, Rn. 34 f.*; zur Zulässigkeit einer Berichtszusammenfassung durch den Bilanzausschuß vgl. *Hommelhof, Autarkie, ZGR, 551, 579; Clemm/Jensen in BeBiKo, vor § 325 HGB Rn. 10.* Nach einer betriebswirtschaftlichen Studie unter Arbeitnehmervertretern im Aufsichtsrat wird denn auch nur in rund 2/3 der Unternehmen der Prüfungsbericht ausgehändigt. Vgl. die Übersicht in *Theisen, Grundsätze, S. 34-39* zu den Untersuchungen von Hamel aus dem Jahre 1982 und Bamberg u.a. aus dem Jahre 1987.

105 *Säcker, Aufsichtsratmitglied, NJW 1979, 1521, 1523.*

106 *A/D/S § 171 AktG Rn. 30;*

107 *Dörner, Anforderungen, DB 1998, S. 1, 6.*

108 *Dörner/Oser, Aufsichtsrat, DB 1995, 1085, 1093; Götz, Überwachung, AG 1995, 337, 343; Rürup, Aufsichtsrat, AG 1995, 219, 222;*

sparenz im Unternehmensbereichs hat sich des Themas angenommen und sieht nunmehr in dem neugefaßten § 171 I S. 2 AktG vor, daß der Abschlußprüfer an den Verhandlungen des Aufsichtsrats oder eines Ausschusses teilzunehmen und über die wesentlichen Ergebnisse seiner Prüfung zu berichten hat.[109] Positiv zu vermerken ist dabei auch, daß der Prüfer nicht nur anwesend sein soll, sondern auch über die wesentlichen Ergebnisse seiner Prüfung zu berichten hat.[110] Der Inhalt der Berichterstattung des Abschlußprüfers richtet sich dabei nach seinen materiellen Prüfungs- und Berichterstattungspflichten. Auf dieser Basis hat er die wesentlichen Ergebnisse der Prüfung darzustellen und seine Prüfungsmethode zu erläutern. Die Teilnahme an der Aufsichtsratsitzung soll den Aufsichtsräten die Möglichkeit geben, Fragen an den Prüfer zu richten.[111] Die Sorgfaltspflichten des Aufsichtsrats können es gerade in Krisensituationen gebieten, daß der Aufsichtsrat davon auch Gebrauch macht und das Wissen des Abschlußprüfers nutzt. Die Empfehlung der Regierungskommission Corporate Governance § 171 I AkG dahingehend zu ergänzen, daß jedes Aufsichtsratmitglied das Recht hat vom Abschlußprüfer Auskunft über die Ergebnisse seiner Prüfung zu verlangen, ist daher zu begrüßen.[112] Daher ist es auch notwendig, daß nicht nur das für das Mandat zuständige Vorstandsmitglied der Prüfungsgesellschaft, sondern auch der vor Ort tätige Wirtschaftsprüfer anwesend ist.

Der Abschlußprüfer ist ferner dazu verpflichtet, falsche Ausführungen des Vorstands in der Aufsichtsratssitzung zu korrigieren, soweit die Unrichtigkeiten den Tätigkeitsbereich des Prüfers tangieren.[113] Dies setzt allerdings voraus, daß der Abschlußprüfer bereits zum Vortrag des Vorstands geladen ist und nicht erst später herbeigerufen wird. Im Interesse einer wirksamen Überwachung des Vorstands ist daher der Abschlußprüfer rechtzeitig mit einzubeziehen.

Ein positiver Effekt der Neuregelung besteht auch darin, daß sich der Aufsichtsrat aufgrund des persönlichen Kontaktes zum Abschlußprüfer ein besseres Bild von dessen Qualifikation und Unabhängigkeit machen kann.[114]

---

109 Vgl. zu Einzelfragen der Teilnahmepflicht *Bischof/Oser, Teilnahmepflicht, Wpg. 1998, 539; Gelhausen, Zweckgemeinschaft, BFuP 1999, 390, 403.*

110 Die gesetzliche Regelung wurde insoweit auch in den Entwurf eines *Deutschen Corporate Governance, Kodex* aufgenommen (*NZG 2002, S. 75, 78)*.

111 *Gelhausen, Zweckgemeinschaft, BFuP 1999, 390, 405; Forster, Zusammenspiel, AG 1999, 193, 197.*

112 *Regierungskommission Corporate Governance, S. 329.*

113 *Gelhausen, Zweckgemeinschaft, BFuP 1999, 390, 405; Forster, Zusammenspiel, AG 1999, 193, 197.*

114 *Götz, Überwachung, AG 1995, 337, 343*;

Der Abschlußprüfer ist gem. § 321 I S. 3 HGB gehalten, über Tatsachen zu berichten, die den Bestand des Unternehmens gefährden oder seine Entwicklung beeinträchtigen können. Den Begriff „Unternehmenskrise“ verwendet das Gesetz in diesem Zusammenhang nicht. Ebensowenig werden die Berichtspflichten des Abschlußprüfers als Krisenwarnpflichten bezeichnet. Auch der BGH hat in seiner grundlegenden Entscheidung vom 15.12.1954, in der erstmals die Berichtspflichten des Prüfers im Falle einer Unternehmensgefährdung benannt werden, nicht den Begriff der Krisenwarnfunktion verwendet, sondern von der „Redepflicht“ des Prüfers gesprochen.[115] Dennoch hat sich in der Literatur der Begriff „Krisenwarnfunktion“ neben dem Begriff „Redepflicht“ zur Umschreibung der Berichtspflichten des Abschlußprüfers nach § 321 I S. 3 HGB eingebürgert.[116]

Der aus dem griechischen Wort „Crisis“ abgeleitete Begriff Krise wurde zunächst in der medizinischen Fachsprache verwendet, gilt aber mittlerweile allgemein als Synonym für eine gefährliche Situation.[117] Auch die juristische Literatur bedient sich des Begriffs „Unternehmenskrise“, wenn sich ein Unternehmen in einer gefährlichen Situation befindet. Ein einheitlicher Sprachgebrauch liegt jedoch nicht vor. Im Recht der Kapitalgesellschaften wird im Bereich der Kapitalerhaltungsbestimmungen an den Begriff der Krise angeknüpft. Im Rahmen des KonTraG wurde in § 32 a I GmbHG der Begriff der „Krise der Gesellschaft“ als Klammerdefinition aufgenommen.[118] Danach liegt eine Krise der Gesellschaft vor, wenn sich die Gesellschaft in einer Situation befindet, in der ein Gesellschafter als ordentlicher Kaufmann seiner Gesellschaft Eigenkapital zuführen würde. Eine Krise iSd § 32a GmbHG liegt somit dann vor, wenn die GmbH kreditunwürdig ist.[119] Dabei wird von der Rechtsprechung bei der Beurteilung der Kreditunwürdigkeit auf die Finanzsituation der Gesellschaft abgestellt.[120]

An das Grundkapital einer Aktiengesellschaft und damit an die Vermögenssituation knüpft hingegen die Krisenvorschrift des § 92 I AktG an. Die Vor-

115 *BGH Z 16, 17.*

116 Vgl. schon zur alten Rechtslage vor KonTraG: *Clemm, Krisenwarner, WPK-Mitt. 2/1995, 65* spricht bereits in der Überschrift vom Abschlußprüfer als Krisenwarner, so im Text auch *Sieben/ Gatzen/Husemann, Unternehmensanalyse, Wpg. 1988, 606, 609. Steiner, Abschlußprüfer, Wpg. 1991, 470, 477* spricht von der "Krisenvorsorge" durch den Prüfer. *Götz, Überwachung, AG 1995, 337, 342* von der "Krisenwarnfunktion".

117 *Groß, Sanierung, S. 2 m.w.N.*.

118 Vgl. zu den Hintergründen *Hueck/Fastrich in Baumbach/Hueck, § 32 a GmbHG Rn.41 f.*

119 *Hueck/Fastrich in Baumbach/Hueck, § 32 a GmbHG Rn. 43 m.w.N.*

120 *BGHZ 105, 168, 182.*

schrift verpflichtet den Vorstand einer Aktiengesellschaft, für den Fall, daß ein Verlust in der Höhe der Hälfte des Grundkapitals eingetreten ist, die Hauptversammlung einzuberufen und ihr dies anzuzeigen. Nach h.M. handelt es sich hierbei um ein gesetzlich normiertes Krisenwarnsignal.[121] Von einer Krise im rechtlichen Sinne, genauer gesagt im insolvenzrechtlichen Sinne, wird man auch dann sprechen, wenn einer der Insolvenztatbestände, nämlich drohende Zahlungsunfähigkeit, Zahlungsunfähigkeit oder Überschuldung, vorliegt. Insbesondere Zahlungsunfähigkeit und Überschuldung stellen jedoch lediglich das nicht mehr zu verbergende Endstadium einer Unternehmenskrise dar. Ein Blick auf betriebswirtschaftliche Krisenmodelle zeigt, daß hier schon erheblich früher von einer Krise gesprochen wird.[122]

So geht Hauschildt in seinem Krisenmodell davon aus, daß vom ersten deutlichen Krisensymptom bis zum Bekanntwerden einer Unternehmenskrise typischerweise vier Jahre vergehen.[123] Danach kündigt sich der Mißerfolg eines Unternehmens im ersten Stadium mit einem Abfallen des ordentlichen Betriebsergebnisses an. Im Folgejahr steigt der ordentliche Betriebserfolg wieder an, weil das Management die Krise erkannt hat und alle zur Verfügung stehenden Einsparungsmöglichkeiten genutzt hat. Das Ausschöpfen der innerbetrieblichen Reserven hat dann im dritten Jahr zur Folge, daß das betriebliche Ergebnis wieder stark abfällt und die Krise offenkundig wird, ehe im vierten Jahr schließlich die Insolvenz eintritt.

Von einem mehrjährigen Krisenverlauf geht auch Wellensiek aus, der in seinem Krisenmodell auch die Krisenursachen berücksichtigt.[124] Danach entsteht die Krise im Strategiebereich. Kennzeichend für die sog. strategische Krise ist, daß die Unternehmensführung grundlegende Weichenstellungen, beispielsweise in Forschung und Entwicklung oder Marketing, nicht oder nicht richtig trifft. Mit ungehindertem Ablauf wird die Strategie- zur Erfolgskrise, die sich im Jahresabschluß niederschlägt und nach und nach das Eigenkapital aufzubrauchen droht. Zuletzt gerät das Unternehmen nach diesem Modell in die Liquiditätskrise, in der die Zahlungsfähigkeit gefährdet ist. Den Krisenmodellen von Hauschildt und Wellensiek ist gemeinsam, daß das Unternehmen eine Reihe von Krisenphasen durchläuft, die Jahre vor der Zahlungsfähigkeit bzw. Überschuldung liegen.

---

121 *Müller, W., Verlust, ZGR 1985, 191, 193; Lutter/Hommelhoff/Timm, Krisenabwehr, BB 1980, 737, 739;* entsprechend zu § 49 III GmbHG, *Wellensiek in K. Schmidt/Uhlenbrock, Krise, Rn. 211, 218.*

122 *Lutter/Hommelhoff/Timm, Krisenabwehr, BB 1980, 737, 739; Leffson, Gefährdung, Wpg. 1980, 637, 639f.*

123 *Hauschildt, Finanzanalyse, S. 115;* zu Krisenursachen, -arten und –stadien vgl. *WP Handbuch Bd II, Abschnitt F, Rn.19 ff. m.w.N.*

124 *Wellensiek in K. Schmidt/Uhlenbrock, Krise, Rn. 188.*

Festzuhalten bleibt daher, daß von einer Unternehmenskrise gesprochen werden kann, wenn sich die wirtschaftliche Lage in einer solchen Weise nachteilig verändert, daß bei ungehindertem Fortgang über einen längeren Zeitraum hin die Insolvenz des Unternehmens droht.

Die Erfolgschancen einer Sanierung, d.h. aller der Maßnahmen, die der Überwindung einer Krise dienen, hängen entscheidend von einer frühzeitigen Analyse ab. Eine Krisenwarnfunktion des Abschlußprüfers, die diese Bezeichnung verdient, darf daher nicht im Endstadium einer Krise ansetzen, sondern muß bereits die Anfangsstadien einer Krise erfassen und in die Berichterstattung aufnehmen. Eine Krisenberichterstattung, die erst kurz vor Eintritt der Zahlungsunfähigkeit einsetzt, wird für den Aufsichtsrat in vielen Fällen wertlos sein. Das Unternehmen wird häufig nicht mehr zu retten sein.

Die vorstehenden Krisenmodelle und Begriffe benennen keine konkreten materiellen Kriterien, die anzeigen, wann von einer wesentlichen Verschlechterung der Unternehmenssituation auszugehen ist. Diese Kriterien sind mit dem Begriff der wirtschaftlichen Lage verbunden. Denn eine Krise bezeichnet nur einen bestimmten Zustand der wirtschaftlichen Lage. Die Kenntnis der wirtschaftlichen Lage ist damit Voraussetzung für die Beurteilung der Frage, ob sich das Unternehmen in einer Krise befindet. Folglich ist die Kenntnis der wirtschaftlichen Lage auch erforderlich, um ein abschließendes Urteil darüber abgeben zu können, ob bestandsgefährdende oder die Entwicklung beeinträchtigende Tatsachen gem. § 321 HGB vorliegen.[125] Worin besteht nun die wirtschaftliche Lage?

I. Wirtschaftliche Lage: Rechtlicher Interpretationsversuch

Der Terminus wirtschaftliche Lage wird in einer Vielzahl gesetzlicher Regelungen in- und außerhalb der handelsrechtlichen Rechnungslegungsbestimmungen gebraucht. Der Begriff der (wirtschaftlichen) Lage eines Unternehmens steht dabei mit der Buchführung und Bilanzierung in engem Zusammenhang. So stellt § 238 I S. 2 HGB fest, daß die Buchführung so beschaffen sein muß, daß sie einen Überblick „über die Lage des Unternehmens vermitteln kann".

Im Arbeitsrecht ist in den §§ 106 III Nr. 1, 110 I BetrVG und in § 16 I BetrAVG von der wirtschaftlichen Lage des Unternehmens bzw. des Arbeitgebers die Rede. Im Aktienrecht wird in § 90 I S. 1 Nr. 3 AktG von der Lage der Gesellschaft gesprochen. Nach § 220 II UmwG ist im Gründungsbericht die Lage der formwechselnden Gesellschaft darzustellen.[126] Dem Begriff der wirtschaftlichen

125 *Nonnenmacher in FS Clemm, Abschlußprüfung S. 261.*
126 *Joost in Lutter Bd. II, UmwG § 220 Rn. 26.*

Lage ist in allen genannten Bestimmungen gemeinsam, daß sich sein Inhalt nicht aus dem Wortlaut des Gesetzes ergibt. Das Bundesarbeitsgericht hat in seinem Urteil vom 23.4.1985 festgestellt, daß der Begriff der wirtschaftlichen Lage in § 16 I BetrAVG für sich betrachtet weder „objektive Kriterien noch Wertungsgesichtspunkte“ biete und daher der Konkretisierung bedürfe.[127] Der Terminus wirtschaftliche Lage stellt damit einen unbestimmten Rechtsbegriff dar. In Rechtsprechung und Kommentierung zu den einzelnen Gesetzesstellen fehlen jedoch Konkretisierungsversuche ganz oder bleiben wenig konkret. Bezeichnend dafür sind die Ausführungen, die das Reichsgerichts in seinem Urteil vom 8.5.1908 zur Berichterstattungsobliegenheit des Vorstands nach § 260 II HGB i.d.F. vom 10.5.1847 getroffen hat: Danach hat die Berichterstattung über den Stand der wirtschaftlichen Verhältnisse der Gesellschaft „nicht bloß das arithmetische Verhältnis von Aktiven und Passiven“ zu umfassen, sondern auch „alle Tatsachen und Umstände, die nach vernünftigem Ermessen bei Berücksichtigung der Anschauungen des Verkehrs zur Beurteilung der gesamten Geschäftslage von Bedeutung sind“, einzubeziehen.[128] Immerhin läßt sich der Entscheidung entnehmen, daß der Begriff umfassend verstanden werden kann und sich nicht in einer Bilanzbetrachtung erschöpft.

Der kurze Streifzug durch Gesetzesterminologie und Rechtsprechung zeigt bereits, daß die Bilanz lediglich einen Teilausschnitt der wirtschaftlichen Lage eines Unternehmens abbildet. Die wirtschaftliche Lage eines Unternehmens kann nicht alleine durch eine Bilanzbetrachtung ermittelt werden.

II. Wirtschaftliche Lage: Betriebswirtschaftliche Interpretation

Die betriebswirtschaftliche Literatur hat sich intensiv mit dem Begriff der wirtschaftlichen Lage befaßt. Danach zeigt sich die wirtschaftliche Lage eines Unternehmens in der Leistungsfähigkeit, die gesetzten Aufgaben und Ziele zu erfüllen.[129] Als Unternehmensziele sind dabei nicht unternehmensindividuelle Zielsetzungen heranzuziehen, sondern es ist vom kleinsten gemeinsamen Nenner aller Unternehmensziele auszugehen. Bei erwerbswirtschaftlich orientierten Unternehmen ist dies das Ziel, den Fortbestand des Unternehmens zu sichern.[130] Konkrete Teilzielsetzungen der Sicherung des Fortbestandes des Unternehmens sind

---

127 *BAG NZA 1985, 496.*

128 *RGSt 41, 293, 298.*

129 H.M. Begriff von *Leffson, Bilanzanalyse, S. 36;* zustimmend *Kupsch in FS Heinen, Krisenwarnfunktion, S. 233, 235, Sieben, Altersersorgung, zfbf (39) 1987, S. 923, 931; Baetge, Früherkennung, Wpg. 1980, 651; Olbrich, Prüfung, S. 30 f.*

130 Vgl. *Olbrich, Prüfung, S. 47 ff.*

die Substanzerhaltung, die Verlustvermeidung und die Liquiditätssicherung.[131] Entsprechend läßt sich die wirtschaftliche Lage in die drei Elemente Vermögens-, Finanz- und Ertragslage aufteilen. Die Vermögens-, Finanz- und Ertragslage ergibt sich aus einer Vielzahl von unternehmensinternen und -externen Einzeldaten und Merkmalen, die sich zu einem Gesamtbild des Unternehmens verdichten.[132] In zeitlicher Hinsicht gilt, daß die auf einen Stichtag bzw. auf einen abgeschlossenen Zeitraum bezogene Ermittlung der wirtschaftlichen Lage lediglich eine Momentaufnahme der tatsächlichen Aufgabenerfüllung liefert und daher zur Beurteilung der wirtschaftlichen Lage nicht ausreicht. Die Vergangenheits- und Gegenwartsbetrachtung der Lage ist daher um eine Beurteilung der zukünftigen Entwicklung zu ergänzen. Die Betriebswirtschaftslehre konkretisiert damit den juristischen Ansatz zum Begriff der wirtschaftlichen Lage. Die Bezeichnung Vermögens-, Finanz- und Ertragslage wird in zahlreichen vorwiegend handelsrechtlichen Vorschriften zur Rechnungslegung in Bezug auf den Jahresabschluß benutzt (vgl. nur die hier relevanten §§ 264 II, 321 II S. 2 HGB, § 53 I Nr. 2 HGrG: nur Vermögens- und Ertragslage). Sie steht für den Begriff der wirtschaftlichen Lage.

In der Betriebswirtschaftslehre hat vor allem Leffson den Begriff der wirtschaftlichen Lage über die genannte Dreiteilung in Vermögens-, Finanz- und Ertragslage hinaus mit Inhalten gefüllt.[133] Danach sind die wichtigsten Faktoren der wirtschaftlichen Lage:

„1. das Produktions-, Beschaffungs- und Absatzpotential, bestehend aus vorhandenen Sachanlagen und langfristigem Kapital, die Beziehungen zu Beschaffungs- und Absatzmärkten, Kreditinstituten (Kreditmarkt), eingearbeiteten Arbeitskräften, eingespielter Organisation und Informationsbeschaffung.
2. die vorhandenen, in der Bilanz ausgewiesenen positiven und negativen Güter, die sich schneller als das Sachanlagevermögen umschlagen: Vorräte, Forderungen, Verbindlichkeiten.

Die Lage wird weiterhin bestimmt durch die gegebenen Möglichkeiten, dieses Potential zu nutzen, insbesondere:

---

131 So auch der Rechtswissenschaftler *Lutter, Unternehmensfortführung, HuRB, S. 186.*

132 *Kropff, Lagebericht, BFuP 1980, 514, 516 f; Sieben, Altersversorgung, zfbf (39) 1987, S. 923, 931; Kupsch in FS Heinen, Krisenwarnfunktion, S. 233, 235.*

133 Zu den verschiedenen Definitionsansätzen vgl. die Übersicht bei *Olbrich, Prüfung, S. 20 ff.;* nachfolgend wird die Definition von *Leffson, Bilanzanalyse, S. 36 f* im Originalzitat verwendet, da sie in eindrucksvoller Kürze und Prägnanz die wesentlichen Elemente der wirtschaftlichen Lage erfaßt.

3. die Beschaffungsmöglichkeiten für notwendige Faktoren, hierzu reichen die 'Beziehungen' zu den jeweiligen Märkten allein nicht aus, die Faktoren müssen auch verfügbar sein;
4. die Absatzlage, d.h. die Möglichkeiten, die Unternehmensleistungen zu möglichst gewinnbringenden Preisen abzusetzen, einschließlich der bereits geschlossenen zweiseitig unerfüllten Absatzverträge;
5. Sicherung der Aufrechterhaltung des finanziellen Gleichgewichts unter Berücksichtigung der geplanten Investitionen;
6. eine vollständige Planung;
7. Anpassungsfähigkeit im Hinblick auf Datenänderungen und
8. ein leistungsfähiges Management."[134]

Die genannten Punkte dürfen nicht als isolierte Komponenten der Lage verstanden werden. Zwischen ihnen bestehen mannigfache Interdependenzen und Überschneidungen. Zu den bestimmenden Faktoren der wirtschaftlichen Lage gehört vor allem auch ein leistungsstarkes Management (8.). Die Punkte 1. bis 7. werden nämlich im wesentlichen durch die Entscheidungen und Leistungen des Managements mitbestimmt. Erfolg und Mißerfolg eines Unternehmens hängen ganz entscheidend von den Qualitäten der Führungskräfte ab. Der Abschlußprüfer muß daher, will er die wirtschaftliche Lage beurteilen, auch die Entscheidungen des Unternehmensmanagements beurteilen. Dies bedeutet, daß er zumindest mittelbar auch eine Bewertung des Managements selbst zu treffen hat.[135] Jede umfassende Prüfung der wirtschaftlichen Lage ist damit auch mit einer Geschäftsführungsprüfung verbunden.

III. Aussagekraft des Jahresabschlusses zur wirtschaftlichen Lage

Der Jahresabschluß einer Kapitalgesellschaft erfüllt entsprechend seiner unterschiedlichen Adressaten eine Rechenschafts-, Gewinnermittlungs-, Ausschüttungsbemessungs-, Gläubigerschutz- und Informationsfunktion.[136] Im Rahmen der Informations- und Rechenschaftsfunktion hat der Jahresabschluß gem. § 264 II HGB ein den tätsächlichen Verhältnissen entsprechendes Bild der Vermögens-, Finanz- und Ertragslage zu vermitteln. Gleichzeitig ist der Jahresabschluß der zentrale Gegenstand der Jahresabschlußprüfung. Es ist daher von besonderer Bedeutung, welche Informationen der Jahresabschluß zur wirtschaftlichen Lage geben kann.

---

134 *Leffson, Bilanzanalyse, S. 36 f.*

135 So auch *Clemm, Krisenwarner, WPK.-Mitt. 1995, 65, 71; Steiner, Abschlußprüfer, Wpg. 1991, 470, 473.*

136 *Budde/Karig in BeBiKo, § 264 HGB Rn. 35; Schulze-Osterloh in Baumbach/Hueck, § 41 GmbHG Rn.27.*

1. Systemimmanente Begrenzungen

Der Jahresabschluß bietet nur ein eingeschränktes Bild der wirtschaftlichen Lage. Die eingeschränkte Aussagekraft des Jahresabschlusses zur wirtschaftlichen Lage ist dem System der doppelten Buchführung und der Bilanzierung immanent.

a. Beschränkung auf monetäre Sachverhalte

Erfaßt werden in diesem System nur Geldbewegungen und in Geld bewertbare Güterbewegungen des Unternehmens. Wirtschaftliche Sachverhalte werden durch Aufnahme ihrer monetären Auswirkungen in Buchführung und Jahresabschluß abgebildet.

Die Beschränkung auf geldwerte wirtschaftliche Sachverhalte bedingt, daß Sachverhalte, die einer solchen Bewertung nicht zugänglich sind, keine Berücksichtigung finden.[137] Monetär erfaßbare wirtschaftliche Sachverhalte werden nur rein zahlenmäßig erfaßt. Die ihnen innewohnenden Erwartungen, Chancen und Risiken finden keine Berücksichtigung. Die Erfolgs- und Einflußquellen werden nur mittelbar über ihre geldwerten Auswirkungen abgebildet. So stellt denn auch Schulze-Osterloh fest, daß „die zweidimensionale Technik der doppelten Buchführung eine plastische Information über die wirtschaftliche Lage des Unternehmens vermittels der Jahresbilanz und der Gewinn- und Verlustrechnung notwendigerweise ausschließt."[138] Die Erfassung in der Buchführung erfolgt durch die Aufnahme in einen standardisierten Kontenrahmen, der keinen Raum für eine individualisierte Betrachtung bietet. Dies bewirkt, daß die Geschäftsvorfälle abstrahiert und schematisiert abgebildet werden. Der einzelne Geschäftsvorfall, so bedeutend er auch für die Lage des Unternehmens sein mag, wird so zwangsläufig wenig aussagekräftig abgebildet.[139]

Die Qualität der Produkte eines Unternehmens, die Qualifikation und Motivation seiner Mitarbeiter, die Leistungsfähigkeit seiner Organisationsstrukturen, um nur einige die wirtschaftliche Lage beeinflussende Faktoren zu benennen, finden keine unmittelbare Abbildung im Jahresabschluß. Zwar beeinflussen sie zusammen mit weiteren Faktoren das Jahresergebnis des Unternehmens. Welche Faktoren aber im Einzelfall in welchem Umfang die wirtschaftliche Situation des

---

137 *Olbrich, Prüfung, S. 60 ff.; Schulze-Osterloh, Bilanzrichtliniengesetz, ZHR (150) 1986, 532, 537.*

138 *Schulze-Osterloh, Bilanzrichtliniengesetz, ZHR (150) 1986, 532, 537;* so auch *Schildbach, Generalklausel, BFuP 1987, 1, 6.*

139 Vgl. *Kupsch in FS Heinen, Krisenwarnfunktion, S. 233, 236; Schulze-Osterloh, Bilanzrichtliniengesetz, ZHR (150) 1986, 532, 536; ders. in FS v. Wysocki, Berichtspflicht, S. 239, 246 f.*

Unternehmens beeinflußt haben, läßt sich weder der GuV noch der Bilanz entnehmen.

b. Vergangenheitsbezug des Jahresabschlusses

Aus dem Vergangenheitsbezug des Jahresabschlusses resultiert eine weitere wesentliche Beschränkung seiner Aussagekraft.[140] Der Jahresabschluß bezieht sich auf das abgeschlossene Geschäftsjahr (§ 242 I HGB). Er erfaßt überwiegend abgeschlossene Vermögensänderungen. Die Bewertung von Wirtschaftsgütern erfolgt anhand von Werten der Vergangenheit (Anschaffungs- und Herstellungskosten). Lediglich in Teilbereichen – so bei der Bemessung von Abschreibungen und der Bewertung von Rückstellungen – werden in eingeschränktem Umfang auch zukünftige Entwicklungen bei der Erstellung des Jahresabschlusses berücksichtigt. Eine Aussage über die künftige Entwicklung der Finanzlage und der Erträge kann damit nur in sehr geringem Umfang gewonnen werden. So sind in der Unternehmensumwelt erfolgende Veränderungen der Absatz-, Beschaffungs- und Kapitalmärkte erst dann in den Jahresabschluß aufzunehmen, wenn sich monetäre Folgewirkungen für das Unternehmen ergeben haben.

c. Aggregation der Jahresabschlußposten

Bei Erstellung des Jahresabschlusses werden die Abschlußsalden der einzelnen Buchführungskonten zu Sammelpositionen im Jahresabschluß zusammengeführt. In der Literatur wird insoweit auch von einer Aggregation der Daten gesprochen.[141] Je stärker die Daten zusammengefaßt – sprich aggregiert – werden, desto mehr besteht die Gefahr, daß aufkommende Verlustquellen durch gegenläufige Entwicklungen in anderen Bereichen ausgeglichen und zunächst verdeckt werden.

2. Beschränkungen durch einzelne GoB

Über die dem System der doppelten Buchführung immanenten Einschränkungen der Aussagekraft zur wirtschaftlichen Lage hinaus ergeben sich weitere Beschränkungen aus einzelnen Bilanzierungs- und Bewertungsregeln (Grundsätzen ordnungsgemäßer Buchführung, GoB), die die Erfassung und Bewertung der ein-

---

140 *Kleindiek, Vermögensverwaltung, ZGR 1998, 466, 472; Schulze-Osterloh, Bilanzrichtliniengesetz, ZHR (150) 1986, 532, 536; ders. in FS v. Wysocki, Berichtspflicht, S. 239, 246 f.; Biener in FS Havermann, Erwartungslücke, S. 39, 54 f.; Kupsch in FS Heinen, Krisenwarnfunktion, S.233, 236.*

141 *Havermann WP Handbuch, Abschnitt P Rn. 274; Olbrich, Prüfung, S. 78.*

zelnen Geschäftsvorfälle regeln.[142] Die Begrenzung des Wertansatzes auf die Anschaffungs- und Herstellungskosten als Höchstwert kann beispielsweise dazu führen, daß Wertzuwächse im Jahresabschluß nicht ausgewiesen werden und stille Reserven gebildet werden. Bilanzierungs- und Bewertungswahlrechte erlauben es dem Ersteller der Bilanz, die Vermögens- und Ertragslage nach seinen Vorstellungen zu gestalten. Imparitäts- und Realisationsprinzip, die Ausprägungen des Vorsichtsprinzips darstellen, führen zu einer verzerrten Abbildung einzelner Geschäftsvorfälle.[143] Sie bewirken, daß zwar künftige negative Einflüsse bei der Bewertung (§§ 252 I Nr. 4, 253 III HGB), der Bildung von Rückstellungen (§ 249 I S. 1 HGB) und bei außerplanmäßigen Abschreibungen (§ 253 II HGB) berücksichtigt werden, die Berücksichtigung von Erfolgspotentialen aber unterbleibt.

3. Ergänzende Angaben im Anhang

Eine Verbesserung des Einblicks ergibt sich aus der Pflicht der Kapitalgesellschaft nach §§ 264 I, 284 ff. HGB, den Jahresabschluß um einen Anhang zu ergänzen. Die Aufgabe des Anhangs ist es, Angaben im Jahresabschluß zu erläutern, ggf. auch das durch Bilanz und GuV abgegebene Bild der Vermögens-, Finanz- und Ertragslage zu korrigieren. Die grundsätzlichen Informationsdefizite des Jahresabschlusses können damit aber nur teilweise ausgeglichen werden.[144] So werden Bilanz und GuV im Anhang nicht um Prognoserechnungen erweitert. Sie behalten grundsätzlich ihren Vergangenheitsbezug. Auch die weiteren systemimmanenten Schwächen des Jahresabschlusses, wie die Nichterfassung von nicht monetären Sachverhalten, die nur mittelbare zahlenmäßige Abbildung der wirtschaftlichen Lage und der hohe Aggregationsgrad, werden durch die in §§ 284 f. HGB genannten Mindestinhalte nur partiell ausgeglichen.

4. Aussagekraft des Lageberichts zur wirtschaftlichen Lage

Mittelgroße und große Kapitalgesellschaften haben gem. § 264 I HGB zusammen mit dem Jahresabschluß innerhalb der ersten drei Monate des Geschäftsjahres für das vergangene Geschäftsjahr einen Lagebericht aufzustellen. Der Lagebericht

---

142 Vgl. zu den nachfolgenden Beispielen *Schulze-Osterloh in FS v. Wysocki, S. 239, 246 f.*

143 *Clemm, Bestätigungsvermerk, Wpg. 1977, 145, 148; Schulze-Osterloh, Bilanzrichtliniengesetz, ZHR (150) 1986, 532, 536; ders. in FS v. Wysocki, Berichtspflicht, S. 239, 246 f.;*

144 *Schulze-Osterloh, Bilanzrichtliniengesetz, ZHR (150) 1986, 532, 536; Olbrich, Prüfung, S. 84ff.*

nach § 289 HGB unterliegt grundsätzlich nicht den Beschränkungen, denen der Jahresabschluß ausgesetzt ist. Dies beruht im wesentlichen darauf, daß die Berichterstattung in verbaler Form erfolgt und daher nicht den genannten strukturellen Zwängen unterliegt.[145] Zu beachten ist insbesondere, daß der Lagebericht nach § 289 HGB zukunftsbezogen ist. Der Lagebericht ist daher noch einer näheren Betrachtung zu unterziehen.

IV. Bewertung

Der Jahresabschluß gibt nur ein selektives Bild der wirtschaftlichen Lage wieder. Bestimmte wirtschaftliche Sachverhalte werden nicht oder nur zeitverzögert im Jahresabschluß abgebildet. Dörner bringt dies mit den Worten „Der Bilanzleser ist gezwungen, durch ein Schlüsselloch auf sein Unternehmen zu blicken" plastisch zum Ausdruck.[146] Die Jahresabschlußposten stellen gegenüber den qualitativen Primärdaten der einzelnen Geschäftsprozesse auf die finanziellen Auswirkungen des Geschäfts reduzierte Sekundärdaten dar.[147] Die Konsequenz daraus ist, daß es zwei verschiedene Lagebegriffe gibt. Zum einen die tatsächliche wirtschaftliche Lage, auch Geschäftslage genannt, die die genannten Leffson'schen Lagefaktoren einschließlich der künftigen Entwicklung des Unternehmens erfaßt. Zum anderen die wirtschaftliche Lage, wie sie sich aus dem Jahresabschluß ergibt.

Daraus ergeben sich weitreichende Konsequenzen für die Bestimmung der Krisenwarnpflichten des Jahresabschlußprüfers: Auf die Unterscheidung zwischen den beiden Lagebegriffen ist bei der Auslegung von handelsrechtlichen Rechnungslegungs-, Berichts- und Prüfungsvorschriften, in denen von der Vermögens-, Finanz- und Ertragslage oder nur einfach der Lage die Rede ist, zu achten (vgl. §§ 264 II, 289 I, 317 II HGB).[148] Der Umfang der Prüfungs- und Berichtspflichten des Jahresabschlußprüfers hängt entscheidend davon ab, welcher der beiden Lagebegriffe zugrunde gelegt wird. Beziehen sich die Prüfungs- und Berichtspflichten des Jahresabschlußprüfers nur auf den Jahresabschluß, wird der Prüfer selbst lediglich ein eingeschränktes Bild von der wirtschaftlichen Lage

---

145 *Olbrich, Prüfung, S. 95ff.; Biener in FS Havermann, Erwartungslücke, S. 39, 54 f.*

146 *Dörner, Unternehmensberatung, Wpg, 1998, S. 302, 307.*

147 Bezieht man wie *Dörner, Unternehmensberatung, Wpg. 1998, S. 302, 307* auch noch betriebswirtschaftliche Kennzahlen als sekundäre Größen ein, kann man sogar von Tertiärdaten sprechen.

148 *Schulze-Osterloh in FS v. Wysocki, S. 239, 247* bemängelt, daß die Unterscheidung in der Literatur nicht immer mit ausreichender Deutlichkeit durchgeführt wird.

erlangen und dem Aufsichtsrat auch nur entsprechend eingeschränkte Informationen zur Verfügung stellen können.

Kapitel 5: Zwischenergebnis

Die bisher getroffenen Feststellungen lassen vier Grundaussagen zu:

- Der Aufsichtsrat hat nach seinem gesetzlichen Überwachungsauftrag alle für das Unternehmen grundsätzlichen Entscheidungen des Vorstandes zu überwachen. Zur Wahrnehmung seiner Aufgaben benötigt er gerade in Krisenzeiten umfassende und zukunftsbezogene Informationen aus unabhängiger Quelle.
- Der Wirtschaftsprüfer ist nach den gesetzlichen Bestimmungen zur Unparteilichkeit und Unabhängigkeit verpflichtet. Der Wirtschaftsprüfer nimmt bei der Durchführung der Jahresabschlußprüfung eine öffentliche Aufgabe wahr. Der Jahresabschlußprüfer führt damit nicht, wie beispielsweise ein Unternehmensberater, eine private Beratungsleistung durch. Er hat gegenüber dem Aufsichtsrat eine Informationsfunktion. Eine Ausprägung seiner Informationsfunktion gegenüber dem Aufsichtsrat ist seine Krisenwarnpflicht.
- Zusammenarbeit und Informationsfluß zwischen Jahresabschlußprüfer und Aufsichtsrat sind in einer Reihe von organisationsrechtlichen Bestimmungen geregelt. Durch das Gesetz zur Kontrolle und Transparenz im Unternehmensbereich soll die Zusammenarbeit von Jahresabschlußprüfer und Aufsichtsrat weiter intensiviert werden. Dies bedingt auch eine stärkere Distanz des Abschlußprüfers zum Vorstand.
- Eine frühzeitige Krisenwarnung durch den Abschlußprüfer setzt eine Analyse der Geschäftslage einschließlich einer Bewertung der Unternehmensführung voraus.

Teil 2: Prüfungspflicht und Krisenerkennung

Der Prüfungsbericht informiert den Aufsichtsrat in schriftlicher Form über die Ergebnisse der Jahresabschlußprüfung (§ 321 I S. 1 HGB).

Die Prüfungsberichterstattung hängt in ihrem Inhalt und in ihrer Aussagekraft vom Gegenstand und Umfang der vorausgegangenen Prüfung ab. Die Bedeutung der Prüfung für die Berichterstattung läßt sich auf die folgende einfache Formel bringen: Nur über Sachverhalte, die geprüft wurden, kann auch berichtet werden. Insoweit handelt es sich um einen einfachen denklogischen Zusammenhang. Eine isolierte Betrachtung der Berichtspflichten, die den Zusammenhang zwischen Information und Prüfung negiert, läßt daher noch keine Aussage darüber zu, ob der Abschlußprüfer im Einzelfall auch tatsächlich in der Lage ist, über Krisentatbestände zu berichten. Dieser Zusammenhang besteht gerade auch im Hinblick auf die Krisenberichtspflichten des Jahresabschlußprüfers. Lutter/Hommelhoff/Timm haben mit den Worten „Pleiten fallen nicht vom Himmel" zum Ausdruck gebracht, daß sich der Zusammenbruch eines Unternehmens anhand einer Reihe von Signalen frühzeitig erkennen läßt.[149] Es gilt zu prüfen, welche Rolle der Gesetzgeber dem Abschlußprüfer bei der Prüfung der Krisensignale zugedacht hat. Auf den Punkt gebracht lautet die Frage:

Ist die Krisenberichtserstattung das Ergebnis einer systematischen Prüfung des Abschlußprüfers oder hängt die Krisenwarnung vom zufälligen Aufdecken eines Krisentatbestandes ab?

Die Antwort auf diese Frage bleibt nicht ohne Auswirkungen auf die Arbeit des Aufsichtsrats.[150] Stellt die Krisenberichterstattung des Abschlußprüfers lediglich ein Zufallsprodukt dar, ist das Fehlen einer Krisenwarnung kein verläßliches Indiz dafür, daß das Unternehmen nicht gefährdet ist. Ist die Krisenberichterstattung hingegen das Ergebnis einer umfassenden zielgerichteten Prüfung, kann der Aufsichtsrat bei Fehlen einer Krisenwarnung davon ausgehen, daß der Fortbestand des Unternehmens in nächster Zeit gesichert ist. Der Stellenwert des Prüfungsberichts für den Aufsichtsrat hängt mithin davon ab, ob mit den Krisenwarnpflichten auch entsprechende Prüfungspflichten korrespondieren.

149 *Lutter/Hommelhoff/Timm, Krisenabwehr, BB 1980, 737, 739.*

150 So auch *Lutter, Information, S. 107.*

Kapitel 1: Grundlagen

Die Prüfungspflichten des Jahresabschlußprüfers werden grundsätzlich durch die gesetzliche Regelung des Prüfungsgegenstandes gem. § 317 I S. 1 HGB und des Prüfungsumfangs gem. § 317 I S. 2 HGB bestimmt.

I. Prüfungsgegenstand

Im Zentrum der Abschlußprüfung steht nach § 316 I S. 1 HGB der Jahresabschluß, der bei Kapitalgesellschaften neben Bilanz und Gewinn- und Verlustrechnung den Anhang umfaßt (§§ 242 III, 264 I S. 1 HGB). Neben dem Jahresabschluß ist auch der Lagebericht Prüfungsgegenstand (§ 317 II HGB), der gem. § 264 I S. 3 HGB von allen mittleren und großen Kapitalgesellschaften iSd § 267 II, III HGB aufzustellen ist. In die Prüfung des Jahresabschlusses ist die Buchführung einzubeziehen (§ 317 I S. 1 HGB). Die Buchführung ist in ihrer Funktion als Grundlage des Jahresabschlusses Prüfungsgegenstand.[151] Zur Buchführung gehören in erster Linie die Finanzbuchhaltung und ihre Nebenbuchhaltungen. Zu letzteren zählen insbesondere die Anlagen-, die Lohn-, Gehalts- und die Lagerbuchhaltung.[152] Die Aufzählung der Prüfungsobjekte in § 317 I HGB ist nicht abschließend. Die genannten Gegenstände reichen zu einer Beurteilung der Gesetzmäßigkeit von Jahresabschluß und Lagebericht nicht aus. Die Jahresabschlußprüfung erstreckt sich deshalb auch auf alle weiteren Aufzeichnungen, die für die Bilanzierung und Bewertung von Jahresabschlußpositionen von Bedeutung sind.[153] So werden Inventar (§ 240 HGB) und Betriebsbuchhaltung (Kosten- und Leistungsrechnung) als notwendige Objekte der Jahresabschlußprüfung angesehen.[154] Zur Ermittlung des Rückstellungsbedarfs für drohende Verluste aus schwebenden Geschäften sind außerdem die in einem Vertragsregister erfaßten

---

151 *Schulze-Osterloh in FS v. Wysocki, Berichtspflicht, S. 239, 244.*

152 *Wiedmann in Ebenroth/Boujong/Joost, § 317 Rn. 5 f.; Kropff in Geßler/Hefermehl/ Eckhard/ Kropff, § 162 AktG, Rn.10; Claussen, Kölner Komm. § 317 HGB Fn. 18; Förschle/Kofahl in BeBiKo, § 317 HGB Rn. 5; A/D/S § 317 HGB Rn. 16; Brönner, GK, § 162 AktG Anm. 10.*

153 *Schulze-Osterloh in FS v. Wysocki, Berichtspflicht, S. 239, 244.*

154 Letztere ist jedoch nach h.M. nicht vollumfänglich Prüfungsgegenstand, sondern nur soweit, als sie Grundlage für die Ermittlung der Herstellungskosten von Erzeugnissen und zu aktivierenden Eigenleistungen sowie der Prüfung der Gewinn- und Verlustrechnung nach dem Umsatzkosten-Verfahren (§ 275 III HGB) ist. So ausdrücklich *Kropff in Geßler/Hefermehl/Eckhard/ Kropff, § 162 AktG, Rn.10; Wiedmann in Ebenroth/Boujong/Joost, § 317 Rn. 6;* allgemein *Brönner, GK, § 162 AktG Anm. 10.*

Verträge heranzuziehen.[155] Dies muß entsprechend auch für die Prüfung des Lageberichts gelten. Die Prüfung der Prognosen des Vorstands im Lagebericht setzt zwingend voraus, daß der Abschlußprüfer die Unternehmensplanung einsieht.[156] Die vorstehende Aufzählung macht deutlich, daß es zulässig ist, weitere nicht in § 317 I HGB explizit aufgezählte Unterlagen in die Jahresabschlußprüfung mit einzubeziehen, soweit dies zur Erfüllung der gesetzlichen Prüfungsaufgabe notwendig ist.

II. Prüfungsumfang

Die Fähigkeit des Jahresabschlußprüfers zur Krisenerkennung hängt somit entscheidend davon ab, welchen Prüfungsumfang der Gesetzgeber der Jahresabschlußprüfung in § 317 I S. 2 HGB zugewiesen hat.

1. Gesetzmäßigkeitsprüfung

Nach § 317 I S. 2 HGB ist es die Aufgabe der Abschlußprüfung, den Jahresabschluß und die Buchführung auf die Einhaltung der gesetzlichen Vorschriften und der Satzung hin zu prüfen. Nach dem Verständnis der bisher herrschenden Auffassung ist die Jahresabschlußprüfung eine Gesetzes-, Satzungs- und Ordnungsmäßigkeitsprüfung.[157]

Der Jahresabschlußprüfer hat danach die Einhaltung der für alle Kaufleute geltenden Vorschriften des Ersten Abschnittes des Dritten Buches des HGB (§§ 238-256 HGB) sowie die Übereinstimmung des Jahresabschlusses mit den im Zweiten Abschnitt befindlichen ergänzenden Bestimmungen für Kapitalgesellschaften (§§ 264-288 HGB) zu prüfen.[158] Im Zentrum der Feststellungen des Abschlußprüfers bei der Prüfung der Bilanz steht dabei die Frage, ob die handels-

---

155 *Schulze-Osterloh in FS v. Wysocki, Berichtspflicht, S. 239, 244 f.*

156 Zur Lageberichtsprüfung und den heranzuziehenden Unterlagen vgl. die Ausführungen unter Teil 2, Kap.3, III.

157 Bisher h.M.: *A/D/S, 5. Aufl. § 317 HGB Rn. 13, 85; Kropff in Geßler/Hefermehl/Eckhard/ Kropff, § 162 AktG, Rn.12 ff.; Brönner, GK, § 162 AktG Anm. 4; Förschle/Kofahl in BeBiKo, 3. Aufl., § 317 HGB Rn. 10 ff.; BGHZ 16, 17, 23; Claussen, Kölner Komm. § 317 HGB Fn. 23, 38 ff.; Baetge/Fischer in Küting/Weber, Rechnungslegung § 317 HGB Rn. 6; Dörner/Oser, Aufsichtsrat, DB 1995, 1085, 1089; Clemm, Krisenwarner, WPK-Mitt. 2/1995, 65, 67;* so im wesentlichen auch heute noch *Wiedmann in Ebenroth/Boujong/Joost, § 317 Rn. 5 f.*

158 Zu den gesetzlichen Vorschriften gehören gem. § 243 I HGB auch die kodifizierten sowie die nicht kodifizierten GoB. Vgl. *Förschle/Kofahl in BeBiKo, § 317 HGB Rn. 12.*

rechtlichen Bilanzierungs- und Bewertungsvorschriften eingehalten werden. Bei der Prüfung der Gewinn- und Verlustrechnung ist festzustellen, ob die Aufwendungen und Erträge vollständig, periodengerecht und unter den richtigen Bezeichnungen ausgewiesen werden. Die Aufgabe des Abschlußprüfers bei der Prüfung des Anhangs besteht darin, festzustellen, ob der Anhang alle erforderlichen Angaben enthält und die gemachten Angaben vollständig und richtig sind. Die Prüfung der Buchführung erfaßt die Vollständigkeit und Richtigkeit der Erfassungs- und Bearbeitungsprozesse.[159]

Eine ordnungsgemäße Buchführung und Bilanzierung setzt nicht nur voraus, daß die bilanzrechtlichen Normen richtig angewendet werden, sondern auch, daß die zugrunde liegenden Sachverhalte ermittelt und in ihrer rechtlichen Bedeutung richtig eingeordnet werden. Der Jahreabschlußprüfer hat folglich nach herkömmlicher Auffassung auch rechtliche Vorfragen, die einen – wenn auch nur mittelbaren – Einfluß auf den Jahresabschluß haben können, zu prüfen.[160] So hat er beispielsweise den rechtlichen Gehalt und die Wirksamkeit von Erwerbstatbeständen, die für die Zurechnung von Vermögensgegenständen zum Unternehmen wichtig sind, zu bewerten.[161] Die Jahresabschlußprüfung ist mithin unter der Prämisse der Jahresabschlußrelevanz der Rechtsfragen auch eine Rechtsprüfung.[162]

---

159 Zur Prüfung der Buchführung *IDW PS 200, Rn. 12;* sowie auch des Anhangs *Förschle/Kofahl in BeBiKo, § 317 HGB Rn. 13.*

160 *Claussen, Kölner Komm. § 317 HGB Fn. 24; A/D/S § 317 HGB Rn. 30, 32; Kropff in Geßler/Hefermehl/Eckhard/ Kropff, § 162 AktG, Rn.13; IDW PS 230 Rn. 14; Baetge/Fischer in Küting/Weber, Rechnungslegung, § 317 HGB Rn. 12;* einschränkend *Brönner, GK, § 162 AktG Anm. 10,* der nur eine Hinweispflicht des Abschlußprüfers in rechtlichen Zweifelsfragen und keine eigene Prüfungspflicht annimmt.

161 Die Frage der Rechtswirksamkeit von Anschaffungsgeschäften kann für die Bilanzierungsfähigkeit von großer Bedeutung sein. Nichtige und schwebend unwirksame Anschaffungsgeschäfte sind idR nicht aktivierungsfähig, sondern führen zu anschaffungszeitnahen Aufwand. Heilung und Durchführung des Geschäfts trotz Kenntnis der Nichtigkeit führen jedoch in der Regel zu einer Aktivierungsfähigkeit. Der Jahresabschlußprüfer hat daher ggf. Tatbestände zu prüfen, aus denen sich eine Nichtigkeit, schwebende Unwirksamkeit oder ein Anfechtungsgrund ergibt. Die Prüfungspflicht des Jahresabschlußprüfers kann sich daher von den klassischen zivilrechtlichen Tatbeständen (z.B. §§ 138, 313 BGB) bis hin zu spezialrechtlichen Bestimmungen (z.B. §§ 14 ff. GWB) erstrecken. Vgl. dazu *Goerdeler/Müller, W., Anschaffunggeschäfte, Wpg. 1980, 313, 314 ff.*

162 Ausführlich dazu *Müller, H.P. in Treuarbeit, Vorfragen, S. 35, 38 f.* Der Abschlußprüfer kann in schwierigeren Zweifelsfällen rechtlichen Rat von einem juristischen Sachverständigen einholen. In solchen Fallen wird der Jahresabschlußprüfer zunächst in Anwendung des § 320 II S. 1 HGB von der zu prüfenden Gesellschaft die Vorlage einer rechtsgutachterlichen Stellungnahme eines Juristen verlangen. Dem Gutachten kann der Abschlußprüfer dann folgen, wenn er der Auffassung ist, daß die vom Gutachter dargelegte Rechtsauffassung angesichts der höchstrichterlichen

2. *Prüfung der wirtschaftlichen Lage*

Der BGH hat in seiner Entscheidung vom 15.12.1954 festgestellt, daß die Jahresabschlußprüfung eine „Rechnungslegungsprüfung und keine Prüfung der von der Rechnungslegung erfaßten wirtschaftlichen Vorgänge und Tatsachen" ist.[163] Das hat dazu geführt, daß die Prüfung der wirtschaftlichen Lage nach der bisher h.M. nicht zum Prüfungsumfang der Jahresabschlußprüfung gehört.[164] Die Jahresabschlußprüfung wird nicht als „Garantie für die Gesundheit des geprüften Unternehmens" angesehen.[165] Dieses traditionelle Prüfungsverständnis ist im Wandel begriffen. Bereits nach der bisher herrschenden Auffassung war die wirtschaftliche Lage nicht „unmittelbar" von der Jahresabschlußprüfung erfaßt bzw. die Jahresabschlußprüfung „primär" keine Prüfung der wirtschaftlichen Lage.[166] Dies ließ bereits aufhorchen. Gehörte die Prüfung der wirtschaftlichen Lage nicht „primär" und „unmittelbar" zur Jahresabschlußprüfung, so schien sie nach Ansicht dieser Autoren doch zumindest „sekundärer" Bestandteil der Jahresabschlußprüfung zu sein bzw. „mittelbar" von der Jahresabschlußprüfung erfaßt zu sein.

Bereits vor Bekanntwerden des Referentenentwurfs des Gesetzes zur Kontrolle und Transparenz im Unternehmensbereich (KonTraG) war eine Ansicht im Vordringen begriffen, nach der sich aus einer Reihe von handelsrechtlichen Rechnungslegungsvorschriften eine Verpflichtung zur Prüfung der wirtschaftlichen Lage des Unternehmens ergibt.[167] Mit dem Inkrafttreten des KonTraG am

---

Rechtsprechung oder des Meinungsstandes in der Lieratur zumindest vertretbar ist. Der Abschlußprüfer hat insoweit eine Plausibilitätskontrolle durch zuführen. Kommt die Gesellschaft dem Wunsch des Abschlußprüfers nach einer juristisch fundierten Stellungnahme nicht nach bzw. kann die Stellungnahme die Zweifel des Jahresabchlußprüfer nicht beseitigen, kann der Prüfer selbst eine Stellungnahme eines von ihm ausgewählten Sachverständigen auf Kosten der geprüften Gesellschaft einholen.

163 *BGHZ 16, 17, 23.*

164 *A/D/S, 5. Aufl. § 317 HGB Rn. 13, 85; Kropff in Geßler/Hefermehl/Eckhard/ Kropff, § 162 AktG, Rn.12 ff.; Brönner, GK, § 162 AktG Anm. 4; Förschle/Kofahl in Beck' scher Bilanzkommentar, 3. Aufl. § 317 HGB Rn. 10 ff.; BGHZ 16, 17, 23; Claussen, Kölner Komm. § 317 HGB Fn. 23, 38 ff.; Baetge/Fischer in Küting/Weber, Rechnungslegung § 317 HGB Rn. 6; Dörner/Oser, Aufsichtsrat, DB 1995, 1085, 1089.*

165 *Dörner/Oser, Aufsichtsrat, DB 1995, 1085, 1089.*

166 *Dörner/Oser, Aufsichtsrat, DB 1995, 1085, 1089; Kropff in Geßler/Hefermehl/ Eckhard/ Kropff, § 162 AktG, Rn. 26.*

167 *Lück/Hunecke, Warnfunktion, DB 1996,1; Ballwieser, Berichterstattung, BFuP 1988, 313, 318; WP Handbuch 1996 Bd. I, Abschnitt O Rn. 110; Clemm, Krisenwarner, WPK-Mitt. 2/1995, 65, 69.*

27.4.1998 hat diese Auffassung an Unterstützung gewonnen.[168] Diesem Prüfungsansatz zufolge ist es für die Beurteilung der Going-Concern-Prämisse nach § 252 I Nr. 2 HGB erforderlich, eine Prüfung der wirtschaftlichen Lage vorzunehmen. Ebenso soll die Generalnorm des § 264 II HGB, wonach der Jahresabschluß ein den tatsächlichen Verhältnissen entsprechendes Bild der Vermögens-, Finanz- und Ertragslage der Kapitalgesellschaft zu vermitteln hat, eine Prüfung der wirtschaftlichen Lage erfordern. Dies soll auch für die Prüfung des Lageberichts gem. § 289 HGB gelten. Die mit dem Gesetz zur Kontrolle und Transparenz im Unternehmensbereich eingeführte Verpflichtung des Jahresabschlußprüfers zur Prüfung des Risikomanagements des Unternehmens zielt gleichfalls auf eine Prüfung der wirtschaftlichen Situation des Unternehmens ab. Infolgedessen wird nunmehr in der einschlägigen betriebswirtschaftlichen und juristischen Literatur offen die Frage diskutiert, ob im Rahmen der Jahresabschlußprüfung eine Prüfung der Geschäftslage durchzuführen ist.[169]

Es wird deshalb zu untersuchen sein, ob der gesetzliche Prüfungsauftrag des Jahrsabschlußprüfers nach heutigem Verständnis eine Prüfung der wirtschaftlichen Lage umfaßt. Insbesondere wird darauf einzugehen sein, welche Bedeutung der Prüfung der wirtschaftlichen Lage in den genannten handelsrechtlichen Vorschriften der §§ 252 I Nr. 2 HGB, 264 II HGB, 289 HGB zukommt. Dabei wird auch darauf zu achten sein, ob sich aus den Vorschriften eine Verpflichtung zur Prüfung der Geschäftslage oder der wirtschaftlichen Lage, wie sie sich im Jahresabschluß darstellt, ergibt.[170] Diese notwendige Unterscheidung zwischen beiden Begriffen wird in der Literatur nicht immer mit der gebotenen Deutlichkeit getroffen.[171]

Die §§ 252 I Nr. 2 HGB, 264 II HGB, 289 HGB sind Rechnungslegungsvorschriften und als solche Teil der Gesetzmäßigkeitsprüfung. Eine aufgrund dieser Vorschriften durchgeführte Prüfung der wirtschaftlichen Lage ist daher an sich inzidenter bei der Gesetzmäßigkeitsprüfung vorzunehmen und damit Teil derselben. Die Unterschiede zwischen den vorgenannten und den übrigen Rechnungslegungsvorschriften rechtfertigen jedoch eine von der Gesetzmäßigkeitsprüfung getrennte Betrachtung und eine terminologische Differenzierung. Bei der

---

168 *Mattheus, Rolle, ZGR 1999, 682, 696; Baetge/Linßen, Beurteilung, BFuP 1999, 369, 370*; a.A. auch in der Neuauflage nach KonTraG: *A/D/S, § 317 HGB Rn. 118 ff.*

169 Vgl. die Nachweise in der vorstehenden Fn. sowie *Wiedmann, Fortentwicklung, Wpg, 1998, S. 338, 342 ff.; Hachmeister, Partner, DStR 1999, 1453, 1455 ff.; Escher-Weingart, Partner, NZG 1999, 909, 912 ff.; Schulze-Osterloh in Baumbach/Hueck, § 41 GmbHG, Rn. 59; Dörner, Zusammenarbeit DB 2000, 101, 102.*

170 Zur Bedeutung dieser Unterscheidung *Schulze-Osterloh in FS v. Wysocki, Berichtspflicht, S. 239, 246 f.*

171 So kritisch *Schulze-Osterloh in FS v. Wysocki, Berichtspflicht, S. 239, 247 m.w.N.*

Prüfung der §§ 252 I Nr. 2 HGB, 264 II HGB, 289 HGB kommt es im Gegensatz zu den sonstigen Rechnungslegungsbestimmungen – dies sei an dieser Stelle vorweggenommen – entscheidend auf eine betriebswirtschaftliche Analyse des Unternehmens an. Die Prüfung der in den genannten Vorschriften enthaltenen Tatbestandsmerkmale „Risiken der künftigen Entwicklung", „Fortführung der Unternehmenstätigkeit" und „Bild der Vermögens-, Finanz- und Ertragslage" erfordert eine umfassende Würdigung des Unternehmens nach betriebswirtschaftlichen Grundsätzen. Alleine mit einem juristischen, bilanzrechtlichen Prüfungsansatz lassen sich die genannten Gesetzesbegriffe nicht erfassen. Zwar sind auch bei der Prüfung der sonstigen Rechnungslegungsbestimmungen, wie beispielsweise bei der Prüfung der Bewertung des Umlaufvermögens oder bei der Frage des Ansatzes von Drohverlustrückstellungen, betriebswirtschaftliche Betrachtungen notwendig. Die wirtschaftliche Analyse in diesem Bereich fällt jedoch punktuell aus und erfaßt nicht alle Unternehmensbereiche. Zudem haben bei der Gesetzmäßigkeitsprüfung Überlegungen zur Zweck- und Ordnungsmäßigkeit unternehmerischen Handelns keinen Raum. Demgegenüber setzt eine Prüfung der wirtschaftlichen Lage zumindest Überlegungen in diese Richtung voraus.[172]

Im folgenden wird daher in Zusammenhang mit den §§ 252 I Nr. 2 HGB, 264 II HGB, 289 HGB in Anlehnung an die Terminologie in der Literatur nicht von einer Gesetzmäßigkeitsprüfung, sondern von einer Prüfung der wirtschaftlichen Lage die Rede sein. Der Begriff der Gesetzmäßigkeitsprüfung kennzeichnet dagegen die herkömmliche, in der Praxis bisher vorherrschende Prüfungsauffassung, nach der die Geschäftslage eines Unternehmens nicht umfassend zu prüfen ist. Dabei darf jedoch nicht übersehen werden, daß eine so verstandene Gesetzmäßigkeitsprüfung auch nach neuerem Prüfungsverständnis eines der Kernstücke der Jahresabschlußprüfung bildet. Auch nach Inkrafttreten des KonTraG ist es eine der – wenn nicht gar – die Hauptaufgabe des Jahresabschlußprüfers die Gesetzmäßigkeit der Bilanzierung und Bewertung zu prüfen. Daher soll im folgenden untersucht werden, ob sich bereits im Rahmen der Gesetzmäßigkeitsprüfung Krisensymptome und -ursachen feststellen lassen.

Die Problematik der Prüfung der wirtschaftlichen Lage wird dann anschließend in einem gesonderten Abschnitt (Kapitel 3) untersucht.

Kapitel 2: Krisenerkennung bei der Gesetzmässigkeitsprüfung

Aus dem zentralen Prüfungsgegenstand der Gesetzmäßigkeitsprüfung – dem Jahresabschluß – ergibt sich, daß im Rahmen der Gesetzmäßigkeitsprüfung vor al-

172 Vgl. dazu Teil 2, Kap.

lem Krisenursachen und -symptome festgestellt werden können, die eine Abbildung im Jahresabschluß erfahren. Zu den häufigen Begleiterscheinungen von Unternehmenskrisen zählen bilanzpolitische Maßnahmen und in manchen Fällen auch Bilanzfälschungen. Der Zweck von Bilanzpolitik und Bilanzfälschungen durch den Vorstand besteht in Krisensituationen darin, die wirtschaftliche Schieflage des Unternehmens vor den Adressaten des Jahresabschlusses zu verbergen und ein geschöntes Bild zu liefern. Man kann insoweit von publizitätspolitischen Zielen sprechen.[173] Eingetretene Verluste sollen nicht offen ausgewiesen werden, um Kursverluste der Unternehmensaktien zu verhindern und den damit verbundenen unangenehmen Fragen der Aktionäre auszuweichen. Die Ablösung von Vorstandsmitgliedern durch den Aufsichtsrat wird vermieden, indem dem Aufsichtsrat unternehmerische Fehlentscheidungen verschwiegen werden. Die kreditgebenden Banken sollen nicht beunruhigt und zur weiteren Finanzierung des Unternehmens animiert werden.

Sowohl Bilanzpolitik als auch Bilanzfälschung zielen auf die Darstellung der Lage des Unternehmens im Jahresabschluß. Mit der Einflußnahme auf den Jahresabschluß als zentralen Prüfungsgegenstand der Gesetzmäßigkeitsprüfung wird der Jahresabschlußprüfer mit diesen beiden Phänomenen unmittelbar konfrontiert.

Zunächst wird also zu untersuchen sein, welche Prüfungspflichten der Abschlußprüfer im Hinblick auf Bilanzpolitik (unter I.) und Bilanzfälschungen (unter II.) hat.

Anschließend werden die übrigen Krisensymptome, die der Jahresabschlußprüfer bei der Gesetzmäßigkeitsprüfung einzelner Jahresabschlußpositionen wahrnehmen kann, dargestellt (unter III.).

I. Bilanzpolitik

Die ergebnisverbessernde Bilanzpolitik eines Unternehmens ist häufig ein Krisensymptom.[174] Unter dem Begriff der ergebnisverbessernden Bilanzpolitik sind alle Maßnahmen mit dem Ziel zu verstehen, den Vermögensausweis in der Bilanz bzw. den Erfolgsausweis in der Gewinn- und Verlustrechnung durch Ausnutzung der vom Gesetzgeber eingeräumten Wahlrechte und Ermessensspielräume sowie durch die Gestaltung von bilanzrelevanten Sachverhalten zu vergrößern.[175]

---

173 *Sievers, Bilanzpolitik, S. 35 ff.*

174 *Clemm, Krisenwarner, WPK-Mitt. 2/1995, 65, 70; A/D/S § 284 HGB Rn. 115.*

175 *Wöhe, Bilanzierung, S. 55 ff.;* Bilanzpolitische Maßnahmen, die z.B. aus steuerlichen Gründen gerade das Gegenteil, nämlich die Reduzierung des Gewinns anstreben, werden hier nicht berücksichtigt.

1. Sachverhaltsabbildende Bilanzpolitik

Dieses Ziel kann die Unternehmensführung grundsätzlich dadurch erreichen, daß sie bei konstantem Schuldenausweis das vorhandene Vermögen möglichst hoch ansetzt und/oder die vorhandenen Schulden bei konstantem Vermögensausweis möglichst niedrig ausweist. Im Bereich der Bilanzierungs- und Bewertungswahlrechte stehen dem Vorstand hierzu umfangreiche Instrumente zur Verfügung.[176] Beispielsweise kann eine höhere Bewertung von im Unternehmen hergestellten Wirtschaftsgütern dadurch erfolgen, daß in die Herstellungskosten abweichend von der bisherigen Bilanzierungspraxis die Gemeinkostenbestandteile nach § 255 II S. 4 HGB eingerechnet werden.[177] Die daraus resultierende höhere Bewertung des Aktivpostens führt zu einem verbesserten Ausweis der Vermögenslage und zu einer Entlastung der Ertragslage von zusätzlichen Aufwendungen. Insbesondere Unternehmen, die im Bereich der langfristigen Auftragsfertigung (mehrjähriger Schiffs- und Großanlagenbau) tätig sind, können ein Interesse haben, von handelsrechtlichen Bewertungswahlrechten bei der Ermittlung der Herstellungskosten gem. § 255 II S. 3 und 4, III S. 2 HGB, mit dem Ziel der Erhöhung der Herstellungskosten, Gebrauch zu machen. Die Zulässigkeit einer darüber hinausgehenden Teilgewinnrealisierung bei langfristiger Auftragsfertigung ist jedoch umstritten und wird überwiegend verneint.[178]

---

176 Einen umfassenden Überblick über die möglichen bilanzpolitischen Maßnahmen des Vorstandes gibt *Wöhe, Bilanzierung, S. 713 f.*

177 Eine willkürliche Änderung der Bewertungspraxis bei den Herstellungskosten verstößt gegen den Grundsatz der Bewertungsstetigkeit gem. § 252 I Nr.6 HGB. Gem. § 252 II HGB darf jedoch in „begründeten Ausnahmefällen" von der Bewertungsstetigkeit abgewichen werden. Der Kreis der begründeten Ausnahmefällen soll zwar eng gefaßt werden, dennoch werden in der Literatur zahlreiche, recht unscharf gefaßte Fälle genannt, die es einem findigen Vorstand ermöglichen einen „Anlaß" für eine Änderung der Bewertungspraxis zu „finden". Beispiele für Ausnahmefälle nach *Budde/Geißler in BeBiKo, § 252 HGB Rn. 59 ff. m.w.N.:* Einleitung von Sanierungsmaßnahmen, Änderung der Konzernzugehörigkeit bzw. der Unternehmenskonzeption, wesentliche technische Neuerungen, wesentliche Änderung der Finanz- oder Kapitalstruktur, wesentliche Veränderung der Einschätzung der Unternehmensentwicklung. Vgl. auch den enger gefaßten Ausnahmenkatalog bei *Schulze-Osterloh in Baumbach/Hueck, § 42 GmbHG, Rn. 259;* vgl. zum Herstellungskostenbegriff allgemein: *Ellrott/Schmidt-Wendt in BeBiKo, § 255 HGB Rn. 354 f.;* Beispiele zur Bilanzpolitik in *Clemm, Krisenwarner, WPK-Mitt. 2/1995, 65, 70; Lück/Hunecke, Warnfunktion, DB, 1996, 1, 3.*

178 Vgl. zur Unzulässigkeit der Teilgewinnrealisierung und den Bewertungswahlrechten bei Ermittlung der Herstellungskosten *Ellrott/Schmidt-Wendt in BeBiKo, § 255 HGB Rn. 457 ff. m.w.N.; Schulze-Osterloh in Baumbach/Hueck, § 42 GmbHG, Rn. 91 m.w.N.;* sowie die umfassende Darstellung in Teil 4 Fall 3.

Bilanzpolitik betreibt auch der Vorstand, der im Rahmen seines Ermessensspielraums Abschreibungen niedrig bzw. Zuschreibungen hoch bemißt und auf Sonderabschreibungen verzichtet. Auch die Nichtpassivierung bzw. Unterbewertung von Rückstellungen beeinflußt die Vermögens- und Ertragslage in positiver Weise.

2. *Sachverhaltsgestaltende Bilanzpolitik*

Besondere Bedeutung hat neben der sachverhaltsabbildenden Bilanzpolitik in der Unternehmenspraxis die sachverhaltsgestaltende Bilanzpolitik erlangt. Darunter sind jahresabschlußpolitisch motivierte Rechtsgeschäfte, die allein zum Zwecke der Beeinflussung des Gewinnausweises im Jahresabschluß geschlossen werden, zu verstehen. Dazu zählen insbesondere Sale-and-lease-back-Geschäfte und Pensionsgeschäfte. Unter Sale-and-lease-back versteht man die Veräußerung von Vermögensgegenständen – häufig sind es Grundstücke, Bürogebäude, der Maschinen- und Fuhrpark – mit einer zeitgleich zwischen Verkäufer und Käufer getroffenen Vereinbarung, denselben Gegenstand zurückzuleasen. Ein solches Rechtsgeschäft verbessert die Liquidität des Verkäufers und kann bei Einsatz des Kaufpreises zur Schuldentilgung zu einer Verbesserung der Kapitalstruktur führen. Bei Auflösung von stillen Reserven können außerdem Gewinne realisiert und publizitätswirksam ausgewiesen werden.

Ähnliche Effekte lassen sich auch durch den Abschluß von Pensionsgeschäften erzielen. Bei einem Pensionsgeschäft verkauft das Unternehmen Vermögensgegenstände, um sie zu einem späteren Zeitpunkt zu einem vorbestimmten Preis wieder zurückzukaufen.

Notleidende Unternehmen machen von diesen Möglichkeiten, das Bild des Unternehmens im Jahresabschluß zu verbessern, häufig Gebrauch. So hat beispielsweise der damals von der Insolvenz bedrohte Baukonzern Philipp Holzmann AG im Jahre 1996 sein zentrales Verwaltungsgebäude in Frankfurt und seinen Gerätepark in einem Sale-and-lease-back-Verfahren veräußert und dadurch zusammen mit der Realisierung weiterer stiller Reserven einen Verlust in Höhe von 1 Mrd. DM ausgeglichen.[179] Bilanzpolitisch motivierte Rechtsgeschäfte werden denn auch als nahezu „untrügliche Kennzeichen“ für eine Unternehmenskrise angesehen.[180]

---

179 Vgl. *FAZ v. 11.2.1997, Nr. 42, S. 19.*

180 *Clemm, Krisenwarner, WPK-Mitt. 2/1995, 65, 70.*

3. Prüfungspflichten

Sowohl die sachverhaltsabbildende als auch die sachverhaltsgestaltende Bilanzpolitik sind vom Prüfungsumfang der Gesetzmäßigkeitsprüfung umfaßt. Denn die Prüfung der Bilanzierung und Bewertung im Jahresabschluß umfaßt auch eine Kontrolle dahingehend, ob der Vorstand bei der Bilanzaufstellung die Sachverhalte bilanziell richtig erfaßt und die Bilanzierungs- und Bewertungswahlrechte in zulässiger Weise ausgeübt hat. Darüber hinaus hat der Abschlußprüfer zu überwachen, ob der Vorstand seiner Verpflichtung gem. § 284 II Nr. 3 HGB nachgekommen ist, über Änderungen der Bilanzierungs- und Bewertungswahlrechte – sprich über die Bilanzpolitik – Angaben im Anhang zu machen. Auch aus der Generalnorm des § 264 II HGB kann dem Vorstand die Verpflichtung erwachsen, Angaben im Anhang zu machen. Die bilanzpolitischen Maßnahmen sind somit ein zentraler Gegenstand der Abschlußprüfung.

Die Frage, ob der Jahresabschlußprüfer bilanzpolitische Maßnahmen in jedem Einzelfall auch als solche erkennt, hängt von der Art und Weise der Prüfungsdurchführung und nicht zuletzt davon ab, ob die Geschäftsführung des Unternehmens die bilanzpolitischen Maßnahmen offen angibt oder versucht, sie mittels vorgeschobener Argumente zu verschleiern.[181] Nicht jede publizitätsorientierte Ausnutzung eines Bilanzierungsspielraums stellt ein Krisensymptom dar. Eine entsprechend einseitig betriebene Jahresabschlußgestaltung durch den Vorstand ist jedoch für den Abschlußprüfer ein Warnsignal. Der Abschlußprüfer ist dann verpflichtet, den Krisenursachen auf den Grund zu gehen.

II. Bilanzfälschungen und andere Gesetzesverstöße

Einige der spektakulärsten Unternehmenskrisen der Vergangenheit – an dieser Stelle seien nur die Fälle KHD Wedag und Balsam genannt – waren mit Bilanzfälschungen verbunden. In diesem Zusammenhang sind auch die Wirtschaftsprüfer in die Kritik geraten, da sie beispielsweise in den vorgenannten Fällen die Bilanzmanipulationen nicht aufgedeckt hatten. Der Hauptfachausschuß des Instituts der Wirtschaftsprüfer (IDW) hat auf die Kritik reagiert und in seiner Stellungnahme HFA 7/1997 „Zur Aufdeckung von Unregelmäßigkeiten im Rahmen der Abschlußprüfung“ zu den Aufdeckungspflichten des Jahresabschlußprüfers hinsichtlich Bilanzfälschungen Stellung genommen.[182] Bei der Bewertung der Prüfungspflichten des Jahresabschlußprüfers muß dabei zwischen bloßen Bilanz-

---

181 *Clemm, Krisenwarner, WPK-Mitt. 2/1995, 65, 70.*
182 *IDW, HFA 7/1997, FN 1998, 7.*

fehlern (1.), der eigentlichen Bilanzfälschung (2.), Eigentums- und Vermögensschädigungen (3.) und sonstigen Gesetzesverstößen (4.) unterschieden werden.[183]

1. Fehler

Der genannten Verlautbarung des IDW zufolge sind unter Fehlern „unbeabsichtigt falsche Angaben im Abschluß, die z.B. auf Schreib- und Rechenfehlern in der Buchführung oder in deren Grundlagen, auf einem Übersehen oder einer unzutreffenden Einschätzung von Sachverhalten oder auf einer nicht bewußt falschen Anwendung von Rechnungslegungsgrundsätzen beruhen", zu verstehen.[184] Unabhängig von der primären Zuständigkeit des Vorstandes gehört es zu den zentralen Aufgaben des Abschlußprüfers gem. § 317 I S. 1 HGB, Fehler aufzudecken. Der Jahresabschlußprüfer hat durch eine angemessene Prüfungsdurchführung und -planung sicherzustellen, daß alle wesentlichen Fehler aufgedeckt und berichtigt werden.[185]

2. Bilanzfälschungen

Im Gegensatz zu unbeabsichtigten Fehlern stellen Bilanzfälschungen strafbare, vorsätzliche Handlungen dar, die dazu führen, daß die Darstellung im Jahresabschluß nicht den geltenden Bestimmungen entspricht.[186] Von den möglichen Arten wirtschaftskrimineller Handlungen verursachen Bilanzfälschungen – gemessen am einzelnen Schadensfall – den höchsten Schaden.[187] Dies hängt u.a. damit zusammen, daß die Jahresabschlußerstellung dem Vorstand obliegt, Bilanzfälschungen also weitgehend nur von Vorstandsmitgliedern begangen werden können. Gerade mit zunehmender Hierarchiestufe nimmt aber die Schadenshöhe von Wirtschaftsstraftaten zu. In der Unternehmenshierarchie hochstehende Täter haben aufgrund ihrer besonderen Verfügungsgewalt ein hohes Mißbrauchspotential.[188] Darin liegt die besondere Gefährlichkeit dieser Fallgruppe für die Existenz eines Unternehmens. Vorsätzliche Bilanzfälschungen und die mit ihnen verbun-

---

183 Entsprechende Differenzierungen zwischen einzelnen Gesetzesverstößen werden auch in der bilanzstrafrechtlichen und betriebswirtschaftlichen Literatur vorgenommen. Vgl. den Überblick über die strafrechtlichen und betriebswirtschaftlichen Differenzierungen bei *Schüppen, Bilanzstrafrecht, S. 15 ff.;* sowie die Einstufung von *Ludewig in FS Havermann, Abschlußprüfung, S. 399.*

184 *IDW, HFA 7/1997, FN 1998, 7, 8.*

185 *IDW, HFA 7/1997, FN 1998, 7, 11.*

186 Zur strafrechtlichen Grundeinschätzung vgl. *Tiedemann in HWiStR, Bilanzstrafrecht; S. 1; Maul, Bilanzdelikte, DB 1989, 185 .*

187 *Lohse, Wirtschaftskriminalität, WPK-Mitt. 3/1996, 144.*

188 *Hoffmann, Wirtschaftsprüfung, DB 1989, 1354, 1355.*

denen Straftatbestände lassen sich nach der Art ihrer Einwirkung auf den Jahresabschluß in zwei Fallgruppen einteilen.[189]

a. Bilanzdelikte im engeren Sinne

Zu den Bilanzdelikten im engeren Sinne zählen die Handlungen, die das unmittelbare Ziel haben, den Jahresabschluß abweichend von den gesetzlichen Bestimmungen aufzustellen.[190] Das Fehlverhalten erschöpft sich dabei in der mangelhaften Erstellung des Jahresabschlusses.[191] Die Fälschungshandlung kann sich auf den Jahresabschluß, die Buchhaltung und ihre Grundlagen beziehen. Zu den häufigsten Begehungsweisen gehören vorsätzlich vorgenommene Überbewertungen von Wirtschaftsgütern sowie der Ansatz von fiktiven, nicht existenten Posten im Jahresabschluß.[192]

Die Bilanzmanipulationen im engeren Sinne stellen zumeist eine nach § 331 Nr. 1 HGB strafbare unrichtige Wiedergabe bzw. Verschleierung der Verhältnisse der Gesellschaft in Jahresabschluß und Lagebericht dar. Der objektive Tatbestand der unrichtigen Wiedergabe ist u.a. erfüllt, wenn die getroffene Bilanzierung evident unrichtig ist und die Unrichtigkeit für das von Jahresabschluß oder Lagebericht „vermittelte Bild der Lage der Gesellschaft von einigem Gewicht" ist.[193] Tauglicher Täter eines Vergehens nach § 331 Nr. 1 HGB kann nur ein Vorstands- oder Aufsichtsratsmitglied des Unternehmens sein. § 331 Nr. 1 HGB ist ein echtes Sonderdelikt.

Bilanzfälschungen, die zu einem geschönten Ausweis der wirtschaftlichen Lage im Jahresabschluß führen, sind häufig Indikatoren einer Krise, da sie nicht um ihrer selbst willen begangen werden, sondern um entstandene Verluste oder gar die Überschuldung zu verheimlichen.[194]

---

189 Vorliegend wurde der Einteilung von *Ludewig in FS Havermann, Abschlußprüfung, S. 399, 400 f.* gefolgt. Sie erlaubt eine präzisere Klassifizierung als die Fallgruppen des *IDW, HFA 7/1997, FN 1998, 7, 8.*

190 Die Bilanzdelikte im engeren Sinne entsprechen den Täuschungen iSd *IDW, HFA 7/1997, FN 1998, 7, 8.*

191 Eine vergleichbare Fallgruppe zu den strafrechtlichen Bilanzdelikten bildet auch *Schüppen, Bilanzstrafrecht, S. 28 ff.*

192 *Tiedemann in HWiStR, Bilanzstrafrecht; S. 1.*

193 Zitat nach *Schulze-Osterloh in Baumbach/Hueck, Anh. § 82 GmbHG, Rn. 5;* vgl. auch *Budde/Hense in BeBiKo, § 331 HGB Rn. 11 ff.*

194 *Tiedemann in HWiStR, Bilanzstrafrecht; S. 1.*

b. Delikte unter Einbeziehung des Jahresabschlusses

Bei den Delikten unter Einbeziehung des Jahresabschlusses handelt es sich um Sachverhalte, bei denen das Unternehmen durch die Entfernung von Vermögensgegenständen aus dem Unternehmen geschädigt wird, die Schädigung jedoch verschleiert wird, so daß die Vermögensgegenstände fälschlich noch in der Bilanz ausgewiesen werden. Ludewig nennt das Beispiel, daß ein eingehender Forderungsbetrag nicht zur Verringerung des Forderungsbestandes im Soll des Forderungsbestandes gebucht wird, sondern vom Schädiger vereinnahmt wird.[195] Die Bilanzfälschung dient damit der Verdeckung vorhergehender oder nachfolgender Straftaten.[196] Die verdeckten Straftaten können, soweit sie auf bedeutende Vermögenswerte gerichtet sind, Ursache der Gefährdung eines Unternehmens sein. Die damit verbundene Bilanzmanipulation stellt insoweit nur das Symptom der Krise dar. Strafrechtlich gesehen wird es sich hierbei häufig um Eigentums- (Diebstahl und Unterschlagung) oder Vermögensdelikte (Betrug, Untreue) handeln, die – soweit es sich um eine Handlung des Vorstandes handelt – mit einer Bilanzfälschung iSd § 331 HGB einhergehen können.

c. Aufdeckung der Bilanzdelikte in der Jahresabschlußprüfung

Die Aufdeckungspflichten des Abschlußprüfers sind anhand der gesetzlichen Bestimmungen näher zu bestimmen.

aa. Verpflichtung zur Aufklärung von Bilanzdelikten

Die Prüfung der Gesetzmäßigkeit von Jahresabschluß und Buchführung ist – wie oben festgestellt – die zentrale Aufgabe der Jahresabschlußprüfung. Die in den Fallgruppen Bilanzfälschungen im engeren Sinne und der Delikte unter Einbeziehung des Jahresabschlusses erfaßten Handlungen stellen einen Verstoß gegen die handelsrechtlichen Rechnungslegungsbestimmungen dar. Die möglichen Verstöße sind vielfältig. Bei Überbewertungen sind die Bewertungsvorschriften betroffen. Die Buchung von nicht existenten Forderungen verstößt gegen den Grundsatz, nur aktivierungsfähige reale Wirtschaftsgüter zu aktivieren. Ein Jahresabschluß, der unter wesentlichen Verstößen gegen Bilanzierungsvorschriften aufgestellt ist, wird im übrigen nicht mehr ein den tatsächlichen Verhältnissen

---

195 *Ludewig in FS Havermann, Abschlußprüfung, S. 399, 401 f.*

196 Vgl. auch die entsprechende strafrechtliche Fallgruppe bei *Schüppen, Bilanzstrafrecht, S. 36.*

entsprechendes Bild der Vermögens-, Finanz- und Ertragslage gem. § 264 II HGB abgeben.

Der Abschlußprüfer hat gem. § 317 I S. 2 HGB darauf zu achten, ob die gesetzlichen Bestimmungen eingehalten sind. Er hat zu prüfen und im Bestätigungsvermerk gem. § 322 I S. 3 HGB auch Stellung dazu zu nehmen, ob der Jahresabschluß ein den tatsächlichen Verhältnissen entsprechendes Bild der Vermögens-, Finanz- und Ertragslage widergibt. Die Erfassung der Bilanzfälschungen im engeren Sinne und der Delikte unter Einbeziehung des Jahresabschlusses liegt damit im Kernbereich der Jahresabschlußprüfung.

Dieses Ergebnis bestätigt auch ein Blick in die Geschichte der Jahresabschlußprüfung. Die Pflichtprüfung des Jahresabschlusses zum 19.3.1931 wurde als Reaktion auf Bilanzfälschungen eingeführt.[197] Es ist nicht zu erkennen, daß der Gesetzgeber von dieser Grundintention bei späteren Gesetzesreformen Abstand genommen hat, so daß der historische Wille unverändert fortgilt.[198] Letzte Zweifel an der Aufklärungspflicht des Jahresabschlußprüfers im Hinblick auf Bilanzfälschungen dürfte das Gesetz zur Kontrolle und Transparenz im Unternehmensbereich (KonTraG) beseitigt haben. In dem neu eingefügten § 317 I S. 3 HGB heißt es, daß die Prüfung so anzulegen ist, daß „Unrichtigkeiten und Verstöße gegen die in Satz 2 aufgeführten Bestimmungen, die sich auf die Darstellung des sich nach § 264 Abs. 2 ergebenden Bildes der Vermögens-, Finanz- und Ertragslage des Unternehmens wesentlich auswirken, bei gewissenhafter Berufsausübung erkannt werden.“ In der Begründung zum Regierungsentwurf des KonTraG wird dazu ausgeführt, daß die Prüfung problemorientierter als bisher durchgeführt werden soll und die von einigen Prüfern bereits geübte Prüfungspraxis zum gesetzlichen Maßstab werden solle.[199] Intention der Neuformulierung ist es somit, den Jahresabschlußprüfer zur Aufklärung von Bilanzfälschungen und bilanzwirksamen Gesetzesverstößen gesetzlich zu verpflichten. Nach der hier vertretenen Auffassung gehört die Aufklärung solcher Verstöße jedoch bereits nach der bisherigen Gesetzeslage zu den unabdingbaren Prüfungspflichten. Insoweit ist es unzutreffend, wenn in der Gesetzesbegründung darauf hingewiesen wird, daß mit der Änderung ein neuer gesetzlicher Prüfungs-

197 Vgl. dazu die Ausführungen in Teil 1 und *Clemm, Krisenwarner, WPK-Mitt. 2/1995, 65, 67.*
Auch im englischen Recht waren Bilanzfälschungen der Anlaß, im Jahre 1900 die Pflichtprüfung für alle registrierten Gesellschaften einzuführen. Vgl. zur Geschichte der Abschlußprüfung in England *Freckmann, Abschlußprüferhaftung, WPK-Mitt. 4/1993, 155.*

198 So auch *Moxter, Referentenentwurf BB 1997, 722, 724.*

199 *BT Drucksache 13/9712, S. 26, 27.*

maßstab eingeführt werden soll.[200] Moxter hat denn auch treffend festgestellt, daß der neu eingefügte Satz 3 überflüssig ist, da es „selbstverständlich ist, daß die Prüfung so anzulegen ist, daß der gesetzliche Prüfungszweck erreicht wird".[201]

Vor diesem Hintergrund ist es nur schwer nachvollziehbar, daß das Institut der Wirtschaftsprüfer (IDW) nicht bereits in seinem Fachgutachten 1/1988 ausdrücklich und unmißverständlich auf eine entsprechende Verpflichtung des Jahresabschlußprüfers hingewiesen hat.[202] Dies gilt um so mehr, als in dem Fachgutachten die grundsätzlichen Zielsetzungen der Abschlußprüfung angesprochen werden sollten und Bilanzfälschungen immerhin der Anlaß für die Einführung der Jahresabschlussprüfung im Jahre 1931 waren. Dieses Versäumnis war geeignet, den Eindruck aufkommen zu lassen, daß das IDW zwar die Aufdeckung von Bilanzierungsfehlern zu den Kernaufgaben des Abschlußprüfers zählte, daß aber die Aufdeckung von vorsätzlichen Bilanzfälschungen, die idR verdeckt erfolgen und damit häufig schwieriger zu erkennen sind, nicht zu den Kernaufgaben des Abschlußprüfers zählen sollte.[203] Eine solche Auffassung ließe aber die Jahresabschlußprüfung weitgehend sinnentleert erscheinen.[204] Der Informationswert der Jahresabschlußprüfung für den Aufsichtsrat sinkt ganz erheblich, wenn die Prüfung keine Aussagekraft über das Vorliegen von Bilanzfälschungen hat.

In der HFA Stellungnahme 7/1997 hat das IDW seine Auffassung dahingehend klargestellt, daß „die Prüfung hinreichend sicherstellen" muß, daß „im vorgelegten Abschluß keine wesentlichen falschen Angaben aufgrund von Fehlern oder Täuschungen enthalten" sind.[205] Mit dieser Prüfungspflicht korrespondieren nach der geänderten Auffassung des IDW auch entsprechende Berichtspflichten. In dem Prüfungsstandard „Grundsätze ordnungsmäßiger Berichterstattung bei Abschlußprüfungen (IDW PS 450)" wird festgestellt, daß der Abschlußprüfer gem. § 321 I S. 3 HGB auch darüber zu berichten hat, ob er Unrichtigkeiten oder Verstöße gegen Rechnungslegungsbestimmungen festgestellt hat.[206]

---

200 *BT Drucksache 13/9712, S. 27;* dazu *Dörner/Schwegler, Änderungen, DB 1997, 285, 286; Moxter, Referentenentwurf BB 1997, 722, 724.*

201 *Moxter, Referentenentwurf BB 1997, 722, 724.*

202 *IDW, HFA-Fachgutachten 1/1988, Wpg. 1989, 9, 10 f.*

203 Vgl. insoweit auch die nachfolgenden Ausführungen zu den Allgemeinen Auftragsbedingungen für Wirtschaftsprüfer unter Kap.2, II. 2.c.bb.

204 *Wüstemann in Lutter, S. 19, 23.*

205 *IDW, HFA 7/1997, FN 1998, 7, 11.*

206 *IDW PS 450, Wpg 1999, 601, 605;* vgl. auch *Langenbucher/Blaum, Aufdeckung, DB 1997, 437, 438.*

bb. Anhaltspunkte für Bilanzfälschungen

Der Prüfer hat vor Prüfungsbeginn die Bereiche zu identifizieren, die ein besonders hohes Manipulationsrisiko aufweisen. Insofern kommt einer risikoorientierten Prüfungsplanung eine wesentliche Bedeutung zu.[207] Im Laufe der Prüfungsdurchführung hat er diese Risikoanalyse ständig zu aktualisieren. Das IDW hat in seiner Stellungnahme HFA 7/1997 eine Reihe von Anhaltspunkten für ein erhöhtes Risiko von Gesetzesverstößen näher beschrieben:[208]

- An erster Stelle stehen Schwächen des Buchhaltungs- und des internen Kontrollsystems.
- Zweifel an der Integrität und Kompetenz der Geschäftsleitung, wie beispielsweise die Beherrschung der Geschäftsleitung durch eine Person, häufige Personalwechsel im Finanzwesen, eine personelle Unterbesetzung der Buchführung, unklare Organisationsstrukturen und die fehlende Bereitschaft der Geschäftsführung zur Verbesserung der Organisations- und Kontrollstrukturen werden als Anhaltspunkte für Risiken angesehen.
- Kritische Unternehmenssituationen – darunter werden wirtschaftlichen Schwierigkeiten verstanden – sind Hinweis auf eine u.U. erhöhte Bereitschaft des Unternehmens, Manipulationen vorzunehmen.
- Ungewöhnlichen Geschäften – genannt werden beispielsweise ungewöhnliche Transaktionen gegen Jahresende mit bedeutenden Gewinnauswirkungen – kann eine Indikatorwirkung zukommen.
- Schwierigkeiten bei der Erlangung von Prüfungsnachweisen, sei es, daß der Vorstand ausweichende oder wenig verständliche Auskünfte gibt, sei es, daß das Buchführungssystem unvollständig bzw. schwer prüfbar ist, sowie eine Reihe weiterer Umstände werden ebenfalls als Anhaltspunkte für Gesetzesverstöße gesehen.

Der Grad der Anfälligkeit eines Unternehmens für Bilanzfälschungen und auch Vermögensschädigungen ist wesentlich von dem Bestehen eines funktionsfähigen internen Kontrollsystems abhängig. Das Fehlen von organisatorischen Sicherungsmaßnahmen, wie Funktionentrennungen, und von regelmäßigen Kontrollen, wie beispielsweise von Inventuren, deutet auf ein erhöhtes Gefährdungspotential hin.[209] Von großer Aussagekraft ist in diesem Zusammenhang auch, ob

207 Zur risikoorientierten Prüfungsplanung vgl. *IDW PS 240: Grundsätze der Planung von Abschlußprüfungen, Wpg. 2001, 846, 847.*

208 *IDW, HFA 7/1997, FN 1998, 7, 10.*

209 Vgl. dazu im einzelnen *IDW PS 260: Das interne Kontrollsystem im Rahmen der Abschlußprüfung, Wpg. 2001, 821.*

das Unternehmen über eine leistungsfähige interne Revision verfügt, die in der Lage ist, eigenverantwortlich innerhalb des Unternehmens zu operieren.[210] Die vorgenannten unternehmensinternen Mechanismen und Einrichtungen können sowohl Bilanzfälschungen und Vermögensschädigungen verhindern helfen (präventive Wirkung) als auch zu deren Aufdeckung beitragen (repressive Wirkung). Der Abschlußprüfer handelt sorgfaltswidrig, wenn er es angesichts von deutlichen Schwachpunkten im internen Kontrollsystem versäumt, die Prüfungsdurchführung diesen Gegebenheiten anzupassen und „täuschungsresistente" Prüfungshandlungen vorzunehmen. Aber auch in dem Fall, daß sich bei der Risikobeurteilung kein erhöhtes Manipulationsrisiko ergibt, hat der Prüfer bei der Prüfungsplanung Handlungen vorzusehen, die geeignet sind, Manipulationen aufzudecken. Die vom Jahresabschlußprüfer einzunehmende kritische Grundhaltung gegenüber dem Unternehmen und seinen Mitarbeitern verbietet es dem Prüfer, vollständig auf entsprechende Kontrollhandlungen zu verzichten. Der Abschlußprüfer hat zudem – ohne daß Anhaltspunkte iSd der Stellungnahme des IDW vorliegen müssen – besondere Prüfungshandlungen in Unternehmensbereichen anzusetzen, die über eine erhöhte Grundanfälligkeit für Manipulationen verfügen. Orientiert an den Krisenfällen der vergangenen Jahre kann hier vor allem der Bereich Finanzderivate genannt werden. Weitere branchen- und unternehmensspezifische Besonderheiten sind zu berücksichtigen. Beispielsweise muß im Anlagenbau bei langfristiger Fertigung mit Manipulationen, die auf eine unzulässige Teilgewinnrealisierung und Risikoverschleierung abzielen, gerechnet werden.[211]

Der alten und neuen Gesetzeslage wurde bisher in der Prüfungspraxis nicht immer entsprochen. So war in Prüfungsberichten unter der Rubrik „Prüfungsauftrag und -durchführung" manchmal zu lesen: „Die Aufdeckung und Aufklärung strafrechtlicher Tatbestände war nicht Gegenstand der Jahresabschlußprüfung" oder „Die Feststellung von etwaigen Unregelmäßigkeiten war nicht Gegenstand des Prüfungsauftrags". Auch die vom IDW verfaßten „Allgemeinen Auftragsbedingungen für Wirtschaftsprüfer und Wirtschaftsprüfungsgesellschaften vom 1. Januar 2002" (AAB) bedürfen einer Anpassung an geltendes Recht.[212] In Ziffer 2 Absatz 3 der AAB heißt es, daß Prüfungshandlungen, die gezielt auf die Aufdeckung von Buchfälschungen und sonstigen Unregelmäßigkeiten gerichtet sind nur dann vom Prüfungsauftrag umfaßt sind, wenn „sich bei der Durch-

210 Vgl. dazu im einzelnen *Entwurf IDW EPS 320: Interne Revision und Abschlußprüfung, Wpg. 2001, 570.*

211 Vg. dazu in Teil 3 den Fall KHD Wedag.

212 So auch schon die AAB Stand 1.7.2000, AAB erhältlich bei dem IDW – Verlag GmbH, Düsseldorf; zur Bedeutung der allgemeinen Auftragsbedingungen vgl. *WP Handbuch Bd. I, Abschnitt A Rn. 400.*

führung von Prüfungen dazu ein Anlaß ergibt oder dies ausdrücklich schriftlich vereinbart ist".[213]

Dem steht jedoch entgegen, daß die Aufklärung von Bilanzfälschungen als zentraler Zweck der Jahresabschlußprüfung nicht zur Disposition der Vertragsparteien steht. Die Prüfung ist auf jeden Fall so auszurichten, daß wesentliche Bilanzfälschungen auch wirklich aufgedeckt werden. Der Gesetzgeber hat dies in dem neu formulierten § 317 I S. 3 HGB deutlich zum Ausdruck gebracht, indem er den Abschlußprüfer dazu verpflichtet seine Prüfung so „anzulegen", daß wesentliche Unregelmäßigkeiten erkannt werden. Eine Prüfung, die erst auf bestimmte Verdachtselemente hin Untersuchungshandlungen zur Aufdeckung von Unregelmäßigkeiten vorsieht, entspricht nicht der vom Gesetz geforderten Ausrichtung.

cc. Grenzen der Aufklärungsmöglichkeiten

Der Jahresabschlußprüfer wird dennoch nicht in allen Fällen in der Lage sein, die entsprechenden Sachverhalte aufzudecken. Bilanzfälschungen, die nach Erteilung des Bestätigungsvermerks entdeckt werden, sind daher nicht in jedem Fall ein sicheres Indiz dafür, daß der Abschlußprüfer sorgfaltswidrig gehandelt hat. Dem Abschlußprüfer vorgelegte gefälschte Unterlagen und erteilte falsche Auskünfte erschweren seine Aufklärungsmöglichkeiten, schließen sie jedoch nicht gänzlich aus. Die Aufklärungsmöglichkeiten des Prüfers hängen entscheidend von der aufgebrachten kriminellen Energie und der Raffinesse der Täter ab. In zahlreichen Unternehmenskrisenfällen – so beispielsweise in den Fällen Schneider und Balsam – wurden jedoch Bilanzen und Buchführung mit vergleichsweise einfachen Mitteln gefälscht.[214] Zahlen auf Rechnungen, Bestätigungen und andere Buchführungsunterlagen wurden ausradiert und überschrieben, das Ergebnis kopiert und dem Empfänger zugefaxt. Im Falle des Sportbodenherstellers Balsam wurden gefälschte Saldenbestätigungen unter Nachdruck eines Briefkopfes einer Wirtschaftsprüfungsgesellschaft erstellt, auf von Balsam ausgestellten Rechnungen wurden nachträglich Ziffern hinzugefügt, um erhöhte Rechnungsbeträge auszuweisen.[215]

Der IDW Stellungnahme HFA 7/1997 nach kann der Abschlußprüfer grundsätzlich von der Echtheit der ihm vorgelegten Dokumente ausgehen. Dem ist insoweit zuzustimmen, als der Abschlußprüfer nicht die Echtheit jedes ihm vorleg-

213 Diese mit dem Prüfungsauftrag nach § 317 I S. 3 HGB unvereinbare Formulierung läßt sich nicht alleine mit der haftungsbegrenzenden Funktion der AAB erklären.

214 *Lohse, Wirtschaftskriminalität, WPK-Mitt. 3/1996, 144;*

215 Zum Fall Balsam vgl. *FAZ 5.7.1994; HB v. 6.7.1994, Börsenzeitung v. 11.11.1994.*

ten Dokuments prüfen kann. Ein derart detektivischer Pflichtenumfang würde den Abschlußprüfer zwangsläufig überfordern. Die vom Abschlußprüfer geforderte gebotene berufliche Skepsis verpflichtet ihn jedoch angesichts der steigenden Zahl der Fälle von Dokumentenfälschungen, die Echtheit von Dokumenten, die von besonderer Bedeutung sind, zu überprüfen.[216] Zur Überprüfung reichen in vielen Fällen einfache Kontrollschritte aus. In den meisten der genannten Fällen kann die Echtheit der Dokumente durch die Einholung von Bestätigungen überprüft werden. Der Abschlußprüfer sollte Versand und Rücklauf allerdings selbst vornehmen, da sonst die Gefahr besteht, daß das Unternehmen auch hier Manipulationen vornimmt. Bei bedeutenden Sachverhalten hat der Abschlußprüfer die Originaldokumente einzusehen. Die Aushändigung einer bloßen Kopie ist in diesen Fällen nicht ausreichend.[217] Allein dadurch können bestimmte Manipulationstechniken wie Ausradieren und Überschreiben aufgedeckt werden.

Eine trügerische Sicherheit gewähren dem Abschlußprüfer sog. Vollständigkeitserklärungen, in denen das Unternehmen versichert, daß es bestimmte Angaben vollständig geleistet hat.[218] Sie haben in der Praxis auf den verschiedensten Gebieten der Abschlußprüfung eine weite Verbreitung gefunden. Vollständigkeitserklärungen können jedoch Prüfungshandlungen nicht ersetzen.

Zusammengefaßt bedeutet dies, daß bei jeder Jahresabschlußprüfung auch Einzelprüfungen vorgenommen werden müssen.[219] Mit den an sich hilfreichen Systemprüfungen und Plausibilitätsbetrachtungen (Zeit- und Branchenvergleiche, Umsatzverprobungen) alleine kann eine hinreichende Sicherheit bei der Aufdekkung nicht gewährleistet werden. Da bei der Fülle des Prüfungsstoffs nur Stichproben durchgeführt werden können, ist die Auswahl der Stichproben entscheidend. Sie sollte sich nach der jeweiligen Risikorelevanz richten. Von entscheidender Bedeutung ist auch, daß gut geschulte und vor allem erfahrene Prüfungskräfte an den neuralgischen Punkten eingesetzt werden. Der Abschlußprüfer sollte Prüfungstechniken und -gebiete von Jahr zu Jahr variieren, um zu vermeiden, daß die Prüfung für das geprüfte Unternehmen vorhersehbar und damit leicht manipulierbar wird.[220] Letztendlich entscheidend für die Aufdeckung von Bilanzmanipulationen ist die innere Prüfungseinstellung des Prüfers.[221] Versteht sich der Prüfer ausschließlich als Unternehmensberater und bringt er nicht ein ge-

---

216 Vgl. umfassend zur Erlangung von Prüfungsnachweisen: *IDW PS 300: Prüfungsnachweise im Rahmen der Abschlußprüfung, Wpg. 2001, S. 898 ff.*

217 So auch *Langenbucher/Blaum, Aufdeckung, DB 1997, 437, 442.*

218 Grundsätzlich zu Vollständigkeitskeitserklärungen *WP Handbuch Bd. I, Abschnitt R Rn. 657 ff.*

219 Vgl. auch *Langenbucher/Blaum, Aufdeckung, DB 1997, 437, 442.*

220 Vgl. auch *Langenbucher/Blaum, Aufdeckung, DB 1997, 437, 442.*

221 So im Ergebnis auch *IDW PS 200, Wpg. 2000, 706, 708.*

sundes Maß an Mißtrauen und eine kritische Grundhaltung in die Prüfung mit ein, wird es ihm kaum gelingen, Manipulationstatbestände aufzudecken.

3. Vermögens- und Eigentumsschädigungen

Von den vorgenannten Bilanzfälschungen sind Vermögensschädigungen zu unterscheiden, die sich mittelbar auf den Jahresabschluß auswirken.[222]

a. Einordnung

Diese Kategorie erfaßt vor allem Diebstähle und Unterschlagungen, die durch die Inventur oder auf sonstige Weise festgestellt werden und das Unternehmensvermögen im Jahresabschluß mindern. Der Jahresabschluß gibt insoweit ein korrektes Bild der Vermögenslage wieder. Gleichwohl kann auch in diesem Fall der Jahresabschluß falsch sein, wenn der Schadensersatzanspruch gegen den Schädiger nicht im Jahresabschluß ausgewiesen wird. Die Aktivierung eines Schadensersatzanspruchs setzt voraus, daß zumindest ein Rechtsverhältnis besteht, aus dem die Forderung dem Grunde und der Höhe nach hinreichend bestimmbar und wahrscheinlich ist.[223] In der bilanzrechtlichen Literatur und Rechtsprechung ist streitig, ob darüber hinaus der Schadensersatzanspruch für seine Aktivierung anerkannt oder rechtskräftig festgestellt sein muß.[224] Folgt man wie hier der Auffassung, daß das handelsbilanzielle Vollständigkeitsprinzip einen Bilanzansatz auch bei noch streitigen Ersatzansprüchen zumindest mit einem Wert von Euro 1 er-

---

222 Bei *Ludewig in FS Havermann, Abschlußprüfung, S. 399, 400 f.* wird diese Fallkategorie als Vermögensdelikte im engeren Sinne bezeichnet. Diese Bezeichung ist jedoch mißverständlich, da der Begriff Vermögensdelikte im engeren Sinne im Strafrecht die Delikte Betrug, Untreue und Erpressung umfaßt, während die eigentlich von der Fallgruppe zu erfassenden Delikte wie Diebstahl und Unterschlagung in der Strafrechtssystematik zu den Eigentumsdelikten zählen.

223 Vgl. *Clemm/Scherer in BeBiKo, § 247 HGB Rn. 120; Schulze-Osterloh in Baumbach/Hueck, § 42 GmbHG, Rn. 73* m.w.N. zum Meinungsstand.

224 Lt. IDW "anerkannt oder zumindest wirtschaftlich sicher" erforderlich vgl. *IDW, HFA 7/1997, FN 1998, 7, 11; BFH, BStBl.II 1991,213*: rechtskräftig festgestellt oder Einigung mit dem Schuldner; a.A: *A/D/S, § 246 HGB Rn. 176 f. m.w.N.*: „nicht schon auf bloßen Verdacht hin", eine gerichtliche oder außergerichtliche Geltendmachung soll jedoch nicht erforderlich sein. *BGHZ 124, 111, 119* kann entnommen werden, daß auch eine umstrittene Schadenersatzforderung zu aktivieren ist. *Schulze-Osterloh in Baumbach/Hueck, § 42 GmbHG, Rn. 73* m.w.N: Fehlende Konkretisierung führt ggf. zum Wertansatz von Euro 1, da Vollständigkeitsgebot gem. § 246 I HGB eine Aktivierung erfordert. Dem Vorsichtsprinzip ist durch eine entsprechende Bewertung, nicht aber durch den Nichtansatz Rechnung zu tragen. Zum Verhältnis von Bewertungsfragen zum Vollständigkeitsgebot auch *BGH, BB 1995, 976.*

fordert, gehen auch Eigentums- und Vermögensdelikte häufig mit einer Falschdarstellung in der Bilanz einher.

Die Vermögensschädigungen unterscheiden sich dennoch von den eigentlichen Bilanzfälschungen. Letztere haben einen direkteren Bezug zum Jahresabschluß, weil sie auf die Manipulation des Jahresabschlusses bzw. der zugrundeliegenden Buchführung abzielen. Dies gilt insbesondere für die Bilanzdelikte im engeren Sinne. Demgegenüber sind die Vermögensschädigungen vorrangig auf die widerrechtliche Aneignung von Unternehmensvermögen gerichtet, auch wenn sie im Einzelfall mit der Manipulation von Buchhaltungsunterlagen verbunden sein können.

Die Vermögensschädigungen werden jedoch im Vergleich zu Bilanzfälschungen vergleichsweise selten im Zusammenhang mit einer Unternehmenskrise stehen. Ausnahmsweise kann dies doch der Fall sein, wenn es sich bei den Vermögensschädigungen um massenhafte Erscheinungen handelt bzw. wenn sie sich auf Vermögensgegenstände von großem Wert beziehen.

b. Prüfungspflichten des Abschlußprüfers

Ihrem Kern nach ist die Jahresabschlußprüfung nicht auf eine detektivische Kontrolle des Unternehmens und seiner Mitarbeiter ausgerichtet.[225] Das Institut der Wirtschaftsprüfer (IDW) hat in seiner Stellungnahme HFA 7/1997 zu Recht festgestellt, daß eine gezielte Aufdeckung von Vermögensschädigungen einen abweichenden Prüfungsansatz erfordert. Die Abschlußprüfung ist nach h.M. auch nach dem KonTraG keine Unterschlagungsprüfung.[226] Bei einer Unterschlagungsprüfung handelt es sich um eine nicht mit der Jahresabschlußprüfung identische Sonderprüfung, die im Verdachtsfalle gezielt eingeleitet wird.[227] Die Unterschlagungsprüfung hat zur Aufgabe, im Einzelfall Aufklärungsarbeit zur Einleitung einer strafrechtlichen Verfolgung, arbeitsrechtlicher Schritte oder Geltendmachung zivilrechtlicher Ansprüche zu leisten.[228] Eine Unterschlagungsprüfung ist dabei nicht nur mit der auch für den Abschlußprüfer gebotenen berufli-

---

225 *IDW, HFA 7/1997, FN 1998, 7, 9, so auch IDW PS 201, Wpg. 2000, 710.*

226 Vor KonTraG: *Ludewig in FS Havermann, Abschlußprüfung, S. 399, 400 f.; IDW, HFA 1/1988, Wpg. 1989, 9, 10 f.; Meyer zu Lösebeck, Unterschlagungsrisiken I, Wpg 1988, 153, 155.; WP Handbuch 1996 Bd. 1, Abschnitt P Rn. 3;A/D/S, 5. Aufl. § 317 HGB Rn. 13; Mertin, Unterschlagungen, Wpg. 1989, 385.* Nach KonTraG: *A/D/S, § 316 HGB Rn.39; WP Handbuch, Bd. 1, Abschnitt A 440; Wiedmann in Ebenroth/Boujong/Joost, § 317 Rn. 10; IDW PS 201, Wpg. 2000, 710, 711.*

227 *IDW, FG 1/1937 i.d.F. 1990"Pflichtprüfung und Unterschlagungsprüfung"* vgl. auch *Ebeling/Böhme, Unterschlagungsprüfungen, Wpg. 2000, S. 467.*

228 *Meyer zu Lösebeck, Unterschlagungsrisiken I, Wpg 1988, 153, 155.*

chen Skepsis, sondern mit einem darüber hinausgehenden kriminalistischen Mißtrauen durchzuführen.[229]

Auch wenn die Prüfungsintensität und Aufklärungswahrscheinlichkeit einer Unterschlagungsprüfung nicht gefordert werden kann, ist der Abschlußprüfer dennoch zur Aufdeckung von Vermögensschädigungen verpflichtet, wenn die Vermögensschädigungen für den Jahresabschluß von wesentlicher Bedeutung sind und seine Ordnungsmäßigkeit in Frage stellen.[230] Die Vermögensschädigungen müssen sich dabei gem. § 317 I S. 3 HGB auf die Darstellung der Vermögens-, Finanz- und Ertragslage in der Bilanz auswirken.

Der Abschlußprüfer hat daher seine Prüfung von vornherein so auszu-richten, daß er im Bereich der Vermögensschädigungen eine „hinreichende Aufdeckungssicherheit“ erreicht.[231] Dies setzt im Rahmen eines risikoorientierten Prüfungsansatzes aktive Prüfungshandlungen voraus.[232] Der Abschlußprüfer kann nicht darauf vertrauen, daß er gelegentlich der Prüfung die eine oder andere Vermögensschädigung aufklärt. Hinsichtlich seiner Prüfungspflichten und auch den Grenzen seiner Aufklärungsmöglichkeiten gelten die oben getroffenen Feststellungen zur Bedeutung eines wirksamen internen Kontrollsystems und zur Bedeutung einer kritischen Prüfungseinstellung entsprechend.[233] Bilanzfälschungen stehen jedoch in einem stärkeren Bezug zu dem primären Prüfungsobjekt Buchhaltung und Jahresabschluß und somit naturgemäß auch mehr im Mittelpunkt der Jahresabschlußprüfung, so daß bei Bilanzfälschungen eine höhere Aufklärungswahrscheinlichkeit besteht.[234]

Der Abschlußprüfer, der im Rahmen seiner Prüfung konkrete Anhaltspunkte für das Fehlverhalten eines Mitarbeiters der zu prüfenden Gesellschaft erhält, ist zu einer näheren Aufklärung und einem sofortigen Hinweis an die Geschäftsführung oder den Aufsichtsrat verpflichtet. Die Pflichten des Abschlußprüfers lassen sich an einem Fall aus der Praxis, der zu einer außergerichtlichen Schadensersatzleistung der Wirtschaftsprüfungsgesellschaft geführt hat, erläutern:[235] Ein Prüfungsassistent hatte im Rahmen der Jahresabschlußprüfung zufällig bei einer Buchhalterin der geprüften Gesellschaft blanko unterschriebene Scheckformulare

---

229 *Wüstemann in Lutter, S. 19, 25.*

230 *IDW, HFA 7/1997, FN 1998, 7, 11; Wüstemann in Lutter, S. 19, 25.*

231 *IDW, HFA 7/1997, FN 1998, 7, 11; IDW PS 200, Wpg. 2000, 706, 708.*

232 *Schulze-Osterloh in Baumbach/Hueck, § 41 GmbHG, Rn.59.*

233 Teil 2 Kap. 2 II. 2. c. aa.-cc.

234 Zur Differenzierung zwischen Bilanzfälschungen und bilanzwirksamen Vermögenschädigungen vgl.. Teil 2 Kap. 2 II. 3. a.

235 Fall bei *Pohl, Haftung, WPK-Mitt. Sonderheft 1996, 2, 6.* Pohl ist Direktor der Versicherungsstelle Wiesbaden, Versicherungsgemeinschaft für das wirtschaftliche Prüfungs- und Treuhandwesen.

entdeckt. Auf seine Nachfrage erklärte die Buchhalterin, daß die zeichnungsberechtigten Vorstände oft abwesend seien und die Blankoschecks zur Aufrechterhaltung des Zahlungsverkehrs benötigt würden. Der Prüfungsassistent gab sich mit dieser Auskunft zufrieden und teilte den ungewöhnlichen Fund weder dem Prüfungsleiter mit noch nahm er ihn in die Arbeitspapiere auf. Die späteren Ermittlungen der internen Revision zeigten, daß mit den Schecks Unterschlagungen in Höhe von DM 4.500.000,- begangen wurden. Der Prüfungsassistent hätte diesen Vorgang melden müssen, um eine Aufklärung zu veranlassen und eine weitere Vermögensschädigung des geprüften Unternehmens zu vermeiden. Das Beispiel unterstreicht im übrigen nochmals die obige Feststellung, daß bei der Aufklärung von Manipulationen dem Einsatz von erfahrenen Mitarbeitern und einer von einem Schuß Mißtrauen geprägten Prüfungsauffassung fundamentale Bedeutung zukommt.

4. Sonstige Gesetzesverstöße

Mit sonstigen Gesetzesverstößen werden all die Gesetzesverletzungen bezeichnet, die sich nicht auf Rechnungslegungsvorschriften beziehen.[236] Der Jahresabschlußprüfer hat Nichtrechnungslegungsvorschriften zu prüfen, soweit dies zur Bewertung von der Bilanzierung zugrundeliegenden Sachverhalten notwendig ist.[237] Er hat seine Prüfung so anzulegen, daß bilanzwirksame Gesetzesverstöße erfaßt werden.[238] Dagegen hat er seine Prüfung nicht auf Bestimmungen auszudehnen, aus denen sich keine wesentlichen Auswirkungen auf den Jahresabschluß ergeben. Dies ergibt sich aus Sinn und Zweck der Jahresabschlußprüfung aber auch aus dem Gesetzeswortlaut des neu eingefügten § 317 I S. 3 HGB.

Auch unter dieser Prämisse verbleibt ein weites Prüfungsfeld. Nahezu alle wirtschaftlich bedeutsamen Gesetzesverstöße sind bilanzwirksam und damit von der Jahresabschlußprüfung erfaßt, da die monetären Auswirkungen dieser Verstöße idR bei der Bildung von Rückstellungen und bei der Vornahme von Abschreibungen zu berücksichtigen sind. Ggf. können die Gesetzesverstöße auch Gegenstand der Lageberichterstattung und damit auch der Jahresabschlußprüfung

---

236 *IDW, HFA 7/1997, FN 1998, 7, 12.*

237 *Claussen, Kölner Komm. § 317 HGB Fn. 24; A/D/S § 317 HGB Rn. 34; Kropff in Geßler/Hefermehl/Eckhard/ Kropff, § 162 AktG, Rn.13; IDW, früher HFA 1/1988, Wpg. 1989, 9, 10; jetzt identisch: IDW PS 201, Wpg. 2000, 710; Baetge/Fischer in Küting/Weber, Rechnungslegung, 3. Aufl.§ 317 HGB Rn. 12;* einschränkend *Brönner, GK, § 162 AktG Anm. 10,* der nur eine Hinweispflicht des Abschlußprüfers in rechtlichen Zweifelsfragen und keine eigene Prüfungspflicht annimmt.

238 So *IDW, HFA 7/1997, FN 1998, 7, 12.* Anders dagegen noch *IDW, HFA 1/1988, Wpg. 1989, 9, 11.*

sein. Die Frage der Auswirkungen von Gesetzesverstößen läßt sich an einem Beispiel aus dem Bereich des Umweltrechts verdeutlichen:

Der Betrieb einer genehmigungspflichtigen Anlage iSv § 4 BImSchG ohne die erforderliche Genehmigung kann dazu führen, daß die Anlage aufgrund behördlicher Anordnung nach § 20 BImSchG stillgelegt wird. Infolgedessen ist nicht nur eine außerplanmäßige Abschreibung nach § 253 II S. 3 HGB erforderlich, auch der Grundsatz der Unternehmensfortführung gem. § 252 I Nr. 2 HGB kann in Frage gestellt sein. Die Nichtbeachtung behördlicher und gesetzlicher Umweltanforderungen kann somit unmittelbare existenzielle Auswirkungen auf ein Unternehmen haben. Der Abschlußprüfer hat daher in umweltsensiblen Branchen wie der Chemie- und Ölindustrie eine Umweltprüfung durchzuführen, die die Einhaltung der Umweltbestimmungen umfaßt.[239]

Allgemein bedeutet dies, daß der Abschlußprüfer bei der Prüfungsplanung die Risiken von Gesetzesverstößen abzuschätzen hat. Anhaltspunkte für den Verstoß gegen öffentlich-rechtliche Normen sind laufende behördliche oder gerichtliche Verfahren, beispielsweise Bußgeldbescheide, Strafbefehle oder -urteile.[240] Hinweise auf die Verletzung von steuerrechtlichen Bestimmungen können außergewöhnliche Geschäfte mit Unternehmen in Billiglohnländern und Steueroasen sein. Das Fehlen von Lizenzen und Nutzungsrechten kann zu schadensersatzpflichtigen Verstößen gegen das Urheber- oder Patentrecht führen. Verstöße gegen das Außenwirtschaftsgesetz sind nicht auszuschließen, wenn das Unternehmen hochsensible Güter wie Waffen, Chemieanlagen, chemische und andere Stoffe, die Grundlage der Waffenherstellung sein können, herstellt. Unerlaubte Preisabsprachen mit Konkurrenten können empfindliche kartellrechtliche Sanktionen zur Folge haben.

Die Prüfungspraxis wird bisher den umfangreichen Rechtsprüfungspflichten nicht immer gerecht. Ein Beleg dafür ist die folgende, nicht selten in Prüfungsberichten unter der Überschrift „Prüfungsauftrag und Auftragsdurchführung" gebrauchte Formulierung: „Die Einhaltung von Bestimmungen des Steuer-, Sozialversicherungs-, Wettbewerbs-, Außenwirtschafts-, Devisen-, Subventions-, Umweltrechts war nicht Gegenstand des Prüfungsauftrags."[241] Der Prüfer handelt sorgfaltswidrig, wenn er von vornherein ganze Rechtsgebiete und die damit zusammenhängenden Sachverhalte bei der Prüfung nicht berücksichtigt. Kann er Rechtsfragen nicht aus eigener Sachkenntnis beurteilen, hat er ggf. einen Rechtsanwalt hinzuzuziehen.

---

239 So auch *Pföhler/Nemitz/Hermann, Umweltprüfung, DB 1996, 1484* , die die Durchführung der Umweltprüfung im Rahmen der Jahresabschlußprüfung beschreiben.

240 *IDW, HFA 7/1997, FN 1998, 7, 11.*

241 Die Formulierungen orientieren sich vermutlich an der Aufzählung im *IDW, HFA-Fachgutachten 1/1988, Wpg. 1989, 9, 11.*

Angemerkt sei noch, daß die Erkenntnisse des Jahresabschlußprüfers über bilanzwirksame Gesetzesverstöße für die Prüfungsberichterstattung gem. § 321 I S. 3 HGB relevant sind. Danach hat der Jahresabschlußprüfer über schwerwiegende Verstöße der gesetzlichen Vertreter oder von Arbeitnehmern gegen Gesetz, Gesellschaftsvertrag und Satzung zu berichten.[242].

5. Internationale Entwicklung

Der Stellungnahme HFA 7/1997 des Institutes der Wirtschaftsprüfer wurde entscheidend durch die internationale Entwicklung auf dem Gebiet der Aufdeckung von Unregelmäßigkeiten anläßlich der Abschlußprüfung beeinflußt.[243] Sowohl die Statements on Auditing Standards (SAS) des amerikanischen Berufsverbandes AICPA (American Institute of Certified Public Accountants) als auch die Standards on Auditing (ISA) des IFAC (International Federation of Accountants), dem internationalen Berufsverband der Wirtschaftsprüfer, enthalten Regelungen zur Verantwortlichkeit des Abschlußprüfers bei der Aufdeckung von Gesetzesverstößen. Das IDW hat sich als Mitgliedsverband der IFAC verpflichtet, darauf hinzuwirken, daß die ISA in nationale Vorschriften und in die verbandseigenen Prüfungsstandards transformiert werden.[244] Den Standards der IFAC kommt jedoch ebensowenig wie den Verlautbarungen des IDW eine rechtliche Bindungswirkung zu.

IFAC und AICPA differenzieren ähnlich wie die vorliegende Abhandlung und der Verlautbarungsentwurf des IDW zwischen unabsichtlichen Fehlern (errors), vorsätzlichen Bilanzfälschungen (ISA: fraud, SAS: irregularities) und sonstigen Gesetzesverstößen (illegal acts).

Nach ISA Nr. 240 „fraud and error“ fallen unter den Begriff des fraud die Fallgruppen Bilanzfälschungen und bilanzwirksame Vermögensschädigungen.[245] Dem Standard ISA Nr. 240 ist zu entnehmen, daß der Abschlußprüfer seine Prüfung so auszurichten hat, daß er mit angemessener Sicherheit („reasonable assurance“) wesentliche Bilanzfälschungen aufdecken kann. Die IFAC betont jedoch

---

242 Vgl. dazu die Ausführungen zu den Berichtspflichten des Abschlußprüfers unter Teil 3, Kap.4, VII.

243 Vgl. dazu generell *Jacob, Transformation, Wpg. 2001, 237.*

244 Vgl. das Vorwort zum Verlautbarungsentwurf *IDW, FN 1996, 269; Jacob, Transformation, Wpg. 2001, 237.*

245 *ISA Nr. 240 in IDW, ISA, S. 103 ff.* Ablehnend zur Einbeziehung der Vermögensschädigungen ohne Jahresabschlußrelevanz in den Fraud-Begriff auch *Kaminski/ Marks in FS Havermann, S. 247, 255, 257 f.* Hingegen wird in *IDW, ISA, S.121* davon ausgegangen, daß in ISA 240 ein Hinweis auf den Ausschluß der Prüfungspflicht für Vermögensschädigungen ohne Jahresabschlußrelevanz umfaßt.

in Übereinstimmung mit der deutschen Rechtslage, daß Täuschungen nicht in jedem Fall aufgedeckt werden können. Die Prüfung ist nach ISA Nr. 240 mit einer kritischen Grundhaltung („attitude of professional skepticism") durchzuführen. In der Anlage zu dem Standard-ISA Nr. 240 werden eine Reihe von Anhaltspunkten zu Fehler- und Täuschungsrisiken genannt, die in die Stellungnahme des IDW, HFA 7/97 übernommen wurden. Überhaupt kann feststellt werden, daß die IDW-Vorschläge und die IFAC-Standards sich weitgehend decken, was aufgrund der vorgenannten Verbindung zwischen IDW und IFAC auch nicht verwundern kann.[246]

Auch das amerikanische AICPA hat angesichts der Zunahme von Bilanzfälschungen sein erst 1989 erstelltes SAS No. 53 Ende 1996 durch das Statement SAS No. 82 „Consideration of Fraud in a Financial Statement Audit" ersetzt.[247] Die für die US-amerikanischen Wirtschaftsprüfer rechtsverbindlichen SAS verpflichten den Abschlußprüfer, bei der Prüfungsplanung das Fälschungsrisiko zu bewerten und bei der Prüfungsdurchführung zu berücksichtigen. Über den genannten Beispielskatalog des IDW hinaus nennt das AICPA eine Reihe weiterer Anhaltspunkte („risk factors"), die der „auditor" bei der Risikobewertung zu beachten hat. Die Aufzählungen zeichnen sich jedoch gegenüber dem Beispielskatalog des IDW lediglich durch eine höhere Detailtiefe und nicht durch eine strukturelle Ergänzung aus. Der Prüfung von Fraud und Error kommt in den USA insgesamt eine große Bedeutung zu. Die amerikanische Börsenaufsichtsbehörde SEC stellt Jahresabschlüsse, die nicht explizit auf Fraud und Error geprüft werden, hinsichtlich der Qualität der Abschlußprüfung in Frage.[248] Der amerikanische Kongreß hat denn auch in dem 1995 verabschiedeten „Private Securities Litigation Reform Act" Handlungspflichten des Jahresabschlußprüfers nach der Aufdeckung von Corporate Fraud aufgestellt.[249] Danach ist der Prüfer u.a. verpflichtet, das Board of Directors zu unterichten, wenn er feststellt, daß das Management keine sofortigen, angemessenen Schritte einleitet. Reagiert auch letztere Instanz nicht in dem gewünschten Sinne, hat der Abschlußprüfer das SEC einzuschalten. Von dieser Verfahrensregelung abgesehen, entsprechen jedoch die amerikanischen Bestimmungen zu Bilanzfälschungen der deutschen Rechtslage.

Im Hinblick auf sonstige Gesetzesverstöße, die keinen wesentlichen Einfluß auf den Jahresabschluß haben, sind die Anforderungen des AICPA und des

---

246 Vgl. zu weiteren Empfehlungen und "reports" des IFAC außerhalb der ISA, *Wüstemann in Lutter, S. 19, 25.*

247 SAS 82 wurde aufgenommen in die Sammlung der Grundsätze in *AICPA, Professional Standards, AU § 316.* Zu SAS 53 vgl. *Mertin, Unterschlagungen, Wpg. 1989, 385, 387.*

248 *Langenbucher/Blaum, Aufdeckung, DB 1997, 437, 438.*

249 Zitiert nach *Langenbucher/Blaum, Aufdeckung, DB 1997, 437, 438.*

IFAC, entsprechend der deutschen Regelung, bedeutend geringer.[250] Zusammenfassend läßt sich feststellen, daß die gesetzlichen Aufklärungspflichten der deutschen Jahresabschlußprüfer dem internationalen Prüfungsniveau entsprechen.

III. Wirtschaftliche Sachverhalte in der Gesetzmäßigkeitsprüfung

Einblicke des Jahresabschlußprüfers in die wirtschaftliche Lage ergeben sich anläßlich der Gesetzmäßigkeitsprüfung alleine schon daraus, daß sich der Prüfer mit dem Bilanzergebnis und seinen Ergebnisquellen in der Gewinn- und Verlustrechnung zu beschäftigen hat. Auch nach der herkömmlichen Prüfungsauffassung, die die Jahresabschlußprüfung im wesentlichen als eine Gesetzmäßigkeitsprüfung begreift, hat sich der Abschlußprüfer jedoch auch mit einzelnen Aspekten der wirtschaftlichen Lage zu beschäftigen. Der Bundesgerichtshof hat in der Entscheidung vom 15.12.1954 seine bereits zitierte Feststellung, daß die Jahresabschlußprüfung keine Prüfung der von der Rechnungslegung erfaßten wirtschaftlichen Vorgänge ist, im Folgesatz dahingehend ergänzt, daß sich der Abschlußprüfer auch mit den hinter Jahresabschluß und Lagebericht stehenden Sachverhalten zu beschäftigen hat, um ihre Aufnahme in Jahresabschluß und Lagebericht beurteilen zu können.[251]

Die ordnungsgemäße Prüfung nahezu jeder Bilanzposition umfaßt auch eine Prüfung eines bestimmten Teilaspekts der wirtschaftlichen Lage. Durch die Bezeichnung der Jahresabschlußprüfung als Gesetzmäßigkeitsprüfung wird dabei leicht übersehen, daß hinter den Tatbestandsmerkmalen der Rechnungslegungsvorschriften wirtschaftliche Sachverhalte stehen.[252] Der Abschlußprüfer gewinnt

---

250 *ISA No 250 "Consideration of Laws and Regulation in an Audit of Financial Statements" in IDW, ISA, S. 137 ff.* und *SAS No. 54 "Illegal acts by clients" in AICPA, Professional Standards, AU §317.* Detailliert dazu *Kaminski/Marks in FS Havermann, S. 247, 257 f.*

251 *BGH Z 16, 17, 23.*

252 *Sieben/Gatzen/Husemann, Unternehmensanalyse, Wpg. 1988, 606:* Bei der Jahresabschlußprüfung wird ein Soll-Ist-Vergleich vorgenommen. Ist-Objekt ist die vom Vorstand als Jahresabschlußersteller getroffene Abbildungsentscheidung der rechnungslegungsrelevanten Sachverhalte. Soll-Objekt ist ein Ausschnitt der Unternehmensrealität. Der zu wählende Ausschnitt wird dabei durch die jeweiligen Rechnungslegungsvorschriften bestimmt. Mit der Ermittlung des Soll-Objekts geht damit eine teilweise Lageanalyse einher. Der Soll-Ist-Vergleich besteht dann in der Feststellung, ob die vom Vorstand getroffenen Bilanzierungs- und Bewertungsentscheidungen der durch die Rechnungslegungsvorschriften geformten Unternehmensrealität entsprechen. Dies sei an einem kurzen Beispiel verdeutlicht: Der Vorstand eines Unternehmens hat sich dafür entschieden, eine außerplanmäßige Abschreibung der fertigen Erzeugnisse gem. § 253 III HGB nicht vorzunehmen (Ist-Objekt). Der

daher bei fortlaufender Prüfungsdurchführung selektive Einsichten in die wirtschaftliche Lage des Unternehmens. Der Umfang der Wahrnehmungen wird dabei erheblich von der individuellen Fähigkeit des Prüfers bestimmt, aus dem bilanziellen und buchhalterischen Vorgang auch wirtschaftliche Zusammenhänge zu erkennen. In der Literatur werden diese Erkenntnisse als Nebenprodukt der Gesetzmäßigkeitsprüfung angesehen.[253] Saage hat dies wie folgt ausgedrückt: „Der aktienrechtliche Abschlußprüfer nimmt in Ausübung seiner Tätigkeit zwangsläufig mehr wahr, als er zu prüfen hat.“[254]

Der bei der Prüfung der einzelnen Jahresabschlußpositionen gewonnene Einblick in die wirtschaftliche Lage ist jedoch begrenzt. Der BGH hat in seiner Entscheidung vom 15.12.1954 festgestellt, daß den hinter dem Jahresabschluß stehenden wirtschaftlichen Tatsachen nur insoweit nachzugehen ist, als dies erforderlich ist, um die Einhaltung der GoB zu beurteilen. Die Prüfung des Jahresabschlußprüfers bleibt nach diesem Prüfungsverständnis deutlich im Umfang hinter einer detaillierten betriebswirtschaftlichen Analyse zurück. Die in der Literatur aufgeführten Prüfungshandlungen zur Gesetzmäßigkeitsprüfung der Jahresabschlußpositionen gewähren nur ein punktuelles Bild der wirtschaftlichen Lage wieder. Eine umfassende Marktanalyse wird nicht gefordert.[255] So finden insbesondere zukunftsbezogene Informationen nur ausnahmsweise Eingang in die Jahresabschlußprüfung.[256] Der Jahresabschlußprüfer wird bei einem solchen Prüfungsprogramm nur in Ausnahmefällen die wirtschaftlichen Primärursachen einer Unternehmenskrise feststellen können. Frühe Krisenstadien, die noch nicht im Jahresabschluß abgebildet sind, wird der Abschlußprüfer somit bei der Gesetzmäßigkeitsprüfung nach herkömmlichen Verständnis nicht erkennen. Er wird lediglich die meist weit fortgeschrittenen Stadien einer Unternehmenskrise, die im

---

Abschlußprüfer hat die Entscheidung darauf zu prüfen, ob nicht doch verlustbringende Tatsachen gegeben sind, die bewirken, daß die Erzeugnisse nicht kostendeckend verkauft werden können (Soll-Objekt).

253 *Olbrich, Prüfung, S. 226 f., 232,* der von einem Nebenprodukt der Gesetzmäßigkeitsprüfung spricht. *Farr, Insolvenzprophylaxe, S. 194 f.; Schulze-Osterloh in FS v. Wysocki, Berichtspflicht, S. 239, 247* spricht von Erkenntnissen über die tatsächliche wirtschaftliche Lage, "die sich gelegentlich der Prüfung ergeben, die aber nicht selbst Gegenstand der Prüfung sind."

254 *Saage, Prüfung, S. 11.*

255 *A/D/S § 317 HGB Rn. 121; Schulze-Osterloh in Baumbach/Hueck, § 41 GmbHG, Rn. 59:* Keine eigenständige Prüfung der wirtschaftlichen Lage; vgl. z.B. auch das Prüfungsprogramm in *IDW, Abschlußprüfung, 75, 79, 82* aus dem sich keine eigenständigen Prüfungshandlungen im Hinblick auf die Absatzmarktsituation bei der Frage von außerplanmäßigen Abschreibungen auf fertige Erzeugnisse ergeben.

256 *Schulze-Osterloh in FS v. Wysocki, Berichtspflicht, S. 239, 246 f.*

Jahresabschluß abgebildet sind, aufdecken können. Die Krisenwarnung wird damit häufig zu spät einsetzen und dem Zufall überlassen bleiben.

IV. Zusammenfassung

Bereits im Rahmen der herkömmlichen Gesetzmäßigkeitsprüfung, die auch nach Inkrafttreten des KonTraG einen zentralen Bestandteil der Jahresabschlußprüfung bildet, kann der Abschlußprüfer Anhaltspunkte für eine Unternehmenskrise gewinnen:

- Anhaltspunkt für eine Unternehmenskrise kann eine einseitig betriebene sachverhaltsgestaltende oder -abbildende Bilanzpolitik sein, die darauf abzielt den Jahresabschlußadressaten ein geschöntes Bild des Unternehmens zu vermitteln.
- Bilanzfälschungen und sonstige bilanzwirksame Gesetzesverstöße, zu deren Aufklärung der Abschlußprüfer nach nationalen und auch internationalen Grundsätzen generell verpflichtet ist, stellen häufig die Symptome oder gar die Ursachen einer Unternehmenskrise dar. Insoweit kann die Jahresabschlußprüfung einen wesentlichen Beitrag zur Krisenerkennung leisten. Ihre Aufdeckung kann jedoch nicht in jedem Fall vom Abschlußprüfer gewährleistet werden. Ihre Aufdeckung setzt eine kritische Grundeinstellung gegenüber dem Unternehmen und seinen Mitarbeitern voraus.
- Die Jahresabschlußprüfung ist nicht auf die Aufdeckung von Eigentums- und Vermögensschädigungen, die keinen Einfluß auf den Jahresabschluß haben, ausgerichtet.
- Von immenser Bedeutung für den Aufsichtsrat sind auch Hinweise des Abschlußprüfers auf Unternehmensbereiche, in denen zwar noch keine Gesetzesverstöße eingetreten sind, in denen jedoch ein hohes Verletzungsrisiko besteht, sei es, weil entsprechende Kontrollen fehlen, sei es, weil die Gefahren dem Unternehmensbereich immanent sind. Werden solche Bereiche vom Prüfer identifiziert und benannt, kann von einer Krisenfrühwarnung gesprochen werden.
- Der Jahresabschlußprüfer erhält bei der Gesetzmäßigkeitsprüfung ein punktuelles Bild der wirtschaftlichen Lage, das jedoch deutlich hinter einer umfassenden betriebswirtschaftlichen Analyse zurückbleibt.

Kapitel 3: Prüfung der wirtschaftlichen Lage

Die eingeschränkten Möglichkeiten der Krisenfrüherkennung bei der Gesetzmäßigkeitsprüfung werfen die Frage auf, ob sich aus einzelnen Bestimmungen nicht auch die Verpflichtung ergibt, die wirtschaftliche Lage eines Unternehmens in ihrer Gesamtheit zu prüfen.

I. Grundsatz der Unternehmensfortführung

Nach § 252 I Nr. 2 HGB ist „bei der Bewertung (...) von der Fortführung der Unternehmenstätigkeit auszugehen, sofern dem nicht tatsächliche oder rechtliche Gegebenheiten entgegenstehen".

1. Allgemeine Bedeutung des Going-Concern-Concepts

Dieser Grundsatz, der in die Literatur unter dem Begriff Going-Concern-Prinzip Eingang gefunden hat, gehörte bereits vor seiner Verankerung im Gesetz durch das Bilanzrichtliniengesetz zu den ungeschriebenen GoB.[257] Das Fortführungsprinzip ist als Folge seiner Aufnahme in Art. 31 I lit. a. der 4. EG-Richtlinie vom 25.7.1978 erstmals im deutschen Recht kodifiziert worden.[258] Das Going-Concern-Prinzip zählt zu den fundamentalen Prinzipien der Rechnungslegung.[259] Für Lutter ist die Fortführungsannahme eine „denknotwendige Voraussetzung" für eine periodische Erfolgsrechnung.[260] Die handelsrechtlichen Bilanzierungs- und Bewertungsvorschriften beruhen auf der Annahme, daß das Unternehmen fortgesetzt und nicht liquidiert wird. Die Bewertung der Vermögensgegenstände erfolgt bei Annahme der Unternehmensfortführung auf der Basis der historischen Anschaffungs- und Herstellungskosten (§§ 253 ff., 279 ff. HGB).[261] Bei Wegfall der Going-Concern-Prämisse hat dagegen grundsätzlich die Bewertung der Vermögensgegenstände nach Liquidationswerten (Einzelveräußerungspreisen) zu erfolgen.[262] Im Falle einer Liquidation der Gesellschaft sind darüber hinaus ange-

---

257 *Luik in FS v. Wysocki, Going-concern- Prinzip, S. 61*, 63.
258 4. Richtlinie in *ABl. Nr. L 222 vom 14.8.1978, S. 11.*
259 Grundlegend dazu *Janssen, Going-concern-concept, Wpg. 1984, 341; Lück, Going-Concern-Prinzip, DB 2001, 1945, 1946.*
260 *Lutter, HuRB, Fortführungsannahme S. 185.*
261 Vgl. zu den bewertungsrechtlichen Folgen des Wegfalls der Going-concern- Prämisse: *A/D/S § 252 HGB Rn. 32 ff.; Budde/Geißler in Be BiKo, § 252 HGB Rn. 18 ff.*
262 Eine Ausnahme gilt jedoch für den Falle einer Unternehmenseinstellung durch einen Auflösungsbeschlusses der Hauptversammlung nach § 262 I Nr. 2 AktG. Nach

messene Rückstellungen für die mit der Abwicklung verbundenen ungedeckten Kosten zu bilden. Einschneidende Konsequenzen hat der Grundsatz der Unternehmensfortführung auch für die Frage der Erteilung des Bestätigungsvermerks: Kann von einer Fortführung der Unternehmenstätigkeit nicht mehr ausgegangen werden und hat das Unternehmen trotzdem unter der Going-Concern-Prämisse bilanziert und im Lagebericht informiert, muß der Abschlußprüfer den Bestätigungsvermerk versagen.[263]

2. Going-Concern und Krisenwarnung

Das Going-Concern-Prinzip ist nicht nur ein fundamentales Prinzip der Bilanzierung und Bewertung, es hat auch besonderen Einfluß auf die Krisenwarnpflichten des Jahresabschlußprüfers. In der Literatur hat Luik die Abkehr vom Going-Concern-Prinzip bei der Bilanzierung und Bewertung als ungeeignetes Krisenwarninstrument bezeichnet.[264] In der Tat darf der Zusammenhang zwischen Krisenwarnung und Going-Concern nicht darin gesehen werden, daß der Jahresabschlußprüfer bereits bei bloßen Unternehmensgefährdungen auf eine Abkehr vom Grundsatz der Unternehmensfortführung und zum Übergang auf Liquidationswerte hinzuwirkt und ggf. den Bestätigungsvermerk zu verweigert, um auf diesem Wege Aktionäre und Banken auf das mögliche Ende des Unternehmens hinzuweisen. Eine so verstandene Krisenfrühwarnung gegenüber der Öffentlichkeit würde das vorzeitige Aus für das Unternehmen bedeuten und damit mehr Schaden als Nutzen stiften.

Von Bedeutung für die Krisenwarnfunktion des Jahresabschlußprüfers ist das Going-Concern-Prinzip vielmehr, weil die bei seiner Prüfung gewonnenen Erkenntnisse gleichzeitig auch Inhalt der Berichterstattung an den Aufsichtsrat sind. Nach § 321 I S. 2 HGB hat der Abschlußprüfer eine Beurteilung über den Fortbestand des Unternehmens abzugeben. Satz 3 verpflichtet ihn auf bestandsgefährdende Tatsachen hinzuweisen. Es ist daher angemessen zu berücksichtigen, daß die Prüfung des Going-Concern-Concepts mit der Berichtspflicht über bestandsgefährdende Tatsachen nach § 321 II HGB korrespondiert. Dies bedeutet, daß die Prüfung des Going-Concern-Prinzips so angelegt sein muß, daß der Prüfer seine darauf aufbauenden Berichtspflichten sachlich fundiert wahrnehmen kann. Ein Verständnis, das die Prüfung des Going-Concern-Prinzips als die

---

§ 270 II AktG gelten dann grundsätzlich die allgemeinen Bewertungsbestimmungen (§§ 253-256 HGB), vgl. Fn. 86.

263 *Niehus, Going- concern -Prämisse, WPK-Mitt. 1998, 13, 14.*

264 Luik lehnt zu Recht eine solche Form der Krisenwarnung ab. *Luik in FS v. Wysocki, Going-Concern- Prinzip, S. 61, 64 ff.*

Überwachung eines von zahlreichen technischen Prinzipien zur Jahresabschlußerstellung versteht, wird dem nicht gerecht.

3. Unterstellung der Unternehmensfortführung

Der Sprachgebrauch des Gesetzgebers, daß von der Unternehmensfortführung „auszugehen" ist, wird von der h.M. dahingegend interpretiert, daß es sich bei der Unternehmensfortführung um eine Annahme handelt, die im Regelfall nicht zu hinterfragen ist. Der Jahresabschlußprüfer hat nach h.M. – soweit ihm weder aus der Gesetzmäßigkeitsprüfung noch aufgrund von Hinweisen aus dem Unternehmen Krisensymptome bekannt sind – keine gezielten Prüfungshandlungen vorzunehmen.[265] Er hat die Annahme der Unternehmensfortführung durch die Unternehmensleitung in diesen Fällen nicht zu hinterfragen. Nur vereinzelt wird die Ansicht vertreten, daß der Abschlußprüfer zur Beurteilung der wirtschaftlichen Lage auch ohne weitere Krisenindizien Einblick in die Planungsrechnungen der Unternehmensführung zu nehmen und ggf. sogar aus dem verfügbaren Material selbst Prognosen zu erstellen hat.[266] Lück stellt fest, daß die „sorgfältige Überprüfung der Frage, ob die Going-Concern-Prämisse angemessen ist", zur „ersten grundlegenden und wichtigsten Handlung des Bilanzierenden und des Abschlußprüfers" gehört.[267]

Diese eingeschränkte Interpretation der Prüfungspflichten des Abschlußprüfers findet weder in Wortlaut und Zweck von Art. 31 I lit. a der 4. EG-Richtlinie noch in § 252 I Nr. 2 HGB eine Stütze. In der deutschen Übersetzung des Art. 31 I lit. a heißt es, die Fortführung wird „unterstellt". § 252 I Nr. 2 HGB ändert in dem Bemühen, Art. 31 I lit. a der EG-Richtlinie klarer zu fassen, deren Wortlaut dahingehend ab, daß von der Fortführung „auszugehen" ist, „sofern dem" nicht Gegebenheiten entgegenstehen. Die Regelung des § 252 I Nr. 2 HGB ist grundsätzlich gemeinschaftskonform, d.h. im Lichte der europäischen Regeln und Begriffe der Bilanzrichtlinie auszulegen.[268] Die in der Richtlinie verwendete

---

265 H.M.: *Früh/Wagner, Überschuldungsprüfung, Wpg 1998, 907, 908; Weber, Jahresabschlußprüfung, Wpg 1993, 729, 730; Engelhardt, Unternehmensfortführung, S. 96; Claussen, Kölner Komm. § 252 HGB Fn. 11; Wetzel, Going-concern-Prinzip, S. 265.; Farr, Insolvenzprophylaxe, S. 175 f.*; keine Pflicht der Geschäftsführung und damit wohl auch nicht des Prüfers : *A/D/S § 252 HGB Rn. 25 sowie Wiedmann in Ebenroth/Boujong/Joost, § 252 Rn. 11.*

266 *Janssen, Going-concern-concept, Wpg. 1984, 341, 345 f.;* für eigenständige Prüfungshandlungen wohl auch *Lück, Going-Concern-Prinzip, DB 2001, 1945, 1946.* Für eine Heranziehung von Planungsrechnungen bei Bewertungsfragen auch *Clemm, Bestätigungsvermerk, Wpg. 1977, 145,153 f.*

267 *Lück, Going-Concern-Prinzip, DB 2001, 1945, 1946.*

268 *Bleckmann, Bilanzrichtlinie, HuRB, S. 11, 28.*

Terminologie „wird unterstellt" läßt zwei in ihrem Bedeutungsumfang voneinander abweichende Interpretationen zu: Der Wortlaut der Richtlinie drückt zunächst aus, daß die Unternehmensfortführung eine zentrale Grundvoraussetzung ist, bei deren Fehlen die in der Richtlinie festgelegten Bewertungsregeln keine Anwendung finden. Darüber hinaus kann der Begriff „wird unterstellt" dahingehend interpretiert werden, daß es sich bei der genannten Grundvoraussetzung um eine im Regelfall nicht durch Vorstand oder Abschlußprüfer zu hinterfragende Annahme handelt.[269] Nach diesem Verständnis hat der Begriff „wird unterstellt" nicht nur die Bedeutung einer denknotwendigen Prämisse für die Anwendung der Bewertungsvorschriften, sondern stellt auch eine Regelung der Aufstellungspflichten des Vorstandes und der Prüfungspflichten von Abschlußprüfer und Aufsichtsrat dar. Eine solche Interpretation widerspricht jedoch der Gesetzessystematik. Art. 31 I S. 1 der 4. EG-Richtlinie enthält im übrigen ausschließlich Bewertungsgrundsätze. Eine Regelung der Prüfungspflichten des Abschlußprüfers erfolgt auf europäischer Ebene nur in Art. 51 der 4. EG-Richtlinie und im deutschen Recht in den §§ 317 ff. HGB. Es kann daher ausgeschlossen werden, daß in den genannten Vorschriften eine systemwidrige Regelung von Aufstellungs- und Prüfungspflichten getroffen werden sollte. Mithin ergibt sich weder aus Art. 31 I lit. a der 4. EG-Richtlinie noch in § 252 I Nr. 2 HGB eine Einschränkung der Prüfungspflichten des Jahresabschlußprüfers. Vielmehr ist der Grundsatz der Unternehmensfortführung uneingeschränkt und unabhängig von der zufälligen Kenntnisnahme einzelner Krisenmerkmale zu prüfen.[270]

Selbst wenn man die einschränkende Interpretation der h.M. als eine nach dem Wortlaut von Richtlinie und Gesetz zulässige Auslegungsvariante auffaßt, steht dem der eingangs erwähnte Funktionszusammenhang zwischen Krisenwarnung nach § 321 I HGB und Going-Concern-Prinzip entgegen. Es ist unter mehreren nach dem Wortlaut zulässigen Auslegungsalternativen die zu wählen, die der gesetzlichen Funktion der Jahresabschlußprüfung am besten Geltung verschafft. Die Krisenwarnfunktion des Abschlußprüfers gegenüber dem Aufsichtsrat erfordert eine unbedingte und umfassende Prüfung der wirtschaftlichen Verhältnisse des Unternehmens. Die von der h.M. vertretene restriktive Auslegung ignoriert „ohne Not" diesen Gesamtzusammenhang und riskiert, daß der Abschlußprüfer, der diese Haltung verinnerlicht, seinem gesetzlichen Auftrag nicht nachkommt.

Zugestanden sei, daß sich die Intensität der Prüfung des Going-Concern-Prinzips an dem bei der Gesetzmäßigkeitsprüfung ermittelten Bild der wirt-

269 So *Claussen, Kölner Komm. § 252 HGB Fn. 11.*
270 So auch *Niehus, Going concern Prämisse, WPK-Mitt. 1998, 13, 20.*

schaftlichen Lage zu orientieren hat.[271] Gewinnt der Jahresabschlußprüfer bei der Prüfung der Gesetzmäßigkeit des Jahresabschlusses beispielsweise die Erkenntnis, daß das Unternehmen über ein Eigenkapital in solcher Höhe verfügt, daß es auch über mehrere Jahre Verluste verkraften kann, werden an die Intensität der Prognoseprüfung unter dem Gesichtspunkt der Unternehmensfortführung vergleichsweise geringe Anforderungen zu stellen sein. Eine zukunftsorientierte Prüfung darf jedoch nicht völlig entfallen. Auch Unternehmen, die in der Vergangenheit berechtigterweise als gesund angesehen wurden, können beispielsweise durch Finanzspekulationen in kurzer Zeit in die Knie gezwungen werden.[272]

4. Entgegenstehende tatsächliche und rechtliche Gegebenheiten

Der Jahresabschlußprüfer hat die Gesellschaft darauf zu prüfen, ob der Vorstand der Aktiengesellschaft zutreffenderweise davon ausgegangen ist, daß das Unternehmen fortzuführen ist. Art. 31 I lit. a der 4. EG-Richtlinie läßt offen, unter welchen Umständen von dem Grundsatz der Unternehmensfortführung Abstand zu nehmen ist. § 252 I S. 1 Nr. 2 HGB nennt als Gründe, die einer Unternehmensfortführung entgegenstehen, tatsächliche und rechtliche Gegebenheiten. Bei den tatsächlichen und rechtlichen Gegebenheiten iSd § 252 I S. 1 Nr. 2 HGB handelt es sich um unbestimmte Rechtsbegriffe, die nicht aus dem Wortlaut heraus erklärbar sind.

Rechtliche Gegebenheiten, die der Fortführung der Unternehmenstätigkeit entgegenstehen können, sind die Eröffnung des Insolvenzverfahrens sowie gesetzliche Vorschriften und Satzungsbestimmungen, die die Liquidation zur Folge haben.[273] Sie erfordern, wie schon ihre Bezeichnung nahelegt, eine rechtliche und keine wirtschaftliche Prüfung.

Schwieriger gestaltet sich die Konkretisierung des Begriffs der tatsächlichen Gegebenheiten. Tatsächliche Gegebenheiten, die der Fortführung des Unterneh-

271 *Lück, Going-Concern-Prinzip, DB 2001, 1945, 1946* fordert, das Going-Concern-Prinzip müsse zeitlich vor der Bewertung der einzelnen Abschlußposten geprüft werden. Dies muß nicht im Widerspruch zu der hier vertretenen Auffassung stehen. Der Abschlußprüfer hat sich nach der hier vertretenen Auffassung zu Prüfungsbeginn über das wirtschaftliche Umfeld des geprüften Unternehmens zu informieren (vgl. auch *IDW PS 230, Kenntnisse über die Geschäftstätigkeit sowie das wirtschaftliche und rechtliche Umfeld des zu prüfenden Unternehmens im Rahmen der Abschlußprüfung, Wpg. 2000,* 842, sowie *IDW PS 240, Grundsätze der Planung von Abschlußprüfungen, Wpg. 2000, 846. 847*) und hat in diesem Rahmen auch eine erste Einschätzung zur Going-Concern-Prämisse zu treffen. Er hat ggf. diese Kenntnisse während der Prüfung ständig zu vertiefen.

272 Vgl. dazu in Teil 4, Kap. 2, V den Fall Klöckner.

273 *A/D/S § 252 HGB Rn. 29; Budde/Geißler in BeBiKo, § 252 HGB Rn. 16.*

mens entgegenstehen, liegen dann vor, wenn Tatbestände, die gem. §§ 16 ff. InsO die Eröffnung eines Insolvenzverfahrens erlauben, erfüllt sind bzw. mittelfristig einzutreten drohen. Der Jahresabschlußprüfer kann daher verpflichtet sein, sich intensiv mit dem Vorliegen von Insolvenztatbeständen auseinander zusetzen.[274] Die zum 1.1.1999 in Kraft getretene neue Insolvenzordnung hat die Sorgfaltsanforderungen, die insoweit auch den Jahresabschlußprüfer eines in der Krise befindlichen Unternehmens treffen, erheblich erhöht. Durch die Reform des Überschuldungsbegriffs und insbesondere die Neueinführung des Insolvenzgrundes der drohenden Zahlungsunfähigkeit kann nun ein Insolvenzverfahren frühzeitiger als bisher eingeleitet werden. Diese Rechtsfolge ist vom Gesetzgeber, der sich angesichts ständig sinkender Konkursquoten und der Vielzahl der masselosen Verfahren eine Stärkung der Insolvenzmasse erhofft, beabsichtigt.[275] Für den Jahresabschlußprüfer bedeutet diese Vorverlagerung der Insolvenz, daß er zu einem Zeitpunkt zu dem er nach bisherigem Recht und bisheriger Insolvenzpraxis nicht mit der Insolvenzeröffnung rechnen mußte, mit der Einleitung eines solchen Verfahrens konfrontiert werden kann. Im einzelnen wirkt sich dies wie folgt aus:

a. Überschuldung

Nach der bisher geltenden modifizierten Zweistufentheorie des Bundesgerichtshofs war zunächst in einem Vermögensstatus unter Zugrundelegung von Liquidationswerten festzustellen, ob das Vermögen der Gesellschaft noch die Verbindlichkeiten deckt.[276] Trotz einer so festgestellten rechnerischen Überschuldung lag eine insolvenzrechtliche Überschuldung nur vor, wenn eine gesondert zu treffende Fortbestehensprognose negativ ausfiel. Bezüglich der Prüfungsreihenfolge bestand Wahlfreiheit, so daß eine positive Prognose ausreichte, um die Insolvenzantragspflicht abzuwenden. Aufgrund der Unsicherheiten, die naturgemäß mit der Erstellung einer Prognose verbunden ist, führte dies dazu, daß dem Prognoseersteller ein größerer Prognosespielraum verblieb. Nach dem neuen in § 19 II InsO kodifizierten Überschuldungsbegriff entscheidet nicht mehr der Ausgang der Prognose über die Einleitung eines Insolvenzverfahrens. Der Wert der Prognose besteht nun alleine darin, festzulegen, ob in dem anzufertigenden Vermögensstatus Fortführungswerte (positive Prognose) oder die in der Regel niedrigeren Liquidationswerte (negative Prognose) anzusetzen sind.[277]

---

274 *Früh/Wagner, Überschuldungsprüfung, Wpg 1998, 907, 908.*

275 *Möhlmann, Nachweis, Wpg. 1998, 947, 948 m.w.N.*

276 *BGHZ 119, 201, 214; BGHZ 129, 136, 154.*

277 Vgl. zum alten und neuen Überschuldungsbegriff, Prognose und Vermögensstatus *Möhlmann, Insolvenzordnung, DStR 1998, 1843; Früh/Wagner, Überschuldungsprüfung, Wpg 1998, 907, 908.*

Für den Jahresabschlußprüfer bedeutet dies, daß er die Unternehmensprognosen des Vorstandes, die zumindest aus einer Finanz- und einer Ertragsplanung bestehen müssen, auf ihre Plausiblität zu überprüfen hat. Dies erfordert eine Auseinandersetzung mit der Liquiditätsentwicklung des Unternehmens und seinen Erfolgs- bzw. Verlustquellen. Zudem hat er sich anhand eines Vermögensstatus darüber zu informieren, ob das Vermögen der Gesellschaft noch die Verbindlichkeiten deckt. Die Aufstellung bzw. Durchsicht eines insolvenzrechtlichen Vermögensstatus setzt seitens des Abschlußprüfers voraus, daß er über die handelsbilanziellen Buchwerte hinausgehende Kenntnisse von den Fortführungs- bzw. Liquidationswerten des Gesellschaftsvermögens hat. Entscheidend ist somit für den Abschlußprüfer, daß er Kenntnis vom Vorhandensein bzw. Fehlen von stillen Reserven hat. Die Prüfung von Unternehmensprognose und Vermögensstatus hat der Abschlußprüfer ansatzweise immer, in aller Ausführlichkeit aber nur dann durchzuführen, wenn konkrete Anhaltspunkte dafür vorliegen. Als mögliche Vorstufen einer insolvenzrechtlichen Überschuldung, die zu einer näheren Beobachtung zwingen, sind insoweit die Unterbilanz iSv § 30 GmbHG, der Verlust der Hälfte des Stamm- bzw. Grundkapitals gem. §§ 49 III GmbHG, 92 I AktG sowie das Vorliegen eines nicht durch Eigenkapital gedeckten Fehlbetrages gem. § 268 III HGB anzusehen. Die gesteigerten Anforderungen an die Feststellung einer Überschuldungssituation führen zu einer Verringerung des Ermessensspielraums des Vorstandes und zu einer damit korrespondierenden gestiegenen Verantwortung des Jahresabschlußprüfers.[278]

b. Drohende Zahlungsunfähigkeit

Nach § 18 II InsO liegt drohende Zahlungsunfähigkeit dann vor, wenn das Schuldnerunternehmen „voraussichtlich nicht in der Lage sein wird, die bestehenden Zahlungspflichten im Zeitpunkt der Fälligkeit zu erfüllen." Die frühe Verfahrensauslösung soll in Kombination mit dem neu eingeführten Insolvenzplanverfahren gem. §§ 217 ff. InsO u.a. auch eine mögliche Sanierung insolventer Unternehmen erleichtern. Das Insolvenzantragsrecht steht daher gem. § 18 I InsO alleine dem gesetzlichen Vertreter des Schuldners zu. Eine Verpflichtung zur Antragsstellung besteht nicht. Das Wahlrecht des Schuldners berührt jedoch die Prüfungspflichten des Abschlußprüfers nicht.

Der Insolvenzgrund der drohenden Zahlungsunfähigkeit kann den Vorstand eines Unternehmens im Einzelfall bereits lange Zeit vor Eintritt der Zahlungsun-

278 Zum Zusammenhang zwischen Ermessensspielraum des Vorstandes und Prüfungspflicht des Jahresabschlußprüfers vgl. die ausführliche Darstellung unter Teil 2, Kap. 4, III.

fähigkeit gem. § 17 InsO dazu ermächtigen, Insolvenzantrag zu stellen. Der Umfang des Prognosezeitraums richtet sich dabei grundsätzlich nach der Fälligkeit der bestehenden Verbindlichkeiten.[279] Zu berücksichtigen ist jedoch auch, daß mit einer Ausdehnung des Prognosezeitraums der Grad der Unsicherheit der Prognose steigt.[280] Aus diesem Grunde wird in der Literatur davon ausgegangen, daß die Fortführungsprognose lediglich einen auf den Jahresabschlußstichtag bzw. auf den Prüfungszeitpunkt nachfolgenden Einjahreszeitraum erfaßt.[281] Die Benennung eines solchen Zeitraums kann jedoch nur einen ungefähren Richtwert abgeben. Der Vorstand hat sich auch mit den Indizien zu befassen, die für eine Zahlungsunfähigkeit erst im 13. oder 18. Monat nach Durchführung der Jahresabschlußprüfung sprechen, solange es sich nur bei den zu berücksichtigenden Umständen nicht um bloße Mutmaßungen handelt.

Die Konsequenz für den Jahresabschlußprüfer besteht darin, daß er seine Plausibilitätskontrolle der Ertrags- und Finanzplanung eines Unternehmens auf entsprechende Zeiträume zu erstrecken hat. Da der Jahresabschlußprüfer unter optimalen Bedingungen die Möglichkeit einer Insolvenzantragstellung vorweg in seiner Prüfungsberichterstattung berücksichtigen sollte, müßte er sogar einen längeren Beobachtungszeitraum als der für die Antragstellung zuständige Unternehmensvorstand berücksichtigen. Dem wird in der Praxis jedoch häufig die mangelnde Prognosesicherheit bei langfristigen Beurteilungszeiträumen entgegenstehen. Dennoch führt im Ergebnis der neue Insolvenztatbestand der drohenden Zahlungsunfähigkeit zu einer erheblichen Vorverlagerung der Prüfungspflichten des Abschlußprüfers.

c. *Prüfungspflichten*

Die Feststellung der Tatbestände, die wesentlich zu einer drohenden Zahlungsunfähigkeit bzw. einer Überschuldung beitragen, erfordert eine umfassende Prüfung der wirtschaftlichen Lage. Die Unternehmensfortführung in Frage stellende tatsächliche Gegebenheiten können beispielsweise das Unvermögen, neue Geldmittel für wichtige Investitonen aufzubringen, die Untersagung der Produktion wegen umweltgefährdender Immissionen, aus dem Ruder gelaufene Kosten bei Großinvestitionen oder der ersatzlose Wegfall von Kunden, mit denen ein hoher

---

279 Zu den Voraussetzungen der drohenden Zahlungsunfähigkeit *Möhlmann, Nachweis, Wpg. 1998, 947, 953;* vgl. die Stellungnahme des IDW zur eingetretenen und drohenden Zahlungsunfähigkeit *IDW PS 800 Wpg. 1999, 250.*

280 *Niehus, Going-concern-Prämisse, WPK-Mitt. 1998, 13, 18.*

281 *Budde/Geißler in BeBiKo, § 252 HGB Rn. 11 m.w.N.*

Prozentsatz des gesamten Umsatzes gemacht wird, sein.[282] Je weiter die Prognose in die Zukunft reicht, um so eher können nicht nur die Krisenendstadien – sprich die Insolvenztatbestände – festgestellt werden, sondern auch die Vorstadien der Insolvenz erkannt und berücksichtigt werden. Bei der Prüfung der Gesetzmäßigkeit des Jahresabschlusses werden sich zwar einzelne solcher Faktoren feststellen lassen, aufgrund der beschränkten Aussagekraft des Jahresabschlusses wird jedoch eine abschließende Beurteilung, ob entgegenstehende tatsächliche Gegebenheiten bestehen, nicht getroffen werden können. Eine Einschätzung, die allein auf den Erkenntnissen der Gesetzmäßigkeitsprüfung basiert, wird immer eine eher von Zufällen bestimmte Analyse des Unternehmens darstellen. Eine solche Zufallsprüfung wäre jedoch mit der zentralen Bedeutung, die dem Grundsatz der Unternehmensfortführung als denknotwendige Voraussetzung für eine periodische Erfolgsrechnung zuerkannt wird, nicht vereinbar. Dies würde nämlich dazu führen, daß die Einhaltung eines der zentralen kodifizierten Grundsätze ordnungsgemäßer Buchführung nicht vom Abschlußprüfer überwacht würde.

5. Going-Concern in der amerikanischen Abschlußprüfung

Das American Institute of Certified Public Accountants (AICPA) hat zur Schließung der auch in den USA viel diskutierten „expectation gap" neben den bereits zitierten Statements on Auditing Standards (SAS) zur Aufdeckung von Betrug und ungesetzlichen Handlungen auch ein Statement (SAS 59) mit dem Titel „The auditor's Consideration of an Entity's Ability to Continue as a Going concern" verfaßt, in dem die Prüfungs- und Berichtspflichten des Jahresabschlußprüfers bei Zweifeln an der Annahme der Unternehmensfortführung geregelt sind.[283] Danach ist der amerikanische Abschlußprüfer in jedem Fall verpflichtet, eine Bewertung darüber zu treffen, ob ernsthafte Zweifel an der Fortführung des Unternehmens bestehen. Diese Bewertung umfaßt einen Zeitraum von einem Jahr („reasonable period of time") beginnend mit dem Abschluß der Prüfung des Jahresabschlusses. Der amerikanische Abschlußprüfer trägt die Verantwortung für die Aufstellung einer Prognose zum Going-Concern-Prinzip. Verantwortlich für das Eintreffen der Prognose ist er nach den Grundsätzen des AICPA nicht. Das AICPA hat eine Reihe von Anforderungen entwickelt, die der amerikanische Prüfer bei Prüfung und Berichterstattung zu beachten hat.

---

282 *Budde/Geißler in BeBiKo, § 252 HGB Rn. 15;* vgl. auch die *UEC Empfehlung Nr. 4 FN 1978, 289 (290).*

283 Vgl. zu Fraud und Error: Teil 2, Kap. 2, II. 5.; zum Going Concern: SAS 59 in *AICPA, Professional Standards, AU § 341.* Zur Entstehung vgl. *Mertin, Unterschlagungen, Wpg. 1989, 385, 386.*

a. Prüfungshandlungen

Es werden beispielhaft eine Reihe von Prüfungshandlungen genannt, die eine abschließende Bewertung des Going-Concern zulassen („audit procedures"). Dazu zählen:

- Analytische Prüfungshandlungen
- Prüfung von späteren Ereignissen (gemeint sind Geschäftsvorfälle nach Jahresabschlußstichtag)
- Durchsicht von Protokollen der Sitzungen des Board of directors und seiner committees
- Erfüllung von Zahlungsterminen
- Untersuchungen, ob belastende juristische Verfahren vorliegen
- Überprüfung des Kreditrahmens und der Kreditwürdigkeit des Unternehmens

Im Rahmen der genannten Prüfungshandlungen hat der amerikanische Abschlußprüfer auf Sachverhalte zu achten, denen eine Indikatorwirkung für eine Unternehmenskrise zukommt („consideration of conditions and events"). Das AICPA nennt eine Reihe von Sachverhalten, die auf eine Krise hindeuten oder deren Ursache darstellen. Die genannten Beispielssachverhalte, u.a. Verluste, Unterkapitalisierung, der Verlust von herausragenden Kunden und Patenten, sind in dieser Form auch Anhaltspunkte für den deutschen Abschlußprüfer. Die Besonderheit gegenüber dem deutschen Recht besteht daher alleine darin, daß im SAS Nr. 59 ein Beispielskatalog formuliert wurde.

Der amerikanische Abschlußprüfer, der einen das Going-Concern-Prinzip in Frage stellenden Sachverhalte bemerkt, hat sich mit dem Vorliegen von Sanierungsplänen des Managements auseinanderzusetzen („consideration of management's plans"). Der amerikanische Abschlußprüfer ist gehalten, Erfolgsaussichten und Realisierbarkeit solcher Pläne bis zum Ende des Prognosezeitraums von einem Jahr zu betrachten. Der amerikanische Abschlußprüfer hat insbesondere zu beurteilen, ob Pläne des Unternehmens

- Aktiva zu verkaufen
- sich Kredite zu verschaffen und Umschuldungsmaßnahmen durchzuführen
- Ausgaben zu verringern oder auf spätere Zeitpunkte zu verschieben
- das Eigenkapital zu erhöhen

erfolgreich umgesetzt werden können und dazu führen, daß die der Unternehmensfortführung entgegenstehenden Tatsachen beseitigt werden. Eine entsprechende Verpflichtung des deutschen Jahresabschlußprüfers wird in der deutschen Literatur nicht erörtert. Sie ist jedoch zur abschließenden Bewertung der Überlebenschancen eines Unternehmens unabdingbar.

b. Prüfungsberichterstattung

Kommt der amerikanische Abschlußprüfer zu dem Ergebnis, daß der Fortbestand des Unternehmens gefährdet ist, hat er dies in seinem Prüfungsbericht niederzulegen („consideration of the effects on the auditor's report"). Dabei hat er sich eines genau festgelegten Sprachgebrauchs zu bedienen („substantial doubt about the entity's ability to continue as a going concern"). Der Klarheit der Berichterstattung dient es auch, daß sich der Abschlußprüfer des Gebrauchs von Konditionalsätzen enthalten soll. Dagegen ist eine substantiierte Darstellung der Krisenursachen nicht erforderlich. Der pauschale Verweis auf andauernde Verluste wird als ausreichend angesehen.

c. Bewertung

Der amerikanische Prüfungsansatz zum Going-concern-Prinzip entspricht in etwa dem hier vertretenen Prüfungsansatz. Der amerikanische Prüfer kann nicht alleine darauf vertrauen, daß ihm mehr oder weniger zufällig Krisenindizien bekannt werden, sondern muß selbst konkrete Prüfungsschritte einleiten. Positiv ist insofern zu vermerken, daß das AICPA hierfür konkrete Prüfungshandlungen und Anhaltspunkte benennt, auch wenn diese sicherlich noch ausführlicher sein könnten. Demgegenüber enthalten die bisherigen, vom deutschen Institut der Wirtschaftsprüfer (IDW) entwickelten Grundsätze für die Durchführung der Jahresabschlußprüfung keinen expliziten Bezug auf die Going-Concern-Prämisse.[284] Auch in den für die Prüfungsdurchführung entscheidenden neuen Prüfungsstandards des IDW, die seit Inkrafttreten des KonTraG verabschiedet wurden, fehlen entsprechende Hinweise.[285]

II. Generalnorm des § 264 II HGB

Gem. § 264 II HGB hat der Jahresabschluß von Kapitalgesellschaften unter Beachtung der Grundsätze ordnungsgemäßer Buchführung (GoB) ein den tatsächlichen Verhältnissen entsprechendes Bild der Vermögens-, Finanz- und Ertragslage der Kapitalgesellschaft zu vermitteln. Ist dies nicht der Fall, sind zusätzliche Angaben im Anhang zu machen (§ 264 II S. 2 HGB). § 264 II HGB transformiert

---

284 Vgl. dazu *IDW HFA 1/1988, Wpg. 1989, 9.*

285 *IDW PS 200, Wpg. 2000, 706* und *IDW PS 201, Wpg. 2000, 710*; vgl. im übrigen zum Going Concern bei der Jahresabschlußprüfung in Großbritannien *Niehus, Going-Concern-Prämisse, WPK-Mitt. 1998, 13.*

Art. 2 II, III, IV der 4. EG-Richtlinie vom 25.7.1978 in deutsches Recht.[286] Der Wortlaut des Art. 2 der 4. EG- Richtlinie wiederum ist auf das angelsächsische Konzept des „true and fair view" zurückzuführen.

§ 264 II S.1 HGB wird vielfach als die zentrale Norm des Bilanzrichtliniengesetzes bezeichnet.[287] Die Formulierung des Gesetzes kann bei einem unbefangenen Leser die Erwartung wecken, daß die Generalnorm zu einer Korrektur der Informationsdefizite des Jahresabschlusses zur wirtschaftlichen Lage führt.[288]

1. Tatsächliche Vermögens-, Finanz- und Ertragslage

Der Stellenwert des § 264 II HGB ist im einzelnen umstritten. Ausgehend von der Bedeutung des „true and fair view" im angelsächsischen Rechtsraum als „overriding principle" wird von einem Teil des Schrifttums die Auffassung vertreten, § 264 II HGB genieße eine Vorrangstellung gegenüber den Einzelrechtsnormen und führe somit zu einer Bindung der Jahresabschlußpolitik dahingehend, daß sich die Ausübung von Wahlrechten und Spielräumen immer am Kriterium des bestmöglichen Einblicks in die Vermögens-, Finanz- und Ertragslage zu orientieren habe.[289] Dagegen wird zu Recht eingewandt, daß bei einer derartigen Einschränkung nicht mehr von einem Wahlrecht gesprochen werden kann und damit gegen den Willen des Gesetzgebers, der sich in der Schaffung der Wahlrechte manifestiert, verstoßen wird.[290] Die wohl h.M. gesteht deshalb der Generalnorm lediglich die Bedeutung einer Auslegungshilfe zu. Außerdem wird sie zur Füllung von Gesetzeslücken herangezogen.[291] § 264 II HGB wird gegenüber den spezielleren Einzelvorschriften als subsidiär angesehen.

Nach h.M. vermittelt ein Jahresabschluß, der nach den GoB erstellt wurde, in der Regel ein den tatsächlichen Verhältnissen entsprechendes Bild der Vermögens-, Finanz- und Ertragslage. Die einzelnen Rechnungslegungsvorschriften stellen eine Ausprägung und Präzisierung der Generalnorm dar. Sowohl die einzelne Rechnungslegungsvorschrift als auch die Generalnorm sind Ausprägungen

---

286 4. Richtlinie in *ABl. Nr. L 222 vom 14.8.1978, S. 11.*

287 Vgl. *Leffson, Verhältnisse, HuRB, S. 94, 95.*

288 *Schildbach, Generalklausel, BFuP 1987, 1, 6.*

289 Vgl. die Nachweise in *Baetge/Commandeur in Küting/Weber, Rechnungslegung § 264 HGB Rn. 33.*

290 Vgl. *Budde/Karig in BeBiKo, § 264 HGB Rn. 25 ff.*

291 *A/D/S § 264 HGB Rn. 59; Schildbach, Generalklausel, BFuP 1987, 1, 6 ff, Coenenberg, Meinungsspiegel, BFuP 1987, 71; v.Wysocki, Meinungsspiegel, BFuP, 1987, 75; Biener/Bernecke Bilanzrichtliniengesetz, § 264 S. 132; Schulze-Osterloh, Bilanzrichtliniengesetz, ZHR (150) 1986, 532, 536 ff.; Busse von Colbe, Rechnungslegungsvorschriften, Wpg. 1987, 117, 120; Ludewig, Rechnungslegung, AG 1987, 12, 15;*

der Informations- und Rechenschaftsfunktion des Jahresabschlusses. Enthält die Einzelvorschrift eine eindeutige Anwendungsregel, wird mit ihrer Anwendung auch immer der Generalnorm entsprochen. Diese Interpretation des Tatbestandsmerkmals der „tatsächlichen Verhältnisse" entspricht im übrigen auch dem europäischen Verständnis.[292] Zudem weist die Formulierung des Gesetzgebers, daß die Abbildung der tatsächlichen Verhältnisse „unter Beachtung der Grundsätze ordnungsgemäßer Buchführung" zu erfolgen hat, darauf hin, daß die grundsätzlichen Restriktionen des Informationswertes des Jahresabschlusses durch die Generalnorm nicht aufgehoben werden sollen.[293] Nach h.M. kommt es folglich nicht auf die bestehenden tatsächlichen Verhältnisse aus betriebswirtschaftlicher Sicht an.[294] Entscheidend sind die Vermögens-, Finanz- und Ertragslage im bilanzrechtlichen Sinne, d.h. die sich aus den handelsrechtlichen Vorschriften ergebenden Verhältnisse. Betriebswirtschaftliche Beurteilungen entsprechen nicht der Erwartung, die ein hinreichend sachkundiger Adressat der Rechnungslegung – sprich ein ordentlicher Kaufmann – an die Aussage des Jahresabschlusses stellt.

2. *Prüfungspflichten und Krisenerkennung*

Der Abschlußprüfer hat in vollem Umfang die Einhaltung der Generalnorm zu prüfen. Die Generalnorm gehört wie die Einzelnormen zu den gesetzlichen Vorschriften, deren Einhaltung der Jahresabschlußprüfer nach § 317 I S. 2 HGB zu überwachen hat. In der Regel wird bereits die Feststellung des Abschlußprüfers, daß die gesetzlichen Rechnungslegungsvorschriften eingehalten wurden, auch die Einhaltung der Generalnorm indizieren.

Nach den vorangegangenen Überlegungen bleibt die Frage, bei welchen Sachverhalten der Jahresabschlußprüfer nach der h.M. eine die Generalnorm verletzende Diskrepanz zwischen Abbild und tatsächlicher Lage zu diagnostizieren hat. Aus dem Tatbestandserfordernis der „besonderen Umstände" kann geschlossen werden, daß nur erhebliche Abweichungen von der tatsächlichen wirtschaftlichen Lage iSd § 264 II HGB zu einer Erläuterungspflicht führen. Dies

---

292 Vgl. die Erklärung des Rates der Europäischen Gemeinschaften in Übereinstimmung mit der Kommission zu Art. 2 IV der 4. EG Richtlinie: "Der Rat und die Kommission stellen fest, daß es normalerweise ausreicht, die Richtlinie anzuwenden, damit das gewünschte den tatsächlichen Verhältnissen entsprechende Bild entsteht." Abgedruckt bei *Großfeld, Generalnorm, HuRB, S. 192, 196.*

293 So *A/D/S § 264 HGB Rn. 93; Leffson, HuRB, Verhältnisse, S. 94, 100; Großfeld, HuRB, Generalnorm, S. 192, 199.*

294 Für eine betriebswirtschaftliche Interpretation der Generalnorm tritt aber *Lange, Anhang, Wpg, 1992, 369, 371 ff.* ein. Vgl. auch *Ballwieser, Generalklausel, BB 1985, 1034, 1040.*

wird immer dann der Fall sein, wenn die Abweichungen ein solches Maß erreichen, daß ein ordentlicher Kaufmann als gedachter Jahresabschlußleser nicht damit rechnen muß.[295] Da es sich hierbei um eine wenig praktikable Formel handelt, werden in der Literatur eine Reihe von Beispielssachverhalten genannt, die unter den Begriff der besonderen Umstände iSd § 264 II S. 2 HGB fallen. Im folgenden werden einige der Beispielssachverhalte aufgezählt, die ein zu günstiges Bild der Vermögens-, Finanz- und Ertragslage zeichnen, also eine negative Entwicklung der Vermögens-, Finanz- und Ertragslage verschleiern:[296]

- Wesentliche Verschlechterungen der Vermögens-, Finanz- und Ertragslage dürfen nicht durch bilanzpolitische Maßnahmen verschleiert werden. Negative Entwicklungstendenzen, die nicht aus dem Jahresabschluß erkennbar sind, müssen durch Erläuterungen im Anhang kenntlich gemacht werden. Zu den im Anhang erläuterungspflichtigen, häufig allein bilanzpolitisch motivierten Vorgängen zählen vor allem das Sale-and-lease-back Verfahren.[297] Auch die Auslagerung der Forschungsaktivitäten eines Unternehmens zur Umgehung des Aktivierungsverbots für originär geschaffene immaterielle Rechtsgüter nach § 248 II HGB kann unter diese Kategorie fallen.
- Des weiteren ist darauf zu achten, daß außergewöhnliche und bedeutsame Ereignisse, die zu einer Verschlechterung der Lage führen, die aber nicht oder noch nicht im Jahresabschluß abgebildet sind, im Anhang erwähnt werden. Der Jahresabschlußprüfer hat zu prüfen, ob derartige Sachverhalte vorliegen. Dies ist der Fall, wenn Vorteile, die nicht bilanziell auszuweisen sind, wie z.B. selbstgeschaffene Patente und andere originäre immaterielle Vermögensgegenstände, die für die Ertragslage von großer Bedeutung sind, wegfallen. Auch der Ausfall eines bedeutenden Kunden oder Lieferanten kann zu einer Verschlechterung der Lage des Unternehmens und zu entsprechenden Berichtspflichten führen. Die Stillegung von Betriebsteilen durch Unternehmen, die zu Fortführungswerten bilanzieren, kann zu zusätzlichen Angaben im Anhang zwingen.

---

295 *Schulze-Osterloh, Bilanzrichtliniengesetz, ZHR (150) 1986, 532, 564; Budde/Karig in BeBiKo, § 264 HGB Rn. 48 ff.*

296 Die nachfolgenden Beispiele stammen aus *Lange, Anhang, Wpg, 1992, 369, 371 m.w.N.; A/D/S § 264 HGB Rn. 117; WP Handbuch Bd. I , Abschnitt F, Rn. 775 ff.*. Weitere Beispiele mit Nachweisen bei *Lange, aaO.*

297 *Hoffmann, Jahresabschlußpolitik, DB 1995, 1821, 1822 ff.; A/D/S § 264 HGB Rn. 117; WP Handbuch Bd. I, Abschnitt F, Rn. 777;* zur Zulässigkeit von bilanzpolitisch motivierten Rechtsgeschäften vgl. auch *Kropff in Treuarbeit, Vorfragen, S. 9 ff;*

- Erläuterungspflichtig sind auch die Unternehmensgewinne, die ein Unternehmen in Ländern mit hoher Inflationsrate erzielt.[298]
- Bei Unternehmen mit langfristiger Fertigung kann die diskontinuierliche Fertigstellung von Produkten dazu führen, daß die Vergleichbarkeit der Periodenergebnisse und damit der Informationswert des Jahresabschlusses wesentlich beeinträchtigt wird.[299]

Die besonderen Umstände iSd § 264 II S. 2 HGB lassen sich nicht allein durch eine Prüfung der Einhaltung der einzelnen Rechnungslegungsvorschriften feststellen. Lediglich die bilanzpolitischen Sachverhalte sind auch mit diesen Mitteln aufzudecken. Die genannten singulären außergewöhnlichen Vorfälle können dagegen nicht ohne eine Prüfung der Umstände der wirtschaftlichen Lage, die im Jahresabschluß keine Berücksichtigung gefunden haben, festgestellt werden. Ihre Besonderheit liegt gerade darin, daß sie außerhalb des Jahresabschlusses liegen. Eine Prüfung der wirtschaftlichen Lage, wie sie sich aus dem Jahresabschluß ergibt, ist daher nicht ausreichend. Der Abschlußprüfer hat die reale wirtschaftliche Lage zu ermitteln. Die Generalnorm bringt damit gegenüber der Gesetzmäßigkeitsprüfung der Einzelvorschriften eine Erweiterung des Prüfungsumfangs mit sich. Der Abschlußprüfer hat insbesondere bei Unternehmen, die sich in einer wirtschaftlich angespannten Situation befinden, seine Prüfung auf derartige Sachverhalte auszurichten. Da die aufgezählten Sachverhalte zumeist auch Symptome einer Unternehmenskrise sind, kommt dem Abschlußprüfer aus § 264 II HGB die Pflicht zu, Krisensymptome, die die vorgenannten Kriterien erfüllen, aufzuspüren.

III. Prüfung des Lageberichts

Große und mittelgroße Kapitalgesellschaften iSd § 267 II, III HGB sind nach § 264 I S. 1 HGB verpflichtet, einen Lagebericht aufzustellen.

1. Grundsatzfragen

Nach den früher geltenden aktienrechtlichen Rechnungslegungsvorschriften stellte der Lagebericht eine Komponente des Geschäftsberichts dar (§ 160 I S. 1 AktG i.d.F. vom 6.9.1965 entspricht § 128 I AktG i.d.F. von 1937). Das Bilanz-

---

298 *Lange, Anhang, Wpg, 1992, 369, 371 m.w.N.*

299 *Busse v. Colbe, Langfristige Fertigung, HWRev. Sp. 1197, 1198; Lange, Anhang, Wpg, 1992, 369, 371 m.w.N.*

richtliniengesetz vom 19.12.1985 hat den Lagebericht aus dem Kontext des Geschäftsberichts herausgelöst und ihn unter Konkretisierung seines Inhalts verselbständigt. Der Erläuterungsbericht als weitere Komponente des Geschäftsberichts nach altem Recht wurde als Anhang Bestandteil des Jahresabschlusses von Kapitalgesellschaften. Die in § 289 HGB getroffenen Regelungen gehen auf Art. 46 der 4. EG-Richtlinie vom 25.7.1978 zurück. Durch das Gesetz zur Kontrolle und Transparenz im Unternehmensbereich hat § 289 HGB lediglich geringfügige Änderungen erfahren.

Der Lagebericht hat die Aufgabe, dem Adressaten losgelöst von den einzelnen Positionen des Jahresabschlusses ein Gesamtbild des Unternehmens zu vermitteln und den Jahresabschluß insoweit zu ergänzen. Dem Bilanzleser sollen Informationen zukommen, die der Jahresabschluß aufgrund der bereits erwähnten ihm immanenten Schranken nicht vermitteln kann.[300] Insbesondere sind im Lagebericht auch zukunftsorientierte Sachverhalte zu berücksichtigen. Dies bedeutet, daß der Lagebericht ein Bild der wirklichen wirtschaftlichen Lage zu vermitteln hat. Der Lagebericht muß seine Leser in die Lage versetzen, die vom Vorstand erstellte positive Prognose der Unternehmensfortführung nachzuvollziehen.[301] Der Lagebericht hat folglich darüber zu informieren, ob das Unternehmen als werbendes Unternehmen fortbestehen kann, d.h. sich am Markt behaupten und seine Verbindlichkeiten bedienen kann. Denn der anderenfalls drohende Zusammenbruch kann für die Adressaten – wie Kreditgeber, Lieferanten und Aktionäre – von existenzieller Bedeutung sein. Es ist demnach eine der zentralen Aufgaben des Lageberichts, über das Bestehen oder Nichtbestehen einer Krise zu informieren. Der Lageberichtsprüfung kommt daher im Hinblick auf die Krisenwarnpflicht des Jahresabschlußprüfers eine besondere Bedeutung zu. Der Lagebericht ist im Zuge der Unternehmenskrisen wieder in den Blickpunkt der wissenschaftlichen Diskussion gerückt, nachdem ihm in der Praxis wenig Beachtung geschenkt wurde. Sichtbares Zeichen dieser Entwicklung ist, daß das Institut der Wirtschaftsprüfer im Jahre 1998 einen Rechnungslegungsstandard zur Aufstellung des Lageberichts sowie einen Prüfungsstandard zur Prüfung des Lageberichts erstellt hat.[302]

Die zentrale gesetzliche Vorschrift zur Bestimmung des Prüfungsumfangs des Lageberichts ist § 317 II S. 1 HGB. Der bisherige § 317 I S. 3 HGB a.F. wurde durch das KonTraG geringfügig modifiziert und zu einem eigenen Absatz 2 gefaßt. Der Jahresabschlußprüfer hat nach § 317 II S. 1 HGB n.F. den Lagebericht

300 *A/D/S § 289 HGB Rn. 22; Lück in Küting/Weber, Rechnungslegung § 289 HGB Rn. 9; Baetge/Schulze, Lageberichterstattung, DB 1998, 937,938.*

301 *Kropff, Lagebericht, BFuP 1980, 514, 520, 523; A/D/S § 289 HGB Rn. 22 f..*

302 *IDW RS HFA 1: Aufstellung des Lageberichts, Wpg. 1998, 653* und *IDW PS 350: Prüfung des Lageberichts, Wpg. 1998, 663.*

darauf zu prüfen, ob er mit dem Jahresabschluß (Vergleichsgegenstand ist der Jahresabschluß) und mit den bei der Prüfung gewonnenen Erkenntnissen (Vergleichsgegenstand sind sonstige Erkenntnisse) in Einklang steht und er insgesamt eine zutreffende Vorstellung von der Lage des Unternehmens gibt (Vergleichsgegenstand ist die wirtschaftliche Gesamtlage des Unternehmens).[303]

Darüber hinaus ist der Lagebericht darauf zu überprüfen, ob er den gesetzlichen Vorschriften entspricht. Die h.M. leitet insoweit aus der Berichtsbestimmung des § 321 II S. 1 HGB n.F. bzw. § 321 I S. 2 HGB a.F. auch Prüfungspflichten ab.[304] In beiden Gesetzesfassungen heißt es nämlich, daß darzustellen ist, ob u.a. der Lagebericht den gesetzlichen Vorschriften entspricht. Prüfungsmaßstab sind die Regelungen des § 289 HGB. Auch wenn die Ableitung von Prüfungspflichten aus Berichtsbestimmungen rechtssystematisch fragwürdig ist, so ist der h.M. insoweit Recht zu geben, als der Prüfer ein Urteil im Prüfungsbericht nur abgeben kann, wenn er vorher eine hinreichende Prüfung vorgenommen hat.

Zusammenfassend läßt sich feststellen, daß die Lageberichterstattung des Vorstandes anhand der Vergleichsgegenstände Jahresabschluß und reale wirtschaftliche Lage auf ihre Plausibilität, Vollständigkeit und Klarheit der Darstellung zu prüfen ist.[305] Eine an diesen Maßstäben gemessene unwahre, unvollständige oder undeutliche Berichterstattung erweckt eine falsche Vorstellung von der Situation des Unternehmens. Es ist die Aufgabe des Abschlußprüfers, bei der Lageberichtsprüfung eben dies zu vermeiden.

2. *Geschäftsverlauf im Einklang mit dem Jahresabschluß*

Nach § 289 I HGB ist der Geschäftslauf so darzustellen, daß er ein den tatsächlichen Verhältnissen entsprechendes Bild vermittelt. Die Berichterstattung des Vorstandes über den Geschäftsverlauf unterscheidet sich von der Berichterstattung über die wirtschaftliche Lage allein in zeitlicher Hinsicht. Bereits der Be-

---

303 Die Verpflichtung zu prüfen, ob der Lagebericht mit den bei der Prüfung gewonnenen Erkenntnissen des Abschlußprüfers in Einklang steht, ist mit dem Gesetz zur Kontrolle und Transparenz im Unternehmensbereich (KonTraG) neu in § 317 HGB eingefügt worden. Diese Bestimmung führt zu keiner Erweiterung der Prüfungspflichten des Jahresabschlußprüfers. Es ist selbstverständlich, daß der Abschlußprüfer auch andere, bei der Prüfung gewonnene Erkenntnisse in die Lageberichtsprüfung miteinzubeziehen hat.
So auch *Dörner, KonTraG, Wpg. 1998, S. 41, 45.*

304 Zur Rechtslage vor dem KonTraG: *Sieben in FS Goerdeler, Lagebericht, 597 f.; Krawitz, Lagebericht, Wpg. 1988, 225, 227; Baetge/ Fischer/ Paskert, Lagebericht, S. 53 f;* nach dem KonTraG: jetzt auch *A/D/S, § 317 Rn. 161; IDW PS 350, Wpg. 1998, 663;* a.A. *Förschle/Kofahl in BeBiKo, § 317 Rn. 58.*

305 *Clemm/Reittinger, HWRev., Sp. 1189 f.*

griff „Geschäftsverlauf" weist darauf hin, daß es sich hierbei um einen vergangenheitsorientierten, zeitraumbezogenen Bericht handelt, während der Lagebegriff auch Informationen zur künftigen Entwicklung umfaßt. Die Berichterstattung zum Geschäftsverlauf nach § 289 I HGB soll erkennen lassen, ob nach Einschätzung des Vorstands das abgelaufene Geschäftsjahr günstig oder ungünstig verlaufen ist. Der Vorstand hat in diesem Rahmen eine Beurteilung der Absatz-, Produktions-, Beschaffungs- und Finanzlage im abgelaufenen Geschäftsjahr zu treffen.[306] Dazu gehören Angaben zur Umsatz- und Auftragsentwicklung segmentiert nach Tätigkeitsgebieten und geographischen Bereichen. Auch über wesentliche Investitionen und die Umweltschutzaktivitäten ist zu berichten. Die Angaben zum Finanzwesen sollten Angaben zur Finanzierung (Außen- und Innenfinanzierung) und zur Liquidität enthalten. Es entspricht darüber hinaus der Praxis deutscher Großunternehmen, eine Kapitalflußrechnung zur Finanzlage vorzulegen.[307] Mitarbeiterzahlen, Angaben zur Struktur des Personalaufwandes, zu betrieblichen Sozialleistungen können im Rahmen der Personal- und Sozialberichtserstattung von Bedeutung sein. Diesen Angaben hat der Vorstand einen Bericht über die Entwicklung der Branche und der Gesamtwirtschaft voranzustellen.

Nach § 317 II S. 1 HGB hat der Jahresabschlußprüfer zu prüfen, ob die Darstellung des Geschäftsverlaufs mit dem Jahresabschluß und den sonst gewonnenen Erkenntnissen in Einklang steht. Der Jahresabschlußprüfer kann sich bei der Prüfung des Geschäftsverlaufs die Erkenntnisse der Jahresabschlußprüfung zu Nutzen machen.[308] Er hat besonders darauf zu achten, daß auch negative Entwicklungen in der Vergangenheit, die sich eben wegen ihres Vergangenheitsbezugs im Jahresabschluß niederschlagen, im Lagebericht vollständig, wahrheitsgetreu und deutlich wiedergegeben werden. Werden etwa in der Bilanz in bedeutendem Umfang Rückstellungen für drohende Verluste aus Absatzgeschäften gebildet, so hat der Abschlußprüfer Angaben des Lageberichts, die eine durchweg positive Entwicklung der Marktpreise herausstellen, zu beanstanden. Auslandsforderungen, die zu einer hohen Wertberichtigung im Jahresabschluß führen, können nicht zu der Feststellung im Lagebericht führen, daß das Auslandsgeschäft erfolgreich verlaufen ist.[309]

---

306 Vgl. dazu die detaillierten Angaben in *IDW RS HFA 1, Wpg. 1998, 653, 656, 660; Kropff, Lagebericht, BFuP 1980, 514, 520; A/D/S § 289 HGB Rn. 68 ff.; Lück in Küting/Weber, Rechnungslegung § 289 HGB Rn. 34 ff.; Ellrott in BeBiKo, § 289 HGB Rn. 18 ff.*

307 *Kropff, Lagebericht, BFuP 1980, 514, 524 f.; vgl. auch A/D/S § 289 HGB Rn. 89.*

308 *Clemm/Reittinger, HWRev., Sp. 1189; A/D/S § 317 HGB Rn. 165.*

309 Zweites Beispiel bei *Sieben in FS Goerdeler, Lagebericht, 581, 597.*

3. *Wirtschaftliche Lage und Risiken der künftigen Entwicklung*

Nach § 289 I HGB hat der Vorstand ein den tatsächlichen Verhältnissen entsprechendes Bild der Lage der Kapitalgesellschaft unter Berücksichtigung der Risiken der künftigen Entwicklung darzustellen. Der Abschlußprüfer hat seinerseits gem. § 317 II S. 1, 3. Alt. HGB darauf zu achten, daß der Lagebericht insgesamt eine zutreffende Vorstellung von der Lage der Kapitalgesellschaft erweckt. Die bisherige Formulierung in § 317 I S. 3 HGB a.F. wonach zu überprüfen war, ob der Lagebericht „nicht eine falsche Vorstellung von der Lage des Unternehmens gibt", wurde somit durch eine positive Aussage ersetzt.

a. *Prüfung der Darstellung der wirtschaftlichen Lage*

Der Abschlußprüfer hat die tatsächliche wirtschaftliche Lage mit der Darstellung der wirtschaftlichen Lage durch den Vorstand im Lagebericht zu vergleichen (§ 289 I HGB). Der Begriff der wirtschaftlichen Lage in § 289 I HGB wurde von der wohl h.M. bereits vor der Verabschiedung des KonTraG dahingehend verstanden, daß die Berichterstattung des Vorstandes auch die künftigen Chancen und Risiken berücksichtigen muß.[310] Die durch das KonTraG in § 289 I HGB eingefügte Ergänzung, daß auch auf die Risiken der künftigen Entwicklung einzugehen ist, stellt dies nochmals klar. Die Darstellungspflicht erfaßt dabei gerade auch die Merkmale der wirtschaftlichen Lage, die nicht im Jahresabschluß enthalten sind. Nur so wird der Lagebericht seiner Aufgabe gerecht, zusätzliche Informationen zu liefern und nicht nochmals das bereits durch den Jahresabschluß vermittelte eingeschränkte Bild der Vermögens-, Finanz- und Ertragslage iSd § 264 II HGB zu wiederholen. Eine umfassende Lageberichterstattung durch den Vorstand stellt somit sicher, daß der Bilanzleser die Prognose zur Annahme der Unternehmensfortführung nachvollziehen und beurteilen kann.[311]

Der Abschlußprüfer hat auch die zukunftsbezogenen Angaben des Vorstands im Lagebericht zu prüfen.[312] Der Begriff der Lage in § 317 II S. 1, 3. Alt. HGB

---

310 H.M.: *A/D/S § 289 HGB Rn. 84 f.; Lück in Küting/Weber, Rechnungslegung § 289 HGB Rn. 38; Emmerich/Künnemann, Lagebericht, Wpg. 1986, 145, 147 f.; Krawitz, Lagebericht, Wpg. 1988, 225, 226; Sieben in FS Goerdeler, Lagebericht, 581, 585; Bretzke, Lagebericht, Wpg. 1979, 337, 341;* a. A.:für einen vergangenheitsorientierten, statischen Lagebegriff *Ellrott in BeBiKo, 3. und 4. Aufl § 289 HGBRn. 15 f.*, der unter der Lage die Vermögens-, Finanz- und Ertragslage iSd § 264 II HGB versteht. Vgl. auch *Selchert, Warnfunktion, DB 1985, 981, 984.*

311 *Kropff, Lagebericht, BFuP 1980, 514, 520, 523; A/D/S § 289 HGB Rn. 85.*

312 *IDW PS 350, Wpg. 1998, 663,664.*

ist zukunftsbezogen zu verstehen. Dies war bisher streitig.[313] Ein vergangenheitsbezogener Lagebegriff in § 317 II HGB hätte zur Folge, daß die vom Vorstand im Lagebericht zu treffenden zukunftsbezogenen Angaben entgegen dem Willen des Gesetzgebers nicht von der Prüfung umfaßt würden.[314] Bereits in der Begründung zum Regierungsentwurf zum AktG vom 6.9.1965 kommt deutlich zum Ausdruck, daß der Lagebericht in seiner Gesamtheit zu prüfen ist.[315] Das KonTraG stellt dies nochmals klar, indem es die Darstellung der Risiken der künftigen Entwicklung der Prüfungspflicht des Jahresabschlußprüfers unterwirft. Der Begriff der wirtschaftlichen Lage in der Prüfungsvorschrift § 317 II HGB und in der Berichtsvorschrift § 289 I HGB ist damit vom Gesetzgeber kongruent geregelt. In beiden Fällen ist von einem dynamischen – sprich zukunftsorientierten – Lagebegriff auszugehen.

Der Vorstand hat somit bei seiner Berichterstattung über die Vermögens-, Finanz- und Ertragslage Angaben zur künftigen Entwicklung zu machen. Einen Schwerpunkt hat er dabei auf die Risiken der künftigen Entwicklung zu legen. Da grundsätzlich jedes unternehmerische Handeln mit Risiken verbunden ist, muß der Vorstand Schwerpunkte bilden. Eine Berichterstattung die wahllos alle denkbaren Risiken aufgreift, trägt nicht zur gewünschten Information der Lageberichtsadressaten bei. Der Vorstand hat daher nur über wesentliche Risiken mit einer gesteigerten Eintrittswahrscheinlichkeit zu berichten.[316]

Der Abschlußprüfer hat damit ein breitgefächertes Prüfungsfeld. Er hat die wesentlichen Angaben des Vorstandes im Lagebericht auf ihre Plausibilität und Vollständigkeit prüfen. Bei der Prüfung der Darstellung der Absatz- und Produktionslage wird der Prüfer beispielsweise darauf zu achten haben, daß im Lagebericht Angaben über die bisherige und künftige Entwicklung von Absatzmengen und -preisen gemacht werden. Die Ursachen von wesentlichen Veränderungen und ihre Auswirkungen auf die Ertrags- und Finanzsituation des Unternehmens sind darzustellen. Die Prüfung kann jedoch nicht alleine darin bestehen, daß der Abschlußprüfer bestimmte notwendige Inhalte nach Art einer Checkliste abhakt. Eine vollständige und aussagekräftige Lageberichterstattung wird der Jahresabschlußprüfer dem Unternehmen idR nur attestieren können, wenn die Berichterstattung zwischen einzelnen Marktsegmenten und Unternehmenssparten differen-

---

313 Nach der von Selchert vertretenen Auffassung war der in § 317 I S. 3 HGB a.F. vertretene Lagebegriff vergangenheitsbezogen auf die Situation zum Jahresabschlußstichtag auszulegen. Vgl. *Selchert, Warnfunktion, DB 1985, 981, 984.*

314 So auch *Sieben in FS Goerdeler, Lagebericht, 581, 595f; A/D/S, 5. Aufl. § 317 HGB Rn. 107.*

315 Begründung des Regierungsentwurfs AktG 1965 in *Kropff, Aktiengesetz, § 162 S. 264.*

316 *Dörner/Bischhof, Zweifelsfragen, Wpg. 1999, 445, 447.*

ziert.[317] Gesellschaften, die auf verschiedenen Märkten tätig sind – bei börsennotierten Aktiengesellschaften wird dies die Regel sein – müssen dieser Diversifikation auch in ihrer Lageberichterstattung Rechnung tragen. Die Angaben müssen die Entwicklung einzelner Produkte(gruppen) und einzelner geographischer Märkte widerspiegeln. Dabei sind nicht nur die vorgenannten Angaben zu Absatzpreisen und -mengen auf die einzelnen Produkte zu beziehen, sondern u.a. auch Produktinnovationen, Sortimentsbereinigungen und der Altersaufbau des Produktprogramms darzustellen. Die Berichterstattung muß ein plastisches Bild der wirtschaftlichen Lage geben.

Eine ordnungsgemäße Lageberichterstattung wird der Abschlußprüfer außerdem nur testieren können, wenn die einzelnen Informationen im Zusammenhang mit der Entwicklung der Branchen, in denen sich das Unternehmen bewegt, dargestellt werden. Erst die Kenntnis der Entwicklung der jeweiligen Branche – sprich der wichtigsten Wettbewerber – erlaubt es den Berichtsadressaten, die wirtschaftliche Situation des Unternehmens richtig einzuschätzen. Berichtete Umsatz- und Absatzsteigerungen relativieren sich, wenn bekannt wird, daß die Zuwächse unter dem Branchenschnitt liegen.

Die Angaben sind grundsätzlich auf ihre Richtigkeit und Vollständigkeit zu überprüfen. Subjektive Beurteilungen des Vorstandes, insbesondere Prognosen, kann der Abschlußprüfer dagegen nur auf ihre Plausibilität überprüfen.[318] Auf die damit verbundenen besonderen Schwierigkeiten wird noch näher einzugehen sein.[319] In wirtschaftlich schwierigen Situationen hat der Jahresabschlußprüfer besonders strenge Anforderungen an die Angaben des Lageberichts zu stellen.[320] Auch negative Entwicklungen, die die Unternehmensfortführungsprognose in Frage stellen, sind in die Lageberichterstattung mit einzubeziehen. Schönfärberische Prognosen, die gezielte Unterschlagung von negativen bzw. die übermäßige Betonung von positiven Entwicklungen hat der Abschlußpüfer aufzudecken und zu beanstanden. In der Literatur wird zum Teil davon ausgegangen, daß im Lagebericht nicht auf eine drohende Insolvenz des Unternehmens hinzuweisen ist, da damit die Insolvenz der Gesellschaft besiegelt wäre.[321] Dem steht jedoch

---

317 *IDW RS 1, Wpg. 1998, 657f.*

318 *Krawitz, Lagebericht, Wpg. 1988, 225, 231.*

319 Vgl. dazu die Ausführungen unter Teil 2, Kap 4.

320 *Claussen in Kölner Komm. § 317 HGB Fn. 31; Lück in Küting/Weber, Rechnungslegung § 289 HGB Rn. 28; Ellrott in BeBiKo, § 289 HGB Rn. 29;* so auch *Kropff, Lagebericht, BFuP 1980, 514, 522;* der feststellt, daß auch in Krisensituationen keinesfalls die Lage des Unternehmens beschönigt werden dürfe, allenfalls kann bei laufenden Rettungsversuchen zugunsten des Unternehmens die Vorlage des Berichts verschoben werden.

321 *Sieben in FS Goerdeler, Lagebericht, 594; Clemm/Reittinger, HWRev., Sp. 1187.*

entgegen, daß der Lagebericht gerade die Aufgabe hat, über die weitere Existenzfähigkeit des Unternehmens zu informieren. Eine analoge Anwendung von § 131 III Nr. 1 AktG, der dem Vorstand ein Auskunftsverweigerungsrecht zur Vermeidung von Nachteilen für das Unternehmen gibt, scheidet insoweit aus.[322] Der Jahresabschlußprüfer wird folglich darauf zu achten haben, ob im Lagebericht zutreffende und eindeutige Ausführungen zum Going-Concern getroffen werden.

Die Prüfung der vorstehenden Lageberichtsangaben in dem beschriebenen Umfang setzt umfangreiche Kenntnisse des Jahresabschlußprüfers voraus. Der Abschlußprüfer hat sich ein eigenes Bild von der wirtschaftlichen Lage des Unternehmens zu machen.[323] Ein eigenes Lagebild setzt dabei eine selbständige, an betriebswirtschaftlichen Grundsätzen orientierte Betrachtung des Unternehmens voraus.[324] Das eigene Bild des Abschlußprüfers von der wirtschaftlichen Lage stellt den Maßstab dar, an dem die Lageberichtsdarstellung des Vorstandes zu messen ist. Einen Teil der dazu erforderlichen Informationen kann der Wirtschaftsprüfer bei der Prüfung der Gesetzmäßigkeit des Jahresabschlusses gewinnen. Innerhalb der h.M. besteht aber Einigkeit, daß die bei der Jahresabschlußprüfung gewonnenen Informationen nicht ausreichen. In der Zeit vor Inkrafttreten des KonTraG bestand jedoch Uneinigkeit darüber, in welchem Umfang der Abschlußprüfer zusätzliche Informationen ermitteln mußte. Während Adler/Düring/Schmaltz davon ausgingen, daß der Prüfer „weitestgehend" auf sein bei der Jahresabschlußprüfung erlangtes Wissen zurückgreifen konnte und nur „zweitrangig" neues Datenmaterial wie Finanz- und Ergebnisplanungen heranzuziehen hatte, ging Nonnenmacher davon aus, daß der Abschlußprüfer unter Hinzuziehung der Ergebnis- und Finanzplanung eine „eigenständige Kurzanalyse" der wirtschaftlichen Lage des Unternehmens vornehmen mußte.[325]

Nach der hier vertretenen Auffassung vermittelt die Gesetzmäßigkeitsprüfung dem Abschlußprüfer allenfalls Basisinformationen. Die bekannten strukturellen Nachteile des Jahresabschlusses, inbesondere seine Vergangenheitsorientierung, bringen es jedoch mit sich, daß der Abschlußprüfer alleine aus der Jahresabschlußprüfung nicht die notwendigen Kenntnisse mitbringt, um die Plausibilität

---

322 *Dörner/Bischhof, Zweifelsfragen, Wpg. 1999, 445, 451.*

323 *Mattheus, Rolle, ZGR 1999, 682, 700; Baetge/Linßen, Beurteilung, BFuP 1999, 369, 372; Sieben in FS Goerdeler, Lagebericht, 581, 598; Schulze-Osterloh in Baumbach/Hueck, § 41 GmbHG, Rn. 61;* gegen eine eigene Prognose des Wirtschaftsprüfers hingegen *Escher-Weingart, Partner, NZG 1999, 909, 917.*

324 *Mattheus, Rolle, ZGR 1999, 682, 700.*

325 Zitat nach *A/D/S, 5. Aufl. § 317 HGB Rn. 113;* weitergehend die 6. Aufl., die jedoch nicht von einem eigenen Bild des Abschlußprüfers zur wirtschaftlichen Lage spricht, *A/D/S § 317 HGB Rn. 165. Nonnenmacher in FS Clemm, Wirtschaftliche Lage, S. 261, 271.*

zukunftsorientierter Angaben zu bewerten. Folglich hat der Jahresabschlußprüfer Unterlagen heranzuziehen, denen die genannten Beschränkungen nicht anhaften, die demnach zukunftsorientiert sein müssen und auch Angaben enthalten, die prinzipiell nicht im Jahresabschluß abgebildet werden.[326] Der Abschlußprüfer hat daher auch interne Studien der internen Revision, des Controlling oder auch von Unternehmensberatern heranzuziehen. Die Durchsicht von Protokollen von Führungsgremien, die Befragung der Geschäftsführung und von leitenden Angestellten sowie die Einsichtnahme in die Unternehmensplanung gehört gleichfalls dazu.[327] Die Lageberichtsprüfung bringt damit eine bedeutende Erweiterung des Prüfungsumfangs in sachlicher und zeitlicher Hinsicht gegenüber der bloßen Gesetzmäßigkeitsprüfung mit sich. Der zeitliche Rahmen reicht von der Vergangenheit bis zur zukünftigen Entwicklung. Die Prüfung erstreckt sich nicht nur auf die Überstimmung mit dem Jahresabschluß, sondern erfordert eine fundierte Kenntnis der Geschäftslage unter besonderer Berücksichtigung der Branchenentwicklung.

b. Prüfung der Einzelangaben des § 289 II HGB

Der Vorstand eines Unternehmens hat außerdem nach pflichtgemäßem Ermessen die in § 289 II HGB genannten Einzelangaben in den Lagebericht aufzunehmen. Die Angaben können nur dann entfallen, wenn sich aus ihnen keine wesentlichen über die zu Absatz 1 gemachten hinausgehenden Informationen ergeben.[328]

Nach § 289 II Nr.1 HGB hat der Vorstand über besondere Vorgänge, die nach dem Schluß des Geschäftsjahrs eingetreten und die für die Beurteilung der Existenzfähigkeit des Unternehmens und seiner Zukunftsaussichten von Bedeutung sind, zu berichten (sog. Nachtragsbericht). Diese Berichterstattungspflicht sichert eine lückenlose Information der Adressaten des Jahresabschlusses. Auch der Abschlußprüfer hat sich durch die Einsicht in entsprechende Unterlagen – wie beispielsweise Vorstandsberichte – ein umfassendes Bild des Unternehmens zu verschaffen.

§ 289 II Nr. 2 HGB bestimmt, daß der Lagebericht auch auf die voraussichtliche Entwicklung der Gesellschaft eingehen soll. Kropff sieht darin sogar den

---

326 *Götz, Überwachung, AG 1995, 337, 344; Stobbe, Lagebericht, BB 1988, 303, 310; Krawitz, Lagebericht, Wpg. 1988, 225, 231;* dazu auch *Mattheus, Rolle, ZGR 1999, 682, 699 Baetge/Fischer in Küting/Weber, Rechnungslegung § 317 HGB Rn. 18* sind der Ansicht, daß der Prüfer die Lage der Unternehmens "global zu analysieren" hat.

327 *IDW PS 350, Wpg. 1998, 663,665.*

328 *Emmerich/Künnemann, Lagebericht, Wpg. 1986, 145, 146; A/D/S § 289 HGB Rn. 93 ff.; Ellrott in BeBiKo, § 289 HGB Rn. 30.*

Hauptzweck des Lageberichts.[329] Die Berichterstattung zur voraussichtlichen Entwicklung überschneidet sich mit den zur wirtschaftlichen Lage zu machenden Angaben, da sich die wirtschaftliche Gesamtlage nicht ohne eine Beurteilung der zukünftigen Entwicklung feststellen läßt.[330]

Die Verpflichtung, nach § 289 II Nr. 3 HGB auf den Bereich Forschung und Entwicklung einzugehen, hat den Sinn, den Adressaten zu informieren, ob und in welchem Umfang das Unternehmen durch Forschung und Entwicklung Zukunftsvorsorge betreibt.[331] Bei Unternehmen, die in forschungsintensiven Branchen, wie der Chemie- und Pharmabranche tätig sind, kann dem große Bedeutung zukommen. Der Abschlußprüfer hat die Angaben über Projekte, Investitionen, Aufwendungen und Mitarbeiterzahlen in diesem Bereich durch Einsicht in Forschungsberichte, Patentanmeldungen, Finanzplanungen u.ä. zu überprüfen. Im Rahmen der Forschungsprüfung erhält der Prüfer somit umfangreiche Spezialkenntnisse in einem für die künftige Entwicklung des Unternehmens wichtigen Bereich.

Nach § 289 II Nr. 4 HGB hat das Unternehmen in seinem Lagebericht auch auf bestehende Zweigniederlassungen des Unternehmens einzugehen. Dies bedeutet, daß der Jahresabschlußprüfer darauf zu achten hat, daß im Lagebericht nicht alleine die Zweigniederlassungen aufgeführt werden, sondern auch die wirtschaftliche Entwicklung der einzelnen Niederlassungen zutreffend erläutert wird.[332] Der Jahresabschlußprüfer hat sich folglich auch mit den regionalen Stärken und Schwächen eines Unternehmens auseinanderzusetzen.

4. Lageberichtsprüfung und Krisenerkennung

Das Gesetz zur Kontrolle und Transparenz im Unternehmensbereich hat die Vorschriften zur Lageberichterstattung und -prüfung in einer Reihe von Punkten geändert. Darauf wurde bereits im Einzelfall hingewiesen. Die Verpflichtung des Vorstandes über die Risiken der künftigen Entwicklung zu berichten, ergab sich jedoch bereits de lege lata aus der Berichterstattung über die Lage der Kapitalgesellschaft und ihre künftige Entwicklung (§ 289 I, II HGB a.F.). Der Gesetzeszweck der Lageberichterstattung, der schon immer darin bestand, den Lageberichtsadressaten Einblicke in die Existenzfähigkeit des Unternehmens zu gewähren, erforderte schon bisher, daß der Vorstand auch auf beeinträchtigende

---

329 *Kropff, Lagebericht, BFuP 1980, 514, 531;*

330 *A/D/S § 289 HGB Rn. 104.*

331 *Lück in Küting/Weber, Rechnungslegung § 289 HGB Rn. 69.*

332 Für eine Berichterstattung über "wesentliche wirtschaftliche Eckdaten" *Ellrott in BeBiKo, § 289 Rn. 44.*

Umstände in angemessener Form hinzuweisen hatte.[333] Auch eine Verpflichtung des Jahresabschlußprüfers zu prüfen, „ob die Risiken der künftigen Entwicklung zutreffend dargestellt sind“, bestand entgegen der Gesetzesbegründung zum KonTraG bereits nach bisherigem Recht.[334] Der Gesetzesänderung kommt damit sowohl im Hinblick auf die Berichtspflichten des Vorstandes als auch auf die Prüfungspflichten des Jahresabschlußprüfers nur eine deklaratorische Funktion zu.[335] Insoweit besteht aber die Hoffnung, daß Unternehmensvorstände und Wirtschaftsprüfer die gesetzliche Neufassung zum Anlaß nehmen, ihren gesetzlichen Berichts- und Prüfungsauftrag ernstzunehmen.[336] Die gängige Praxis der Lageberichterstattung und der Lageberichtsprüfung blieb nämlich bislang hinter den gesetzlichen Anforderungen zurück.[337] Schlichte Zweizeiler im Prüfungsbericht wie etwa „Der Lagebericht entspricht den gesetzlichen Anforderungen nach § 289 HGB. In dem Bericht sind Geschäftsverlauf und Lage der Gesellschaft nach unseren Erkenntnissen zutreffend dargestellt.“ wiesen darauf hin, daß die Abschlußprüfer der Lageberichtsprüfung mitunter keine besondere Aufmerksamkeit schenkten. Auch wenn es keinen Grund zu Beanstandungen gibt, hat der Prüfer zumindest die von ihm vorgenommenen Prüfungshandlungen näher zu bezeichnen und damit offenzulegen, welche Angaben in welcher Form einer Überprüfung unterzogen wurden. Durch den neu eingefügten § 321 III HGB ist diese Verpflichtung nun auch gesetzlich statuiert.

Eine „stiefmütterliche“ Behandlung des Lageberichts durch den Abschlußprüfer bewirkt nämlich nicht nur, daß die Lageberichtsadressaten mit weitgehend ungeprüften Informationen vorliebnehmen müssen, sondern auch, daß der Jahresabschlußprüfer seine Krisenwarnpflichten nicht richtig ausfüllen kann. Clemm stellt zutreffend fest, daß „gerade in der Verbindung von Redepflicht und Lageberichtsprüfung ... die Krisenwarnfunktion des Jahresabschlußprüfers angesprochen“ ist.[338] Auch Lutter betont diesen Zusammenhang zwischen Redepflicht und Lageberichtsprüfung.[339] Der Abschlußprüfer erhält bei konsequenter Erfüllung der ihm nach dem Gesetz obliegenden Prüfungspflichten aus der Lageberichts-

333 *Küting/Hütten, Lageberichterstattung, AG 1997, 250.*

334 *BT-Drucksache 13/9712, S. 27.*

335 So auch *Küting/Hütten, Lageberichterstattung, AG 1997, 250, 253; Moxter, Referentenentwurf, BB 1997, 722.*

336 Zur Publizitätspraxis der Unternehmen vgl. *Küting/Hütten, Lageberichterstattung, AG 1997, 250, 254 m.w.N.*

337 So die selbstkritische Einschätzung von Wirtschaftsprüfern *Nonnenmacher in FS Clemm, Wirtschaftliche Lage, S. 261, 271; Dörner/Oser, Aufsichtsrat, DB 1995, 1085, 1091.*

338 *Clemm, Krisenwarner, WPK-Mitt. 2/1995, 65, 68f.; Clemm/Reittinger, Lagebericht, BFuP 1980, 493, 512.*

339 *Lutter in IDW, Wirtschaftsprüfer, S. 227, 231.*

prüfung umfassende, zukunftsorientierte Hinweise auf mögliche Krisenerscheinungen des von ihm geprüften Unternehmens. Hervorzuheben ist in diesem Zusammenhang insbesondere, daß aufgrund des strengen Zukunftsbezugs von Lageberichterstattung und -prüfung die Chance besteht, daß der Prüfer Krisenmerkmale frühzeitig wahrnehmen kann, so daß von einer Krisenfrühwarnung gesprochen werden kann. Diesen Zusammenhang zwischen Lageberichtsprüfung und Krisenwarnung hat im übrigen auch der Gesetzgeber bei der Einführung des KonTraG vor Augen gehabt. In der Gesetzesbegründung wird die Zielsetzung der Änderungen in § 289 HGB und § 317 II HGB nicht nur in den Informationsinteressen der externen Lageberichtsadressaten – sprich den Gläubigern und Aktionären – gesehen, sondern auch darin, „den Aufsichtsrat umfassender über die Lage des Unternehmens und dessen mögliche Gefährdung zu unterrichten".[340] Im Kreise der Abschlußprüfer muß sich daher die Erkenntnis durchsetzen, daß es sich bei der Lageberichtsprüfung nicht – ob der mit der Prüfung von Prognosen verbundenen Unsicherheiten – um eine eingeschränkte, sondern um eine gegenüber der Jahresabschlußprüfung lediglich qualitativ andere Prüfung handelt.[341] Die detaillierten Rechnungslegungs- bzw. Prüfungsstandards des IDW zur Lageberichtsaufstellung und -prüfung sind hier grundsätzlich geeignet, Abhilfe zu schaffen.[342]

IV. Prüfung des Risikomanagementsystems nach §§ 91 II AktG, 317 IV HGB

Mit dem Gesetz zur Kontrolle und Transparenz im Unternehmensbereich wurde in § 91 AktG ein Absatz 2 angefügt, der bestimmt, daß der Vorstand einer Aktiengesellschaft geeignete Maßnahmen zu treffen hat, insbesondere ein Überwachungssystem einzurichten hat, damit den Fortbestand der Gesellschaft gefährdende Entwicklungen frühzeitig erkannt werden.[343] Der Gesetzgeber spricht in diesem Zusammenhang in der Gesetzesbegründung – einen Begriff aus der Betriebswirtschaftslehre aufgreifend – von der Verpflichtung des Vorstandes, für ein angemessenes Risikomanagement zu sorgen.[344] Der Referentenentwurf des Bundesjustizministeriums zum KonTraG hatte die Verpflichtung noch in § 93 AktG angesiedelt und damit einen unmittelbaren Zusammenhang mit der Haftung

---

340 *BT-Drucksache 13/9712, S. 27.*

341 So *Krawitz, Lagebericht, Wpg. 1988, 225, 228; Baetge/Fischer in Küting/Weber, Rechnungslegung § 317 HGB Rn. 16; Sieben in FS Goerdeler, Lagebericht, 581, 599.*

342 *IDW RS HFA 1, Wpg. 1998, 653; IDW PS 350, Wpg. 1998, 663.*

343 Zur Anwendung auf GmbH's *Scharpf, Sorgfaltspflichten, DB 1997, 737.*

344 *BT Drucksache, 13/9712, S. 15.*

der einzelnen Vorstandsmitglieder hergestellt. Die Übernahme in § 91 AktG soll nun klarstellen, daß die Überwachungspflicht Teil der Gesamtverantwortung des Vorstandes ist.[345] Im übrigen wurde der Gesetzestext gegenüber der Fassung des Referentenentwurfs sprachlich überarbeitet, ohne daß sich gravierende inhaltliche Änderungen ergeben haben.

Korrespondierend mit der Verpflichtung des Vorstandes wurde auch der Abschlußprüfer in die Pflicht genommen. In § 317 IV HGB ist festgelegt, daß der Abschlußprüfer einer Aktiengesellschaft mit amtlich notierten Aktien zu beurteilen hat, ob der Vorstand die ihm nach § 91 II AktG obliegenden Maßnahmen in einer geeigneten Form getroffen hat und ob das danach einzurichtende Überwachungssystem seine Aufgaben erfüllen kann.[346] Der Abschlußprüfer hat seine Beurteilung nach § 321 IV HGB in den Prüfungsbericht aufzunehmen.

1. Pflichten des Vorstandes

Die Verpflichtung des Vorstandes, Maßnahmen zur Früherkennung bestandsgefährdender Risiken zu ergreifen, stellt eine Konkretisierung der allgemeinen Leitungsaufgabe des Vorstandes nach § 76 AktG dar. Es gehörte auch nach bisheriger Rechtslage zu den originären Führungsaufgaben eines pflichtgemäß handelnden Vorstandes, die Entwicklung der Gesellschaft zu überwachen und den Fortbestand des Unternehmens zu sichern.[347] Der Aufnahme in das Gesetz kommt insoweit nur klarstellende Bedeutung zu. Der Gesetzgeber hat damit nochmals die Vielschichtigkeit des aktienrechtlichen Kontrollsystems betont. Die Überwachung in der Aktiengesellschaft beginnt nicht erst auf der Ebene des Aufsichtsrats, sondern gehört bereits zu den zentralen Aufgaben des Vorstandes. In der Literatur wird bisweilen kritisiert, daß weder der Gesetzeswortlaut noch die Gesetzesbegründung Aufschluß darüber geben, wie Überwachungsmaßnahmen konkret auszugestalten sind.[348] Der Gesetzgeber hat sich jedoch zu Recht nicht auf ein bestimmtes betriebswirtschaftliches Modell eines Risikomanagementsystems festgelegt. Die konkrete Ausgestaltung eines Risikomanagements hängt von vielen Faktoren, wie beispielsweise der Größe und der Branchenzugehörigkeit eines Unternehmens, ab. Die Risiken im Großanlagenbau unterscheiden

---

345 *BT Drucksache, 13/9712, S. 15.*

346 Aus dem Referentenentwurf des BMJ zum TransPubG (§ 317 IVHGB)ergibt sich, dass die Prüfungspflicht in Zukunft nicht nur für Gesellschaften, die Aktien mit amtlicher Notierung ausgegeben haben, sondern für alle börsennotierten Gesellschaften gelten soll.

347 So auch *BT Drucksache, 13/9712, S. 15.* Zur den Leitungspflichten des Vorstandes vgl. *Semler, Unternehmensplanung, ZGR 1983, S. 1.*

348 *Lück, Risiko-Managementsystem, DB 1998, S. 8, 9.*

terscheiden sich grundlegend von den Risiken, denen Unternehmen im Konsumgüterbereich ausgesetzt sind. Der Gesetzgeber hat, indem er sich nicht auf ein bestimmtes Verfahren festlegt, das Gesetz mit der notwendigen Flexibilität ausgestattet. Gleichwohl ist die gesetzliche Regelung ausreichend bestimmt. Aus dem Wortlaut von Gesetz und Gesetzesbegründung sowie der ratio legis lassen sich die Kriterien identifizieren, an denen das vom Vorstand gewählte Risikomanagement zu messen ist. Ein angemessenes Risikomanagement setzt voraus, daß alle relevanten Risikobereiche erfaßt werden (a.), Risiken frühzeitig erkannt werden (b.), eine Risikoanalyse durchgeführt wird (c.) und die Risikoerkennung auch zu risikobegrenzenden Maßnahmen führt (d.).[349]

a. Risikobereiche

Unternehmen sind durch ihre Betätigung am Markt vielfältigen Risiken ausgesetzt. Der Erfolg eines Unternehmens – seine wirtschaftliche Lage – hängt daher entscheidend davon ab, ob und wie der Unternehmensvorstand auf die Risiken reagiert.[350] Das Risikomanagement des Unternehmens hat alle Unternehmensbereiche zu erfassen, aus denen sich Risiken ergeben. Auch wenn in erster Linie Unternehmenszusammenbrüche bedingt durch Derivatgeschäfte ausschlaggebend für die Gesetzesneufassung waren, sind die Pflichten des Vorstandes nicht auf diesen Bereich begrenzt, sondern umfassend zu verstehen.[351] Eine abschließende Aufzählung aller denkbaren Risiken ist nicht möglich.[352] Gleichwohl lassen sich eine Reihe von Risiken benennen, die in der Unternehmenspraxis regelmäßig von Bedeutung sind.[353]

- Allgemeine externe Risiken können sich aus der Änderung der rechtlichen und politischen Rahmenbedingungen, Technologiesprüngen, die die vorhandene Produktionskompetenz eines Unternehmens entwerten, aber auch aus Naturkatastrophen ergeben.

---

349 Vgl. zu den Punkten a. bis d. die Ausführungen in *Füser/Gleißner/Meier, Erfahrungen, DB 1999, 753; Kuhl/Nickel,Anforderungen, DB 1999, 133; Spannagl/Häßler, Implementierung, DStR 1999, 1826; Eggemann/Konradt, Blickwinkel, BB 2000, 503; Pollanz, Überlegungen, DB 1999, 393; Vogler/Gundert, Einführung, DB 1998, 2377.*

350 Vgl. zu den Begriffen wirtschaftliche Lage und Unternehmenskrise Teil 1, Kap.3.

351 Vgl. *BT Drucksache, 13/9712, S. 15* sowie die Krisenfälle Balsam, Barings, Metallgesellschaft.

352 *Kless, Unternehmensrisiken, DStR 1998, 93, 94.*

353 Vg.l. zu den nachfolgenden Risikotypen *Kless, Unternehmensrisiken, DStR 1998, 93, 94.*

- Unter dem Begriff des Marktrisikos sind die Gewinn- und Verlustchancen erfaßt, die sich daraus ergeben, daß das einzelne Unternehmen auf den Absatz- und Beschaffungsmärkten in Wettbewerb mit anderen Unternehmen steht.
- Das Kreditrisiko umfaßt das Risiko, daß ein Geschäftspartner seinen Zahlungsverpflichtungen nicht nachkommt und das Unternehmen mit seiner Forderung ausfällt.
- Spiegelbildlich zum Kreditrisiko stellt das Liquiditätsrisiko die Gefahr dar, daß das Unternehmen selbst seinen Zahlungsverpflichtungen nicht nachkommen kann.
- Dem Betriebsrisiko sind technische und organisatorische Risiken innerhalb des Unternehmens zuzuordnen.

b. Risikoidentifikation

Ein erfolgreiches Risikomanagment setzt voraus, daß diese und andere Risiken auch identifiziert werden. Die Identifikation hat die möglichst vollständige Erfassung aller Risiken und ihrer Ursachen zu gewährleisten. Eine nach Gesetzeswortlaut und Gesetzesbegründung überragende Bedeutung kommt dabei der frühzeitigen Erkennung von bestandsgefährdenden Entwicklungen zu. Die Risikodiagnose muß möglichst zu einem Zeitpunkt getroffen werden, in der die Gefahren noch aussichtsreich bekämpft werden können, nicht dagegen erst Monate vor der Insolvenz. Der Vorstand hat daher im Unternehmen ein Frühwarnsystem zu installieren. Vor diesem Hintergrund wird man nur dann von einem den Anforderungen des Gesetzes entsprechenden Frühwarnsystem sprechen können, wenn das System im Grundsatz Risiken so rechtzeitig erkennt, daß erfolgversprechende Reaktionen der Unternehmensleitung noch möglich sind.[354]

In der Literatur wird zwischen operativen und strategischen Frühwarnsystemen unterschieden. [355] Operative Frühwarnsysteme arbeiten auf der Basis von „harten" Informationen. Informationen über Erfolg und Liquidität werden in der Form von Kennzahlen durch die Bilanzanalyse gewonnen. Die Betriebswirtschaftslehre hat hierzu eine Reihe von verfeinerten Verfahren entwickelt. Auf eines dieser Verfahren, die von Baetge mitentwickelte multivariative Diskriminanzanalyse, soll im Rahmen der Redepflicht des Jahresabschlußprüfers noch näher eingegangen werden.[356] Gegen diese Verfahren läßt sich jedoch einwenden, daß sie auf die vorwiegend vergangenheitsbezogenen, bewertungs- und bilanzie-

---

354 Vgl. die Definition des Begriffs Frühwarnsystem bei *Lück, Risiko-Managementsystem, DB 1998, S. 8, 11.*

355 Vgl. dazu *Maus in K. Schmidt, Krise, S. 4ff. m.w.N.*

356 Vgl. Teil 3, Kap. 5, VI.

rungsabhängigen aggregierten Daten des Jahresabschlusses abstellen, so daß diesen Verfahren grundsätzlich alle beschriebenen Nachteile der Lagedarstellung im Jahresabschluß anhaften. Es kann daher geboten sein, ergänzende Frühwarnsysteme einzurichten.

Die Mängel der operativen Frühwarnsysteme können durch sog. strategische Frühwarnsysteme ausgeglichen werden. Die strategischen Frühwarnsysteme sind im Gegensatz zu den vergangenheitsbezogenen operativen Frühwarnsystemen zukunftsbezogen. Sie stellen nicht auf das „harte" Zahlenmaterial des Jahresabschlusses ab, sondern orientieren sich an sog. „schwachen" Signalen, d.h. nicht zahlenmäßig darstellbaren Informationen über Änderungen der Kundenwünsche, technische Entwicklungen, sich andeutende Veränderungen der gesetzlichen Bestimmungen u.ä.[357] Die schwachen Signale können häufig bereits am Anfang einer unternehmensgefährdenden Entwicklung wahrgenommen werden. Sie eröffnen damit dem Unternehmen die Möglichkeit, frühzeitig zu reagieren. Ihnen haftet aber die Schwierigkeit an, daß sie oftmals noch vage und unstrukturiert sind und ihre richtige Analyse besondere Erfahrung und Gespür voraussetzt. Häufig wird daher das Unternehmen externe Dienstleister und Berater, wie beispielsweise Marktforschungsinstitute zur konkreten Ermittlung der „schwachen" Signale einsetzen. Das Gesetz steht der Übertragung solcher Aufgaben auf kompetente Dritte nicht entgegen, soweit die abschließende Bewertung bei der Unternehmensleitung verbleibt. Zusammenfassend läßt sich feststellen, daß in aller Regel in einem Unternehmen sowohl operative als auch strategische Frühwarnsysteme einzusetzen sind, um den Anforderungen des Gesetzgebers an eine frühzeitige Aufdeckung bestandsgefährdender Entwicklungen zu entsprechen.

c. *Risikoanalyse*

Der Vorstand darf sich freilich nicht damit begnügen, Strukturen zur Ermittlung von Risiken zu schaffen, sondern er muß auch dafür Sorge tragen, daß die ermittelten Informationen auf ihre Ursachen hin analysiert werden. Darüber hinaus muß insbesondere bei fortgeschrittenen Risikostadien in zweierlei Hinsicht versucht werden, die Risiken zu konkretisieren.[358] Zum einen ist die Wahrscheinlichkeit des Gefahreneintritts zu ermitteln. Zum anderen muß die Höhe des drohenden Vermögensverlustes bestimmt werden. Dadurch soll gewährleistet werden, daß Risiken mit hoher Eintrittswahrscheinlichkeit und potentiell hohen, möglicherweise bestandsbedrohenden Vermögensverlusten von unbedeutenden

---

357 *Maus in K. Schmidt, Krise, S. 5 f. m.w.N.; Lück, Risiko-Managementsystem, DB 1998, S. 8, 11.*

358 Ausführlich dazu *Kless, Unternehmensrisiken, DStR 1998, 93, 95.*

Risiken getrennt werden. Nicht zuletzt hat der Vorstand durch Installation eines leistungsfähigen Berichtswesens dafür Sorge zu tragen, daß die so aufbereiteten Informationen ihn auch schnell und unverfälscht erreichen.[359] Gerade in Großunternehmen mit zahlreichen Hierachieebenen und gegensätzlichen Interessengruppen kann dies ein nicht zu unterschätzendes Problem darstellen.

d. Maßnahmen zur Risikovermeidung und -minderung

Der Vorstand hat geeignete Maßnahmen zu ergreifen, um insbesondere bestandsgefährdenden Risiken entgegenzusteuern. Dies bedeutet, daß der Vorstand nicht nur verpflichtet ist, ein Überwachungssystem einzurichten, sondern auch davon Gebrauch machen und die ermittelten Risiken je nach Bedeutung in seine Entscheidungsfindung miteinbeziehen muß. Dies ergibt sich zwar nicht direkt aus § 91 II AktG, der seinem Wortlaut nach nur die Einführung eines Überwachungssystems fordert. Aus der allgemeinen Leitungspflicht folgt jedoch zwingend, daß der Vorstand die gewonnenen Erkenntnisse auch umzusetzen hat. Der Vorstand hat jedoch insoweit einen weiten Ermessensspielraum.[360]

2. Prüfung durch den Abschlußprüfer

Mit den Leitungspflichten des Vorstands korrespondieren Prüfungspflichten des Abschlußprüfers nach § 321 IV HGB. Auch nach bisherigem Verständnis von der Jahresabschlußprüfung war der Abschlußprüfer zur Aufklärung bestimmter Risiken verpflichtet. Diese Verpflichtung bezog sich jedoch nach dem überkommenen Verständnis der bisher h.M. allein auf das Aufdecken von Fehlern und Verstößen gegen dic Rechnungslegung.[361] Die Prüfung beschränkte sich nach diesem Verständnis weitgehend auf Prüfungshandlungen, die die Verläßlichkeit der Zahlen des Rechnungswesens sicherstellen sollen. Wiedmann spricht davon, daß die bisherige Risikoorientierung der Jahresabschlußprüfung durch einen „Rechnungswesen- und Prüfungsblickwinkel“ geprägt ist.[362] Risiken anderer Unternehmensbereiche spielen nach der überkommenen h.M. bei der Beurteilung durch den Abschlußprüfer nur dann eine Rolle, soweit diese Unternehmensbereiche Daten für die Rechnungslegung und den Jahresabschluß bereitstellen.[363] Der Abschlußprüfer wird daher nach dieser Auffassung vorwiegend Lücken im Kon-

---

359 *Brebeck/Herrmann, Frühwarnsystem, Wpg. 1997, 381, 384.*
360 Zum Ermessenspielraum ausführlich Teil 2, Kap. 4, III.
361 *IDW, Fachgutachten, 1/1988, Wpg, 1989, 9, 13; WP Handbuch Bd. I 1996, 11. Aufl., Abschnitt P Rn. 45, 57.*
362 *Wiedmann, Fortentwicklung, Wpg. 1998, 338, 349.*
363 *WP Handbuch Bd. I 1996, 11. Aufl., Abschnitt P Rn. 139.*

trollsystem aufdecken, die zu einer unvollständigen oder falschen Erfassung von Rechnungslegungstatbeständen führen. So werden bisher im Rahmen der Prüfung des internen Kontrollsystems auch vorwiegend die mit der Buchhaltung eng verbundenen Bereiche Warenverkehr, Zahlungs- und Kontokorrentverkehr, Lohn- und Gehaltsverkehr genannt.[364] Folglich kann der Abschlußprüfer Indikatoren einer Unternehmenskrise in aller Regel nur erfassen, wenn diese gleichzeitig einen Mangel in Organisation und Kontrolle des Rechnungswesens darstellen, wie dies beispielsweise bei Bilanzmanipulationen der Fall sein kann. Eine systematische und vollständige Erfassung von Krisentatbestände ist jedoch nicht gewährleistet. Vielmehr hängt die Aufdeckung solcher Tatbestände von dem mehr zufälligen Zusammenfallen mit Kontrollvorschriften zur Rechnungslegung ab. Die von einem Unternehmen verfolgte Geschäftspolitik im Bereich Finanzierung, Marketing und Vertrieb ist nach der bisherigen h.M. nicht Gegenstand der Prüfung. Mit der Einfügung des § 91 II AktG ist der bisherige risikoorientierte Prüfungsansatz der h.M. endgültig unhaltbar geworden. Die Prüfungspflichten des Jahresabschlußprüfers haben sich ohne Einschränkung an den Überwachungspflichten des Vorstandes nach § 91 II AktG, die – wie oben dargestellt – alle Risikobereiche eines Unternehmens betreffen, zu orientieren. Der risikoorientierte Prüfungsansatz der bisher h.M. bedurfte daher einer grundlegenden Überarbeitung hin zu einem eher „ganzheitlichen" Verständnis der Risikoprüfung.[365] Das IDW und die Literatur haben mittlerweile diesen Schritt vollzogen. Übereinstimmend wird nun davon ausgegangen, daß die Risikoprüfung alle Aktivitäten des geprüften Unternehmens erfaßt und sich damit deutlich von der bisherigen, auf das Rechnungswesen beschränkten Prüfung des internen Kontrollsystems unterscheidet.[366]

Der Jahresabschlußprüfer hat nach § 317 IV HGB zwei aufeinander aufbauende Prüfungsaufgaben.[367] Schwerpunkt der Prüfung ist zunächst die Frage, ob Risikomanagementinstrumentarien bestehen, die grundsätzlich geeignet sind, die vorgenannten Kriterien – sprich Risikoidentifikation, Risikoanalyse und Risikovermeidung – zu erfüllen. Auf dieser Prüfungsebene hat der Abschlußprüfer zunächst ein eigenständiges Soll–Risikomanagementsystem zu erarbeiten, das er dann mit dem dokumentierten Soll-System des Unternehmens abzugleichen

364 Die Aufzählung ist nicht enumerativ und läßt sich noch um weitere rechnungslegungsrelevante Bereiche ergänzen.

365 So im Ergebnis auch *Wiedmann, Fortentwicklung, Wpg. 1998, 338, 350.* Vgl. auch *Pollanz, Due Diligence BB 1997, 1351, 1356.*

366 Vgl. *IDW EPS 340, Wpg. 1998, 658; Mattheus, Rolle, ZGR 1999, 682, 703; Pollanz, Überlegungen, DB 1999, 393, 395;* skeptisch gegenüber dem Sinn der umfassenden Risikoprüfung *Escher-Weingart, Partner, NZG 1999, 909, 918.*

367 *Giese, Unternehmung, Wpg. 1998, 451, 453.*

hat.[368] Auf der zweiten Stufe hat der Abschlußprüfer konkret zu prüfen, ob das Risikomanagement im Prüfungsjahr die aufgetretenen Risiken auch wirklich erfaßt und verarbeitet hat. An dieser Stelle ist somit das im Unternehmen vorgefundene Ist – Risikomanagementsystem mit dem dokumentierten Soll – System des Unternehmens zu vergleichen.[369] Dabei ist folgendes zu beachten: In der Wahl und Ausgestaltung der Kontrollmechanismen steht dem Vorstand ein weiter unternehmerischer Gestaltungsspielraum zu. So geht beispielsweise die Anfang der neunziger Jahre in Großunternehmen häufig vorgenommene Verschlankung von Führungs- und Hierachieebenen – das sog. „lean managment" – mit einem Abbau von Kontrollmechanismen einher.[370] Die Entscheidung, derartige Strukturänderungen durchzuführen, fällt grundsätzlich in das unternehmerische Ermessen des Vorstandes. Eine Berichtspflicht des Abschlußprüfers wird man nur dann annehmen können, wenn die konkrete Ausgestaltung der Kontrollmechanismen in einem groben Mißverhältnis zu einem im Einzelfall hohen Fehler- oder Abweichungsrisiko steht. Unter dieser Prämisse hat der Abschlußprüfer die folgenden Prüfungshandlungen vorzunehmen.

a. Eignung des Risikosystems

Eine Überprüfung des Risikomanagements durch den Jahresabschlußprüfer wird in aller Regel voraussetzen, daß das Unternehmen das System z.B. in Form eines Handbuchs schriftlich dokumentiert. Dies empfiehlt sich alleine schon aus Haftungsgründen. Im übrigen gehört es zu den Sorgfaltspflichten des Vorstandes, die Prüffähigkeit dieses Bereiches durch eine vollständige Dokumentation zu sichern.[371] Zu der schriftlichen Dokumentation des Risikomanagements gehört es, daß die Unternehmensleitung für jeden Risikobereich orientiert an den Grundsätzen der Risikoidentifikation, -analyse und -vermeidung Richtlinien erstellt.

aa. Kontrollumfeld

Voraussetzung einer ordnungsgemäßen Risikoprüfung ist, daß der Abschlußprüfer sich zunächst mit dem Überwachungsumfeld des Unternehmens vertraut macht. Im US-amerikanischen Prüfungswesen wird der Kenntnis des Abschlußprüfers vom Kontrollumfeld eine große Bedeutung zu gemessen. Damit wird dem Umstand Rechnung getragen, daß die Wirksamkeit eines Risikomanagement-

---

368 *Pollanz, Überlegungen, DB 1999, 393, 399.*

369 *Pollanz, Überlegungen, DB 1999, 393, 399.*

370 Zu den damit verbundenen Anforderungen an die interne Revision vgl. *Lück, Entwicklungen, WPK-Mitt. 1995, 195, 200.*

371 *Dörner, Anforderungen, DB 1998, 1, 2.*

systems entscheidend von seiner Verankerung in dem Unternehmen abhängt. Entscheidend für den Erfolg und Stellenwert eines Risikomanagementsystems ist nämlich, ob die Risikoerkennung auch tatsächlich mit „Leben gefüllt" wird.[372] Dies gelingt nur, wenn die hinter dem Risikomanagement stehenden Verhaltens- und Denkweisen von der Unternehmensleitung vorgelebt werden.

Im folgenden wird bei der Darstellung der Prüfung des Kontrollumfeldes auf Erläuterungen zu dem amerikanischen Prüfungsansatz zurückgegriffen, auch wenn diese einen deutlichen Rechnungslegungsbezug aufweisen. Das American Institute of Certified Public Accountants (AICPA) hat in dem Statement on Auditing Standards SAS No. 55 „Consideration of Internal Control in a Financial Statement Audit" eine Reihe von einzelnen Faktoren („components") benannt, die der amerikanische Abschlußprüfer vor der Prüfung des „internal control systems" eines Unternehmens zu berücksichtigen hat.[373]

- Der amerikanische Abschlußprüfer hat sich bei der Prüfung des Kontrollumfeldes einen Überblick über die Integrität und das Wertesystem („integrity and ethical values") der Unternehmensführung in Fragen des geschäftlichen Handelns zu machen. Eine nähere Konkretisierung der Begriffe sucht man im SAS No. 55 vergeblich. Die Begriffe sind daher aus sich heraus auszulegen. Sie umfassen die Einstellung der Unternehmensführung zur Aufstellung und Umsetzung von Unternehmensleitlinien, aber auch die mögliche Existenz von Interessenkonflikten in Leitungsgremien.
- Generell hat der Abschlußprüfer die Einstellung des Managements zu zentralen Fragen der Unternehmensführung („management philosophy and operating style") zu ergründen. Dazu zählt beispielsweise die Auffassung der Unternehmensführung zur Ausnutzung bilanzpolitischer Spielräume, wie auch die grundsätzliche Bereitschaft, unternehmerische Entscheidungen angemessen vorzubereiten.
- Eng mit der Bewertung der Unternehmenskultur und der Managementphilosophie verbunden ist auch eine Einschätzung der Personalpolitik und Personalführung („human resource policies und practices"). Fragen der Personalauswahl, der Mitarbeiterinformation und der Fortbildung der Mitarbeiter stehen hier im Vordergrund.
- Aufschluß über das Kontrollumfeld soll nach amerikanischem Prüfungsansatz auch eine Bewertung der Unabhängigkeit, des Informationsgrades und der Kompetenz des Board of Directors geben.

---

372 *Eggemann/Konradt, Blickwinkel, BB 2000, 504.*

373 *AICPA, Professional Standards, AU § 319.07.*

- Die besondere Weite des amerikanischen Prüfungsansatzes zeigt sich auch daran, daß der Abschlußprüfer die gesamte Organisationsstruktur („organizational structure") der Gesellschaft zu bewerten hat. Denkbare Prüfungsmaßstäbe sind beispielsweise, ob die Organisation der Größe der Gesellschaft und den Branchenbedürfnissen angemessen ist, der notwendige Informationsfluß gewährleistet ist und die Organisation geänderten Rahmenbedingungen angepaßt werden kann.
- Nicht zuletzt hat der Abschlußprüfer einzuschätzen, ob das Unternehmen adäquate Verantwortungsbereiche („assignment of authority and responsibility") bildet. In diesem Bereich muß geprüft werden, ob die Verantwortung, die einzelne Mitarbeiter – insbesondere Führungskräfte – tragen, mit ihren Kenntnissen korrespondiert, Kompentenzstreitigkeiten vermieden und gegenseitige Kontrollen der Mitarbeiter gewährleistet werden
- Der amerikanische Abschlußprüfer hat außerdem zu ermitteln, welche strategischen, aber auch kurz- und mittelfristigen Ziele der Unternehmensvorstand verfolgt und welche wirtschaftlichen Risiken nach Ansicht des Managements diesen Zielen entgegenstehen.[374] Nach Ermittlung dieser Risikoeinschätzung hat der Prüfer anhand der herangezogenen Ermittlungsgrundlagen und der Analysemethode die Plausibilität der Risiko- und Zielanalyse zu prüfen. Insbesondere hat der Abschlußprüfer auch einzuschätzen, ob das Management in der Lage ist, auf Veränderungen der wirtschaftlichen Rahmenbedingungen (Markt, Wettbewerber, neue Technologien etc.), die typischerweise mit wirtschaftlichen Risiken verbunden sind, angemessen zu reagieren.

Das IDW hat nunmehr in seinem Prüfungsstandard „Das interne Kontrollsystem im Rahmen der Abschlußprüfung" in knapper Form vergleichbare Überlegungen zum Thema des Kontrollumfeldes entwickelt.[375]

bb. Interne Revision, Controlling und andere Instrumente

Der Abschlußprüfer hat die konkrete Umsetzung der Pflichten nach § 91 II AkG zu überwachen.[376] Der Vorstand kann sich vielfältiger Einrichtungen, Konzepte und Richtlinien bedienen, um seiner gesetzlichen Verpflichtung nachzukommen, Risiken zu identifizieren und zu analysieren. In der Unternehmenspraxis wurden bestimmte zumeist unternehmensinterne Abteilungen gebildet, die diese Aufgaben wahrnehmen. Da die Verpflichtung Risiken durch ein Risikomanagement zu

---

374 *AICPA, Professional Standards, AU Section § 319.28-31.*
375 *IDW PS 260, Wpg. 2001, S. 821, 823.*
376 Vgl. *IDW PS 340, Wpg. 1998, 658, 659 f.*.

begrenzen, auch schon nach bisherigem Recht bestand, können viele Unternehmen auf bestehende Einrichtungen zurückgreifen.[377] Im folgenden wird ein kurzer Überblick über die Einrichtungen und Maßnahmen gegeben, mit denen Unternehmen versuchen, ihren Sorgfaltspflichten nachzukommen und mit deren Eignung sich der Abschlußprüfer bei der Risikoprüfung zu befassen hat:[378]

- Mittels organisatorischer Sicherheitsmaßnahmen können Fehler und Manipulationen verhindert werden. Sie sind grundsätzlich in allen Unternehmensbereichen einsetzbar. Eine wichtige organisatorische Sicherungsmaßnahme ist die Einführung des Grundsatzes der Funktionentrennung. Danach soll nicht ein Mitarbeiter alle Phasen eines Geschäftsvorfalls alleine durchführen können, ohne daß ein anderer Mitarbeiter in den Geschäftsvorfall eingreift.[379] Als klassisches Beispiel sei genannt, daß Kasse und Kassenbuchhaltung organisatorisch voneinander getrennt werden müssen. Mittels Arbeitsrichtlinien (Organisationsplänen, Zahlungs- und Investitionsrichtlinien) kann sichergestellt werden, daß betriebliche Vorgänge weitgehend einheitlich abgewickelt werden. Organisatorische Sicherungsmaßnahmen in EDV-Programmen können darin bestehen, daß der Zugriff auf bestimmte Daten eingeschränkt wird. Die Aufgabe des Jahresabschlußprüfers in diesem Bereich ist es, die Wirksamkeit und Einhaltung solcher Sicherungsmaßnahmen zu überwachen.
- Die interne Revision ist eine unternehmensinterne, nicht in die Geschäftsprozesse integrierte Abteilung eines Unternehmens, die sich allein mit Überwachungsaufgaben beschäftigt. Zu den vielfältigen möglichen Aufgabenbereichen der internen Revision können beispielsweise zählen: Ordnungsmäßigkeits- und Unterschlagungsprüfungen im Finanz- und Rechnungswesen, Einhaltung und Verbesserung von Organisationsplänen, aber auch die Bewertung von Managementleistungen. Das Tätigkeitsspektrum reicht somit von der reinen Kontrolle bis zur internen Unternehmensberatung. Die besondere Bedeutung, die der internen Revision zugemessen wird, zeigt sich auch daran, daß der Gesetzgeber auf die interne Revision in der Gesetzesbegründung als einzige Einrichtung der Risikobegrenzung ausdrücklich hinweist. Eine entscheidende Aufgabe des Jahresabschlußprüfers bei der Bewertung der Qualität der internen Revision wird darin liegen festzustellen, ob die notwendige Unabhängigkeit der internen Revision von Einflußnahmen anderer Abteilungen gegeben ist und die eingesetzten Mitarbeiter ausreichend qualifiziert

---

377 Vgl. beispielsweise die Ausführungen im Lagebericht der Henkel KGaA im 122. Geschäftsjahr.

378 Die folgende Darstellung lehnt sich an den Aufsatz von *Lück, Risiko-Managementsystem, DB 1998, S. 8 ff.* an.

379 Weitere Beispiele dazu in Teil 4, Kap. 2, V zu den Finanzderivaten.

sind.[380] So sollte die interne Revision direkt dem Vorstand unterstellt sein. Die erforderliche Unabhängigkeit ist beispielsweise nicht gewährleistet, wenn die interne Revision operativ tätig wird und in andere Abteilungen eingegliedert ist.[381] Der Abschlußprüfer hat dann in seiner Prüfungsberichterstattung gem. § 321 IV HGB auf diese Organisationsmängel hinzuweisen.

- Das interne Kontrollsystem umfaßt alle Maßnahmen und Unternehmenseinrichtungen, die der Sicherung der Vermögensgegenstände des Unternehmens, der Feststellung der Verläßlichkeit und Genauigkeit des Rechnungswesens, der Förderung der betrieblichen Effizienz sowie der Einhaltung der vorgeschriebenen Geschäftspolitik des Unternehmens dienen.[382] Gegenstand einer Prüfung des internen Kontrollsystems ist es ganz allgemein, das Vorhandensein und die Funktionsfähigkeit des Systems zu überwachen.[383]
- Nicht zu verwechseln mit der Kontrolle, weil darüber weit hinausgehend, ist das Controlling. Controlling umfaßt die zielgerichtete Koordination von Planung, Informationsversorgung, Kontrolle und Steuerung. Das Controlling sichert die Zuverlässigkeit von betrieblichen Planungs- und Entscheidungsprozessen. Weber spricht insoweit von „Controlling als Rationalitätssicherung" der Unternehmensführung.[384] Die Qualität und Effizienz des Controlling als zentralem Steuerungsinstrument ist somit von zentraler Bedeutung für die Qualität der Leitungsentscheidungen des Vorstandes und damit auch für die Jahresabschlußprüfung. Der Jahresabschlußprüfer hat orientiert an betriebswirtschaftlichen Controllingmodellen die Funktionsfähigkeit des Controlling zu ermitteln.[385]
- Zur herausragenden Bedeutung von operativen und strategischen Frühwarnsystemen für eine Krisenfrüherkennung wurde bereits Stellung genommen. Aufgabe des Jahresabschlußprüfers in diesem Bereich ist es festzustellen, ob in ausreichendem Umfang und entsprechend differenziert Beobachtungsfelder (einzelne Absatz- und Beschaffungsmärkte) festgelegt sind. Auch hat der Abschlußprüfer zu prüfen, ob aussagekräftige Frühwarnindikatoren und Parameter bestimmt sind.

---

380 Vgl. dazu auch: *Entwurf IDW EPS 321: Interne Revision und Abschlußprüfung, Wpg. 2001, 570, 572.*

381 *Scharpf, Sorgfaltspflichten, DB 1997, 737, 742.*

382 Vgl. dazu *Horvath in HWRev, Internes Kontrollsystem, Sp. 882 ff.*

383 Zum internen Kontrollsystem und seiner Prüfung, vgl. *IDW PS 260, Wpg. 2001, S. 821, 823.*

384 *Weber, Controlling, BB 2000, 1931.*

385 Vgl. die Checkliste bei *Lück, Risiko-Managementsystem, DB 1998, S. 8, 14.*

Die Aufgabe des Abschlußprüfers besteht darin festzustellen, ob die genannten und andere Instrumentarien fachgerecht installiert sind und ausreichen, um die gesetzlichen Anforderungen (Bestimmung von Risikobereichen, Risikoindentifikaktion, Risikonanalyse und Risikovermeidung) zu erfüllen. Der Vorstand wird seiner Verpflichtung in der Regel dadurch gerecht, indem er entsprechende Einrichtungen und Leitlinien aufstellt und deren Durchführung regelmäßig überwacht

b. Erfassung konkreter Risiken

Der Gesetzgeber läßt mit der Gesetzesformulierung „ob das danach einzurichtende Überwachungssystem seine Aufgaben erfüllen *kann*" offen, ob der Abschlußprüfer nicht nur die abstrakte Eignung, sondern auch die konkrete Eignung des Risikomanagements zu prüfen hat. Aus der Gesetzesbegründung ergibt sich jedoch, daß der Abschlußprüfer auch zu prüfen hat, ob die erforderlichen Maßnahmen „wirksam ausgeführt werden und das Überwachungssystem während des ganzen Zeitraums bestanden hat."[386] Teil der Prüfung des Abschlußprüfers ist somit eine „Wirksamkeitskontrolle". Daraus erwächst die Verpflichtung des Abschlußprüfers, zumindest in ausgedehnten Stichproben festzustellen, ob die dem Unternehmen drohenden Risiken von dem Risikomanagement auch wirklich erfaßt werden. Bei in der Vergangenheit liegenden Gefahren läßt sich dies relativ einfach feststellen. Der Abschlußprüfer kann beispielsweise bewerten, ob das Unternehmen auf geänderte Anforderungen der Kunden an die Produkte reagiert hat, Senkungen der Produktionskosten bei wichtigen Wettbewerbern zum Anlaß genommen hat, ebenfalls ähnliche Programme aufzulegen, oder ob es von geänderten gesetzlichen Bestimmungen überrascht wurde. Stellt der Prüfer fest, daß das Unternehmen in der Vergangenheit die wesentlichen Risiken frühzeitig erkannt und angemessen reagiert hat, spricht einiges dafür, daß das Unternehmen auch in der Zukunft in der Lage sein wird, auf die Herausforderungen des Marktes zu reagieren. Nichtdestotrotz muß sich der Jahresabschlußprüfer darüber hinaus damit beschäftigen, ob das Unternehmen auch künftige Risiken erfaßt. Der Abschlußprüfer hat sich zunächst mit der Risikoeinschätzung der Geschäftsführung zu befassen und diese auf ihre Plausibilität und Vollständigkeit zu prüfen. Gewinnt er den Eindruck, daß Risiken nicht oder nicht angemessen berücksichtigt sind, hat er ggf. im Prüfungsbericht auf die Mängel hinzuweisen. Der Abschlußprüfer hat jedoch bei der Bewertung künftiger Risiken darauf zu achten,

---

386 *BT-Drucksache 13/9712, S. 27;* für eine Funktionsfähigkeitsprüfung auch *Schindler/Rabenhorst, Auswirkungen I, BB 1998, 1886, 1891 f., IDW PS 340, Wpg. 1998, 658, 661.*

daß dem Vorstand ein weiter unternehmerischer Ermessensspielraum zukommt.[387]

Diese Aufgaben können aufgrund der immensen Bedeutung, die der Prüfung des Risikomanagements zukommt, und der Schwierigkeit der zu bewertenden Fragen nur von einem erfahrenen und vor allem branchenkundigen Wirtschaftsprüfer durchgeführt werden.[388]

3. Risikomanagement und Krisenwarnpflichten

Es liegt auf der Hand, daß der Abschlußprüfer bei seiner Prüfung der Eignung sowie der konkreten Funktionsfähigkeit des Risikomanagments auch konkrete Hinweise auf bestehende und künftige Risiken des Unternehmens erhält.

V. Krisenwarnpflichten im Wandel der wirtschaftlichen Verhältnisse

Die Verpflichtung des Jahresabschlußprüfers, sich mit Krisensituationen des von ihm geprüften Unternehmens vertraut zu machen, wurde bisher an einzelnen gesetzlichen Bestimmungen des Bilanz- und Gesellschaftsrechts festgemacht. Dabei ist jedoch zu beachten, daß die Krisenwarnfunktion des Jahresabschlußprüfers auch im Lichte der Entwicklung der wirtschaftlichen Rahmenbedingungen zu betrachten ist. Auch daraus können sich Auswirkungen auf die Auslegung der einschlägigen Gesetze ergeben. Der erste, der dies in bezug auf die Krisenwarnfunktion des Jahresabschlußprüfers erkannt hat und entsprechende Thesen aufgestellt hat, war Lutter. Nach Lutter besteht eine Redepflicht nicht nur dann, wenn der Abschlußprüfer bei seiner Prüfung zufällig auf berichtspflichtige Sachverhalte stößt. Seiner Auffassung nach ist der Prüfer verpflichtet, „seine Prüfungsarbeit auf typische Gefahrensituationen im konkreten Unternehmen geradezu auszurichten".[389] Zur Begründung seiner These führt er aus: „Denn gerade Formulierungen dieser Art (bei Wahrnehmung seiner Aufgaben in § 321 II HGB a.F.; Anm. d. Verf.) zielen auf eine Anpassung an die Entwicklung wirtschaftlicher Erscheinungen und Prozesse ab, sind also nicht im historischen Sinne, sondern in ihrer Funktion zu verstehen. Bei sorgfältiger Erfüllung ihrer allgemeinen Aufga-

---

387 Inhalt und Umfang des unternehmerischen Ermessensspielraums werden im nächsten Kapitel näher definiert.

388 *Escher-Weingart, Partner, NZG 1999, 909, 918* tritt dafür ein, § 317 IV HGB zu streichen, da der erforderliche Erwerb der Branchenkenntnisse durch den Prüfer die Prüfung zu umfangreich und teuer mache. Dem steht aber ein beachtlicher Qualitätsgewinn der Prüfungsergebnisse gegenüber.

389 *Lutter, Information, S. 106.*

ben stehen die Abschlußprüfer einer Überprüfung auch solcher typischer wirtschaftlicher Gefahrenmomente des konkreten Unternehmens schon heute so nahe, daß sich auch ihre entsprechende Pflicht hierzu rechtfertigen läßt." Die These Lutters, die eine Reaktion auf die restriktive Auslegung der Krisenwarnpflichten durch die h.M. zu § 321 II HGB a.F. ist, läßt sich dogmatisch unter das Rechtsinstiut „Wandel der Normsituation" einordnen. Ein Wandel der Normsituation tritt dann ein, wenn sich die tatsächlichen Verhältnisse, die der historische Gesetzgeber vor Augen hatte und auf die hin er seine Regelung entworfen hat, sich in einer solchen Weise geändert haben, daß die historische Auslegung auf die geänderten Verhältnisse offenkundig nicht mehr paßt.[390] Zu den tatsächlichen Verhältnissen zählen dabei auch die wirtschaftlichen Rahmenbedingungen. Die neue Auslegung muß sich aber – will sie nicht zur Rechtsfortbildung mutieren – noch im Rahmen des Wortlautes und der ratio legis bewegen.

1. Änderung der wirtschaftlichen Rahmenbedingungen

Aus der Vielzahl der wirtschaftlichen Entwicklungen seit Einführung der Jahresabschlußprüfung im Jahre 1931 bis zum heutigen Tage sollen nur einige bedeutsame Entwicklungen, die die Unternehmen gerade in den letzten zehn Jahren vollzogen und die Einfluß auf die Jahresabschlußprüfung haben, dargestellt werden:

- Internationale Deregulierungsabkommen wie die GATT-Vereinbarung, die Bildung von neuen staatenübergreifenden Verbänden, wie der Europäischen Union, politische Veränderungen, wie das Ende des „kalten Krieges" und insbesondere auch die Einführung neuer Informationstechnologien haben eine Globalisierung der Wirtschaft zur Folge. Die gewonnene Handlungsfreiheit der Unternehmen führt dazu, daß sich zunehmend weltweit operierende Großkonzerne bilden. Der Aufsichtsrat steht vor der immer schwieriger werdenden Aufgabe, in wenigen Sitzungen im Jahr internationale Konzerne, die in einer Vielzahl von Geschäftsbereichen tätig sind und die häufig über mehrere hundert Tochtergesellschaften verfügen, zu überwachen. In der Fülle der Unternehmensaktivitäten fällt es den Aufsichtsräten zunehmend schwer, Gefahrenquellen zu identifizieren.[391] Hinzu kommt, daß die Globalisierung nicht nur neue Geschäftschancen, sondern auch neue Risiken schafft.[392] Der zu-

390 *Larenz, Methodenlehre, S. 334 f.*

391 Zu den Auswirkungen der Globalisierung und Internationalisierung auf die Aufgaben von Vorstand und Aufsichtsrat vgl. auch *Mattheus, Rolle, ZGR 1999, 682,691 f.*

392 Zu den Risiken vgl. *Wiedmann, Fortentwicklung, Wpg. 1998, S. 338 f. m.w.N; Dörner, Unternehmensberatung, Wpg. 1998, S. 302, 307.*

nehmend freiere Handelsverkehr führt dazu, daß die Unternehmen auf Wettbewerber treffen, die bislang auf getrennten Märkten operierten. Der Handelsaustausch bewirkt einen verstärkten Wettbewerb und übt auf die Unternehmen einen verstärkten Preis- und Qualitätsdruck aus. Die Produktlebenszyklen und die Entwicklungszeiten verkürzen sich. Gleichzeitig wird die Prognose von Absatzentwicklungen, bedingt durch die vielen Absatzmärkte mit ihren länderspezifischen Besonderheiten, zunehmend schwierig.

- Eine weitere Entwicklung, die mit der Globalisierung in engem Zusammenhang steht, ist die zunehmende Technologisierung. Die Unternehmen sind gehalten, ständig leistungsfähigere Technologien einzuführen, um im internationalen Wettbewerb kostengünstig und damit wettbewerbsfähig zu bleiben. Selbst substanzstarke Unternehmen sind, wenn sie den Anschluß an die maßgebenden Entwicklungen verpassen, schneller als noch vor zwanzig Jahren grundlegenden Bestandsgefahren ausgesetzt. Die Halbwertzeiten von Technologien und mit ihnen die der Unternehmensleitung zur Verfügung stehenden Reaktionszeiten verkürzen sich rapide. Gleichzeitig steigen die Kosten für die Einführung dieser Technologien. Ein leistungsfähiges Kostenmanagement wird somit zunehmend zur „zentralen Managementaufgabe“.[393]
- An den internationalen Finanzmärkten hat sich verstärkt ein Wandel hin zu neuen Anlage- und Finanzierungsleistungen vollzogen. Mit innovativen Finanzierungsinstrumenten wird eine Beschränkung von Währungs- und Zinsänderungsrisiken angestrebt. Eine nicht sachgerechte Handhabung dieser Instrumente und erst recht ihr Einsatz zu spekulativen Zwecken birgt jedoch – wie spektakuläre Zusammenbrüche von Großunternehmen belegen – hohe Bestandsrisiken in sich.[394]
- Veränderungen haben sich auch auf den Kapitalmärkten ergeben. Die Unternehmen finanzieren sich zunehmend auf internationalen Kapitalmärkten. Die deutschen Unternehmen stehen dabei zusehends in einem Wettbewerb um eine günstige Kapitalversorgung.[395] Die Bedeutung ausländischer Investoren und ihrer Wünsche nimmt damit zu. Die Unternehmen richten sich in ihrer Strategie auf die Anleger aus. Begriffe wie Shareholder Value sind symptomatisch für diese Entwicklung. Gefragt sind von Seiten der Anleger zuverlässige und umfangreiche Informationen über die Unternehmen. Transparente Strukturen der kapitalnachfragenden Unternehmen und eine offene Kommu-

---

393 *Wiedmann, Fortentwicklung, Wpg. 1998, S. 338, 339.*

394 Vgl. dazu die ausführliche Darstellung in Teil 4, Kap. 2, V.

395 Vgl. dazu die Gesetzesbegründung zum KonTraG *BT Drucksache 13/9712, S. 11; Wiedmann, Fortentwicklung, Wpg. 1998, S. 338, 340.*

nikation fördern dabei die Bereitschaft der Anleger, Kapital zur Verfügung zu stellen.

Die veränderten Rahmenbedingungen für die Unternehmen bleiben nicht ohne Auswirkungen auf die Überwachungsaufgabe des Aufsichtsrats. Die Überwachung eines Unternehmens im Jahre 1930 unterscheidet sich grundlegend von der Überwachungssituation im Jahre 2000. Mehr denn je erfordern die Erkennung und Abwehr von Risiken sachkundige und umfassende Informationen. Der Aufsichtsrat benötigt verstärkt aktuelle Informationen darüber, ob das Unternehmen technologisch auf dem neuesten Stand ist, seine Produkte kostengünstig produziert, die Absatzsituation realistisch einschätzt und Finanzinstrumente verantwortungsvoll einsetzt. Die Informationsversorgung des Aufsichtsrats ist aber – wie die letzten Unternehmenskrisen deutlich machen – nicht mehr in allen Aktiengesellschaften gewährleistet. Hinzukommt, daß die zunehmende Komplexität der dabei zu beurteilenden Sachverhalte es dem Aufsichtsrat immer häufiger nicht mehr erlaubt, aus eigener Fachkunde eine abschließende Bewertung einzelner Risiken zu treffen.[396] Zusammenfassend läßt sich feststellen, daß sich in den letzten Jahrzehnten bestehende Risiken verschärft haben bzw. neue Risiken entstanden sind, während sich gleichzeitig die Rahmenbedingungen einer effektiven Überwachung durch den Aufsichtsrat verschlechtert haben.

Die harsche öffentliche Kritik an den deutschen Aufsichsräten setzt denn auch vor allem an der mangelnden Information des Aufsichtsrats an.[397] Der Vorstand taugt nicht in jedem Falle als Informationsquelle des Aufsichtsrats.[398] Gerade in der Unternehmenskrise kann der Vorstand ein Interesse daran haben, Informationen nicht, verspätet oder verfälscht wiederzugeben. So hat im Krisenfall Metallgesellschaft der Aufsichtsratsvorsitzende einzelnen Vorstandsmitgliedern vorgeworfen, ihn bewußt über die die Krise auslösenden Öltermingeschäfte getäuscht zu haben.[399]

2. *Konsequenzen für die Jahresabschlußprüfung*

In dieser Situation muß daher auf die Kontrollinstanz zurückgegriffen werden, die nach dem Willen des Gesetzgebers dem Aufsichtsrat bei der Erfüllung seiner Überwachungsaufgabe zur Seite zu stehen hat: Den Jahresabschlußprüfer. Dies läßt sich wie folgt begründen: Ausschlaggebend für den aktienrechtlichen Ge-

---

396 Vgl. auch *Mattheus, Rolle, ZGR 1999, 682 ,691 ff.*

397 Vgl. *Theisen, Grundsätze, S. 3.*

398 *Mattheus, Rolle, ZGR 1999, 682, 693.*

399 *SZ vom 30.3.1994.*

setzgeber des Jahres 1930, die Pflichtprüfung einzuführen, war, daß bedeutende Unternehmen des Deutschen Reichs insolvent wurden, ohne daß die Aufsichtsräte die Krise und die mit ihr einhergehenden Bilanzfälschungen erkannt hatten. Auslösender Faktor war mithin die Erkenntnis, daß der Aufsichtsrat allein seiner Überwachungsaufgabe nicht gewachsen war. Aufgabe der Pflichtprüfung sollte die „Beaufsichtigung und Nachprüfung" des Rechnungswesens sein.[400] Dem Abschlußprüfer kommt somit seit Beginn der Abschlußprüfung mit der Verpflichtung zur Aufdeckung von Bilanzfälschungen eine Krisenwarnfunktion zu, da Bilanzfälschungen typischerweise Begleiterscheinungen einer Unternehmenskrise sind. Der historische Gesetzgeber hat sich dadurch eine „Gesundung" und „Sicherung" des durch die Unternehmenskrisen angeschlagenen Aktienwesens erhofft.[401] Die Jahresabschlußprüfung hat denn auch in den Folgejahrzehnten das Vertrauen in die Rechnungslegung der Aktiengesellschaften wieder gestärkt. Seit Mitte der siebziger Jahre bis zum heutigen Tage ist jedoch das aktienrechtliche Kontrollsystem, allen voran Aufsichtsrat und Abschlußprüfer, erneut in die öffentliche Kritik geraten.[402] Wie im Jahre 1930 haben Unternehmenskrisen die öffentliche Diskussion um die Funktion von Aufsichtsrat und Abschlußprüfer entfacht. Die Namen IBH, Metallgesellschaft, Balsam, Schneider, Vulkan, und KHD-Wedag sind damit verbunden. Die Überwachung der Vorstände großer Gesellschaften funktioniert nicht, da Unternehmensschieflagen vom Aufsichtsrat nicht erkannt und nicht verhindert werden konnten. Insoweit ist die heutige Situation mit der Ausgangslage vor Einführung der Pflichtprüfung vergleichbar. Gewandelt haben sich lediglich die Unternehmensrisiken. Risiken und Chancen eines Unternehmens liegen heute in der Globalisierung, Technologisierung, Finanzinnovationen und dem Wettbewerb auf den Kapitalmärkten. Der Abschlußprüfer kann sich nicht von der wirtschaftlichen Entwicklung der von ihm geprüften Gesellschaft abkoppeln und auf den Prüfungsstandards voriger Jahrzehnte verharren.[403] Der Gesetzgeber hat zuletzt im KonTraG die Informationsfunktion des Abschlußprüfers gegenüber dem Aufsichtsrat wieder verstärkt in den Vordergrund gestellt. Die zunehmende Komplexität der Überwachungsaufgabe des Aufsichtsrats durch die Bildung großer wirtschaftlicher Einheiten und die Entwicklung neuer Risikopotentiale macht es angesichts der erneuten Krise des Aktienwesens notwendig, daß der Abschlußprüfer gezielte Prüfungshandlungen zur Aufdeckung von Unternehmenskrisen vornimmt. Das Potential des Jahresabschlußprüfers zur Krisenwarnung nicht zu nutzen, heißt willkürlich eine Lücke im

---

400 *Reichsjustizministerium, Entwurf, S. 115.*

401 *Reichsjustizministerium, Entwurf, S. 115.*

402 Zur Kritik am Abschlußprüfer am Anfang der siebziger Jahre nach einigen Unternehmenskrisen vgl. *Knief, BFuP 1976, 114, 121 f. m.w.N.*

403 So im Ergebnis auch *Wiedmann, Wpg. 1998, S. 338, 339.*

Überwachungssystem der Aktiengesellschaft offenzulassen, für deren Füllung sich der Abschlußprüfer geradezu aufdrängt. Der Jahresabschlußprüfer hat daher den geänderten Informationsbedürfnissen des Aufsichtsrats Rechnung zu tragen und geeignete Prüfungshandlungen zu entwickeln. Auch der Gesetzgeber hat erkannt, daß der Jahresabschlußprüfer den veränderten wirtschaftlichen Rahmenbedingungen Rechnung zu tragen hat, damit die in der letzten Zeit aufgetretenen „Schwächen und Verhaltensfehlsteuerungen" im Überwachungssystem beseitigt werden können.[404] In der Gesetzesbegründung hat der Gesetzgeber insbesondere herausgestellt, daß die Öffnung und Neuausrichtung der Kapitalmärkte und der damit verbundene Wettbewerb der Unternehmen um Risikokapital mehr Transparenz und Publizität erfordert. Dieser Entwicklung kann sich auch der Abschlußprüfer als „Garant der aktienrechtlichen Publizität" nicht entziehen. Durch eine Reform des Aufsichtsrats und eine Verbesserung der Qualität der Jahresabschlußprüfung hofft man, die zunehmend anlegerorientierten deutschen Unternehmen für den Wettbewerb auf den Kapitalmärkten besser zu rüsten. Eine Auslegung des Gesetzes dahingehend, daß der Jahresabschlußprüfers nur über Unternehmenskrisen zu berichten hat, wenn er mehr oder weniger zufällig darüber stolpert, wird dem nicht gerecht. Der Wandel der wirtschaftlichen Rahmenbedingungen verpflichtet mithin den Jahresabschlußprüfer, wirtschaftliche Gefahrenmomente gezielt festzustellen. Die Jahresabschlußprüfung hat sich daher vom Financial Audit hin zu einem Business Audit zu wandeln.[405] Nicht zuletzt kann alleine mit einer derart erweiterten Prüfungsauffassung der anläßlich der Unternehmenskrisen der letzten Jahre deutlich gewordene Bedeutungs- und Ansehensverlust der Jahresabschlußprüfung gestoppt werden. Mit einem veränderten, auf wirtschaftliche Risiken ausgerichteten Prüfungsansatz gewinnt sowohl die Unterstützungsfunktion gegenüber dem Aufsichtsrat als auch die Publizitätsfunktion des Abschlußprüfers und damit die Abschlußprüfung in ihrer Gesamtheit wieder an Bedeutung.

Kapitel 4: Grenzen der Prüfung der wirtschaftlichen Lage

Die Feststellung, daß der Abschlußprüfer verpflichtet ist, die wirtschaftliche Lage zu prüfen, sagt allein noch wenig über die Qualität der vorzunehmenden Prüfungshandlungen aus. Hat nun der Jahresabschlußprüfer eine vollumfängliche Prüfung und Berichterstattung über die Geschäftslage vorzunehmen? Ist der Abschlußprüfer gar berechtigt oder sogar verpflichtet, auf eine seiner Meinung ver-

---

404 *BT Drucksache 13/9712, S. 11.*
405 *Pollanz, Überlegungen, DB 1999, 393.*

fehlte Geschäftspolitik des Vorstandes in seinem Prüfungsbericht hinzuweisen? Die Konsequenzen einer solchen Prüfung und Berichterstattung über die Geschäftspolitik des Vorstandes lassen sich an einem Beispiel verdeutlichen:

Ein kleinerer Automobilhersteller entscheidet sich, unter hohen Investitionskosten einen neuen Sportwagen auf den Markt zu bringen. Der Jahresabschlußprüfer, der diese für das Unternehmen bedeutsame unternehmerische Entscheidung einer vollumfänglichen wirtschaftlichen Prüfung zu unterziehen hätte, müßte sich konsequenterweise damit auseinanderzusetzen, ob nicht an Stelle des geplanten Zweisitzer-Modells mit Achtzylindermotor ein Viersitzer mit Sechszylindermotor den Verbraucherwünschen besser entsprechen würde. Käme der Prüfer abweichend von dem Unternehmen zu dem Ergebnis, daß das Fahrzeug in seiner geplanten Form ein „Flop" wird, müßte er in den Prüfungsbericht eine Krisenwarnung aufnehmen. Dies würde bedeuten, daß der Prüfer die Geschäftspolitik des Vorstandes einer Zweckmäßigkeitsprüfung zu unterziehen hat. Der Wirtschaftsprüfer als Marketingexperte, der den Vorstand überstimmt? Ob dem so ist, gilt es festzustellen.

I. Prognoseprüfung

Die Problematik solcher Befugnisse des Abschlußpüfers hängt mit der zeitlichen Komponente vieler Unternehmensentscheidungen zusammen. Die Prüfung vergangener Entscheidungen, die bereits eindeutige Reaktionen der Absatz-, Beschaffungs- und Kreditmärkte nach sich gezogen haben, ist vergleichsweise einfach. Der Abschlußprüfer kann bei abgeschlossenen Entscheidungsprozessen aus der Ex-Post-Perspektive Abweichungen zwischen der die Entscheidung begleitenden Prognose und der Realität anhand der Marktreaktionen erkennen.[406] Absatzrückgänge, die stetige Steigerung von Produktionskosten, die Verweigerung von Krediten, der fehlende Zugang zu Beschaffungsmärkten sind deutliche Belege dafür, daß die getroffenen Entscheidungen nicht sachgerecht waren. Der Abschlußprüfer kann eine vergleichsweise sichere Bewertung der Geschäftspolitik treffen, auch wenn in der Retrospektive mancher Ursachenzusammenhang nicht mehr eindeutig geklärt werden kann und die hypothetische Frage nach Entscheidungsalternativen in manchen Fällen offen bleiben wird.

Die Frage, ob ein Unternehmen auch in Zukunft als werbendes Unternehmen an den Märkten tätig sein kann, läßt sich jedoch nicht aus einer Betrachtung vergangenheitsbezogener Faktoren beurteilen.[407] Die Beantwortung der Fragestel-

---

406 *Sieben/Bretzke/Raulwing, Managementleistungen, BFuP 1976, 181, 189.*
407 *Leffson, Bilanzanalyse, S. 36.*

lung erfordert vielmehr eine Beurteilung der zukünftigen Auswirkungen bereits getroffener oder geplanter Entscheidungen. Anders als die genannten vergangenen Entscheidungen, die vom Abschlußprüfer weitgehend als richtig oder falsch bewertet werden, können Prognosen, die eine subjektive Beurteilung der zukünftigen Entwicklung beinhalten, nicht auf eine empirische Wahrheit überprüft werden. Die künftigen Tatbestände entziehen sich einer meßbaren Quantifizierung. Bei Zahlenangaben kann es sich nur um Hochrechnungen und Schätzungen handeln, so daß auf verbale Beschreibungen zurückgegriffen werden muß.[408] Die Ex-Ante-Prüfung von Entscheidungen, deren Konsequenzen erst teilweise sichtbar sind oder gar noch gänzlich in der Zukunft liegen, ist daher mit Schwierigkeiten verbunden. Der Jahresabschlußprüfer hat in dieser Situation zwei Möglichkeiten: Zum einen kann er seine subjektive Einschätzung an Stelle der Prognose des Vorstandes setzen. Zum anderen kann er versuchen, die Prognose des Vorstandes daraufhin zu prüfen, ob zwingende allgemeine und betriebswirtschaftliche Grundsätze bestehen, die auf die Fehlerhaftigkeit hinweisen. In letzterem Fall minimiert sich die Gefahr, daß der Abschlußprüfer eine unzutreffende Bewertung trifft. Der Abschlußprüfer nimmt jedoch in diesem Fall nur eine in ihrem sachlichen Umfang eingeschränkte Bewertung vor, dem Vorstand verbleibt ein bewertungsfreier Handlungsspielraum. Ob das eine oder das andere Modell zur Prüfung künftiger Entscheidungen sachlich angemessen ist, ist anhand der aktienrechtlichen Kompetenzordnung zu beurteilen.

II. Leitungsmacht des Vorstandes

Eine vollumfängliche Prüfung der Geschäftspolitik hätte zur Folge, daß der Abschlußprüfer über seine Berichterstattung im Prüfungsbericht wesentlichen Einfluß auf die Geschäftspolitik des Vorstandes nehmen könnte. Beanstandungen des Prüfers könnten den Aufsichtsrat veranlassen, geschäftspolitische Entscheidungen des Vorstandes einer verstärkten Kontrolle zu unterziehen und ggf. auch zu revidieren. Dies könnte im Einzelfall dazu führen, daß dem Abschlußprüfer die Rolle einer „Super- bzw. Gegengeschäftsführung" im Verhältnis zum Vorstand zukäme. Auf den ersten Blick könnte man geneigt sein anzunehmen, daß mit der Einschaltung des Wirtschaftsprüfers als unabhängigem Sachverständigen eine Verbesserung der Qualität der Unternehmensleitung und –überwachung einherginge. In der Praxis spricht jedoch nichts dafür, daß der Prüfer die Leitungsaufgabe besser als der Vorstand wahrnehmen kann. Im Gegenteil: Warum sollte – um beim oben genannten Beispiel des Sportwagenherstellers zu bleiben – der

408 *Leffson, Bilanzanalyse, S. 37 f.*

Abschlußprüfer ein fachkundigerer Kenner des Automobilmarktes sein als ein Unternehmensvorstand, der seit Jahren alleine auf diesem Sektor tätig ist? Es ist anzunehmen, daß der Prüfer auch bei langjähriger Erfahrung und sorgfältiger Prüfung nicht den Informationsstand und die unternehmerische Urteilskraft entwickelt, die ein qualifizierter Vorstand besitzt, der sich tagtäglich mit dem Unternehmen befaßt.[409]

Zu befürchten ist vielmehr, daß eine Prüfung und Berichterstattung, die es dem Wirtschaftsprüfer erlaubt, seine Prognose an die Stelle der des Vorstandes zu stellen, die notwendige unternehmerische Handlungsfreiheit des Vorstandes erheblich einschränkt. Ein Vorstand, der bei jeder wesentlichen unternehmerischen Entscheidung befürchten muß, daß der Abschlußprüfer mit Hinweis auf ein gesteigertes Insolvenzrisiko zu der Maßnahme abschlägig Stellung bezieht, wird weniger geneigt sein, unternehmerische Risiken einzugehen. Unternehmerisches Handeln ist jedoch grundsätzlich mit Risiken verbunden. Das Hauptziel eines Unternehmens besteht nicht vorrangig in der Minimierung von Risiken, sondern darin, sich auftuende Chancen zu ergreifen, auch wenn damit gesteigerte (Insolvenz)risiken verbunden sind.[410] Gerade große unternehmerische Leistungen sind häufig mit entsprechenden Risiken verbunden. So wird denn auch in der Betriebswirtschaftslehre eine „Portfolio–Betrachtung“ bei unternehmerischen Entscheidungen gefordert.[411] Dies bedeutet nichts anderes, als daß Chancen und Risiken zu gewichten und gegeneinander abzuwägen sind. Eine zu starke Fokussierung auf die Risiken führt zu einem risikoaversen, Chancen auslassenden Management. Diese primär betriebswirtschaftliche Erkenntnis hat auch in der Rechtswissenschaft Anerkennung gefunden. So hat bereits das Reichsgericht in einer frühen Entscheidung festgestellt, daß die „Thätigkeit eines vorsichtigen Vorstandes lähmend zum Nachteile der Genossenschaft wirken kann.“[412] In neuerer Zeit hat Hütte zur Notwendigkeit unternehmerischer Entscheidungskraft zutreffend festgestellt: „Kopf und Hände dürfen dabei nicht von ängstlicher Vorsicht blockiert sein.“[413]

Der aktienrechtliche Gesetzgeber hat daher aus gutem Grunde die Leitungsaufgabe alleine in die Hände des Vorstandes gelegt. Nach § 76 I AktG hat der „Vorstand unter eigener Verantwortung die Gesellschaft zu leiten“. Der Vorstand hat die Geschäftspolitik des Unternehmens zu bestimmen, er alleine ist für Erfolg

---

409 *Sieben/Bretzke/Raulwing, Managementleistungen, BFuP 1976, 181, 190, 196; Hachmeister, Partner, DStR 1999, 1453, 1459*.

410 Vgl. den Diskussionsbeitrag von *Ahlert* auf dem Münsteraner Symposium "Wirtschaftsprüfung und Universität" *Wpg. 1980, 670, 673.*

411 *Weber, Controlling, BB 2000, 1931, 1934.*

412 *RG Z 13, 44, 46.*

413 *Hütte, Sorgfaltspflichten, ZGR 1986, 1, 9.*

und Mißerfolg verantwortlich. Diese Verantwortung ist grundsätzlich nicht delegierbar, weder nach unten auf leitende Angestellte, noch nach oben auf den Aufsichtsrat und schon gar nicht auf externe Dritte wie den Abschlußprüfer.[414] In der aktienrechtlichen Überwachungsordnung ist kein Raum für den Abschlußprüfer in der Rolle eines „Supervorstandes". Die genannten, wenn auch nur mittelbaren Eingriffe in die Leitungsbefugnisse des Vorstandes lassen sich durch die Pflichten des Jahresabschlußprüfers zur Prüfung der wirtschaftlichen Lage und zur Krisenwarnung nicht rechtfertigen. Die aktienrechtliche Kompetenzordnung darf nicht durch das Institut der Jahresabschlußprüfung zu Lasten des Vorstandes verschoben werden.[415]

III. Prüfungsgrundsätze

Aus den bisherigen Feststellungen läßt sich ableiten, daß eine uneingeschränkte Zweckmäßigkeitsprüfung nur bei abgeschlossenen Entscheidungen möglich ist. In diesem Bereich kann die Berichterstattung dem Aufsichtsrat wichtige Hinweise auf Schwachpunkte des Unternehmens und notwendigen Handlungsbedarf geben. Im Hinblick auf Prognoseentscheidungen des Vorstandes gilt, daß eine ungeschränkte Prüfungs- und Berichtspflicht des Abschlußprüfers weder betriebswirtschaftlich opportun ist noch der gesetzlichen Lage entspricht. Die Prüfung und Berichterstattung sind daher so zu gestalten, daß zum einen der unternehmerische Handlungsspielraum des Vorstandes gewahrt bleibt, andererseits aber eine effektive Krisenwarnung möglich ist. Ziel der Abschlußprüfung muß es sein, schwerwiegende offensichtliche Fehlentscheidungen, die einen erheblichen negativen Einfluß auf die wirtschaftliche Situation des Unternehmens haben können, aufzudecken und über sie Bericht zu erstatten, während die reine Zweckmäßigkeitsprüfung unterbleiben muß.[416] Dazu müssen Kriterien gefunden werden, die eine verläßliche Orientierung für den Abschlußprüfer darstellen.

1. Grundsätze zur Vorstandshaftung

Es ist naheliegend, zur juristischen Bestimmung des Prüfungsumfangs auf Konstellationen zurückzugreifen, die sich in dem Spannungsfeld zwischen unternehmerischer Handlungsfreiheit und Vorstandsüberwachung bewegen und zu deren

---

414 Zur Eigenverantwortlichkeit des Vorstandes: *Schaefer/Missling, Vorstand, NZG 1998,441,442; Rittner in FS Gessler, S. 139, 151.*

415 So in anderem Zusammenhang auch *Schindler/Rabenhorst, Auswirkungen I, BB 1998, 1886, 1891.*

416 So im Ergebnis auch *Mattheus, Rolle, ZGR 1999, 682, 700, 706.*

Bewältigung bereits Ansätze entwickelt wurden. Das genannte Spannungsverhältnis besteht im Gesellschaftsrecht auch in der Frage der Haftung des Vorstandes. Nach § 93 I S. 1, II AktG haftet der Vorstand einer Aktiengesellschaft, sofern er gegen die Sorgfaltspflichten eines ordentlichen und gewissenhaften Geschäftsleiters verstößt. Entsprechendes gilt nach § 43 I, II GmbHG für den Geschäftsführer einer GmbH. Das Gericht bzw. der Aufsichtsrat, die die Haftung eines Vorstandsmitgliedes zu beurteilen haben, stehen vor der schwierigen Aufgabe, eine Entscheidung eines Vorstandsmitgliedes, die zu einem Schaden geführt hat, aus der Ex-ante-Sicht zu bewerten und dabei den unternehmerischen Handlungsspielraum, der dem Vorstand nach einhelliger Auffassung zusteht, zu wahren. Insoweit bestehen weitreichende Parallelen zur Prüfungssituation des Abschlußprüfers. Bei der Frage der Prüfungspflichten ebenso wie bei der Haftungsproblematik geht es nämlich darum, einen prüfungsfreien bzw. haftungsfreien unternehmerischen Handlungsspielraum des Vorstandes zu konservieren und andererseits eine Prüfungs- bzw. Haftpflicht zu ermitteln. Die dort vorgenommene Abgrenzung und die dazu entwickelten Kriterien können daher zur Bestimmung des Prüfungsumfangs der wirtschaftlichen Lage herangezogen werden.

Die Gerichte hatten in der letzten Zeit verschiedentlich über unternehmerische Handlungen zu befinden.[417] Die Judikatur hat in ihren Entscheidungen übereinstimmend Vorstand bzw. Aufsichtsrat einen der gerichtlichen Nachprüfbarkeit entzogenen, unternehmerischen Ermessensspielraum zugestanden und damit zwischen der Rechtmäßigkeit und Zweckmäßigkeit der Tätigkeit unterschieden. Die differenzierte Bewertung des Vorstandshandelns durch den Bundesgerichtshof wird am deutlichsten in der ARAG/Garmenbeck Entscheidung vom 21.4.1997, in der sich der BGH grundsätzlich zur Frage der Rechtswidrigkeit der unternehmensleitenden Vorstandstätigkeit äußert.[418] Der BGH stellt fest, daß „dem Vorstand bei der Leitung der Geschäfte des Gesellschaftsunternehmens ein weiter Handlungspielraum zugebilligt werden muß, ohne den eine unternehmerische Tätigkeit schlechterdings nicht denkbar ist.“ Weiter führt er aus, daß der Aufsichtsrat für den Fall, daß „dem Vorstand das nötige Gespür für eine erfolgreiche Führung des Unternehmens fehlt“, auf die Ablösung des Vorstandes hinwirken kann, eine Schadensersatzpflicht alleine daraus jedoch nicht hergeleitet werden kann. Der Bundesgerichtshof unterscheidet damit deut-

---

417 *Klöckner – Entscheidung BGHZ 119, 305, 331; Deutsche Bank – Entscheidung BGHZ 125, 239, 248, 250; ARAG/Garmenbeck – Entscheidung BGHZ 135, 244, 253; ThürOLG Jena, NZG 2001, 86, 87; ThürOLG Jena, NZG 1999, 121, 122; OLG Zweibrücken, NZG 1999, 506, 507; Balsam – Entscheidung, LG Bielefeld, BB 1999, 2630, 2631.*

418 *ARAG/Garmenbeck – Entscheidung BGHZ 135, 244, 253 ff. = ZIP 1997, 883, 886.*

lich zwischen den Fällen eines haftungsrechtlich folgenlosen unternehmerischen Fehlermessens und einer haftungsbegründenden Sorgfaltspflichtverletzung.

Eine Schadensersatz auslösende Pflichtverletzung kommt dann in Betracht, wenn „die Grenzen, in denen sich ein von Verantwortungsbewußtsein getragenes, ausschließlich am Unternehmenswohl orientiertes, auf sorgfältiger Ermittlung der Entscheidungsgrundlagen beruhendes unternehmerisches Handeln bewegen muß, deutlich überschritten sind, die Bereitschaft unternehmerische Risiken einzugehen, in unverantwortlicher Weise überspannt worden ist oder das Verhalten des Vorstands aus anderen Gründen als pflichtwidrig gelten muß." Der BGH nennt damit neben anderen Gründen drei Sorgfaltsanforderungen: *Erstens* die Orientierung am Unternehmenswohl, *zweitens* eine sorgfältige Ermittlung der Entscheidungsgrundlagen sowie *drittens* die Vermeidung unverantwortlicher Risiken. Durch die Verwendung der Terminologie „deutlich überschritten" und „in unverantwortlicher Weise überspannt" macht der BGH deutlich, daß es sich um eindeutige und offensichtliche Fehlentscheidungen handeln muß.

Den Grundsätzen des Bundesgerichtshofs vergleichbare Parameter der Beurteilung der Rechtswidrigkeit von Führungsentscheidungen von Vorstand und Aufsichtsrat sind auch in der gesellschaftsrechtlichen und betriebswirtschaftlichen Literatur entwickelt worden.[419] Das Bestehen eines unternehmerischen Ermessensspielraumes des Vorstandes ist anerkannt.[420] So legt beispielsweise Semler an die Leitungstätigkeit des Vorstandes im wesentlichen mit den BGH-Grundsätzen vergleichbare Sorgfaltsmaßstäbe an.[421] Bei der vorzunehmenden Risikoabwägung weist er zusätzlich darauf hin, daß der Umfang des unternehmerischen Handlungsspielraums sich umgekehrt proportional zu der Höhe der Risiken verhält, d.h., daß bei erhöhten Risiken der Ermessensspielraum des Vorstandes schrumpft. Bei sehr hohen Bestandsrisiken kann der unternehmerische

---

419 Vgl. aus der umfangreichen juristischen Literatur nur *Lutter, Ermessen, ZIP 1995, 441, ders. Haftung, GmbHR 2000, 301; Kossen, Pflichtverletzungen, DB 1988, 1785; Henze, Leitungsverantwortung, BB 2000, 209; Roth, Haftung, S. 74 ff.; Horn, Haftung, ZIP 1997, 1129; Semler, Leitung § 4Rn. 62 ff.; Dreher, Ermessen, ZHR 158 (1994), 615; Mutter, Entscheidungen, S. 201 ff. m.w.N.; Heermann, Ermessen, ZIP1998, 761; Jaeger/Trölitzsch, Ermessen, ZIP 1995, 1157.*

420 Aus betriebswirtschaftlicher Sicht: Zur Prognoseprüfung im Zusammenhang mit dem Lagebericht *Krawitz, Lagebericht, Wpg 1988, 225, 231; Clemm/Reittinger, Lagebericht, BFuP 1980, 493, 507 ff.*. Zur betriebswirtschaftlichen Prognosediskussion *Bretzke, Prognoseprüfung, HWRev. Sp. 1436 m.w.N.;* sowie *Rückle, Prognoseprüfung, DB 1984, 57, 69.* Zu der Konkretisierung der Sorgfaltspflichten aus betriebswirtschaftlicher Sicht auch *v. Werder, Vorstandsentscheidungen, ZfB 1997, 901.*

421 *Semler, Leitung § 4 Rn. 73.*

Handlungsspielraum auf Null reduziert sein, d.h. der Vorstand hat in diesen Ausnahmefällen eine bestimmte Handlungspflicht.[422]

Sowohl die Rechtsprechung als auch die Literatur greifen – wie bereits die Terminologie „Ermessen", „Ermessensreduzierung auf Null" usw. zeigt – bei der Bestimmung des unternehmerischen Entscheidungsspielraums von Vorstand und Aufsichtsrat auf die verwaltungsrechtlichen Grundsätze zur Kontrolle von behördlichen Ermessensentscheidungen, Beurteilungsspielräumen und zum Planungsermessen zurück.[423] Der Rückgriff auf das Verwaltungsrecht ist naheliegend, wenn man berücksichtigt, daß im Verwaltungsrecht die Diskussion um nicht justiziable Freiräume der Verwaltung eine lange Tradition hat. Die zum Planungsermessen entwickelte Fehlertypologie bestehend aus Abwägungsausfall, Abwägungsdefizit und Abwägungsfehleinschätzung ist sinngemäß mit den vom BGH entwickelten Grundsätzen vergleichbar.[424] Dies gilt auch für die Anforderungen, die an Ermessensentscheidungen der Verwaltung mit Prognosecharakter gestellt werden.[425]

Auch die im US-amerikanischen Recht geltenden Grundsätze zur Haftung des Board of directors, die sog. business judgement rule, sind den deutschen Haftungsgrundsätzen vergleichbar.[426] Bei der haftungsrechtlichen Bewertung unternehmerischer Entscheidungen (business judgement) des Board of directors sind auch hier die Wahrung des Unternehmensinteresses sowie die Pflicht, Entscheidungen nur auf der Basis angemessener Informationen zu treffen, von ausschlaggebender Bedeutung.

2. *Konkretisierung des Prüfungsumfangs*

Die vorgenannten Grundsätze zur Vorstandshaftung lassen sich bezogen auf das Verhältnis Abschlußprüfer - Vorstand wie folgt konkretisieren:

---

422 Vgl. zur Ermessensreduzierung auf Null *Semler, Leitung § 4 Rn. 74; BGHZ 135, 244, 253ff.; Boujong, Vorstandskontrolle AG 1995, 203, 206.*

423 Mit Hinweis auf § 114 VwGO *OLG Düsseldorf, ZIP 1995, 1183, 1190; Mutter, Entscheidungen, S. 230 ff.*

424 Grundlegend zum Planungsermessen die Flachglasentscheidung des *BVerwG 45, 309, 314;* zur Bedeutung bei aktienrechtlichen Führungsentscheidungen *Mutter, Entscheidungen, S. 254 ff.*

425 Vgl. dazu *Nierhaus, Prognoseentscheidungen, DVBl. 1977, 19, 24; Tettinger, Prognosespielraum, DVBl. 1982, 421, 427.* Unterschiede ergeben sich vor allem daraus, daß im Verwaltungsrecht die dem jeweiligen Gesetz innewohnenden Wert- und Zweckmaßstäbe zu beachten sind, während unternehmerische Entscheidungen sich nur in seltenen Fällen an Rechtsnormen orientieren.

426 *Lutter, Haftung, GmbHR 2000, 301, 308; Semler, Leitung § 4 Rn. 82 ff.; Mutter, Entscheidungen, S. 217 ff.*

a. Interessenkollisionen

Der Vorstand hat sich in seinem Handeln am Unternehmensinteresse zu orientieren. Dies wird nicht der Fall sein, wenn eigene Interessen des Vorstandes eine entscheidende Rolle bei der Entscheidungsfindung spielen. „Private" unternehmerische Aktivitäten eines Vorstandsmitglieds, die in einer Geschäftsführer- und/oder Gesellschafterstellung an einem Konkurrenzunternehmen bestehen, führen nahezu unausweichlich zum Konflikt zwischen den eigenen Interessen des Vorstandsmitglieds und den fremden Interessen des Unternehmens. Nach der Geschäftschancenlehre des BGH ist ein Vorstand verpflichtet, ein Geschäft, daß in den Geschäftsbereich der Gesellschaft fällt und für sie vorteilhaft ist, auch wirklich der Gesellschaft zuzuordnen. Es gilt insoweit ein Verbot der unberechtigten Eigenwahrnehmung von Geschäftschancen der Gesellschaft.[427] Zu Interessenkollisionen kann auch die Beteiligung eines Vorstandsmitgliedes an einem Zulieferer- oder Abnehmerunternehmen führen. Es besteht insoweit die Gefahr, daß lukrative Zulieferaufträge zu überhöhten Preisen bzw. Abnahmeverträge zu für die Gesellschaft ungünstigen Konditionen, an die Gesellschaft, an der die Beteiligung besteht, erteilt werden. Der Mannesmann/Dieter Fall zeigt, daß diese Bedenken durch aus einen realen Hintergrund haben.[428] Die beschriebenen Interessenkollisionen stehen idR in keinem unmittelbaren Zusammenhang zu der wirtschaftlichen Krise eines Unternehmens und damit zu den Krisenwarnpflichten des Jahresabschlußprüfers. Da sie jedoch Zweifel an der persönlichen Integrität eines Vorstandes begründen und gleichzeitig einen Sorgfaltspflichtverstoß gem. § 93 I AktG darstellen, hat der Jahresabschlußprüfer, wenn er auf derartige Vorgänge stößt, über schwerwiegende Gesetzesverstöße der gesetzlichen Vertreter gem. § 321 I S. 3 HGB zu berichten.

b. Ermittlung der Entscheidungsgrundlagen

Im Rahmen der Prüfung ist auch zu ermitteln, ob der Vorstand die Grundlagen seiner Entscheidung sorgfältig ermittelt. Den Sorgfaltsanforderungen wird nicht entsprochen, wenn der Vorstand eine Sachverhaltsermittlung nicht vorgenommen bzw. nicht alle entscheidungserheblichen Belange ermittelt hat. Dies setzt auch voraus, daß das Unternehmen Instrumentarien besitzt, die es in die Lage versetzt, Informationen zuverlässig zu erfassen. Der Vorstand hat zu diesem Zweck Stäbe

---

427 Druckzylinderentscheidung *BGH, DB 1986, 214;* Betriebsgrundstücksentscheidung *BGH, DB 1985, 2602;* umfassend zu diesem Thema, *Merkt, Interessenkollision, ZHR 1995, 423.*

428 *WW Nr. 25 v. 17.6.1994, S. 48; WW Nr. 37 v. 7.9.1995, S. 8.*

einzurichten, die entsprechende Studien und Arbeitspapiere zur Vorbereitung der Vorstandsentscheidungen entwickeln. In der Krisensituation eines Unternehmens sind dabei erhöhte Sorgfaltspflichten des Vorstandes zu beachten. Gegebenenfalls kann der Vorstand sogar verpflichtet sein, sich externer Berater zur Vorbereitung seiner Entscheidungen zu bedienen.[429]

Zweck dieser Sorgfaltsanforderung ist es somit sicherzustellen, daß der Vorstand bei seinen Entscheidungen die Möglichkeiten einer rationalen und nach betriebswirtschaftlichen Erkenntnissen sinnvollen Entscheidungsvorbereitung ausschöpft. Ein vom Jahresabschlußprüfer festzustellender Ermessensfehler durch den Vorstand liegt dann vor, wenn der Vorstand in seine Prognose eindeutig sachfremde und willkürliche Gesichtspunkte einfließen läßt.

c. *Risikoabwägung*

Der Abschlußprüfer hat zuletzt auch festzustellen, ob der Vorstand Risiken eingeht, die über das notwendige unternehmerische Risiko hinausgehen. Der Vorstand, der um des kurzfristigen Erfolgs willens den Bestand des Unternehmens leichtfertig aufs Spiel setzt, handelt sorgfaltswidrig. Der Abschlußprüfer hat daher zu prüfen, ob der Vorstand bei seiner Entscheidungsabwägung Risiken für den Bestand des Unternehmens angemessen berücksichtigt. Je größer das Gewicht der Risiken ist, um so geringer ist der Handlungsspielraum des Vorstandes.[430] Der Abschlußprüfer hat die Aufgabe festzustellen, ob es sich bei den zentralen bestandsbedeutsamen Prognoseentscheidungen um nicht fundierte Wunschvorstellungen der Unternehmensleitung handelt oder ob die Prognose der Geschäftsleitung auf objektiv erkennbaren Entwicklungen bzw. nachvollziehbaren Annahmen beruht. Insoweit werden auch vom Abschlußprüfer prognostische Fähigkeiten erwartet. Eine Berichterstattung über künftige Risiken kommt dann in Betracht, wenn der Abschlußprüfer feststellt, daß der Vorstand seinen Ermessensspielraum überschritten hat bzw. ein solcher ausnahmsweise durch eine Ermessensreduzierung auf Null nicht bestanden hat.

Die Heranziehung der vom BGH entwickelten Grundsätze zur Bestimmung der Prüfungs- und Berichtspflichten des Jahresabschlußprüfers gewährleistet, daß grobe „handwerkliche Verstöße“ des Vorstandes bei der Entscheidungsfindung aufgedeckt werden. Dies darf jedoch nicht zu der trügerischen Ansicht verführen, daß der Prüfer hierdurch jede künftige Unternehmenskrise wird voraussagen können. Lutter hat darauf hingewiesen, daß selbst bei sorgfältiger Vorbereitung der Entscheidungen und Abwägung aller Risiken „sich ein Drittel dieser Ent-

---

429 *Horn, Haftung, ZIP 1997, 1129, 1132.*
430 *Lutter, Haftung, GmbHR 2000, 301, 305.*

scheidungen als falsch erweisen.“[431] Es liegt in der Natur der Sache, daß sich künftige Umstände anders als vorhergesehen entwickeln können. Ein Urteil über den Fortbestand eines Unternehmens läßt sich daher weder vom Vorstand noch vom Abschlußprüfer mit absoluter Sicherheit treffen.[432] Das Fehlen einer Berichterstattung über zu erwartende negative Folgen von Vorstandsentscheidungen stellt folglich keine Garantie einer positiven mittel- oder langfristigen Entwicklung des Unternehmens dar.

Auch das zweite Ziel der Heranziehung der Vorstandshaftungsgrundsätze, die Wahrung des unternehmerischen Handlungsspielraums des Vorstandes, wird erreicht. Dies setzt freilich voraus, daß die genannten Kriterien so angewandt werden, daß die Anforderungen an den Vorstand nicht überspannt werden. Es muß dem Umstand Rechnung getragen werden, daß der Vorstand u.U. Entscheidungen schnell treffen muß, um sich nur kurzzeitig eröffnende Chancen wahrzunehmen. Generell gilt jedoch, daß die erforderliche Sorgfalt des Vorstandes mit der Bedeutung der Entscheidungen wächst. Der Kauf eines großen Unternehmens wird eine wochen- oder gar monatelange Due-Dilligence erforderlich machen, während die Entscheidung, eine kleine Filiale zu eröffnen, auch ohne größere Vorprüfungen getroffen werden kann.[433] Der Vorstand hat jedoch einen Mindestinformationsstandard zu wahren. Nicht nur an die Ermittlung der Entscheidungsgrundlagen, sondern auch an die Entscheidungsfindung selbst darf der Prüfer keine überhöhten Voraussetzungen stellen. Die berühmte Entscheidung „aus dem Bauch heraus“ als Ausdruck einer intuitiven Entscheidungsfindung ist dann zulässig und vom Abschlußprüfer nicht zu beanstanden, wenn die Entscheidungsgrundlagen ermittelt sind und unter mehreren vertretbaren Handlungsalternativen eine Wahl getroffen wird.[434]

3. *Prüfungsmaßstab*

Maßstab einer Einteilung in unternehmerisch vertretbare Entscheidungen auf der einen Seite und nicht mit dem Unternehmenswohl zu vereinbarenden, mit überzogenen Risiken verbundenen Entscheidungen auf der anderen Seite sind weniger rechtliche Kategorien, als die „gesicherten Erkenntnisse und bewährten Erfah-

---

431 *Lutter, Ermessen, ZIP 1995, 441.*

432 *Clemm, Krisenwarner, WPK-Mitt. 2/1995, 65, 73.*

433 Zur Verpflichtung des Vorstands bei Unternehmensakquisitionen eine Due-Dilligence durchzuführen vgl. *Werner, Haftungsrisiken, ZIP 2000, 989; Kiethe, Vorstandshaftung, NZG 1999, 976.*

434 *Semler, Leitung § 4 Rn. 73; Mutter, Entscheidungen, S. 226.* Gegen die Zulässigkeit intuitiv getroffener Prognoseverfahren im Verwaltungsrecht spricht sich *Tettinger, Prognosespielraum, DVBl. 1982, 421, 427* aus.

rungen unternehmerischen Verhaltens".[435] Die betriebswirtschaftlichen Grundregeln und Erfahrungsgrundsätze, bei deren Verletzung nach den oben genannten Grundsätzen nicht mehr von einer sorgfaltsgemäßen Geschäftsführung ausgegangen werden kann, bilden den Maßstab für die Prüfung der wirtschaftlichen Lage. Ein Prüfungskonzept muß zumindest Anhaltspunkte dafür liefern, in welchen Fällen nicht mehr von einer sorgfaltsgemäßen Vorbereitung von Entscheidungsgrundlagen, einem vertretbaren unternehmerischen Risiko gesprochen werden kann. Die juristische Literatur und Rechtsprechung haben sich zunächst nur vereinzelt – meist im Zusammenhang mit Fragen der Vorstands- und Geschäftsführerhaftung – mit diesen betriebswirtschaftlichen Fragen beschäftigt. Ein durchgehendes System rechtlich anerkannter betriebswirtschaftlicher Grundsätze, vergleichbar den Grundsätzen ordnungsgemäßer Buchführung (GoB), existiert noch nicht. Jedoch ist in den letzten Jahren unverkennbar eine zunehmende Verrechtlichung unternehmerischer Pflichten erfolgt.[436] Ausgangspunkt dieser Entwicklung war dabei wohl die weltweite Debatte um Grundsätze der Corporate Governance.[437] Die Betriebswirtschaftslehre hat diese Diskussion zum Anlaß genommen, die Formulierung von Grundsätzen ordnungsgemäßer Unternehmensführung zu fordern.[438] Auch die Vertreter der Rechtswissenschaft haben mittlerweile das Wort ergriffen. Den Grundsätzen ordnungsgemäßer Unternehmensführung wird dabei zwar ein normativer Charakter abgesprochen, gleichwohl kommt ihnen aber bei der Konkretisierung der Leitungsaufgaben des AG-Vorstandes nach § 76 I AktG bzw. der Sorgfaltspflichten des GmbH-Geschäftsführers eine rechtliche Bedeutung zu.[439] So nimmt beispielsweise die h.M. an, daß der Vorstand einer Aktiengesellschaft zur Aufstellung einer Unternehmensplanung verpflichtet ist.[440] Des weiteren hat Lutter in seinen „10 Geboten" für GmbH-

---

435 *Schneider in Scholz, GmbHG § 43 Rn. 76.*

436 Kritisch zu einer Verrechtlichung *Kallmeyer, Pflichten, ZGR 1993, 105.* Vgl. auch die vermittelnde Auffassung von *Feddersen, Unternehmensplanung, ZGR 1993, 114.*

437 Vgl. dazu Teil 1: Einleitung.

438 Vgl. dazu die Aufsätze von Maly, Rückle, Theisen, v. Werder im *zfbf: Sonderheft (36) 1996 hrsg. von Axel v. Werder;* sowie zum Urteil der Praxis zu solchen Grundsätzen, *v. Werder/Maly/Pohle/Wolff, Praxis, DB 1998, 1193;* kritisch zu juristischen Ansätzen aus betriebswirtschaftlicher Sicht *v. Werder, Vorstandsentscheidungen, ZfB 1997, 901.*

439 *Schneider in Scholz, GmbHG § 43 Rn. 70 ff; Hommelhoff/Schwab, Stellenwert, zfbf: Sonderheft (36) 1996, 149; 153, 166* wollen auf die Grundsätze ordnungsgemäßer Unternehmensführung im Haftungsprozeß die Rechtsfigur des Anscheinsbeweises bzw. des antizipierten Sachverständigengutachtens anwenden. Zurückhaltend *Zöllner in Baumbach/Hueck, § 43 GmbHG, Rn. 18.*

440 Vgl. dazu die ausführliche Darstellung in Teil 3, Kap. 5, VIII., 2., a., aa. .

Geschäftsführer neben den in der ARAG/Garmenbeck – Entscheidung des BGH genannten grundsätzlichen Anforderungen an eine sorgfaltsgemäße Unternehmensführung auch einige konkrete wirtschaftliche Grundsätze benannt und mit Beispielen belegt.[441] Danach ist die Unternehmensführung zur Schaffung einer angemessenen Organisation und vor allem auch zu deren Kontrolle verpflichtet. Desweiteren hat die Unternehmensleitung regelmäßig die Liquidität und Finanzlage der Gesellschaft zu kontrollieren.

Der Inhalt der Grundsätze ordnungsgemäßer Unternehmensführung hängt im übrigen wesentlich von dem Unternehmensgegenstand und dem damit verbundenen unternehmerischen Risiko sowie der Unternehmensgröße ab.[442] Rechtliche Bedeutung können darüber hinaus nur gesicherte und praktisch bewährte betriebswirtschaftliche Grundsätze für sich in Anspruch nehmen.[443] Ggf. sind die Grundsätze aus der wirtschaftswissenschaftlichen Literatur und der Unternehmenspraxis zu ermitteln. Schwierigkeiten bei der Ermittlung dieser Leitlinien können sich jedoch dann ergeben, wenn über den eigentlichen Grundsatz hinaus versucht wird, konkrete Verfahren zu ermitteln, die eine allgemeine Verbindlichkeit für sich in Anspruch nehmen.

Dies kann an einem Beispiel verdeutlicht werden. Die Bedeutung einer Investitionsrechnung bei der Planung von größeren Investitionsvorhaben ist in der Betriebswirtschaftslehre weitgehend unbestritten. In der Betriebswirtschaftslehre nicht unumstritten ist jedoch die Frage, welche Art der Investitionsrechnung – dynamisch oder statisch, um nur ein Beispiel zu nennen – besser geeignet ist, den Investitionserfolg zu prognostizieren.[444] Dies schadet jedoch bei der vorliegenden Aufgabe nicht, gilt es doch ohnehin, den unternehmerischen Handlungsspielraum des Vorstandes zu wahren. Dieser drückt sich gerade auch in der Auswahl dieser Instrumentarien aus. Entscheidend wird sein, ob sich das Unternehmen eines grundsätzlich tauglichen Verfahrens bedient und dies sachgerecht anwendet. Eine Festlegung auf bestimmte Verfahrens- und Berechnungsinstrumentarien wird daher nur ausnahmsweise, beispielsweise bei besonderen Branchenbedingungen erforderlich sein.

Zusammenfassend kann festgestellt werden, daß der Abschlußprüfer bei seiner Prüfung der wirtschaftlichen Verhältnisse auf betriebswirtschaftliche Grundsätze zurückgreifen kann, bei deren Nichtbeachtung ein nicht mehr durch den

---

441 *Lutter, Haftung, GmbHR 2000, 301,304 ff.;* vgl. auch *Schneider in Scholz, GmbHG § 43 Rn. 78 ff.*

442 *Schneider in Scholz, GmbHG § 43 Rn. 76.*

443 *Mertens in Kölner Kommentar, § 93 AktG Rn. 45;* ablehnend zur Existenz solcher Grundsätze *Mutter, Entscheidungen, S. 204 ff.*

444 *Wöhe, Betriebswirtschaftslehre, S. 742, 746 ff.; Schierenbeck, Betriebswirtschaftslehre, S. 315 ff.*

unternehmerischen Ermessensspielraum gedeckter Pflichtverstoß des Vorstandes vorliegt. Dabei sind die jeweiligen besonderen Verhältnisse des Unternehmens zu berücksichtigen.

Kapitel 5: Prüfungskonzepte zur Geschäftslage

In der Literatur wurde bereits 1988 die Entwicklung einer in die Abschlußprüfung integrierten Unternehmensanalyse gefordert, da nach bisherigem Stand allenfalls „Bausteine eines solchen Konzeptes" vorhanden wären.[445] Diese Aussage bedarf der Überprüfung. Im folgenden sollen daher zunächst die bestehenden Prüfungskataloge und -konzepte darauf überprüft werden, inwieweit sie auch eine Prüfung der Geschäftslage und von Bestandsrisiken umfassen.

I. Prüfungstandards des IDW

Verschiedentlich wurde bereits auf die vom Institut der Wirtschaftsprüfer (IDW) entwickelten Stellungnahmen, die sich durchweg mit der Organisation und Durchführung von Abschlußprüfungen befassen, hingewiesen.

Den Stellungnahmen des IDW zur Abschlußprüfung kommt eine rechtliche Verbindlichkeit nur im Falle ihrer Kodifizierung oder richterlichen Anerkennung zu.[446] Insoweit ist es zumindest mißverständlich, wenn in der Literatur die Grundsätze ordnungsgemäßer Abschlußprüfung als „rechtssatzähnliche Normen" bezeichnet werden.[447] Vielmehr handelt es sich bei den Stellungnahmen des IDW um unverbindliche Meinungsäußerungen, denen allerdings in der Prüfungspraxis eine überragende Bedeutung zukommt. Die rund 85% der deutschen Wirtschaftsprüfer, die dem Institut angehören, verpflichten sich nämlich mit ihrer Mitgliedschaft im IDW, die vom Verband herausgegebenen Grundsätze zu beachten.[448] So wird häufig in Prüfungsberichten im Rahmen der Beschreibung der Auftragsdurchführung auf die Stellungnahmen des IDW verwiesen.

In der Zeit vor dem KonTraG hat das IDW in dem Fachgutachten 1/1988 „Grundsätze ordnungsgemäßer Durchführung von Abschlußprüfungen" zu den

445 *Sieben/Gatzen/Husemann, Unternehmensanalyse, Wpg. 1988, 606, 609 f.*

446 So das *AG Duisburg, DB 1994, 446;* vgl. zu den Grundsätzen ordnungsgemäßer Abschlußprüfung auch *Rückle, Grundsätze, zfbf: Sonderheft (36) 1996, 107, 116; Hommelhoff/Schwab, Grundsätze, zfbf: Sonderheft (36) 1996, 149; 153, 166.*

447 So *Baetge/Fischer in Küting/Weber, Rechnungslegung § 317 HGB Rn. 22; Claussen in Kölner Komm. § 317 HGB Fn. 33.*

448 *WP Handbuch Bd. I, Abschnitt B Rn. 10, 12.*

Prüfungspflichten des Abschlußprüfers Stellung genommen.[449] Obwohl sich auch schon zum damaligen Zeitpunkt eine Verpflichtung zur Prüfung der Geschäftslage insbesondere aus den §§ 252 I Nr. 2, 289 I HGB ergab, fehlten explizite Hinweise auf eine Prüfung der wirtschaftlichen Lage.

Nach Inkrafttreten des KonTraG hat das IDW kurzfristig reagiert und eine Reihe von Prüfungsstandards (PS) veröffentlicht, die in ihrem jeweiligen Themengebiet eine Prüfung der wirtschaftlichen Lage vorsehen.

Im einzelnen handelt es sich dabei in chronologischer Reihenfolge vor allem um die folgenden Standards:

- IDW PS 350: Prüfung des Lageberichts[450]
- IDW PS 340: Die Prüfung des Risikofrüherkennungssystems nach § 317 Abs. 4 HGB[451]
- IDW PS 200: Ziele und allgemeine Grundsätze der Durchführung von Abschlußprüfungen[452]
- IDW PS 230: Kenntnisse über die Geschäftstätigkeit sowie das wirtschaftliche und rechtliche Umfeld des zu prüfenden Unternehmens im Rahmen der Abschlußprüfung[453]

In ihren jeweiligen Teilbereichen erweisen sich die genannten Prüfungsstandards als wertvolle Hilfen bei der Bestimmung der Prüfungspflichten des Abschlußprüfers zur wirtschaftlichen Lage. Hervorzuheben ist in diesem Zusammenhang insbesondere, daß der IDW PS 230 in einem Anhang „relevante Aspekte" zur wirtschaftlichen Lage benennt.[454] Es handelt sich hierbei um einen Stichwortkatalog, der die wesentlichen Punkte der wirtschaftlichen Lage eines Unternehmens umfaßt. Eine ähnliche, wenn auch noch deutlich detailliertere Aufstellung, ist in dem Rechnungslegungsstandard des IDW zur „Aufstellung des Lageberichts" enthalten, der in Verbindung mit dem entsprechenden Prüfungsstandard PS 350 Prüffelder auf dem Gebiet der wirtschaftlichen Lage benennt.[455]

Zu bemängeln bleibt aber, daß somit zwar konkrete Prüffelder benannt sind, die dazu gehörenden, konkreten Prüfungshandlungen jedoch nicht aufgeführt sind. So fehlen auf die einzelnen Prüffelder bezogene Hinweise auf die heranzuziehenden Unterlagen, die Art der Prüfung (analytische Prüfungshandlungen,

---

449 *IDW, Wpg. 1989, 9.*
450 *IDW, Wpg. 1998, 663.*
451 *IDW, Wpg. 1999, 658.*
452 *IDW, Wpg. 2000, 706.*
453 *IDW, Wpg. 2000, 842.*
454 *IDW, Wpg. 2000, 842, 844 ff.*
455 *IDW, Wpg. 1998, 653, 659 ff.*

Systemprüfung) sowie detaillierte Anmerkungen zu Beschränkungen des Prüfungsumfangs. Inbesondere die mit dem letzteren Punkt angesprochene Frage vom Umfang des unternehmerischen Ermessensspielraums wird in der Prüfungspraxis den Abschlußprüfer vor erhebliche Probleme stellen. Ein möglichst konkreter prüferischer Leitfaden wäre insoweit wünschenswert. Ein umfassendes Prüfungskonzept zur wirtschaftliche Lage, das den an die Jahresabschlußprüfung gestellten Anforderungen gerecht wird, steht daher noch aus.

II. Prüfung von Sanierungskonzepten

In der Literatur hält Clemm eine „Erweiterung" des Prüfungsauftrags hin zu einer Analyse der wirtschaftlichen Lage für „sinnvoll und verantwortbar". Er schlägt hierzu vor, auf Erfahrungen, die der Berufsstand der Wirtschaftsprüfer bei Aufgaben außerhalb der Jahresabschlußprüfung gewonnen hat, zurückzugreifen.[456] Clemm nennt an dieser Stelle die Prüfung und Erstellung von Sanierungskonzepten. Die Prüfung bzw. Erstellung eines Sanierungskonzepts geht mit einer Prüfung der wirtschaftlichen Lage, genauer gesagt einer Krisenursachenanalyse, einher.[457] Die in der Stellungnahme des Instituts der Wirtschaftsprüfer Fachausschuß Recht 1/1991 „Anforderungen an Sanierungskonzepte" und in der Literatur dazu genannten Prüfungshandlungen taugen jedoch nur in eingeschränktem Umfang als Muster für eine Prüfung der wirtschaftlichen Lage im Rahmen der Abschlußprüfung. Die genannten Analysehandlungen sind auf der Basis einer Vollprüfung der wirtschaftlichen Lage, die auch die Geschäftspolitik einer Zweckmäßigkeitsprüfung unterzieht, formuliert worden. Der Wirtschaftssprüfer in der Rolle eines Sanierers wird von Vorstand oder Aufsichtsrat herangezogen, damit er anstelle des in der Krisensituation oftmals überforderten Vorstandes eine vollumfängliche Situationsanalyse abgibt. Die wirtschaftliche Lageanalyse im Rahmen der Abschlußprüfung muß dagegen den unternehmerischen Handlungsspielraums des Vorstandes berücksichtigen. Insoweit ist das Prüfungskonzept zu Unternehmenssanierungen nur eingeschränkt auf die Jahresabschlußprüfung übertragbar.

---

456 *Clemm, Krisenwarner, WPK-Mitt. 2/1995, 65, 71 ff.*

457 Vgl. dazu *WP Handbuch Bd. II, Abschnitt F Rn. 189; Groß, Sanierung, Rn. 20 ff;* sowie die Stellungnahme des *IDW Fachausschusses Recht (FAR) 1/1991, Anforderungen an Sanierungskonzepte, FN 1991, 317.*

III. Prüfungsansatz nach § 53 HGrG

Der hier vertretene Prüfungsansatz weist grundlegende Parallelen zur Prüfung der öffentlichen Unternehmen nach § 53 HGrG auf. Eine Gebietskörperschaft, die alleine oder zusammen mit anderen Gebietskörperschaften die Mehrheit an einem privatrechtlichen Unternehmen hält, kann von dem Unternehmen verlangen, daß es im Rahmen der Jahresabschlußprüfung auch die Ordnungsmäßigkeit der Geschäftsführung (§ 53 I Nr. 1 HGrG) und die wirtschaftliche Lage (§ 53 I Nr. 2 a-c HGrG) prüfen läßt.[458] Bei der Prüfung nach § 53 HGrG handelt es sich nicht um eine gesonderte, von der Jahresabschlußprüfung unabhängig durchzuführende Prüfung. Sie bildet einen Teil der Jahresabschlußprüfung, die nach dem Verständnis der herkömmlichen Auffassung lediglich in einigen Bereichen erweitert wird.

In den vom Bundesfinanzministerium entwickelten „Grundsätzen für die Prüfung von Unternehmen nach § 53 HGrG“ wird der Begriff der Ordnungsmäßigkeit näher bestimmt.[459] Dort heißt es: „Den Maßstab für die Ordnungsmäßigkeit bilden die Vorschriften des §§ 93 I S. 1 AktG bzw. § 43 GmbHG, nach denen die Vorstandsmitglieder bzw. die Geschäftsführer die Sorgfalt eines ordentlichen und gewissenhaften Geschäftsleiters anzuwenden haben. Der Prüfer hat festzustellen, ob die Geschäfte im abgelaufenen Geschäftsjahr mit der erforderlichen Sorgfalt, d.h. auch mit der gebotenen Wirtschaftlichkeit, und in Übereinstimmung mit den Gesetzen, der Satzung, den Beschlüssen der Haupt- und Gesellschafterversammlung, des Aufsichtsrates und seiner Ausschüsse sowie der Geschäftsordnung für den Vorstand geführt worden sind. Insbesondere soll in diesem Zusammenhang geprüft werden, ob ungewöhnliche, risikoreiche oder nicht ordnungsgemäß abgewickelte Geschäftsvorfälle und erkennbare Fehldispositionen vorliegen. ... Es ist nicht die Aufgabe der Prüfung der Ordnungsmäßigkeit der Geschäftsführung, den Entscheidungsprozeß in seinen Einzelheiten zu prüfen. Es kommen nur we-

---

458 Die getrennte Behandlung der Prüfung der Ordnungsmäßigkeit der Geschäftsführung nach § 53 I Nr. 1 und der Prüfung der Angaben in § 53 I Nr. 2 HGrG, die in der Literatur übereinstimmend als Prüfung der wirtschaftlichen Verhältnisse bezeichnet wird, erweckt zunächst den Eindruck, als ob es sich um zwei voneinander unabhängige Prüfungsgegenstände handele. Dem steht jedoch entgegen, daß eine leistungsfähige Geschäftsführung -wie eingangs bei der Erörterung des Leffson'schen Begriffs der wirtschaftlichen Lage erörtert- nichts anderes als eine bestimmende Komponente der wirtschaftlichen Lage darstellt. Insofern lassen sich sowohl die Angaben in Nr. 1 als auch die in Nr. 2 unter den gemeinsamen Oberbegriff "Prüfung der wirtschaftlichen Lage" subsumieren.

459 *Ministerialblatt des Bundesministers der Finanzen und des Bundesministers für Wirtschaft, Grundsätze für die Prüfung von Unternehmen nach § 53 HGrG, Nr. 8, 1987, 263.*

sentliche, grobfehlsame oder mißbräuchliche kaufmännische Ermessensentscheidungen oder vergleichbare Unterlassungen in Betracht. ... Im allgemeinen gehört es nicht zum Inhalt dieser Ordnungsmäßigkeitsprüfung, daß der Prüfer auch zur Geschäftspolitik der Gesellschaft ein Urteil abgibt."

Der hier vertretene Prüfungsansatz entspricht damit dem Grundverständnis der Prüfung der Ordnungsmäßigkeit der Geschäftsführung. Beide Ansätze wurzeln in der Haftungsvorschrift des § 93 I S. 1 AktG. Die Zielsetzungen beider Ansätze sind identisch. Beiden ist gemeinsam, daß zum einen der unternehmerische Handlungsspielraum der Geschäftsleitung gewahrt sein soll und zum anderen gravierende Fehlentwicklungen durch den Prüfer aufgedeckt werden sollen. Die Prüfung der wirtschaftlichen Lage umfaßt daher nach der hier vertretenen Auffassung auch eine Geschäftsführungsprüfung nach § 53 HGrG. Demgegenüber stellte nach bisher herrschender Auffassung die Prüfung nach § 53 HGrG eine nicht unwesentliche Erweiterung des Prüfungsumfangs der handelsrechtlichen Abschlußprüfung dar.[460] Der Umstand, daß die bisher h.M. zu einer anderen Einschätzung des Prüfungsumfangs kam, beruhte im wesentlichen darauf, daß die h.M. ein restriktives Verständnis von der Verpflichtung des Jahresabschlußprüfers zur Prüfung der wirtschaftlichen Lage hatte.

Der Fachausschuß für öffentliche Unternehmen und Verwaltungen (ÖFA) des Instituts der Wirtschaftsprüfers hat in Abstimmung mit Vertretern des Bundesfinanzministeriums sowie des Bundes- und der Landesrechnungshöfe den Prüfungsstandard PS 720 „Fragenkatalog zur Prüfung der Ordnungsmäßigkeit der Geschäftsführung und der wirtschaftlichen Verhältnisse nach § 53 HGrG" erstellt.[461] Der Fragenkatalog besteht aus detaillierten Fragen zu 21 Fragenkreisen, die von der Organisation des Unternehmens, dem Einsatz von Finanzderivaten, seiner Investitionstätigkeit, der Finanzierung und Eigenkapitalausstattung bis hin zu Maßnahmen zur Verbesserung der Ertragslage reichen.

Im folgenden soll anhand dieser Prüfungsleitlinien untersucht werden, inwieweit die Prüfung nach § 53 HGrG als Modell für die handelsrechtliche Prüfung der Geschäftslage dienen kann. Untergliedert in die Bereiche Prüfung der Organisation, des Instrumentariums und der Tätigkeit der Geschäftsführung sowie in die sich aus § 53 I Nr. 2 HGrG ergebenden Oberbegriffe Prüfung der Vermögens-, Finanz- und Ertragslage, stellen sich die Schwerpunkte der Prüfung wie folgt dar:[462]

---

460 Vgl. nur *A/D/S, 5. Aufl. § 317 HGB Rn. 89; Kropff in Geßler/Hefermehl/Eckhard/Kropff, § 162 AktG, Rn.19; Claussen, Kölner Komm. § 317 HGB Fn. 41.*

461 *IDW, Wpg. 2000, 326.*

462 Diese Einteilung von Potthof hat großen Anklang gefunden und wird nun allgemein benutzt vgl. *Potthof, Geschäftsführungsprüfung, Wpg 1966, 586; Bolsenkötter, Prüfung, Wpg 1981, 505, 511; Eibelshäuser in FS Moxter, Aufgaben, S. 920, 935*

1. Geschäftsführungsorganisation

Die Prüfung der Geschäftsführungsorganisation läßt sich in einen formellen und materiellen Teil untergliedern.[463] Im Rahmen der formellen Prüfung hat der Jahresabschlußprüfer festzustellen, ob die Zusammensetzung und Tätigkeit der Verwaltungsorgane Gesetz und Satzung entspricht. Bei der materiellen Prüfung ist festzustellen, ob die Aufgabenverteilung und die Anweisungsbefugnisse der Geschäftsführung sachgerecht sind. Zu letzterem Bereich hat der Abschlußprüfer beispielsweise festzustellen, ob die Arbeit im Vorstand durch einen Geschäftsverteilungsplan geregelt ist, wesentliche Entscheidungen durch Stabsstellen und Ausschüsse vorbereitet werden und der Vorstand laufende Geschäftsvorfälle delegiert. Die Prüfungspunkte erlauben eine Beurteilung der Arbeit des Vorstandes und sind auch ohne weiteres auf Unternehmen außerhalb des Geltungsbereichs des § 53 HGrG anzuwenden.

2. Geschäftsführungsinstrumentarium

Die Prüfung des Geschäftsführungsinstrumentariums beinhaltet die Feststellung, ob das Rechnungswesen – bestehend aus Finanz- und Betriebsbuchhaltung sowie aus Planungs- und Vergleichsrechnungen – den besonderen Verhältnissen und der Größe des Unternehmens angepaßt ist und entsprechend leistungsfähig ist.[464] Gegebenenfalls ist zu einzelnen Teilen des Rechnungswesens Stellung zu nehmen. Der Prüfer hat des weiteren auf die Frage einzugehen, ob das Unternehmen über ein angemessenes Risikofrüherkennungssystem verfügt. Festzustellen ist auch, ob Planungsrechnungen erstellt werden und als Mittel der Unternehmensführung ausreichend genutzt werden.

Bei dem Fragenkatalog des IDW fällt auf, daß die in einem privatwirtschaftlichen Unternehmen vorkommenden Planungsbereiche z.T. nur unvollkommen angesprochen werden. Direkt angesprochen werden lediglich die Investitions-, Finanz- und Liquiditätsplanung. Abschnitte von zentraler Bedeutung für die Unternehmensplanung, wie die Absatz- und Produktionsplanung, bleiben dagegen außer Betracht. Entsprechend bleiben insofern auch detaillierte, vertiefte Fragen aus. Der Grund dieser Auslassung ist darin zu sehen, daß die Konzepte in erster Linie auf die Verhältnisse von in öffentlicher Hand befindlichen Versorgungs- und Verkehrsbetrieben zugeschnitten sind, bei denen als Monopolbetriebe

463 Vgl. zum folgenden Fragenkreis 1 und 2 in *IDW PS 720, Wpg. 2000, 326, 327 f.*
464 Fragenkreis 3, 4, 5 und 6 in *IDW PS 720, Wpg. 2000, 326, 328 f.*

die Absatz- und Produktionsplanung eine geringere Bedeutung als bei im Wettbewerb stehenden Unternehmen hat.[465]

3. *Geschäftsführungstätigkeit*

Aufgabe des Jahresabschlußprüfers bei der Prüfung der Ordnungsmäßigkeit der Geschäftsführungstätigkeit ist es festzustellen, ob bei zustimmungsbedürftigen Rechtsgeschäften jeweils die vorherige Zustimmung des Überwachungsorgans eingeholt wurde, und vor allem auch, ob die Geschäftspolitik des Unternehmens auf den üblichen ordnungsgemäßen Entscheidungsgrundlagen beruht.[466] Abweichungen davon sind zu erfassen und zu prüfen. Insbesondere letzterem Punkt kommt für die Krisenwarnung entscheidende Bedeutung zu.

Der Abschlußprüfer hat weiter zu prüfen, ob „ungewöhnliche, risikoreiche oder nicht ordnungsgemäß abgewickelte Geschäftsvorfälle sowie erkennbare Fehldispositionen" vorliegen.[467] Unter diesem Begriff verbergen sich gerade solche Vorgänge, die nach den Erfahrungen der letzten Jahre – beispielhaft genannt seien hier unternehmensfremde Finanzspekulationen, riskante Auslandsgeschäfte und besonders eng kalkulierte Absatzgeschäfte – häufig Ursache von Unternehmenszusammenbrüchen waren und sind. Es ist jedoch unwahrscheinlich, daß der Abschlußprüfer allein mit einer derart allgemein gehaltenen Fragestellung riskante Geschäfte aufdecken kann. Die prüferische Aufmerksamkeit muß gezielt auf bestimmte Gefahrensachverhalte gelenkt werden. Es bedarf an dieser Stelle spezifischer Fragen, die direkt auf typische Gefahrenquellen, wie sie oben genannt wurden, ausgerichtet sein müssen. Größere Investitionen (Sachanlagen, Beteiligungen und sonstige Finanzanlagen) sind auf das Vorliegen von sachgerechten Finanzierungs- und Wirtschaftlichkeitsrechnungen zu überprüfen.[468] Der Abschlußprüfer hat festzustellen, ob sich bei laufenden Investitionsvorhaben nennenswerte Überschreitungen des Investitionsbudgets oder Abweichungen von den Prämissen der Wirtschaftlichkeitsrechnung abzeichnen. Auch abgeschlossene Investitionsvorhaben sind auf die Einhaltung der Plankosten zu prüfen. Der Prüfer hat sich zu vergewissern, ob Konkurrenzangebote eingeholt wurden und eine ordnungsgemäße Abrechnungskontrolle erfolgt ist.

Der Preis von erworbenen und veräußerten wesentlichen Unternehmensbeteiligungen ist auf seine Angemessenheit zu untersuchen. Die im Fraugenkatalog ausschließlich genannte Preiskontrolle allein wird jedoch auf dem wich-

---

465 Vgl. dazu die Ausführungen im *WP Handbuch Bd. I, Abschnitt L, Rn. 65.*
466 Fragenkreis 10, 11, und 12 in *IDW PS 720, Wpg. 2000, 326, 329 f.*
467 Fragenkreis 12 c. in *IDW PS 720, Wpg. 2000, 326, 330.*
468 Fragenkreis 13 und 14 in *IDW PS 720, Wpg. 2000, 326, 330.*

tigen Gebiet des Kaufs von Unternehmen und Beteiligungen nicht ausreichen, um wirtschaftliche Risiken aufzudecken. Hier sind zahlreiche weitere grundsätzliche Verstöße gegen die Grundsätze unternehmerischen Handelns möglich, die für die Beurteilung der wirtschaftliche Lage von durchschlagender Bedeutung sein können. Generell erfordert der Kauf eines Unternehmens eine sachgerechte strategische Planung, die vom Prüfer auf ihre Sachgerechtigkeit zu prüfen ist.

4. Vermögens-, Finanz- und Ertragslage, Verluste

Nach § 53 I Nr. 2 a HGrG hat der Abschlußprüfer „die Entwicklung der Vermögens- und Ertragslage sowie die Liquidität und Rentabilität der Gesellschaft" zu prüfen und darüber zu berichten. Der Abschlußprüfer hat an dieser Stelle die wesentlichen Ergebnisse des unternehmerischen Handelns zu bewerten.

Die Darstellung der Vermögenslage umfaßt u.a. die Angemessenheit von Eigenkapitalausstattung und Verschuldungsquote sowie die Vereinbarkeit der Verwendung des Bilanzgewinns mit der Unternehmenssituation.

Im Mittelpunkt seiner Betrachtung zur Finanzlage steht die Prüfung der vergangenen und künftig zu erwartenden Zahlungsbereitschaft. Die Finanzierung muß sachgerecht und vor allem fristengerecht organisiert und auch in Zukunft gesichert sein.

Umfangreiche Feststellungen hat der Abschlußprüfer zur Entwicklung der Ertragslage zu machen. Im Rahmen einer Ergebnisquellenanalyse sind das Betriebsergebnis und das außerordentliche Ergebnis zu analysieren. Ihrer Art und Höhe nach bemerkenswerte Aufwendungen und Erträge sind zu ermitteln. Dies bedeutet, daß die Aufwands- und Kostenstruktur zu analysieren ist und zu ermitteln ist, ob sie in einem angemessenen Verhältnis zum Umsatz und zu den erbrachten Leistungen steht. Die Angemessenheit der Aufwands- und Kostenstruktur kann nur anhand eines Betriebsvergleichs zuverlässig ermittelt werden. Der Abschlußprüfer hat ggf. auch festzustellen, welche Maßnahmen von der Geschäftsführung ergriffen wurden, um die wirtschaftliche Lage zu verbessern. Von der Prüfung umfaßt ist auch die Wirtschaftlichkeit der Preisgestaltung.

Nach Nr. 2 b sind verlustbringende Geschäfte und die Ursachen der Verluste, wenn diese Geschäfte und die Ursachen für die Vermögens- und Ertragslage von Bedeutung waren, sowie nach Nr. 2 c die Ursachen eines in der Gewinn- und Verlustrechnung ausgewiesenen Fehlbetrages zu prüfen. Verlustquellen, auch die einzelner Geschäfte und Sparten, sind an Hand von Spartenrechnungen und Einzelkalkulationen zu isolieren. Die Ursachen sind zu analysieren.

Die aufgeführten Prüfungsfragen decken die Bereiche der Vermögens-, Finanz- und Ertragslage weitgehend ab.[469] Jedoch müssen die aufgeführten Prüfungsfragen, die auf die Sondersituation öffentlich-rechtlicher Versorgungsunternehmen zugeschnitten sind, auf die privatwirtschaftlichen Bedürfnisse ausgerichtet werden.

IV. Wirtschaftliche Verhältnisse in § 29 I KWG

Nach § 340 k I S. 1 HGB sind Kreditinstitute verpflichtet, ihren Jahresabschluß und Lagebericht prüfen zu lassen. Es gelten grundsätzlich die Vorschriften für die Prüfung von Kapitalgesellschaften, die jedoch um Bestimmungen des Kreditwesengesetzes (KWG) ergänzt werden. Der Jahresabschlußprüfer von Kreditinstituten hat nach § 29 I KWG die wirtschaftlichen Verhältnisse der Institute zu prüfen und darüber zu berichten.[470] Die notwendigen Berichtsinhalte sind in der Prüfungsberichtsverordnung (PrüfbV) vom 17. Dezember 1998 detailliert aufgezählt.[471] Aus den in der Prüfungsberichtsverordnung genannten Berichtspflichten ergeben sich auch Prüfungspflichten, da eine Berichterstattung eine vorhergehende Prüfung voraussetzt.[472]

Die Geltung ergänzender Vorschriften zur Rechnungslegung und Prüfung beruht zum einen auf den spezifischen Verhältnissen der Kreditbranche und zum anderen darauf, daß die Jahresabschlußprüfung die maßgebliche Grundlage für die Tätigkeit der Bankenaufsicht bildet. Einige der Berichtsinhalte sind jedoch auch in anderen Wirtschaftsbereichen von Belang. Die Vorschriften der Prüfungsberichtsverordnung sind daher darauf zu prüfen, ob sich aus ihnen über den Bankensektor hinaus auf andere Wirtschaftsbereiche übertragbare Prüfungspflichten ergeben.

1. Vermögens-, Liquiditäts- und Ertragslage

Die Prüfung der Vermögenslage nach § 14 PrüfbV umfaßt die Frage über Art und Umfang der stillen Reserven der geprüften Bank. Bedeutende Verträge sind

---

469 Fragenkreis 15 bis 21 in *IDW PS 720, Wpg. 2000, 326, 330 f.*

470 Nach *Olbrich, Prüfung, S. 38 ff.* ist der Begriff der wirtschaftlichen Lage inhaltlich voll im Begriff der wirtschaftlichen Verhältnisse enthalten.

471 *Verordnung über die Prüfung der Jahresabschlüsse und Zwischenabschlüsse der Kreditinstitute und Finanzdienstleistungsinstitute und über die Prüfung nach § 12 Abs. 1 Satz 3 des Gesetzes über Kapitalanlagegesellschaften sowie die darüber zu erstellenden Berichte, BGBl. Jg. 1998 Teil I S. 3690.*

472 Vgl. § 1 der PrüfbV und *WP Handbuch Bd. I, Abschnitt J Rn. 353.*

auf nachteilige Auswirkungen auf die Vermögenslage zu prüfen. Im Rahmen der Prüfung der Liquiditätslage ist die künftige Liquiditätsentwicklung zu prüfen und festzustellen, ob eine Liquiditätsvorsorge getroffen wurde (§ 26 PrüfbV). Die Entwicklung der Ertragslage in den wichtigsten Geschäftssparten ist zu prüfen (§ 15 PrüfbV). Der Abschlußprüfer hat die wichtigsten Erfolgsquellen darzustellen. Die genannten Punkte sollten zum Standardprogramm der Prüfung der wirtschaftlichen Lage eines jeden Unternehmens unabhängig von seiner Branchenzuordnung gehören.

2. *Handelsgeschäfte und Finanzderivate*

Handelsgeschäfte in Geldmarktgeschäften, Devisen, Wertpapiere usw. sind mit ihren Risiken und Vorkehrungen zu ihrer Begrenzung ebenfalls von der Prüfung durch den Abschlußprüfer umfaßt (§ 11 I PrüfbV). Der Abschlußprüfer hat außerdem den Bereich der Finanzderivate entsprechend ihrer Risikolage zu prüfen (§ 11 III PrüfbV). Da Finanzderivate und Handelsgeschäfte auch von Nichtbanken abgewickelt werden, sind die Prüfungspflichten auch außerhalb des Bankensektors von Bedeutung.

3. *Organisationsstruktur*

Darüber hinaus hat der Abschlußprüfer nach § 5 I Nr. 3, 4, 5, 6, 9, 10, 12, § 10 PrüfbV auch die Organisationsstruktur des Kreditinstituts und ihre Veränderungen zu erfassen. Die Organisation des Rechnungswesens hat er einer detaillierten Analyse zu unterziehen. Er hat das Rechnungswesen auf seine Sicherung gegenüber fremden Einflüssen und auf seine Leistungsfähigkeit hin zu untersuchen. Gezielt hat er dabei die sog. innerbetrieblichen Steuerungsinstrumente – § 10 I Nr. 3 PrüfbV nennt hier die Kostenrechnung, Kalkulation, Prognose- und Planungssysteme – zu berücksichtigen. Diese Prüfungselemente sollten auch Gegenstand der „regulären" handelsrechtlichen Jahresabschlußprüfung sein.

V. Bewertung

Ein detailliertes, wirklich umfassendes Konzept zur Jahresabschlußprüfung, das nicht nur einzelne Bereiche der Geschäftslage, sondern auch die dazu gehörenden Prüfungshandlungen berücksichtigt, liegt noch nicht vor. Der umfangreiche Fragenkatalog des IDW zur Prüfung öffentlicher Unternehmen nach § 53 HGrG deckt weite Teile einer Prüfung der wirtschaftlichen Lage ab. Eine nur eingeschränkte Übertragbarkeit auf nicht öffentliche Unternehmen ergibt sich jedoch daraus, daß die Prüfung nach dem Haushaltsgrundsätzegesetz auf die Prüfung von öffentlichen Versorgungs- und Verkehrsbetrieben ausgerichtet ist. Der Prüfungskatalog ist daher um Fragestellungen, die den Tätigkeitsfeldern der privaten Wirtschaft und den damit verbundenen Risiken Rechnung tragen, zu ergänzen. Insbesondere die Unternehmensbereiche Absatz, Produktion, aber auch Betätigungen wie Unternehmens-und Beteiligungskäufe bedürfen einer Berücksichtigung. Hierbei kann auf Erfahrungen bei der Prüfung von Sanierungskonzepten zurückgegriffen werden, soweit der unternehmerische Handlungsspielraum des Vorstandes gewahrt bleibt. Die bankenrechtlichen Prüfungsbestimmungen nach der Prüfungsberichtsverordnung sind in einigen Teilbereichen auf Unternehmen außerhalb des Bankensektors zu übertragen.[473] Dies gilt vor allem für den Bereich Finanzderivate, der gerade auch bei Nichtbanken zu schweren Unternehmenskrisen geführt hat.

Kapitel 6: Zusammenfassung

Eine Verpflichtung zur Prüfung der wirtschaftlichen Lage ergibt sich aus § 317 HGB iVm den §§ 252 I Nr. 4, 264 II, 289 HGB, 92 II AktG. Es handelt sich hierbei nicht um mehrere voneinander verschiedene Prüfungspflichten, sondern um eine einheitliche Prüfungspflicht. Lediglich die Akzente der Prüfung sind bei den einzelnen Normen unterschiedlich. Bei der Prüfung des Going-Concern-Prinzips liegt ein Schwerpunkt der Prüfung auf der Aufdeckung von bereits drohenden Bestandsgefahren. Hingegen ergibt sich aus der Verpflichtung des Jahresabschlußprüfers zur Prüfung des Lageberichts und des Risikomanagements, daß der Abschlußprüfer die sich abzeichnenden künftigen Risiken frühzeitig zu erfassen hat.

Der Jahresabschlußprüfer hat sich mit der Geschäftslage des Unternehmens in ihrer ganzen Breite zu befassen.[474] Die Bemühungen des Jahresabschlußprüfers müssen dahin gehen, sich durch eine Analyse der wirtschaftlichen Primärdaten ein Bild von der wirtschaftlichen Situation zu machen. Gegenüber den Sekundärinformationen des Jahresabschlusses bieten die Primärdaten die Möglichkeit ei-

---

473 Vgl. dazu ausführlich in Teil 4, Kap. 5, III. Auf eine Darstellung der Prüfung der wirtschaftlichen Verhältnisse nach § 53 GenG wird verzichtet, da die Genossenschaft als mitgliederbezogene Unternehmensform rechtsformspezifische Besonderheiten aufweist, so daß eine Vergleichbarkeit mit der handelsrechtlichen Abschlußprüfung nicht besteht. Hinzukommt, daß bezüglich der Prüfungsbefugnis Sonderregelungen (vgl. § 25 EGHGB) gelten. Vgl. zur Prüfung von Genossenschaften *Pauli, Genossenschaft, BFuP, 1980, 533.*

474 Vgl. dazu den *Leffson'schen* Begriff der wirtschaftlichen Lage in Teil 1, Kap. 4; II.

ner unverfälschten und frühzeitigen Information. Voraussetzung einer solchen Prüfung ist, daß der Abschlußprüfer die Fähigkeit und die Bereitschaft mitbringt, sich mit der Geschäftstätigkeit des zu prüfenden Unternehmens vertieft zu befassen. Im Zuge des Gesetzes zur Kontrolle und Transparenz im Unternehmensbereich (KonTraG) ist diese Auffassung auch im Kreise der Wirtschaftsprüfer im Vordringen begriffen.[475] Die aus dem englischen übernommenen Schlagworte wie „Understand the client's business" und „Don't audit the figures, but audit the business" machen dies deutlich.[476]

Bei seiner Prüfung und Berichterstattung hat der Abschlußprüfer dabei den unternehmerischen Ermessensspielraum des Vorstandes insbesondere bei Prognoseentscheidungen zu beachten. Zu Konkretisierung des unternehmerischen Ermessensspielraums kann dabei auf die vom BGH entwickelten Grundsätze zur Vorstandshaftung sowie auf den Prüfungsansatz nach § 53 HGrG zurückgegriffen werden.

Die bei der Prüfung der Geschäftslage gewonnenen Erkenntnisse stellen dabei keineswegs nur ein Nebenprodukt der Jahresabschlußprüfung dar. Der Jahresabschlußprüfer ist nicht nur als Garant der aktienrechtlichen Publizität den externen Jahresabschlußadressaten verpflichtet, sondern hat auch den Informationsinteressen des Aufsichtsrats zu entsprechen. Der Abschlußprüfer hat die Prüfung der vorgenannten Vorschriften so zu gestalten, daß er seine Informationsaufgaben gegenüber dem Aufsichtsrat erfüllt. Der Aufsichtsrat kann damit hohe Erwartungen an die Güte der Berichterstattung nach § 321 HGB stellen.

---

475 Vgl. *Wiedmann* der Vorstandsvorsitzende von KPMG, der in Deutschland größten Wirtschaftsprüfungsgesellschaft in *Wpg. 1998, S. 338, 344;* sowie *Forster* der ehemalige Vorstandsvorsitzende von C & L in *Wpg. 1998, S. 41, 46.*

476 *Dörner, Unternehmensberatung, Wpg. 1998, 302, 308.*

Teil 3: Krisenberichterstattung

Kapitel 1: Prüfungsbericht

Die Berichterstattung über die handelsrechtliche Pflichtprüfung hat nach § 321 HGB in einem schriftlichen Prüfungsbericht zu erfolgen. Die Erstattung eines Prüfungsberichts gehört bei der Pflichtprüfung zu den Vertragspflichten des Jahresabschlußprüfers aus dem gem. § 318 I S. 4 HGB zu schließenden Prüfungsvertrag. Der Prüfungsbericht hat jedoch auch gesellschaftsrechtliche Bedeutung.[477] Solange der Prüfungsbericht nicht dem Vorstand vorgelegt worden ist, gilt, daß die Prüfung nicht beendet ist und im Rechtssinne nicht stattgefunden hat. Im Falle einer Pflichtprüfung kann dann der Jahresabschluß nicht festgestellt werden (§ 316 I 2 HGB). Ein dennoch festgestellter Jahresabschluß ist nach § 256 I Nr. 2 AktG nichtig. Dabei kommt es bei der Beurteilung der Frage, ob ein Prüfungsbericht vorliegt, nicht auf die äußere Form und Bezeichnung, sondern darauf an, ob die gesetzlichen Mindestinhalte vorliegen. Eine mündliche Berichterstattung gilt nicht als Bericht über die Jahresabschlußprüfung. Auch sonstige schriftliche Feststellungen in Form eines Vermerks oder eines sog. Management-Letters sind nach h.M. nicht dazu geeignet, den Prüfungsbericht zu ersetzen.[478] Sie kommen nur als ergänzende Berichterstattungsmöglichkeiten zum Prüfungsbericht in Betracht.

I. Informationsfunktion

Die Hauptaufgabe des Prüfungsberichts ist es, den Aufsichtsrat über das Ergebnis der Prüfung zu informieren. Der Prüfungsbericht hat damit eine Informations- und Unterstützungsfunktion.[479] Der Prüfungsbericht ist in seinem Inhalt und in seiner Darstellung an dieser Funktion auszurichten, d.h. der Prüfungsbericht hat

477 Vgl. *RG v. 16.4.1944, Wpg. 1970, 421; WP Handbuch Bd. I Abschnitt Q Rn. 11; A/D/S § 321 Rn. 30; Budde/Kunz in BeBiKo., § 321 Rn. 1 ff.*

478 Vgl. *WP Handbuch Bd. I Abschnitt Q Rn. 25; A/D/S § 321 Rn. 20; Budde/Kunz in BeBiKo, § 321 Rn. 5.*

479 Vgl. zu den nachfolgenden dargestellten Aufgaben des Prüfungsberichts *WP Handbuch Bd. I Abschnitt Q Rn. 26 ff..; A/D/S § 321 Rn. 32 ff.; Budde/Kunz in BeBiKo., § 321 Rn. 7f.*

aufsichtsratgerecht zu sein. Auch in bezug auf die Krisenwarnpflichten des Jahresabschlußprüfers stellt der Prüfungsbericht das Informationsmedium des Prüfers dar.[480] Der Aufsichtsrat muß daher nach sorgfältiger Lektüre des Prüfungsberichts ersehen können, ob die Rechnungslegungsvorschriften eingehalten wurden und ob bestandsgefährdende Entwicklungen bestehen. Der Aufsichtsrat hat auf dieser Grundlage zu entscheiden, ob er sich in Erfüllung seiner selbständigen Prüfungspflicht weitgehend auf die Prüfung des Abschlußprüfers stützen kann und nur noch Plausibilitätsprüfungen vorzunehmen hat. Bei der inhaltlichen und formalen Gestaltung des Prüfungsberichts hat der Abschlußprüfer darauf zu achten, daß der zentralen Informationsfunktion des Prüfungsberichts die angemessene Bedeutung zukommt. Bei der Auslegung des § 321 HGB und der Formulierung einzelner Prüfungspflichten ist der Informationszweck des Prüfungsberichts als „ratio legis" zu berücksichtigen.

Auch für den Vorstand des Unternehmens hat der Prüfungsbericht eine Informationsfunktion. Dies gilt insbesondere für die Vorstände, die nicht für die Rechnungslegung des Unternehmens zuständig sind, die aber gleichwohl aufgrund ihrer Zugehörigkeit zum Vorstand für die Rechnungslegung Mitverantwortung tragen.

Neben der Informationsfunktion kommt dem Prüfungsbericht noch in doppelter Hinsicht eine Nachweisfunktion zu. Der Prüfungsbericht bestätigt dem Vorstand im Idealfall, daß die Rechnungslegung den gesetzlichen Vorschriften entspricht und das Unternehmen wirtschaftlich solide ist. Auch für den Abschlußprüfer selbst hat der Prüfungsbericht eine Nachweisfunktion. Das im Prüfungsbericht dokumentierte Prüfungsergebnis und seine Begründung enthalten in Verbindung mit den Arbeitspapieren den Nachweis, daß der Abschlußprüfer seine Pflicht erfüllt hat. Insbesondere in Haftungsfällen kann dies von Bedeutung sein.

II. Empfängerkreis und Vertraulichkeit

Der Kreis der Empfänger des Prüfungsberichts ist eingegrenzt. Der Prüfungsbericht ist vertraulich. Die Vertraulichkeit wird als notwendige Voraussetzung angesehen, damit der Abschlußprüfer seine Aufgabe, den Aufsichtsrat offen und rückhaltlos über das Ergebnis der Abschlußprüfung zu informieren, wahrnehmen

480 Vgl. zur Unterstützungsfunktion des Abschlußprüfers und zur Zusammenarbeit zwischen Abschlußprüfer und Aufsichtsrat bereits die Ausführungen in Teil 1, Kap. 1, 2 und 3.

kann.[481] Gerade im Hinblick auf die Krisenwarnpflichten ist dies von großer Bedeutung. Sonst bestünde die Gefahr, daß der Hinweis des Abschlußprüfers auf eine kritische wirtschaftliche Lage des geprüften Unternehmens zur Insolvenz des Unternehmens führt, weil Lieferanten und Gläubiger Waren und Gelder einfordern. Dem Prüfungsbericht käme dann die Rolle der in der Literatur viel zitierten „self fulfilling prophecy" zu.[482] Auch aus diesem Grunde haben die Hauptversammlung und einzelne Aktionäre kein Einsichtsrecht in den Prüfungsbericht. Der Prüfungsbericht gehört nicht zu den Unterlagen, die nach § 325 HGB zum Handelsregister eingereicht werden müssen. Gesetzlich vorgesehene Empfänger des Prüfungsberichts sind der Vorstand als gesetzlicher Vertreter und vor allem der Aufsichtsrat. Darüber hinaus ergeben sich aus einer Reihe spezialgesetzlicher Regelungen weitere Empfänger des Prüfungsberichtes.[483] So hat nach § 26 I S. 3 KWG der Abschlußprüfer von Banken den Prüfungsbericht dem Bundesamt für das Kreditwesen und der Deutschen Bundesbank vorzulegen. Eine vergleichbare Verpflichtung besteht bei der Prüfung von Versicherungen gem. § 59 VAG gegenüber dem Bundesaufsichtsamt für das Versicherungswesen. Neben diesen branchenspezifischen Regelungen ist nach § 150 IV AO iVm § 60 III EStDV, Abschn. 27 I Nr. 2 KStR 1995 dem Finanzamt eine Abschrift des Prüfungsberichts auszuhändigen. In der Praxis machen im übrigen auch die Kreditinstitute unter Berufung auf § 18 KWG die Kreditvergabe von der Vorlage des Prüfungsberichts abhängig.[484] Das Bundesarbeitsgericht hat in seinem Beschluß vom 8.8.1989 festgestellt, daß der Prüfungsbericht eine Unterlage ist, die die wirtschaftlichen Angelegenheiten des Unternehmens iSd § 106 II BetrVG betrifft und daher vom Arbeitgeber dem Wirtschaftsausschuß als Einrichtung der betrieblichen Mitbestimmung jedenfalls dann vorzulegen ist, wenn ein wirksamer Spruch der Einigungsstelle den Unternehmer zur Vorlage des Prüfungsberichts verpflichtet.[485] Die Gefahr, daß im Falle einer Krisenwarnung hochsensible Informationen über den Wirtschaftsausschuß nach außen an eine interessierte Öffentlichkeit gelangen, ist groß. Nach § 108 V BetrVG ist nämlich der Jahresabschluß im Wirtschaftsausschuß unter Beteiligung des Betriebsrates zu erläutern, mit der Folge, daß bei Großunternehmen die Zahl der Personen, die von dem möglicherweise brisanten Inhalt des Prüfungsberichts Kenntnis erlangen, entsprechend der

---

481 *WP Handbuch Abschnitt Q Rn. 18; A/D/S § 321 Rn. 22 ff.*

482 Vgl. z.B. *Dörner in Scheffler, Überwachungsorgan, S. 172, 192.*

483 Vgl..zu der Problematik des Empfängerkreises und den spezialgesetzlichen Regelungen *Hense in FS Budde, Prüfungsbericht, S. 287.*

484 Kritisch zur Vorlage des kompletten Prüfungsberichts bei der Bonitätsprüfung nach § 18 KWG vgl. *Hense in FS Budde, Prüfungsbericht, S. 287, 304;* vgl. auch *Früh, Bonitätsprüfung, WM 1995, 1701, 1705.*

485 *EzA § 106 BetrVG Nr. 8 S. 14 = BB 1990, 458 f.*

Regelung in § 9 BetrVG zur Zahl der Betriebsratsmitglieder um ein Vielfaches ansteigt. Bereits bei einem Unternehmen mit 8000 Arbeitnehmern hat nach § 9 BetrVG der Betriebsrat 31 Mitglieder. Der Grundsatz der Vertraulichkeit des Prüfungsberichts wird damit entscheidend aufgeweicht. Diese Entwicklung wird mit dafür verantwortlich gemacht, daß in der Praxis mancher Prüfungsbericht Problempunkte nicht oder nur sehr vorsichtig und zurückhaltend anspricht.[486] Die beschriebene Ausweitung des Adressatenkreises mit den damit verbundenen Problemen darf jedoch keinesfalls dazu führen, daß der Abschlußprüfer seine Berichterstattung einschränkt. Der Inhalt des Prüfungsberichts hat sich alleine an den §§ 317, 321 HGB zu orientieren und darf aus den genannten Gründen nicht zur Disposition des Prüfers stehen. Die Lösung des Problems wird man dort suchen müssen, wo das Problem entstanden ist, nämlich in einer konsequenten Sanktionierung von Vertrauensverstößen von Aufsichtsräten und durch eine restriktive Auslegung von § 106 II BetrVG.[487] Die Benennung von Aufsichtsrat und Vorstand als Adressaten des Prüfungsberichts in § 170 AktG ist abschließend. Eine Aushändigung des Prüfungsberichts an weitere Personen kann nur auf der Grundlage einer ausdrücklichen gesetzlichen Bestimmung (z.B. § 60 III EStDV) oder durch freiwillige Übergabe von Vorstand und Aufsichtsrat erfolgen. Eine Aushändigung an Mitglieder des Wirtschaftsausschusses ist hingegen abzulehnen.[488]

III. Abgrenzung: Bestätigungsvermerk und Krisenwarnung

Der Bestätigungsvermerk stellt ebenfalls das Ergebnis der Rechnungslegungsprüfung dar.[489] Seine Aufgabe, das Prüfungsergebnis bekanntzugeben, hatte vor der Gesetzesänderung durch das Gesetz zur Kontrolle und Transparenz im Unternehmensbereich (KonTraG) unter Verwendung des vom Gesetzgeber in § 322 I S. 1 HGB a.F. vorgeschriebenen Formeltestats zu geschehen. Der Gesetzgeber hat in der Gesetzesbegründung zum KonTraG unter Hinweis auf die Erwartungslücke die Auffassung vertreten, daß sich das Formeltestat nicht bewährt habe.[490] Infolgedessen sind nun die Feststellungspflichten des Jahresabschlußprü-

---

486 *Hense in FS Budde, Prüfungsbericht, S. 287, 288 f.*

487 Im Extremfall kann das die Vertraulichkeit verletzende Aufsichtsratmitglied nach § 103 AktG abberufen werden, *Hommelhoff, Position I, BB 1998, 2567, 2572.*

488 Kritisch auch *Hommelhoff, Wirtschaftsausschuß, ZIP 1990, 218, 220; Martens, Vorlage, DB 1988, 1229, Hense in FS Budde, Prüfungsbericht, S. 287, 301 f.*

489 Vgl. zur Bedeutung des Bestätigungsvermerks die grundlegende Monographie von *Erle, Bestätigungsvermerk.*

490 *BT - Drucksache 13/9172, S. 29.*

fers im Bestätigungsvermerk erweitert worden. Nach § 322 II S. 2 HGB hat der Jahresabschlußprüfer nun ausdrücklich auf von ihm erkannte Bestandsrisiken auch im Bestätigungsvermerk hinzuweisen. Darüber hinaus hat er im Bestätigungsvermerk ausdrücklich auch darauf einzugehen, ob der Jahresabschlußprüfer die Risiken der künftigen Entwicklung im Lagebericht vollständig und zutreffend dargestellt hat. Durch diese „problemorientierte" Darstellung soll die sog. Erwartungslücke geschlossen werden. Auch wenn damit die Entwicklung des Formeltestats zum Bestätigungsbericht vorgezeichnet wird, bleiben gravierende Unterschiede zwischen der Krisenberichterstattung im Bestätigungsvermerk und im Prüfungsbericht. Die Mitteilung des Prüfungsergebnisses im Bestätigungsvermerk hat nach wie vor in kurzer, prägnanter Form zu erfolgen. Demgegenüber hat der Prüfungsbericht die Aufgabe, die Ergebnisse der Prüfung umfassend zu erläutern. Der Gesetzesbegründung kann nicht entnommen werden, daß der Bestätigungsvermerk in mit dem Prüfungsbericht vergleichbarer Breite über die künftige Entwicklung zu berichten hat. Dies wäre auch nicht wünschenswert. Ein weiterer gravierender Unterschied zwischen Prüfungsbericht und Bestätigungsvermerk besteht nämlich darin, daß der Bestätigungsvermerk sich nicht an einen stark eingegrenzten Adressatenkreis, sondern an die Öffentlichkeit wendet. Der Bestätigungsvermerk ist gerade nicht vertraulich. Nach § 325 HGB ist er durch Einreichung beim Handelsregister offenzulegen. Dadurch wird seine Eignung zur Krisenwarnung erheblich eingeschränkt. Es ist weder einer interessierten Öffentlichkeit noch dem Unternehmen gedient, wenn detaillierte Informationen über die Schwächen und Stärken eines Unternehmens veröffentlicht werden und damit an die Wettbewerber gelangen[491]

IV. Neufassung des § 321 HGB durch das KonTraG

Im Rahmen des KonTraG wurde § 321 HGB vollständig neu gefaßt. Begründet wird die Neufassung damit, daß sich der Prüfungsbericht in der Praxis häufig auf

491 Die Kreditwürdigkeit eines Unternehmens und sein Ansehen als Geschäftspartner eines schon krisengebeutelten Unternehmens verschlechtern sich dadurch noch weiter. Nicht zu Unrecht wird daher in der Literatur durch die gesteigerten Krisenberichtspflichten im Bestätigungsvermerk die erhöhte Gefahr einer „self - fulfilling prophecy" gesehen.
Vgl. dazu *Dörner, Unternehmensberatung, Wpg. 1998, 302, 305;* vgl. dagegen die frühere Prüfungspraxis, die dem Bestätigungsvermerk keine Krisenwarnfunktion zugeordnet hat. Der Bestätigungsvermerk ist nach dem IDW Fachgutachten 3/1988 "Grundsätze für die Erteilung von Bestätigungsvermerken bei Abschlußprüfungen" kein Urteil über die wirtschaftliche Lage des Unternehmens *IDW Wpg. 1989, 27, 29; Budde/Kunz in BeBiKo, 3. Aufl.§ 322 Rn. 9.*

eine Aufgliederung und Erläuterung der Posten des Jahresabschlusses beschränkt und hierdurch seiner Aufgabe, den Aufsichtsrat bei der Überwachung des Vorstandes zu unterstützen, nicht in vollem Umfang gerecht wird.[492]

1. Übersicht über die Gesetzesänderungen

Da die Prüfungsberichte in der Praxis oftmals sprachlich schwer verständlich abgefaßt sind, hat der Gesetzgeber in § 321 I S. 1 HGB die Anforderung normiert, daß im Prüfungsbericht mit der gebotenen Klarheit zu formulieren ist.

Neben dieser klarstellenden Gesetzesänderung zu den formellen Voraussetzungen an eine ordnungsgemäße Prüfungsberichterstattung sind auch einige bedeutende materielle Änderungen durchgeführt worden. Der Abschlußprüfer hat nun gem. § 321 I S. 2 HGB im Prüfungsbericht vorweg zu der Beurteilung der Lage des Unternehmens durch die gesetzlichen Vertreter, insbesondere zum Fortbestand und zur künftigen Entwicklung des Unternehmens unter Berücksichtigung des Lageberichts Stellung zu nehmen, soweit die geprüften Unterlagen und der Lagebericht eine Stellungnahme erlauben. Die bisherige Redepflicht nach § 321 II HGB a.F. ist in nahezu unveränderter Form in § 321 I S. 3 HGB übernommen worden. Dagegen ist die sog. kleine Redepflicht nach § 321 I S. 4 HGB über nachteilige Veränderungen der Vermögens-, Ertrags- und Finanzlage und Verluste, die das Jahresergebnis nicht unwesentlich beeinflußt haben, ersatzlos aus der neuen Prüfungsberichtsbestimmung gestrichen worden.

Im als solchen bezeichneten Hauptteil des Prüfungsberichts hat nun der Jahresabschlußprüfer nach § 321 II HGB festzustellen, ob die Buchführung und die weiteren geprüften Unterlagen, der Jahresabschluß und der Lagebericht den gesetzlichen Bestimmungen und den ergänzenden Bestimmungen des Gesellschaftsvertrages entsprechen. Diese Verpflichtung war bisher in § 321 I S. 2 HGB enthalten. Neu daran ist, daß der Abschlußprüfer auch die weiteren geprüften Unterlagen auf ihre Ordnungsmäßigkeit zu prüfen hat und daß als Prüfungsmaßstab nun nicht mehr alleine das Gesetz, sondern auch der Gesellschaftsvertrag genannt wird. Bisher im Gesetz nicht enthalten war auch die in § 321 II S. 2 HGB normierte Verpflichtung des Prüfers, darauf einzugehen, ob der Abschluß insgesamt ein den tatsächlichen Verhältnissen entsprechendes Bild der Vermögens-, Finanz- und Ertragslage der Kapitalgesellschaft vermittelt. Entsprechend der eingangs dargestellten Kritik des Gesetzgebers an der bisherigen Prüfungsberichtspraxis sind die Posten des Jahresabschlusses nur noch dann aufzugliedern und zu erläutern, soweit dadurch die Darstellung der Vermögens-, Finanz- und Ertragslage wesentlich verbessert wird und diese Angaben im Anhang nicht enthalten sind.

---

492 *BT - Drucksache 13/9172, S. 28.*

Nach § 321 III HGB ist in nun in einem besonderen Abschnitt des Prüfungsberichts über Gegenstand, Art und Umfang der Prüfung zu berichten. Diese Angaben sollen dem Aufsichtsrat Gelegenheit geben, die Tätigkeit des Abschlußprüfers besser zu beurteilen.

Der ebenfalls neu eingefügte § 321 IV HGB ist im Zusammenhang mit § 317 IV HGB zu sehen. Der Abschlußprüfer ist nach § 317 IV HGB verpflichtet zu prüfen, ob die gesetzlichen Vertreter ein angemessenes Risikomanagement eingerichtet haben. Das Ergebnis seiner Beurteilung hat er in einem besonderen Teil des Prüfungsberichts darzustellen.

2. *Strukturierung des Prüfungsberichts*

Der Aufbau des Prüfungsberichts war bisher dem einzelnen Jahresabschlußprüfer überlassen. In diese Gestaltungsfreiheit hat nun der Gesetzgeber an zwei Punkten eingegriffen. Zum einen hat die Beurteilung der Lage nach § 321 I S. 2 HGB „vorweg" zu erfolgen. In der Gesetzesbegründung ist in diesem Zusammenhang von einem „Eingangsteil" des Prüfungsberichts die Rede. Zum anderen sollen die Angaben nach § 321 II HGB den „Hauptteil" des Prüfungsberichts darstellen. Die Stellungnahme des Abschlußprüfers zur Beurteilung der Lage des Unternehmens durch die gesetzlichen Vertreter zu Beginn des Prüfungsberichts soll offensichtlich die Aufmerksamkeit des Aufsichtsrats auf mögliche Gefahrendarstellungen lenken, von denen der Gesetzgeber befürchtet, daß sie an anderer Stelle untergehen.[493] In der Tat kann von einer vorgezogenen Berichterstattung über Krisensachverhalte eine Signalfunktion ausgehen, die das einzelne Aufsichtsratmitglied anhält, den Prüfungsbericht mit besonderer Aufmerksamkeit zu lesen.[494] Fraglich ist, ob dem Gesetz eine Verpflichtung, in den Eingangsteil auch die eigentliche Redepflicht nach § 321 I S. 3 HGB aufzunehmen, entnommen werden kann.[495] Dafür spricht der sachliche Zusammenhang der Lagebewertung im Eingangsteil mit der Redepflicht. Vor allem aber sind dem Gesetzeswortlaut nicht nur materielle Berichtsinhalte, sondern auch eine formale Festlegung einer Berichtsreihenfolge zu entnehmen. Beginnend mit einer Vorwegbeurteilung (Abs. 1), über einen Hauptteil (Abs. 2), besondere Abschnitte zur Prüfungsdurchführung (Abs. 3) und zur Prüfung des Risikomanagements (Abs. 4), endend mit Bestimmungen zur Unterzeichnung und Vorlage des Berichts (Abs. 5), gibt das Gesetz eine einheitliche Berichtsreihenfolge vor, die, wenn nicht besondere

---

493 *Forster, KonTraG, Wpg. 1998, 41, 51.*

494 Vgl. auch im nachfolgenden Kap. 2 das Formulierungsbeispiel und die Ausführungen zur Vorwegbeurteilung der Lage.

495 So ausdrücklich. *Forster, KonTraG, Wpg. 1998, 41, 50.*

Umstände dies rechtfertigen, für die Abschlußprüfer verpflichtend ist. Fraglich ist jedoch, ob der Gesetzgeber gut damit beraten war, die Redepflicht direkt mit der Vorwegbeurteilung der wirtschaftlichen Lage zu verknüpfen. Gegen letzteres spricht vor allem, daß der Aufbau des Prüfungsberichts von der Informationsfunktion als der ratio legis abhängen sollte. Von einer umfassenden und verständlichen Unterrichtung des Aufsichtsrats wird man jedoch insbesondere dann ausgehen können, wenn nicht auf einen Schlag detaillierte Informationen über Gefahrensituationen präsentiert werden, sondern zunächst die zum Verständnis notwendigen Vorinformationen vermittelt werden. Es hätte sich daher empfohlen, nach dem die Aufmerksamkeit des Lesers weckenden Eingangsteil mit der Stellungnahme des Prüfers zur Lage des Unternehmens, zunächst den Hauptteil nach § 321 II HGB anzuschließen, der insbesondere bei dem Vergleich der tatsächlichen Verhältnisse mit der Vermögens-, Finanz- und Ertragslage nach § 321 II S. 2 HGB grundlegende Einblicke in die wirtschaftliche Lage vermittelt. Die Redepflicht würde dann als Quintessenz des prüferischen Bemühens am Ende des Prüfungsberichts ausgeübt werden. Im Rahmen der Redepflicht könnte dann die eingangs aufgestellte Gefahrenprognose aufgegriffen und detailliert erläutert werden. Indem der erforderliche Wissensstand des Lesers allmählich aufgebaut wird, bliebe eine Überforderung des Lesers – wie sie bei einer Ausübung des Redepflicht gleich zu Anfang des Berichts zu befürchten ist – aus.

Das IDW vertritt in seinem Prüfungsstandard 450 „Grundsätze ordnungsgemäßiger Berichterstattung bei Abschlußprüfungen", der an die Stelle des bisherigen Fachgutachtens 1/1988 getreten ist, einen am Wortlaut des Gesetzes orientierten Aufbau des Prüfungsberichts.[496] Danach soll die Redepflicht nach § 321 I S. 3 HGB direkt nach der Vorwegbeurteilung der Lage erfolgen.[497] Es ergibt sich folgende Gliederung des Prüfungsberichts:

I. Eingangsteil: Lagebeurteilung nach § 321 I S. 2 HGB
II. Redepflicht nach § 321 I S. 3 HGB
III. Auftrag und Prüfungsdurchführung nach § 321 III HGB
IV. Hauptteil (§ 321 II HGB):
   1. Wirtschaftliche Grundlagen
   2. Gesetz- und Satzungsmäßigkeit von Buchführung, geprüften Unterlagen, Jahresabschluß und Lagebericht

---

496 *IDW PS 450, Wpg. 1999, 601; IDW FG 2/1988, Wpg. 1989, 20.*

497 *IDW PS 450, Wpg. 1999, 601,604.* Die ganz h.M. in der Literatur hat den Aufbau des IDW im wesentlichen übernommen. Unterschiede ergeben sich in einzelnen Nuancen vgl. *WP Handbuch Bd. I Abschnitt Q Rn. 138; A/D/S § 321 Rn. 64.; Budde/Kunz in BeBiKo., § 321 Rn.44; Lück, Redepflicht, BB 2001, 404, 405; Ludewig, Abschlußprüfer, DB 2000, 634, 635.*

3. Aufgliederung und Erläuterung von Posten des Jahresabschlusses
4. Übereinstimmung von tatsächlichen Verhältnissen mit der Vermögens-, Finanz- und Ertragslage, wie sie sich aus dem Jahresabschluß ergibt

V. Beurteilung des Risikomanagements des Vorstandes nach § 321 IV HGB

Kapitel 2: Vorwegbeurteilung der Lage

Der Jahresabschlußprüfer hat nach § 321 I S. 2 HGB in seinem Prüfungsbericht „vorweg zu der Beurteilung der Lage des Unternehmens oder Konzerns durch die gesetzlichen Vertreter Stellung zu nehmen". Er hat dabei insbesondere auf die Beurteilung des Fortbestandes und der künftigen Entwicklung einzugehen. Der Prüfungsbericht soll damit – dem durchgängigen Leitgedanken des die Abschlußprüfung betreffenden Teils des KonTraG folgend „problemorientierter" werden. Die Einschränkung des Gesetzeswortlautes, daß die Stellungnahme nur zu erfolgen hat, soweit die „geprüften Unterlagen und der Lagebericht oder der Konzernlagebericht eine solche Beurteilung erlauben" wird in der Gesetzesbegründung dahingehend erläutert, daß damit klargestellt werde, daß der Prüfer nur die Beurteilung des Vorstandes prüfen und nicht seine eigene Prognoseentscheidung an die Stelle derjenigen des Vorstandes setzen soll.[498] Die in der Gesetzesbegründung geforderte Bewertung der Vorstandsprognose setzt aber voraus, daß der Abschlußprüfer zum Ist-Objekt – sprich der Vorstandsprognose – ein Vergleichsobjekt, nämlich eine eigene Prognose schafft. Letztlich ist damit doch die Erstellung einer eigenen Prognose durch den Abschlußprüfer notwendig. Diese Eigenprognose fließt auch in den Prüfungsbericht ein, wenn die Prognoseentscheidung des Vorstandes als nicht plausibel eingestuft wird, sei es etwa, daß der zu zugrundegelegte Sachverhalt nicht sauber ermittelt ist, sei es, daß die ermittelten Risiken nicht angemessen berücksichtigt werden.[499] Insoweit ist der Jahresabschlußprüfer gehalten, der Prognose des Vorstandes seine eigene Prognose gegenüberzustellen.[500] In der Gesetzesbegründung ist diesbezüglich davon die Rede, daß der Abschlußprüfer „zu bewerten und Fragezeichen zu setzen" hat.[501]

Entsprechend der Signalfunktion der Vorwegbeurteilung am Anfang des Prüfungsberichts muß die Berichterstattung kurz und prägnant die Lage des Unternehmens wiedergeben. Langatmige und verklausulierte Darstellungen verfehlen

498 *BT - Drucksache 13/9172, S. 28.* Vgl. zur Prognoseprüfung auch die ausführliche Darstellung in Teil 2, Kap.4.

499 Vgl. dazu Teil 2, Kap. 4, II.

500 In diese Richtung auch *Hommelhoff, Position I, BB 1998, 2567, 2572; Dörner, Unternehmensberatung, Wpg. 1998, S. 302, 305.*

501 *BT - Drucksache 13/9172, S. 28.*

den Gesetzeszweck. Die näheren Erläuterungen von Bestandsgefahren, insbesondere die Nennung der zugrundeliegenden Sachverhalte, bleiben der eigentlichen Redepflicht vorbehalten. Der Gesetzgeber hat den Wunsch nach einer unterschiedlichen Darstellungstiefe darin zum Ausdruck gebracht, daß er in Bezug auf die Redepflicht von der Berichterstattung über bestandsgefährdende „Tatsachen" spricht, d.h. auf eine mehr detailorientierte Darstellung abstellt, während in Bezug auf die Vorwegbeurteilungspflicht nur allgemein von einer Stellungnahme zum Fortbestand des Unternehmens die Rede ist. Auch dem gesetzlichen Terminus „vorweg" läßt sich nicht nur eine räumliche Zuweisung (zu Anfang des Prüfungsberichts) entnehmen. Im allgemeinen Sprachgebrauch versteht man unter einer Vorwegberichterstattung eine summarische, ergebnisorientierte Darstellung im Sinne einer Vorinformation, der die eigentliche Begründung noch folgt.

Der Prüfungsberichtsleser soll von Anfang an wissen, wie es um das Unternehmen steht. Dazu benötigt er ein Werturteil des Prüfers. Dies setzt eine Darstellungstiefe voraus, wie sie beispielsweise in den Leitsätzen bei Gerichtsentscheidungen üblich ist.[502] Die notwendigen Hintergründe und Fakten sollte der Berichtsleser sich dann im Laufe der weiteren Darstellung des Berichts zur Redepflicht, den wirtschaftlichen Grundlagen, zu Jahresabschluß, Lagebericht und Risikomanagement aneignen.

Demgegenüber geht die h.M. davon aus, daß bereits bei der Vorwegbeurteilung zur wirtschaftlichen Lage „vertiefende Erläuterungen" und Angaben zu „Ursachen zu den einzelnen Entwicklungen" zu treffen sind.[503] Die Auffassung der h.M. führt dazu, daß in Krisensituationen der Redepflicht keine eigenständige Bedeutung zu kommt. Ein Unterschied zwischen Redepflicht und Vorwegbeurteilung der Lage liegt zwar zunächst darin, daß sich bei letzterer der Prüfer vorrangig mit der Einschätzung des Vorstands auseinander zu setzen hat. Rein faktisch ist jedoch auch bei der Redepflicht Ausgangspunkt der Betrachtungen des Prüfers die Lageprognose des Vorstandes. Trotz dieser materiellen Überschneidungen hat der Gesetzgeber aber beiden Berichtspflichten eine eigenständige Bedeutung zu gemessen. Entgegen der h.M. bietet sich daher eine Differenzierung nach der vorgestellten, formalen Betrachtungsweise an, zumal diese im Gesetzeswortlaut Anklang findet und eine aufsichtsratgerechte Informationsversorgung verspricht. Bei einer derartigen Aufgabentrennung zwischen Vorwegbeurteilung und Redepflicht bleiben inhaltsleere Wiederholungen weitgehend aus.[504]

---

502 Vgl. beispielsweise die Leitsätze der Entscheidungen des Bundesgerichtshofs in Zivilsachen (BGHZ).

503 *IDW PS 450, Wpg. 1999, 601,604; A/D/S § 321 Rn.57.*

504 Zu Überschneidungen vgl. *A/D/S § 321 Rn. 61; IDW PS 450, Wpg. 1999, 601, 605.*

Die Vorwegbeurteilung in einem krisengeschüttelten Unternehmen könnte demnach in der Praxis wie folgt aussehen: „1. Das Unternehmen hat im Bereich der Produktion von xy-Maschinen im Geschäftsjahr 01 deutliche Marktanteilsverluste hinnehmen müssen, die auf einem überalterten Produktprogramm beruhen. Aufgrunddessen ist das ordentliche Unternehmensergebnis der Gesellschaft deutlich negativ ausgefallen. Im Lagebericht der Gesellschaft ist dies zutreffend dargestellt. 2. Die angespannte Liquiditätslage der Gesellschaft konnte durch die Aufnahme neuer Bankkredite zunächst entschärft werden. Die Liquiditätssituation hat sich jedoch zum Jahresende hin wieder verschärft, da die X-Bank ihre Kreditlinie zum 31.12.01 gekündigt hat. Das Unternehmen ist daher in seinem Bestand akut gefährdet, soweit nicht die laufenden Bankenverhandlungen zu einer Liquiditätszufuhr führen. Dies kommt im Lagebericht der Gesellschaft nicht mit hinreichender Deutlichkeit zum Ausdruck."

In diversifizierten Unternehmen ist der Abschlußprüfer in seiner Vorwegbeurteilung im übrigen auch verpflichtet, die Entwicklung in den wesentlichen Marktsegmenten, in denen sich das Unternehmen bewegt, darzustellen.

Der eigentlichen Redepflicht bleibt es dann vorbehalten, die Hintergründe und Ursachen der Umsatzrückgänge mit Fakten zu unterlegen und detailliert darzustellen sowie Aussagen zur Liquiditätsplanung des Unternehmens und ggf. auch zur Investitionstätigkeit (Entwicklung neuer Produkte) zu treffen.

Kapitel 3: Krisenwarnpflichten nach § 321 I S. 4 HGB a.F.

§ 321 I S. 4 HGB in der Fassung vom 19.12.1985 – d.h. vor der Gesetzesänderung durch das KonTraG – verpflichtete den Jahresabschlußprüfer, im Prüfungsbericht „nachteilige Veränderungen der Vermögens-, Finanz- und Ertragslage gegenüber dem Vorjahr und Verluste, die das Jahresergebnis nicht unwesentlich beeinflußt haben", aufzuführen und ausreichend zu erläutern. Beide Tatbestände des § 321 I S. 4 HGB a.F. bezeichneten negative Unternehmensentwicklungen, die eine Unternehmenskrise darstellen. Die Regelung wurde erst mit dem Bilanzrichtliniengesetz im Jahre 1985 in das HGB aufgenommen. Die Streichung dieser Krisenwarnpflicht durch das KonTraG verwundert, wenn man die gesetzgeberische Intention bei Einführung der Berichtspflicht nach § 321 I S. 4 HGB berücksichtigt. Der Gesetzgeber hat die Einführung der Berichtspflicht nach § 321 I S. 4 HGB damals wie folgt begründet: „Nachteilige Veränderungen werden von den Mitgliedern der Gesellschaftsorgane, an die die Prüfungsberichte gerichtet sind, häufig nicht erkannt, weil die Prüfungsberichte darüber nicht zusammenhängend oder nicht mit der zu wünschenden Deutlichkeit berichten. Mit der Vorschrift soll daher die Unterrichtung der Verwaltungs- und Aufsichtsorgane verbessert werden."[505]

Die gesetzliche Berichtspflicht des Jahresabschlußprüfers nach § 321 I S. 4 HGB sollte damit zu einer verbesserten und frühzeitigeren Krisenerkennung beitragen, damit der Aufsichtsrat im Rahmen seines gesetzlichen Auftrags die erforderlichen Maßnahmen einleiten kann, um den Fortbestand des Unternehmens langfristig zu sichern. Dies ist an sich ein Ziel, das in gleicher Weise auch durch das Gesetz zur Kontrolle und Transparenz verfolgt wird. Daß dennoch § 321 I S. 4 HGB gestrichen wurde, mag damit zusammenhängen, daß diese Bestimmung in Literatur und Prüfungspraxis sehr restriktiv ausgelegt wurde und die gesetzgeberische Intention nicht erreicht wurde. Nach herrschender Auffassung sollte sich zwar die Berichterstattung über nachteilige Veränderungen der Vermögens-, Finanz- und Ertragslage nicht alleine auf die Veränderungen beschränken, die im Jahresabschluß zum Ausdruck kommen, sondern auch die tatsächlichen, außerhalb des Jahresabschlusses liegenden Verschlechterungen der wirtschaftlichen Lage berücksichtigen.[506] Was zunächst den Eindruck einer umfassenden Berichterstattung vermittelte, entpuppte sich jedoch bei näherer Betrachtung als Mogelpackung.[507] Den näheren Ausführungen und Beispielen in der Literatur konnte entnommen werden, daß künftige Entwicklungen, die noch nicht im Jahresabschluß abgebildet sind, nach herrschender Auffassung gerade nicht Gegenstand der Berichterstattung nach § 321 I S. 4 HGB a.F. sein sollten.[508] Die Erfolgspotentiale eines Unternehmens blieben damit unberücksichtigt. Der Begriff der Vermögens-, Finanz- und Ertraglage wurde vergangenheitsbezogen interpretiert. Eine Krisenfrüherkennung war nach diesem Prüfungsverständnis durch § 321 I S. 4 HGB a.F. nicht gewährleistet. Die Streichung des § 321 I S. 4 HGB war insoweit gerechtfertigt. Die Berichtsinhalte des bisherigen § 321 I S. 4 HGB a.F. werden durch die übrigen Berichtsbestimmungen – insbesondere den neuen § 321 II S. 2 HGB – übernommen.

---

505 *Begr. RegE, BT-Drucks. 10/317, S. 98 zu § 279 HGB-E.*

506 *Plendl, Berichterstattung, S. 65; WP Handbuch Bd. I, 11. Aufl. Abschnitt O Rn. 139.*

507 Kritisch zur Darstellung in der Literatur auch *Nonnenmacher, Abschlußprüfung in FS Clemm, S. 261, 272,* der von einer "zumindest mißverständlichen" Berichterstattung spricht.

508 Vgl. *Plendl, Berichterstattung, S. 71, 79 f. WP Handbuch Bd. I, 11. Aufl. Abschnitt O Rn. 147.*

Kapitel 4: Krisenwarnpflichten nach § 321 I S. 3 HGB

Die Berichtspflicht des Jahresabschlußprüfers nach § 321 I S. 3 HGB wird als Redepflicht bezeichnet. Danach hat der Abschlußprüfer zu berichten, „ob bei Durchführung der Prüfung Unrichtigkeiten oder Verstöße gegen gesetzliche Vorschriften sowie Tatsachen festgestellt worden sind, die den Bestand des geprüften Unternehmens oder des Konzerns gefährden oder seine Entwicklung wesentlich beeinträchtigen können oder die schwerwiegende Verstöße der gesetzlichen Vertreter oder von Arbeitnehmern gegen Gesetz, Gesellschaftsvertrag oder die Satzung darstellen." Die Neuformulierung des Gesetzes wirft Fragen hinsichtlich der Abgrenzung der „Unrichtigkeiten oder Verstöße" von den berichtspflichtigen „Tatsachen", die „schwerwiegende Verstöße der gesetzlichen Vertreter" gegen das Gesetz darstellen, auf.[509] Aus dem Gesetzeswortlaut könnte man ableiten, daß der gleiche Vorgang sowohl als Unrichtigkeit bzw. Verstoß als auch als schwerwiegender Gesetzesverstoß berichtspflichtig ist. Eine solche Überschneidung der Berichtspflichten würde jedoch zu Wiederholungen und zu der weiteren Frage, welche Bedeutung dem Tatbestandsmerkmal „schwerwiegend" zukommt, führen. Bei genauerer Betrachtung lassen sich 3 Fallgruppen identifizieren:[510]

- Unregelmäßigkeiten in der Rechnungslegung: Die Begriffe der Unrichtigkeiten und Verstöße gegen gesetzliche Vorschriften erfassen Unregelmäßigkeiten in der Rechnungslegung. Diese Auslegung ergibt sich bei der Betrachtung der Prüfungsvorschrift des § 317 I S. 2 und 3 HGB, die ebenfalls von Unrichtigkeiten und Verstößen spricht. Zu prüfungspflichtigen Unrichtigkeiten und Verstößen iSd § 317 I S. 3 HGB gehören vorrangig Verletzungen von Rechnungslegungsbestimmungen. Verstöße gegen Nichtrechnungslegungsbestimmungen sind hingegen nur dann erfaßt, soweit sich aus ihnen erfahrungsgemäß wesentliche Rückwirkungen auf Jahresabschluß und Lagebericht ergeben können.[511] Diese Auslegung des § 317 HGB ist entsprechend auf die korrespondierende, an der fraglichen Stelle wortgleiche „Schwestervorschrift" des § 321 HGB zu übertragen. Dabei sind Unrichtigkeiten als unbewußte Fehler zu qualifizieren, während es sich bei Verstößen um vorsätzliche Vorgänge, wie beispielsweise Bilanzfälschungen, handelt.[512] Das Kriteri-

509 Abgrenzungsprobleme sieht auch *Schulze-Osterloh in Baumbach/Hueck, § 41 GmbHG Rn. 84.*

510 Die nachfolgende Aufteilung wird ähnlich von *A/D/S § 321 Rn.72 ff.* sowie im *IDW PS 450, Wpg. 1999, 601,605* vertreten.

511 Vgl. dazu die Ausführungen in Teil 2 Kap. 2, II.

512 Vgl. dazu die entsprechende Aufteilung bei den Prüfungsbestimmungen in Teil 2 Kap. 2, II.

um „schwerwiegend“ gilt an dieser Stelle nicht. Dennoch werden ganz unerhebliche bzw. bereits behobene Rechtsverletzungen nicht zu einer Berichtspflicht führen. Letzteres gilt bei bereits behobenen Verstößen nicht, da allein schon die vorsätzliche Begehungsweise einen berichtspflichtigen Sachverhalt darstellt.

- Schwerwiegende Gesetzesverstöße: Bei den schwerwiegenden Verstößen der gesetzlichen Vertreter oder von Arbeitnehmern gegen Gesetz, Gesellschaftsvertrag oder Satzung handelt es sich hingegen um Rechtsverletzungen, die nicht rechnungslegungsrelevant sind. Sie sind nur berichtspflichtig, wenn sie schwerwiegend sind.
- Bestandsgefährdungen: Berichtspflichtig sind des weiteren bestandsgefährdende oder entwicklungsbeeinträchtigende Tatsachen.

Der Begriff der Redepflicht als Krisenwarnpflicht umfaßt nur die Bestandsgefährdungen und die Gruppe der schwerwiegenden Gesetzesverstöße.[513] Die Unregelmäßigkeiten in der Rechnungslegung können ausnahmsweise Indikatoren für eine Unternehmenskrise sein. So werden beispielsweise Bilanzfälschungen häufig vorgenommen, um wirtschaftliche Krisensituationen des Unternehmens zu verheimlichen. Insoweit kann eine Berichterstattung über entsprechende Sachverhalte Signalwirkung für den Aufsichtsrat haben. In einem solchen Fall wird aber gleichzeitig die Ausübung der eigentlichen Redepflicht unumgänglich sein. Daher konzentriert sich die folgende Darstellung auf die Redepflicht als eigentliche Krisenwarnpflicht. Hinsichtlich der Berichterstattung über Unregelmäßigkeiten in der Rechnungslegung wird auf die entsprechenden Ausführungen zu den Prüfungspflichten verwiesen, mit denen entsprechende Berichterstattungspflichten korrespondieren.[514]

Hinzuweisen bleibt noch auf eine geplante Änderung des § 321 I S. 3 HGB durch den Referentenentwurf des Transparenz- und Publizitätsgesetzes.[515] Nach dem bisherigen Wortlaut des Gesetzes hat der Abschlußprüfer darzustellen, ob er berichtspflichtige Sachverhalte wahrgenommen hat. Die darin liegende Negativerklärung soll durch eine „Positiverklärung“ ersetzt werden, so daß der Prüfer künftig nur bei Vorliegen entsprechender Feststellungen berichten muß. Eine Änderung der Berichtsinhalte soll damit nicht verbunden sein.[516]

---

513 Vgl. zum Begriff der Redepflicht die nachfolgenden Ausführungen zur Historie und Zweck der Redepflicht.

514 Vgl. dazu ausführlich Teil 2, Kap. 2.

515 *Referentenentwurf des Bundesjustizministeriums vom 26.11. 2001,* abgedruckt in *NZG 2002, S. 78, 80.*

516 So die beim BMJ erhältliche Begründung *zum Referentenentwurf des Bundesjustizministeriums vom 26.11. 2001, S. 65.*

I. Grundsatzfragen

1. Historie und Zweck der Redepflicht

Die Redepflicht nach § 321 I S. 3 HGB stimmt bis auf geringfügige Änderungen mit der Redepflicht nach § 321 II HGB a.F. überein. Die Redepflicht nach § 321 II HGB a.F. wurde wiederum bis auf geringfügige sprachliche Anpassungen im Rahmen des Bilanzrichtliniengesetzes aus § 166 II AktG in das HGB übernommen. In § 166 AktG wurde die Redepflicht mit dem Aktiengesetz vom 6.9.1965 aufgenommen. Die damalige Begründung zum Regierungsentwurf weist darauf hin, daß § 166 II AktG die bereits mehrfach angesprochene Entscheidung des Bundesgerichtshofs vom 15.12.1954 kodifizieren sollte.[517] Der Bundesgerichtshof hat in den Urteilsgründen festgestellt, daß sich aus dem Vertragsverhältnis zwischen Unternehmen und Abschlußprüfer und der Organstellung des Abschlußprüfers eine Treuepflicht ergibt, die zu einer Warnpflicht führt.[518] Der Abschlußprüfer hat „seine Stimme warnend zu erheben, wenn ihm bei der Abschlußprüfung schwerwiegende Bedenken gegen die Geschäftsführung, die Rentabilität oder Liquidität kommen." Der Bundesgerichtshof präzisiert weiter, daß der Abschlußprüfer nicht schweigend zusehen darf, „wenn sich eine ruinöse Entwicklung anbahnt oder die Gefahr des Zusammenbruchs entsteht." Damit ist der Zweck der Redepflicht klar definiert. Der Abschlußprüfer hat die Pflicht, die Verwaltungsorgane über bedrohliche Unternehmensentwicklungen zu unterrichten. Die Redepflicht soll einen Beitrag zur langfristigen Unternehmenssicherung leisten.[519] Dem Abschlußprüfer kommt eine Informationspflicht, genauer gesagt eine Krisenwarnpflicht gegenüber dem Aufsichtsrat zu.

2. Stellenwert der Redepflicht

Der Gesetzgeber hat der Redepflicht eine große Bedeutung zugemessen. Dies kommt in der Begründung des Regierungsentwurfs zum Aktiengesetz vom 6.9.1965 deutlich zum Ausdruck, wenn es dort heißt, bei der Redepflicht handele es sich „um eine für die Gesellschaft sehr wichtige Frage", so daß eine gesetzliche Regelung notwendig sei. Nicht nur der Gesetzgeber hat der Redepflicht des Abschlußprüfers ein großes Gewicht zugemessen. Auch der BGH hält die Berichterstattung für besonders wichtig. So führt der BGH in seinem Urteil vom

517 Begründung des Regierungsentwurfs § 154 RegE bei *Kropff, Aktiengesetz, § 166 AktG, S. 271.*

518 *BGHZ 16, 17, 25 f.*

519 *Aschfalk, Redepflicht, HWRev. Sp. 1631, 1632.*

15.12.1954 aus, daß Warnungen des Prüfers „kraft seiner Stellung innerhalb der Gesellschaft, kraft seiner Sachkunde oder allein wegen der Bedeutung seiner Persönlichkeit“ ein besonderer Stellenwert zukommt.[520] Diese Bewertung von Gesetzgeber und Rechtsprechung kann vor dem Hintergrund der aktuellen Krise der aktienrechtlichen Überwachungsordnung nur unterstrichen werden. Die Redepflicht kann aufgrund des ihr vom Gesetzgeber und vom BGH zugemessenen Stellenwertes nicht als Nebenprodukt der Jahresabschlußprüfung angesehen werden.[521] Vielmehr ist die Redepflicht bei Vorliegen ihrer Voraussetzungen eine der Hauptpflichten des Jahresabschlußprüfers. Sie muß deshalb auch mit der einer vertraglichen Hauptpflicht entsprechenden Aufmerksamkeit behandelt werden.

II. Bestandsgefährdung

Der Abschlußprüfer hat über Tatsachen zu berichten, die den Bestand eines geprüften Unternehmens gefährden können. Eine Bestandsgefährdung ist nach h.M. dann gegeben, „wenn ernsthaft damit zu rechnen ist, daß das Unternehmen in absehbarer Zeit seinen Geschäftsbetrieb nicht mehr fortführen kann und ggf. Insolvenz anmelden oder in Liquidation gehen muß ...“[522]

1. Zeitlicher Umfang der Berichterstattung

Der Begriff der Bestandsgefährdung dürfte insoweit unstreitig sein. Die zeitliche Komponente der Bestandsgefährdung bedarf jedoch noch der Konkretisierung. Offen bleibt vor allem, in welcher (zeitlichen) Nähe zur Bestandsaufgabe des Unternehmens eine Berichterstattung zu erfolgen hat. Trifft den Abschlußprüfer eine Berichterstattungspflicht nur bei unmittelbarer Insolvenznähe? Oder hat der Abschlußprüfer bereits dann zu berichten, wenn sich die Möglichkeit einer künftigen Bestandsgefährdung abzeichnet? Diese Fragestellung ist von zentraler Bedeutung für die Wirksamkeit der Krisenwarnung. Warnt der Abschlußprüfer erst kurz vor dem Zusammenbruch des Unternehmens, ist der Novitätenwert für den

---

520 *BGHZ 16, 17, 26.*

521 Vgl. an zahlreichen Stellen dieser Arbeit die Ausführungen zur Unterstützungsfunktion des Prüfers gegenüber dem Aufsichtsrat, dem Gesetzeszweck des KonTraG und der Bedeutung der Krisenwarnung: z.B. Teil 1 Einleitung; Teil 2 Kap. 3, I. 2. (Prüfung des Going-Concern-Prinzips); Teil 2 Kap. 3, III. 4. (Lageberichtsprüfung); Teil 2 Kap. 3, V. (Krisenwarnpflichten im Wandel der wirtschaftlichen Verhältnisse).

522 Definition aus *WP Handbuch Bd. I Abschnitt Q Rn. 103*; so auch *A/D/S § 321 Rn. 75;* ähnlich *Claussen, Kölner Komm. § 321 Rn. 29.*

Aufsichtsrat in vielen Fällen gering. Darüber hinaus wird das Unternehmen meist nicht mehr zu retten sein, da die Erfolgschancen der Rettungsbemühungen von einem frühzeitigen Tätigwerden abhängen.[523] Grundsätzlich gilt, daß die Erfolgsaussichten einer Sanierung um so größer sind, je früher Sanierungsmaßnahmen ergriffen werden können. Berücksichtigt man, welch wichtige Rolle der Gesetzgeber der Redepflicht zuerkennt, erscheint es vor diesem Hintergrund unwahrscheinlich, daß nach dem Willen des Gesetzgebers eine Berichterstattung erst kurz vor dem Zusammenbruch des Unternehmens erfolgen soll. Aus der Zielsetzung von § 321 I S. 3 HGB folgt die Verpflichtung des Jahresabschlußprüfers zu einer möglichst frühzeitigen Berichterstattung, um es Vorstand und Aufsichtsrat im Rahmen ihrer gesetzlichen Kompetenzen zu ermöglichen, rechtzeitig Sanierungsmaßnahmen zur Sicherung des Fortbestandes des Unternehmens zu ergreifen. Eine nähere Beschäftigung mit dem Gesetzestext zeigt denn auch deutlich, daß der Gesetzgeber von einer Verpflichtung des Abschlußprüfers zur Frühwarnung ausgeht. Nicht nur, daß nach dem Gesetzestext eine bloße Gefährdung und nicht etwa das sichere Wissen um eine Bestandsaufgabe ausreicht. Das Gesetz geht darüber hinaus davon aus, daß bereits solche Tatsachen eine Berichtspflicht auslösen, die den Bestand gefährden „können". Es ist nicht erforderlich, daß eine Bestandsgefährdung bereits eingetreten ist. Vielmehr ist ausreichend, daß nach Überzeugung des Abschlußprüfers bei sachverständiger betriebswirtschaftlicher Würdigung aller Anhaltspunkte bei ungestörter Fortentwicklung mit der Möglichkeit einer Bestandsgefährdung gerechnet werden muß. Mit dem Gebrauch des Begriffs „können" bezeichnet der Gesetzgeber nicht nur einen Grad der Wahrscheinlichkeit, sondern setzt der Berichterstattung auch eine zeitliche Vorgabe.[524] Man wird daher davon ausgehen können, daß auch mittelfristige Bestandsgefährdungen, die erst in 2-3 Jahren drohen, eine Berichtspflicht des Jahresabschlußprüfers auslösen.

2. *Sachlicher Umfang der Berichterstattung*

Der Abschlußprüfer hat auch über Tatsachen zu berichten, die im Jahresabschluß noch keinen Niederschlag finden.[525] Seine Redepflicht ist daher umfassend und

---

523 *Leffson, Einfluß, Wpg. 1980, 639.*

524 So auch *A/D/S § 321 Rn. 76; WP Handbuch Bd. I Abschnitt Q Rn. 108;* noch zur Rechtslage vor KonTraG: *Claussen, Kölner Komm. § 321 Rn. 29;* nicht eindeutig für eine Einbeziehung künftiger Gefährdungen auch *Nonnenmacher, Abschlußprüfung in FS Clemm, S. 261, 281.*

525 Ausdrücklich für eine Einbeziehung außerhalb des Jahresabschlusses liegender bestandsgefährdender Tatsachen bereits *Aschfalk, Redepflicht, HWRev. Sp. 1631, 1632; Nonnenmacher, Abschlußprüfung in FS Clemm, S. 261, 273.*

umfaßt grundsätzlich alle Aspekte der wirtschaftlichen Lage. Insoweit wird auf die ausführlichen Darstellungen zum Begriff der wirtschaftlichen Lage und ihrer Prüfung sowie auf die Fallgruppen verwiesen.[526] Im folgenden sollen nur einige Sonderaspekte der Berichterstattung dargestellt werden.

a. *Politische und volkswirtschaftliche Bestandsgefährdungen*

Eine Redepflicht des Jahresabschlußprüfers über allgemeine wirtschaftliche und politische Ereignisse, wie beispielsweise Konjunktur- und Währungsschwankungen oder Entwicklungstendenzen in Gesetzgebung und Rechtsprechung, wird vom Schriftum einhellig verneint.[527] Dies ist insoweit zutreffend, als es nicht die Aufgabe des Jahresabschlußprüfers ist, als politisches Orakel zu fungieren. Der Abschlußprüfer hat jedoch dann auf politische und volkswirtschaftliche Tatsachen, die zu einer Gefährdung des Unternehmensbestandes führen, hinzuweisen, wenn es sich um Entwicklungen handelt, die für den Prüfer mit einiger Sicherheit voraussehbar sind. So hätte der Prüfer eines Unternehmens aus den neuen Bundesländern, das zum überwiegenden Teil seine Umsätze mit Unternehmen aus der ehemaligen Sowjetunion macht, spätestens Anfang des Jahres 1991 auf den Einbruch der Ostmärkte und damit verbundene Bestandsgefahren hinweisen müssen.

Der Abschlußprüfer hat grundsätzlich Indizien, wie geplante Gesetzesvorhaben, Prognosen über konjunkturelle Veränderungen und politische Umwälzungen in wichtigen Absatzländern, zu beachten.

b. *Berichterstattung bei eingeleiteten Sanierungsmaßnahmen*

Hat der Vorstand eines Unternehmens die bedrohliche Situation bereits erkannt und Sanierungsmaßnahmen ergriffen, kann der Abschlußprüfer von einer Berichterstattung nur absehen, wenn die Gegenmaßnahmen des Vorstands die Gefährdung kurzfristig beseitigt haben und bereits Anhaltspunkte für eine nachhaltige Gesundung des Unternehmens sprechen.[528] Andernfalls besteht die Gefahr,

---

526 Zum Begriff der Unternehmenskrise/wirtschaftlichen Lage vgl. Teil 1 Kap. 4; Prüfung der wirtschaftlichen Lage vgl. Teil 2 Kap. 3 und 4.; Fallgruppen in Teil 4.

527 *A/D/S § 321 Rn. 79;WP Handbuch Bd. I, 11. Aufl. Abschnitt O Rn. 175, Budde/Kunz in BeBiKo., 3. Aufl. § 321 Rn. 94.* Eine trennscharfe Differenzierung zwischen unternehmensindividuellen und allgemeinen Tatsachen wird jedoch in vielen Fällen nicht möglich sein.

528 Im Grundsatz ähnlich, aber bereits die Überzeugung ausreichend lassend, daß die Gefahr abgewendet ist *A/D/S § 321 Rn. 85; WP Handbuch Bd. I Abschnitt Q Rn. 111.*

daß der Abschlußprüfer von einer Berichterstattung absieht, obwohl die Bestandsgefährdung nur scheinbar beseitigt ist. Die Gefahr ist um so größer, weil in der ersten Phase nach Erkennung einer Unternehmenskrise häufig nur operativ wirkende Maßnahmen, wie insbesondere Einsparungsmaßnahmen und eine Reduzierung der Abschreibungen erfolgen, die nur zu einem kurzfristigen Strohfeuer führen.[529] Langfristige strategische Neuausrichtungen, die allein eine dauerhafte Beseitigung der Bestandsgefährdung bewirken, unterbleiben dagegen häufig. Der Abschlußprüfer hat gerade darauf zu achten.

c. *Erläuterungspflichten*

Der Abschlußprüfer kann sich nicht damit zufrieden geben, allein die bestandsgefährdenden Tatsachen in seinen Prüfungsbericht aufzunehmen. Er hat die bestandsgefährdenden Tatsachen in ihrem wirtschaftlichen Gesamtzusammenhang darzustellen, die Krisenursachen darzulegen und die Wahrscheinlichkeit der Zahlungsunfähigkeit oder Überschuldung näher zu beschreiben. Häufig wird erst ein Zusammentreffen mehrer Tatsachen zu einer drohenden Bestandsgefährdung führen.

Dies sei an einem Beispiel ausführlicher erläutert:[530] Der Abschlußprüfer, der bei der Prüfung einen starken Einbruch der Absätze des Hauptprodukts eines Unternehmens feststellt, hat in seine Berichterstattung aufzunehmen, daß die Absatzeinbrüche darauf beruhen, daß die Produktpalette des Unternehmens im Vergleich zu dem Marktangebot der Wettbewerber technisch überholt ist, da das Unternehmen nicht über die xy-Technologie verfügt. Den gegenwärtigen und auch zukünftig zu erwartenden Absatzrückgang hat er zu beziffern. Er hat ggf. weiter darauf hinzuweisen, daß durch den Ertragsrückgang die Innenfinanzierungskraft des Unternehmens eingeschränkt ist, die Möglichkeiten einer Fremdfinanzierung bereits ausgeschöpft sind und die notwendigen Investitionen in Produktinnovationen nicht durchgeführt werden können. Den Umstand, daß es nach der darzulegenden Finanzplanung des Unternehmes gegen Ende des laufenden Geschäftsjahres zu Liquiditätsengpässen kommen kann, hat er besonders

---

529 Vgl. die betriebswirtschaftliche Studie von Hauschildt zum Ablauf von Unternehmenskrisen dargestellt bei *WP Handbuch Bd. II Abschnitt F Rn. 15.* Vgl. bei Änderung der Abschreibungen den einzuhaltenden Grundsatz der Bewertungsstetigkeit und die davon geltenden Ausnahmen *Budde/Geißler in BeBiKo, §252 Rn. 55 ff.*

530 Vgl. auch die Ausführungen zur Abgrenzung von Vorwegbeurteilung der Lage und Redepflicht in Teil 3 Kap. 2.

herauszustellen. Über Sanierungsmaßnahmen ist zu berichten. Auf die Möglichkeit einer Zahlungsunfähigkeit in der Folgezeit hat er hinzuweisen.[531]

III. Wesentliche Beeinträchtigung der Entwicklung

Der Jahresabschlußprüfer hat auch über Tatsachen zu berichten, die die Entwicklung des Unternehmens wesentlich beeinträchtigen können. Dem Wortsinne nach liegt eine Beeinträchtigung der Entwicklung eines Unternehmens vor, wenn Phasen der positiven Entfaltung, die ein Unternehmen durchläuft, durch gegenläufige Einschnitte zumindest zeitweise unterbrochen werden. Grundsätzlich kommen als Beispiele für entwicklungsbeeinträchtigende Tatsachen die gleichen Tatbestände wie bei einer Bestandsgefährdung in Betracht. Tatsachen, die eine wesentliche Beeinträchtigung der Entwicklung darstellen, unterscheiden sich von Bestandsgefährdungen nur durch den Grad der Gefährdung des Unternehmens.[532] Im Unterschied zur Entwicklungsbeeinträchtigung liegt bei der Bestandsgefährdung ein fortgeschritteneres Krisenstadium vor. Mit anderen Worten: Die Entwicklungsbeeinträchtigung wird regelmäßig eine Vorstufe der Bestandsgefährdung darstellen.

---

531 Weitere Beispiele aus *Lück, Redepflicht, BB 2001, 404, 406; Burkel, Krisenwarnproblem, ZIP 1982, 28, 30; WP Handbuch Bd. I, 11. Aufl. Abschnitt O Rn. 172; Aschfalk, Redepflicht, HWRev. Sp. 1631, 1632:*

- Eine bestandsgefährdende Tatsache kann beispielsweise darin bestehen, daß die Fertigung eines Unternehmens nicht kostendeckend arbeitet. Der Prüfer hat auf die Ursachen, die in einer zu personalintensiven Produktion, gestiegenen Rohstoffkosten, einer ineffizienten Organisation der Produktion liegen können, hinzuweisen. Er hat ebenfalls auf die Höhe der auflaufenden Verluste und die damit verbundenen Auswirkungen auf die Ertrags- und Finanzlage hinzuweisen.
- Eine Bestandsgefährdung kann außerdem auftreten, wenn eine Bank dringend erforderliches Fremdkapital entzieht oder die Gewährung neuen Kapitals verweigert, ohne daß Ersatz in Sicht ist. Die Auswirkungen auf die Liquidität sind vom Abschlußprüfer zu erläutern.
- Der Ausfall eines Großkunden, mit dem der überwiegende Teil der Umsätze gemacht wird, kann zu einer Berichterstattungspflicht führen.
- Gegenstand der Redepflicht können auch Schadensersatzforderungen sein, die die Zahlungsfähigkeit des Unternehmens übersteigen.
- Größere aus dem Ruder gelaufene Investitionsvorhaben, die die Zahlungsfähigkeit des Unternehmens übersteigen, können zu einer Berichtspflicht führen.

Vgl. im übrigen die Fallgruppen in Teil 4.

532 Zum Begriff der Entwicklungsbeeinträchtigung vgl. *Budde/Kunz in BeBiKo., § 321 Rn. 34; A/D/S § 321 Rn. 77; WP Handbuch Bd. I Abschnitt Q Rn. 105 f; Aschfalk, Redepflicht, HWRev. Sp. 1631, 1633; Burkel, Krisenwarnproblem, ZIP 1982, 28, 31.*

Für eine wesentliche Beeinträchtigung der Entwicklung des Unternehmens genügen somit auch weniger folgenschwere Auswirkungen. Nachteilige Veränderungen, die das Unternehmen ohne weiteres wegstecken kann, Rückschläge, die innerhalb eines Geschäftsjahres ausgeglichen und verarbeitet werden können, ohne daß eine Entwicklungslinie durchbrochen wird, fallen jedoch nicht unter die Berichtspflicht. Das Unternehmen muß durch die Tatsachen nachhaltig getroffen sein. Der historische Gesetzgeber geht – entsprechendes kommt auch im Urteil des Bundesgerichtshofs vom 15.12.1954 zum Ausdruck – davon aus, daß eine Redepflicht nur in „schwerwiegenden Fällen" und nicht schon dann, wenn die Lage der Gesellschaft bloß „angespannt ist" besteht.[533] Von einer wesentlichen Entwicklungsbeeinträchtigung wird man daher nur dann sprechen können, wenn bei ungestörtem Fortgang der Beeinträchtigung zumindest mittelfristig – d.h. über einen Zeitraum von 4-5 Jahren – die Insolvenz des Unternehmens droht. Die Verwendung des Begriffs „beeinträchtigen können" weist jedoch wie schon bei der Bestandsgefährdung darauf hin, daß eine mögliche zukünftige Entwicklungsbeeinträchtigung vom Gesetzgeber als ausreichend angesehen wird.

IV. Bei Durchführung der Prüfung

Die Redepflicht des Jahresabschlußprüfer besteht nur insoweit, als er über die Tatbestände zu berichten hat, die er „bei Durchführung seiner Prüfung" festgestellt hat. Laut der Gesetzesbegründung soll der Passus einerseits die Problemorientierung der Prüfung zum Ausdruck bringen, andererseits aber sicherstellen, daß über den gesetzlichen Prüfungsumfang hinaus keine eigenmächtigen Sonderprüfungen durchzuführen sind.[534] Damit wird klargestellt, daß sich aus der Berichtsbestimmung des § 321 I S. HGB keine weiteren Prüfungspflichten ergeben, sondern daß insoweit die Regelung in § 317 HGB abschließenden Charakter hat.[535] Dem Gesetzespassus soll daher auch eine beschränkende Wirkung zukommen. Dies entspricht in etwa der Bedeutung des alten Gesetzeswortlautes, der feststellte, daß der Prüfer nur über das zu berichten hat, was er „bei Wahrnehmung seiner Aufgaben" erkennt. Sowohl nach altem als auch nach neuem Recht ergibt sich jedoch bereits aus den Prüfungsbestimmungen eine Verpflichtung zur Prü-

533 Begründung des Regierungsentwurfs § 154 RegE bei *Kropff, Aktiengesetz, § 166 AktG, S. 271; BGHZ 16, 17, 26.*

534 *BT Drucksache 13/9712, S. 28.*

535 Vgl. *Budde/Kunz in BeBiKo., § 321 Rn. 25*; *A/D/S § 321 Rn. 69; WP Handbuch Bd. I Abschnitt Q Rn. 130; IDW PS 450, Wpg. 1999, 601,605.*

fung der wirtschaftlichen Lage.[536] Die Prüfungspflichten sind dabei problem- und risikoorientiert auszulegen.[537] Die Prüfungsschwerpunkte bei Unternehmen mit angespannten wirtschaftlichen Verhältnissen sind daher auf die Erfüllung der Redepflicht auszurichten, ohne daß dies zu einer unzulässigen Erweiterung der Prüfungspflichten führt.[538]

V. Bewertungsmaßstäbe

Eine Stellungnahme des Jahresabschlußprüfers zu bestandsgefährdenden und mehr noch zu noch weniger deutlich in Erscheinung tretenden entwicklungsbeeinträchtigenden Tatsachen erfordert eine Bewertung der wirtschaftlichen Lage des Unternehmens. Dies wirft die Frage auf, ob es Vergleichsmaßstäbe gibt, an denen sich der Abschlußprüfer orientieren kann und die ihm ein vergleichsweise sicheres und nachvollziehbares Urteil erlauben. Hier bietet sich zunächst an, die augenblickliche Situation des Unternehmens mit den Vorjahreswerten zu vergleichen. Ein solcher Zeitvergleich ist jedoch nicht in jedem Fall geeignet, Schwächen des Unternehmens aufzudecken. Wirtschaftet ein Unternehmen seit jeher auf einem niedrigen Niveau, wird – um mit den Worten Schmalenbachs zu sprechen – durch den Zeitvergleich „Schlendrian mit Schlendrian“ verglichen.[539] Eine solche Situation kann insbesondere dann für die Existenz des Unternehmens gefährlich werden, wenn ein Unternehmen gleichbleibende oder nur geringfügig rückläufige Warenabsätze und Erträge ausweist, die Wettbewerbsunternehmen aber zweistellige Zuwachsraten haben. In Märkten mit rasanten Zuwachsraten – wie beispielsweise dem Mobilfunk- und Telekommunikationsbereich Mitte der neunziger Jahre – kann eine Stagnation der Absätze und Erträge bedeuten, daß sich die langfristigen Überlebenschancen des Unternehmens im Vergleich zu rasch wachsenden Wettbewerbern verschlechtern, ohne daß sich zunächst im Rahmen eines Zeitvergleichs feststellbare nachteilige Veränderungen der Vermögens-, Finanz- und Ertragslage abzeichnen. Ein reiner Zeitvergleich würde in diesem Fall eine Krisenentwicklung nur mit großer zeitlicher Verzögerung anzeigen. Eine Früherkennung wird durch den Jahresabschlußprüfer nur erfolgen können,

---

536 Vgl. dazu die Ausführungen in Teil 2, Kap. 3 zu den Prüfungspflichten des Abschlußprüfers.

537 *BT Drucksache 13/9712, S. 11, 27.*

538 *Budde/Kunz in BeBiKo., § 321 Rn. 25; A/D/S § 321 Rn. 69; WP Handbuch Bd. I Abschnitt Q Rn. 130; IDW PS 450, Wpg. 1999, 601,605;* a.A.: *Hellwig, Aufgabe, S. 67, 75,* der die Erkenntnisse des Prüfers aus den Prüfungspflichten zum Lagebericht und Risikomanagement nicht berücksichtigt.

539 *Schmalenbach, Bilanz, S. 335 f.*

wenn er nicht nur einen Zeitvergleich, sondern auch einen Betriebs- und Branchenvergleich durchführt. Ein Betriebsvergleich beispielsweise mit dem stärksten Konkurrenten hat zur Folge, daß Stärken und Schwächen des geprüften Unternehmens aufgedeckt werden und nicht hinter wenig aussagekräftigen Vorjahreszahlen verborgen bleiben. Der Betriebs- und Branchenvergleich muß damit der wertenden Stellungnahme des Jahresabschlußprüfers vorausgehen.[540] Weitere betriebswirtschaftliche Analyseverfahren sind nicht ausgeschlossen, soweit dies zur Wahrung des Informationszwecks der Berichterstattung erforderlich ist. Der Betriebsvergleich stellt insoweit nur ein – wenn auch sicherlich bedeutsames – Verfahren zur Analyse der Geschäftslage dar.

VI. Versuche der Objektivierung der Redepflicht

Die Schwierigkeiten und Unsicherheiten, die mit einer differenzierenden Bewertung der Krisengefährdung eines Unternehmens verbunden sind, haben dazu geführt, daß versucht wurde, dem Abschlußprüfer objektivierte Entscheidungshilfen an die Hand zu geben, mittels deren er seinen Berichtspflichten nachkommen soll.[541] Inbesondere Baetge hat an der sog. Objektivierung der Redepflicht gearbeitet und ein Analyseverfahren entwickelt, daß aus der Reihe der konventionellen Kennzahlenanalysen, die in der Praxis insbesondere von Banken bei der Bilanzanalyse im Rahmen der Kreditwürdigkeitsprüfung verwendet werden, herausragt.[542] Mittels der sogenannten multivariativen Diskriminanzanalyse, einem mathematisch-statistischen Verfahren, werden auf der Basis von Jahresabschlußinformationen Kennzahlen ermittelt, die zu einem einheitlichen Diskriminanzwert zusammengefaßt eine Unterscheidung zwischen gesunden und bestandsgefährdeten Unternehmen zulassen sollen.[543] Das in Zusammenarbeit mit einer Bank

540 Zum früheren § 321 I S. 4 HGB ebenso *Niehaus, Früherkennung, S. 50; a.A.Plendl, Berichterstattung, S. 89.*

541 Lt. *Baetge/Huß/Niehaus, Jahresabschlüsse, Wpg, 1986, 605* ist die Redepflicht weitgehend eine leere Forderung geblieben, da eine Berichterstattung häufig nur erfolgt sei, wenn das Unternehmen nicht mehr zu retten gewesen sei, da der Prüfer ansonsten eine Inanspruchnahme durch das geprüfte Unternehmen befürchten hat. Dem steht jedoch entgegen, daß mit der Grundsatzentscheidung BGH Z 16, 17 und spätestens mit der aktuellen Diskussion um die Unternehmenszusammenbrüche der achtziger und neunziger Jahre bekannt sein müßte, daß auch der Prüfer haftet, der nicht rechtzeitigt warnt.

542 Einen Überblick über die konventionellen Kennzahlenanalysen gibt *Baetge, Früherkennung, Wpg, 1980, 651, 653 m.w.N.*

543 Zur multivariativen Diskriminanzanalyse vgl. *Baetge, Früherkennung, Wpg, 1980, 651; Baetge/Huß/Niehaus, Jahresabschlüsse, Wpg, 1986, 605; Baetge, Objektivie-*

praxiserprobte Verfahren soll laut Baetge eine Bestandsgefährdung schon drei Jahre vor der Insolvenz mit über 90 % Zuverlässigkeit anzeigen.[544]

In der Literatur wird trotz dieser beeindruckenden Erfolgsquote die multivariative Diskriminanzanalyse zurückhaltend beurteilt.[545] Die Praxistauglichkeit des Verfahrens wird vor allem davon abhängen, ob die multivariative Diskriminanzanalyse frei von den Nachteilen ist, die der konventionellen Kennzahlenanalyse anhaften. Die klassischen Kennzahlenanalysen, wie im übrigen auch die multivariative Diskriminanzanalyse, beruhen auf den überwiegend vergangenheitsbezogenen Jahresabschlußdaten.[546] Neben dem Vergangenheitsbezug der Informationsgrundlage haftet der Kennzahlenanalyse außerdem der Nachteil an, daß das Datenmaterial durch die handelsrechtlichen Bewertungs- und Bilanzierungsvorschriften sowie die bilanzpolitischen Entscheidungen des Vorstandes geprägt wird. Eine weitere Schwierigkeit der Prüfung der wirtschaftlichen Lage an Hand von Kennzahlen aus dem Jahresabschluß des Unternehmens wird darin gesehen, daß die entsprechenden Kennzahlen keine ausreichende Trennschärfe besitzen, um mit hinreichender Wahrscheinlichkeit zwischen Unternehmen mit negativer und positiver Fortführungsprognose zu differenzieren.[547] Die Frage der Leistungsfähigkeit der multivariativen Diskriminanzanalyse bedarf daher noch der Klärung durch die Betriebswirtschaftslehre.[548]

---

rung, in FS Havermann, S. 3; Im einzelnen: Der Diskriminanzwert sowie die einzelnen Kennzahlen werden auf einer Skala als Risikoindizien dargestellt. Unternehmen mit einem deutlich positiven Diskriminanzwert werden als nicht gefährdet eingestuft. Unternehmen mit einem deutlichen negativen Diskriminanzwert werden in vier Risikoklassen eingeteilt. Zwischen den Gruppen Gefährdung/Nichtgefährdung bildete sich eine sogen. "Grauzone", in der eine hohe Wahrscheinlichkeit für die Zugehörigkeit zu der einen oder anderen Gruppe nicht festgestellt werden konnte. Der Jahresabschlußprüfer eines Unternehmens mit einem Risikoindexwert, der in eine der vier Risikoklassen fällt, soll nach den von Baetge vorgeschlagenen abgestuften Handlungsempfehlungen weitere Informationen beim Vorstand der Aktiengesellschaft einholen, zusätzliche Prüfungshandlungen vornehmen und entsprechende Konsequenzen aus den Ergebnissen für den Prüfungsbericht und den Bestätigungsvermerk ziehen.

544 *Baetge, Objektivierung, in FS Havermann, S. 3, 15.*

545 *A/D/S § 252 HGB Rn. 25;WP Handbuch Bd. I , 11. Aufl. Abschnitt O Rn. 153 Fn. 158; Budde/Kunz in BeBiKo, 3. Aufl.§ 321 Rn. 37.*

546 Zu den Nachteilen der Kennzahlenanalyse *Baetge, Objektivierung, in FS Havermann, S. 3, 10 ff.*

547 *A/D/S § 252 HGB Rn. 25.*

548 Positiv zur Methode von Baetge: *Ludewig/Olbrich, Hilfsmittel, Wpg. 1999, 381.*

Der Gesetzgeber hat mit den Berichtspflichten in § 321 HGB ein komplexes Krisenwarnsystem geschaffen, daß den Abschlußprüfer verpflichtet, frühzeitig seine warnende Stimme zu erheben. Das abgestufte Gesamtsystem erlaubt es dem Abschlußprüfer, ein der jeweiligen Krisensituation angepaßtes differenziertes Urteil abzugeben. Die Differenzierungen bringen jedoch auch für den Abschlußprüfer die Schwierigkeit mit sich, daß er sich des gesetzlichen Instrumentariums auch bedienen muß.[549] Der Jahresabschlußprüfer kann sich nicht damit zufrieden geben, eine allgemeine Krisenwarnung auszusprechen, ohne näher auf das Krisenstadium einzugehen. Dem Prüfer ist insoweit anzuraten, die gesetzlichen Begriffe anzuwenden und die Krisensituation einer gesetzlichen Tatbestandsvariante zuzuordnen. Danach läßt sich folgendes Stufenmodell der Krisenwarnung in der Abschlußprüfung aufstellen:

- Stufe 1: Die wirtschaftliche Lage des geprüften Unternehmens hat sich verschlechtert bzw. stagniert. Es besteht jedoch mittelfristig keine Insolvenzgefahr. Die Redepflicht ist daher nicht auszuüben. Im Rahmen der Vorwegbeurteilung der Lage gem. § 321 I S. 2 HGB sowie der Berichtspflicht des Jahresabschlußprüfers nach § 321 II S. 2 HGB ist auf die Veränderungen der Vermögens-, Finanz- und Ertragslage einzugehen.
- Stufe 2: Die Verluste und Belastungen der Finanzlage haben ein solches Maß angenommen, daß zwar zumindest kurzfristig keine Insolvenz droht, die Unternehmensleitung jedoch weitreichende Anstrengungen unternehmen muß, um das Unternehmen wieder auf Erfolgskurs zu bringen. Der Abschlußprüfer hat über bestehende oder drohende entwicklungsbeeinträchtigende Tatsachen iSd § 321 II 2. Alt. HGB zu berichten.
- Stufe 3: Die wirtschaftliche Lage ist so schlecht, daß bei ungebremstem Verlauf kurz- oder mittelfristig die Zahlungsunfähigkeit oder Überschuldung droht. Das Unternehmen ist nur durch baldige und tiefgreifende Sanierungsmaßnahmen zu retten. Der Jahresabschlußprüfer hat über bestandsgefährdende Tatsachen zu berichten. Eine Berichterstattungspflicht besteht wie auf den Stufen 1 und 2 bereits dann, wenn eine hinreichende Wahrscheinlichkeit besteht, daß in Zukunft ein solches Szenario eintritt.

---

549 Für eine "differenzierte Aussage in abgestufter Form" *Baetge, Objektivierung, in FS Havermann, S. 3, 7.*

VIII. Schwerwiegende Verstöße des Vorstandes gegen Gesetz und Satzung

Der Abschlußprüfer hat auch über Tatsachen, die „schwerwiegende Verstöße der gesetzlichen Vertreter oder von Arbeitnehmern gegen Gesetz, Gesellschaftsvertrag oder die Satzung darstellen", zu berichten.

1. Gesetzeszweck

Die Berichtserstattungspflicht über schwerwiegende Gesetzesverstöße ist durch das KonTraG weitgehend unverändert geblieben. Bereits der Begründung des Regierungsentwurfs zum Aktiengesetz vom 6.9.1965 ist zu entnehmen, daß der Abschlußprüfer nur über solche Gesetzesverstöße zu berichten hat, die der Vorstand in Ausübung seiner Geschäftsführungstätigkeit für die Gesellschaft begangen hat.[550] Entscheidend für eine Berichterstattungspflicht ist, ob ein Zusammenhang mit der Vorstandstätigkeit besteht.[551] Gesetzesverstöße des Vorstandes gegen Vorschriften, die erkennbar nur die Privatsphäre eines Vorstandmitgliedes betreffen können, sind nicht Gegenstand der Berichterstattung. Die Berichterstattung stellt damit auch nach heutigem Normverständnis nur auf unternehmensbezogene Verfehlungen des Vorstandes ab.[552] Auch Verstöße gegen Rechnungslegungsvorschriften sind nach dem Willen des Gesetzgebers nicht von der Redepflicht umfaßt. Sie sind nach § 321 I S. 3 HGB Teil der Berichterstattung über „Unrichtigkeiten oder Verstöße gegen gesetzliche Vorschriften".[553]

Nach der Auffassung von Brönner, die dieser noch zu § 166 AktG a.F. äußerte, mußte der Jahresabschlußprüfer nur über Gesetzes- oder Satzungsverstöße berichten, die eine Bedeutung für den Bestand oder die Entwicklung des Unternehmens haben.[554] Der systematische Zusammenhang mit der Redepflicht über bestandsgefährdende bzw. entwicklungsbeeinträchtigende Tatsachen legt dies zunächst auch heute noch nahe. Dem steht jedoch entgegen, daß bestandsgefährdende und entwicklungsbeeinträchtigende Gesetzesverstöße bereits Gegenstand der Berichterstattung sind. Die Auslegung von Brönner hätte zur Folge, daß der Berichterstattung nach § 321 I 3. Alt. HGB keine eigenständige Bedeutung zukäme. Sie ginge voll in der Berichterstattungspflicht zur Bestandsgefährdung und

---

550 Begründung des Regierungsentwurfs § 154 RegE bei *Kropff, Aktiengesetz, § 166 AktG, S. 271.*

551 *Kropff in Geßler/Hefermehl, § 166 AktG Rn. 28;* a.A. *Claussen, Kölner Komm. § 321 Rn. 32.*

552 *Budde/Kunz in BeBiKo., § 321 Rn. 38; A/D/S § 321 Rn. 84; WP Handbuch Bd. I Abschnitt Q Rn. 124.*

553 Vgl. zu der Abgrenzung unter Teil 3, Kap. 4.

554 *Brönner, GK, § 166 AktG Anm. 9.*

zur Entwicklungsbeeinträchtigung auf. Dies kann nicht der Zweck des Gesetzes sein. Zweck und Auslegung der Norm haben sich sich daher nicht am Vorliegen einer Unternehmensgefährdung zu orientieren, auch wenn – wie später noch festgestellt werden wird – bei der Frage der Schwere des Verstoßes die Unternehmensgefährdung eine Rolle spielt. Die gesetzgeberische Intention, die der Norm zugrunde liegt, ist vielmehr darin zu sehen, daß die Berichterstattung die Funktion hat, dem Aufsichtsrat einen Eindruck von der Integrität und Qualifikation des Vorstandes zu vermitteln. So bemerkte bereits Kropff zutreffend: „Der Bericht soll Verstöße aufdecken, die Zweifel an der moralischen oder fachlichen Eignung des Vorstandsmitgliedes oder der Vorstandsmitglieder begründen."[555] Dies entspricht auch dem Verständnis der heute h.M.[556]

Gesetzes- und Satzungsverstöße des Vorstandes können die Frage aufwerfen, ob das jeweilige Vorstandsmitglied die hohen Erwartungen, die dem Inhaber einer derart herausgehobenen Stellung zu Recht entgegengebracht werden, (noch) erfüllt. Die Vorbildfunktion des Vorstandes gegenüber den Mitarbeitern, seine Verantwortung für das Ansehen und den Ruf der Gesellschaft in der Öffentlichkeit, die mit über den Erfolg oder Mißerfolg des Unternehmens entscheiden, machen es erforderlich, daß der Aufsichtsrat von Bedenken gegen die persönliche Integrität einzelner Vorstandsmitglieder erfährt. Mängel in der persönlichen Integrität können zur Abberufung eines Vorstandsmitgliedes führen. Ein Vorstandsmitglied, das sich am Gesellschaftsvermögen persönlich bereichert, wird in aller Regel eine Belastung für die Gesellschaft darstellen.[557] In der Praxis sind sogar nicht berichtspflichtige private Verfehlungen Anlaß, Vorstandsmitglieder und Aufsichtsräte abzuberufen.[558] Neben der persönlichen Integrität kann durch einen Gesetzes- oder Satzungsverstoß auch die fachliche Eignung in Frage stehen. Dies wird insbesondere dann der Fall sein, wenn der Verstoß unmittelbar oder mittelbar zu einem Nachteil für die Gesellschaft führt.

Zweck der Berichterstattung ist es somit, dem Aufsichtsrat Anhaltspunkte zur persönlichen und fachlichen Qualifikation der Vorstandsmitglieder zu vermitteln.

---

555 *Kropff in Geßler/Hefermehl, § 166 AktG Rn. 27*

556 *IDW PS 450, Wpg. 1999, 601, 605; Budde/Kunz in BeBiKo., § 321 Rn. 41*; *A/D/S § 321 Rn. 85; WP Handbuch Bd. I Abschnitt Q Rn. 127.*

557 Der Vorstandsvorsitzende der Mannesmann AG Werner Dieter mußte 1994 das Vorstandsamt unter dem Verdacht der Untreue vorzeitig abgeben, da ein ihm gehörendes Unternehmen zu überhöhten Preisen Teile an Mannesmann geliefert haben soll. Vgl. *WW Nr. 25/17.6.1994 S. 48.*

558 Beispielsweise ist im Jahre 1997 der langjährige, verdienstvolle Vorstandsvorsitzende und damalige Aufsichtsratvorsitzende der Dresdner Bank Wolfgang Röller von seinem Amt zurückgetreten, da ein Ermittlungsverfahren wegen privater Steuerhinterziehung gegen ihn lief.

Bei der weiteren Auslegung der Vorschrift, insbesondere bei der Bestimmung des Kreises der berichtspflichtigen Verstöße, ist dies zu berücksichtigen.

2. Kreis der berichtspflichtigen Vorschriften

Der Kreis der gesetzlichen Bestimmungen, deren Verletzung durch den Vorstand die Redepflicht auslöst, kann durch die vorstehende Auslegung nicht entscheidend eingeengt werden. Es verbleibt ein weiter Bereich an Gesetzesverstößen, die im Einzelfall Zweifel an der persönlichen und fachlichen Eignung anzeigen können. Dem Ziel einer näheren Betrachtung wird man daher am ehesten durch die Aufstellung von Fallgruppen, die die wichtigsten Anwendungsbeispiele erfassen, gerecht.

a. Verstöße gegen aktienrechtliche Vorschriften

Im Bereich des Aktiengesetzes sind eine Fülle von Gesetzesverstößen des Vorstandes denkbar, die eine Berichterstattungspflicht des Jahresabschlußprüfers auslösen können. Insbesondere die im Ersten Abschnitt des 4. Teils des Aktiengesetzes enthaltenen Vorschriften zum Vorstand (§§ 77-95 AktG), die direkte Pflichten des Vorstandes begründen, kommen hier in Betracht. Eine Verletzung kann dabei nicht nur in einer Nicht- sondern auch in einer Schlechterfüllung bestehen.

aa. Pflicht zur Unternehmensleitung nach § 76 AktG

Der Vorstand als das zur Geschäftsführung der Aktiengesellschaft berufene Organ ist nach § 76 AktG dazu verpflichtet, die Gesellschaft in eigener Verantwortung zu leiten. Daraus läßt sich die Verpflichtung des Vorstandes ableiten, eigenständig alles zu tun, um eine erfolgreiche Entwicklung der Gesellschaft zu gewährleisten.[559] Dabei hat er das Tagesgeschäft, vor allem bei größeren Gesellschaften, den nachgeordneten Führungskräften zu überlassen und sich auf Führungsaufgaben zu beschränken. Die Leitungsaufgabe des Vorstandes ist als Führungsfunktion von der Geschäftsführung nach § 77 I AktG, die jedwedes tatsächliche oder rechtliche Tätigwerden des Vorstandes für die Gesellschaft umfaßt, zu unterscheiden.[560] Es handelt sich um die zentrale Aufgabenstellung des Vorstan-

---

559 Sehr instruktiv dazu *Semler, Unternehmensplanung, ZGR 1983, 1, 12 f;* vgl. auch *Schmidt, K., Gesellschaftsrecht, S. 812 ff. m.w.N.*

560 Vgl. *Hüffer, AktG, § 76 Rn. 7 m.w.N, Schwark, Spartenorganisation, ZHR 142 (1978) 203, 215;* a.A. *Semler, Leitung § 1 Rn. 3 f.,* der keinen Unterschied zwischen Geschäftsführung und Leitung sieht.

des. Der Vorstand bzw. das einzelne Vorstandsmitglied, das seine Leitungspflicht nach § 76 AktG verletzt, handelt gem. § 93 I AktG sorgfaltswidrig. Der Abschlußprüfer, der bei der Abschlußprüfung feststellt, daß der Vorstand seine Führungsaufgabe in rechtlich relevanter Weise vernachlässigt, hat darüber ausführlich und umfassend zu berichten. Auch für den Aufsichtsrat stellt die Frage, ob der Vorstand seiner Leitungspflicht nachkommt, die zentrale Aufgabe seiner Überwachungspflicht dar. Vor diesem Hintergrund ist es mit dem Informationszweck des Prüfungsberichts im allgemeinen und der Redepflicht im besonderen unvereinbar, wenn der Abschlußprüfer Informationen, die an der sorgfaltsgemäßen Wahrnehmung der Führungsaufgabe des Vorstandes bzw. einzelner Vorstandsmitglieder zweifeln lassen, zurückhalten würde.

(1) Ordnungsmäßigkeit der Geschäftsführung

Angesichts der Bedeutung, die der Redepflicht über Verstöße des Vorstands gegen seine Leitungspflicht nach § 76 I AktG zukommt, verwundert, daß im Schrifttum eine Berichterstattungspflicht des Abschlußprüfers über Vorstandsverstöße gegen § 76 I AktG keine Erwähnung findet.[561] Stattdessen werden im aktiengesetzlichen Bereich als redepflichtige Verstöße beispielsweise Verletzungen der Berichtspflichten des Vorstandes gegenüber dem Aufsichtsrat gem. § 90 I, II AktG sowie gegen die Vorstandspflichten nach §§ 92, 93 AktG aufgeführt. Warum ausgerechnet die Verletzung der Führungspflicht, neben der die Mehrzahl der in der Literatur genannten Verstöße wie Lappalien wirken, von der Redepflicht ausgenommen sein soll, kann mangels entsprechender Stellungnahmen nur vermutet werden.

Gegen eine Verpflichtung des Jahresabschlußprüfers, über Verstöße gegen die Leitungspflicht zu berichten, könnte sprechen, daß damit der Abschlußprüfer zu einer weitgehenden Bewertung der Arbeit des Vorstands verpflichtet wird und zu befürchten ist, daß sich die Jahresabschlußprüfung zu einer Geschäftsführungsprüfung entwickelt. Im Schrifttum wird immer wieder betont, daß die Jahresabschlußprüfung und -berichterstattung keine Geschäftsführungsprüfung darstellt.[562] Dem steht jedoch entgegen, daß die Jahresabschlußprüfung in weiten Teilen untrennbar mit einer Prüfung und Berichterstattung über die Geschäftsführung verbunden ist. Die Jahresabschlußprüfung ist bereits heute auch eine Geschäftsführungsprüfung. So hat der Abschlußprüfer bei der Prüfung der Gesetz-

561 Vgl. beispielsweise *Budde/Kunz in BeBiKo., § 321 Rn. 41*; *A/D/S § 321 Rn. 85; WP Handbuch Bd. I Abschnitt Q Rn. 125 f.; Claussen, Kölner Komm. § 321 Rn. 32; Burkel, Krisenwarnproblem, ZIP 1982, 28, 31.*

562 Vgl. *Dörner, Abschlußprüfer , SzU Bd. 56 (1995) S. 171, 191;* dazu auch *Hachmeister, Partner, DStR 1999, 1453, 1458.*

mäßigkeit des Jahresabschlusses die Bilanzierungs- und Bewertungsentscheidungen des Vorstandes zu prüfen.[563] Eine Beurteilung des Vorstandes ist der Jahresabschlußprüfung auch in anderen Bereichen immanent. Mit der gesetzlichen Einführung der Krisenwarnpflichten durch § 166 II AktG a.F. im Jahre 1965 hat der Gesetzgeber eine weitere Verpflichtung des Abschlußprüfers zur Beurteilung der Geschäftsführung geschaffen.[564] Die Berichtspflichten erfordern, daß sich der Abschlußprüfer mit der wirtschaftlichen Lage des Unternehmens befaßt. Die Einschätzung, daß eine Bestandsgefährdung oder eine Entwicklungsbeeinträchtigung vorliegt, enthält zumindest mittelbar eine Bewertung der Geschäftspolitik des Vorstandes.[565] Der Abschlußprüfer, der als Ursache bestandsgefährdender Absatzrückgänge des Unternehmens eine überalterte Produktpalette ausmacht und darüber berichtet, trifft ein Werturteil über den Vorstand, ohne daß er den Vorstand oder einzelne seiner Mitglieder explizit als Verantwortliche nennen muß. Konkret ausgedrückt lautet in diesem Fall das Werturteil, daß der Vorstand es versäumt habe, für eine zeit- und marktgerechte Produktpalette zu sorgen.

Mit dem KonTraG ist im übrigen auch erstmals ausdrücklich eine Verpflichtung zur Prüfung der Ordnungsmäßigkeit der Geschäftsführung in das Gesetz aufgenommen worden. Der Abschlußprüfer hat gem. §§ 321 IV, 317 IV HGB iVm § 91 II AktG zu prüfen und auch darüber zu berichten, ob der Vorstand ein geeignetes und funktionierendes Risikomanagement im Unternehmen eingerichtet hat.[566] Bei der Verpflichtung zur Einrichtung eines Risikomanagement handelt es sich um eine Aufgabe, die der Vorstand im Rahmen seiner Leitungstätigkeit nach § 76 I AktG wahrzunehmen hat.[567] Die entsprechende Berichterstattung des Abschlußprüfers ist mit den Berichtspflichten über die Ordnungsmäßigkeit der Geschäftsführung nach § 53 HGrG vergleichbar. Die Überlegung von Theisen und Scheffler, den Prüfungs- und Berichtsauftrag de lege ferenda auf eine Prüfung der Ordnungsmäßigkeit der Geschäftsführung auszudehnen, ist somit spätestens mit dem KonTraG in dem genannten Umfang zur gesetzlichen Realität geworden.[568]

---

563 So auch *Kropff in Geßler/Hefermehl, § 162 AktG Rn. 20.*

564 So auch *Kropff in Geßler/Hefermehl, § 162 AktG Rn. 20.*

565 Von einer Pflicht des Abschlußprüfers zur persönlichen Wertung und Stellungnahme geht auch *Burkel, Krisenwarnproblem, ZIP 1982, 28, 31* aus.

566 Vgl. dazu ausführlich in Teil 2, Kap. 3, IV.

567 *Hüffer, § 76 AktG Rn. 8.*

568 *Scheffler, Aufsichtsrat, S. 677 f.; Theisen, Grundsätze, S. 133 f.;* vgl. aus der neueren Literatur auch *Hachmeister, Partner, DStR 1999, 1453, 1458.* Die Regierungskommission, Corporate Governance geht davon aus, daß eine punktuelle Fortentwicklung der klassischen Jahresabschlußprüfung hin zu einer Geschäftsführungsprüfung besteht. Eine generelle Prüfung der Ordnungsmäßigkeit der Geschäftsführung wird jedoch abgelehnt. Vgl. *Regierungskommission, Corporate Governance, S. 295 f..*

Zusammenfassend läßt sich feststellen, daß der Abschlußprüfer nicht nur bei der „klassischen" Geschäftsführungsprüfung nach § 53 HGrG eine Bewertung der Tätigkeit des Vorstandes treffen muß. Die Beurteilung des Vorstandes ist auch der Jahresabschlußprüfung nicht wesensfremd. Es gibt daher keinen Grund, § 76 I AktG von der Berichterstattungspflicht nach § 321 I S. 3, 3. Alt. HGB auszunehmen.

(2) Abgrenzung von Rechts- und Zweckmäßigkeitsverstößen

Bei der Berichterstattung hat der Abschlußprüfer darauf zu achten, daß er nur über die Maßnahmen und Unterlassungen zu berichten hat, die einen Verstoß gegen die Rechtspflichten des Vorstandes zur Unternehmensleitung darstellen. Dem berichteten Sachverhalt muß ein rechtswidriger Verstoß immanent sein. Ein Verstoß allein gegen betriebswirtschaftliche Grundsätze, die nicht den Rang einer Rechtspflicht haben, stellt dagegen keinen berichtspflichtigen Tatbestand dar. Der eindeutige Wortlaut weist der Redepflicht die Funktion einer Berichterstattung über die Rechtmäßigkeit des Vorstandshandelns zu. Die Berichterstattung über Gesetzesverstöße hat nicht die Aufgabe, den Aufsichtsrat über die Zweckmäßigkeit von Entscheidungen der Unternehmensleitung zu informieren.[569] Der Abschlußprüfer hat den unternehmerischen Handlungsspielraum des Vorstandes zu wahren. Im Rahmen der Ausführungen zu dem beschränkten Umfang der Prüfung der wirtschaftlichen Lage wurden bereits anhand der Arag/Garmenbeck-Entscheidung des BGH vom 21.4.1997 die Grenzen der Prüfung und Berichterstattung durch den Abschlußprüfer abgesteckt.[570] Der BGH stellt in dieser Entscheidung fest, daß dem Vorstand grundsätzlich ein haftungsfreier unternehmerischer Ermessensspielraum zukommt und erst bei einem Verstoß gegen Sorgfaltspflichten eine Haftung des Vorstandes für unternehmerische Fehlentscheidungen in Betracht kommt. Überträgt man diese Grundsätze auf die vorliegende Fallkonstellation, liegt eine berichtspflichtige Verletzung der Leitungspflicht des Vorstandes in folgenden Fällen vor:

- Der Abschlußprüfer hat zu berichten, wenn er feststellt, daß sich der Vorstand bzw. einzelne seiner Mitglieder in ihrem Handeln nicht am Unternehmensinteresse orientieren.

569 Insoweit ablehnend auch *Hachmeister, Partner, DStR 1999, 1453, 1459.*
570 Vgl. Teil 2, Kap. 4; *Arag/Garmenbeck-Entscheidung BGHZ 135, 244. 253 ff = BGH ZIP 1997, 883, 886.*

- Eine Berichtspflicht besteht auch dann, wenn der Abschlußprüfer feststellt, daß der Vorstand die Grundlagen seiner Entscheidung nicht sorgfältig ermittelt hat.
- Den Abschlußprüfer trifft schließlich eine Redepflicht, wenn er feststellt, daß der Vorstand Risiken eingeht, die über das notwendige unternehmerische Risiko hinausgehen. Der Vorstand, der um des kurzfristigen Erfolgs willen den Bestand des Unternehmens leichtfertig aufs Spiel setzt, handelt sorgfaltswidrig.

Weitere Pflichtverstöße „aus anderen Gründen" sind nicht ausgeschlossen. Durch die Verwendung der Terminologie „deutlich überschritten" und „in unverantwortlicher Weise überspannt" macht der BGH außerdem deutlich, daß einfache Verstöße gegen die genannten Grundsätze unternehmerischen Handelns nicht zu der Annahme eines Gesetzesverstoßes ausreichen.

(3) Konkretisierung von Verstößen gegen die Leitungspflichten

Eine Konkretisierung von berichtspflichtigen Verstößen des Vorstandes gegen die Leitungspflicht nach § 76 AktG setzt voraus, daß der Inhalt der Leitungspflicht näher präzisiert wird. Lutter und Semler haben den Begriff der Leitung der Gesellschaft in § 76 I AktG unter Zuhilfenahme betriebswirtschaftlicher Erkenntnisse interpretiert und daraus Rechtspflichten des Vorstandes formuliert. Danach gehört zu den originären Führungsaufgaben des Vorstandes nach § 76 I AktG insbesondere die Unternehmensplanung, die Unternehmenskoordinierung, die Unternehmenskontrolle und die Besetzung der oberen und mittleren Führungsstellen. Diese Rechtspflichten haben mittlerweile im Schrifttum Anerkennung gefunden.[571] Im Einzelfall können auch sonstige Maßnahmen und die Vornahme einzelner Geschäfte, die für die Gesellschaft von außergewöhnlicher Bedeutung sind, zu den Leitungsaufgaben des Vorstandes gehören.[572] Sie sind dann an den genannten vom BGH entwickelten Grundsätzen auf ihre Pflichtwidrigkeit und die damit verbundene Berichtspflichtigkeit für den Abschlußprüfer zu überprüfen.

---

571 H.M.: *Lutter, Unternehmensplanung, AG 1991, 249; Semler, Unternehmensplanung, ZGR 1983, 1, 12 f.; ders. Leitung § 1 Rn. 11 ff.; Hommelhoff/Schwab, Stellenwert, zfbf Sonderheft 36, 1996, 149, 165, Feddersen, Unternehmensplanung ZGR 1993, 114; Albach, Unternehmensplanung, ZGR 1997, 32,* zustimmend *Hüffer, AktG, § 76 Rn. 8; Schiessl, Spartenorganisation, ZGR 1992, 64, 68; Hoffmann-Becking in MünchHdb. AG § 19 Rn. 13; Mertens in Kölner Komm. § 93 Rn. 45; Meyer-Landrut in GK, § 76 AktG Anm.2*; a.A. *Kallmeyer, Pflichten, ZGR 1993, 105.*

572 *Schiessl, Spartenorganisation, ZGR 1992, 64, 68.*

Die vorstehenden Aufgaben sollen nach dieser Auffassung in jedem Unternehmen unabhängig von seiner Größe oder der Zugehörigkeit zu einer Branche anfallen. Dies überzeugt zumindest bei Unternehmen der hier untersuchten Größenordnung. Der Vorstand einer mitbestimmten Aktiengesellschaft kann nicht alle anfallenden Entscheidungen selbst treffen. Im Mittelpunkt seiner Tätigkeit müssen vielmehr zentrale, übergeordnete Aufgaben wie eben die Kontrolle, Koordination und Planung stehen. Auch die Besetzung von Führungspositionen kann nur durch ein den zu besetzenden Führungspositionen übergeordnetes Organ wie den Vorstand erfolgen.

(a) Pflicht zur Unternehmensplanung

Die Verpflichtung zur Unternehmensplanung ergibt sich nicht nur aus § 76 I AktG, sondern auch aus § 90 I Nr. 1 AktG. Danach ist der Vorstand verpflichtet, dem Aufsichtsrat über die beabsichtigte Geschäftsführung und andere grundsätzliche Fragen der künftigen Geschäftsführung zu berichten, was nichts anderes bedeuten kann, als daß eine Planung des künftigen Geschäftsjahres vorzunehmen und dem Aufsichtsrat vorzulegen ist.[573] Gegenstand der Planung ist die „gedankliche Vorwegnahme zukünftigen Handelns durch Abwägen verschiedener Handlungsalternativen und Entscheidung für den günstigsten Weg."[574] Ein Vorstand, der sich keine Vorstellungen von der zukünftigen Entwicklung des eigenen Unternehmens und der Unternehmensumwelt – sprich der Märkte – macht, ist nicht in der Lage, auf Veränderungen zu reagieren. Der Bestand des Unternehmens wird gefährdet. Ein Unternehmensvorstand, der ohne sachlich zwingenden Grund eine Unternehmensplanung unterläßt, handelt pflichtwidrig. Ausnahmen sind allenfalls bei kleineren Unternehmen und besonderen Geschäftszweigen zu machen. In der Praxis bedeutet dies, daß eine Planung unterteilt in Produkt-, Absatz-, Finanz- Liquiditäts-, Investitions- und Ertragsplanung in aller Regel zum Pflichtprogramm des Vorstandes gehört.[575] Stellt der Abschlußprüfer bei seiner Prüfung fest, daß der Vorstand von einer Unternehmensplanung absieht, obwohl Ausnahmetatbestände, die einen Verzicht auf die Unternehmensplanung rechtfertigen, nicht vorliegen, so hat er darüber zu berichten.[576] Bei der Ausgestaltung der Unternehmensplanung hat der Vorstand entsprechend der Entscheidung des BGH eine weite unternehmerische Handlungsfreiheit.[577] Der Vorstand ist nicht

573 Vgl. *Lutter, Aufsichtsratstätigkeit, ZHR 159 (1995), 287, 292.*

574 Definition aus *Wöhe, Betriebswirtschaftslehre, S. 134.*

575 *Lutter, Unternehmensplanung, AG 1991, 249, 251; Semler, Leitung § 1 Rn. 16.*

576 *Scheffler, Aufsichtsrat, S. 677 f.* hat sich de lege ferenda für eine Prüfung der Ordnungsmäßigkeit der Unternehmensplanung ausgesprochen.

577 *Lutter, Unternehmensplanung, AG 1991, 249, 251.*

verpflichtet, ein bestimmtes betriebswirtschaftliches Planungsmodell durchzuführen. Der Abschlußprüfer ist jedoch dann zu einer Berichterstattung verpflichtet, wenn der Vorstand bedeutsame entscheidungserhebliche Faktoren, die nach sachverständigem Urteil zwingend bei der Unternehmensplanung berücksichtigt werden müssen, außer Betracht läßt.[578] Eine Redepflicht über Gesetzesverstöße des Vorstands besteht auch dann, wenn der Abschlußprüfer feststellt, daß der Vorstand bei der Planung Faktoren nicht oder nicht angemessen berücksichtigt, die zu einem nicht zu verantwortenden Bestandsrisiko für das Unternehmen führen können. Es bedarf im übrigen keiner Erweiterung der Prüfungspflichten, damit der Abschlußprüfer seine Redepflicht über Planungsdefizite des Vorstands ausüben kann. Im Rahmen seiner Prüfung des Lageberichts sowie des Going-Concern-Prinzips nimmt der Abschlußprüfer auch Einsicht in die Berichte des Vorstands an den Aufsichtsrat über die Geschäftspolitik und die Unternehmensplanung gem. § 90 I Nr. 1 AktG.[579]

(b) Verstöße gegen die Pflicht zur Unternehmenskontrolle

Die Erstellung einer Unternehmensplanung allein ist nicht ausreichend. Erforderlich ist außerdem, zu überwachen, ob die Ergebnisse des betrieblichen Handelns mit den Planungen übereinstimmen oder ob Abweichungen entstehen. Soweit die Abweichungen von der Unternehmensplanung zu Hinweisen auf bestandsgefährdende Risiken führen, gehört es gem. § 91 II AktG zu den Pflichten des Vorstands, diese Risiken zu erfassen und darauf zu reagieren. Der Abschlußprüfer ist nach §§ 317 IV, 321 IV HGB prüfungs- und berichtspflichtig.[580]

(c) Verstöße gegen die Pflicht zur Unternehmenskoordinierung

Die Funktion der Unternehmenskoordinierung besteht darin, „die Vielzahl der im Unternehmen waltenden Kräfte zu bündeln und gezielt einzusetzen".[581] Insbesondere in Großunternehmen, die ausnahmslos arbeitsteilig organisiert sind, muß verhindert werden, daß die „linke Hand nicht weiß, was die rechte Hand tut". Arbeiten beispielsweise Forschung und Vertrieb nicht zusammen, kann dies dazu führen, daß die Forschung an den Bedürfnissen des Marktes vorbei Produkte entwickelt. Durch Unternehmenskoordination kann dies verhindert werden. Eine Hinweispflicht des Abschlußprüfers auf eine Verletzung der Koordinationspflicht

578 Zu den verschiedenen Stufen des Planungsprozesses vgl. *Wöhe, Betriebswirtschaftslehre, S. 134 ff.*
579 *Regierungskommission Corporate Governance, S. 296 f.*
580 Vgl. zu § 317 IV HGB iVm § 91 II AktG Teil 2, Kap. 3, IV.
581 *Semler, Leitung § 1 Rn. 17, Poensgen in HWdOrg, Sp. 1130.*

wird in diesem Zusammenhang nur bestehen, wenn der Abschlußprüfer feststellt, daß eine Koordination nicht stattfindet bzw. offensichtlich nicht geeignet ist, ihr Ziel zu erreichen. Die fehlende Institutionalisierung von Koordinationsinstrumenten wie Arbeitsgruppen, Ausschüssen, Konferenzen und Rundschreiben können Indizien dafür und zugleich Berichtsinhalt sein.

(d) Verstoß gegen die Pflicht zur Besetzung von Führungspositionen

Der Erfolg eines Unternehmens hängt entscheidend von der Qualität seiner Führungskräfte ab.[582] Dabei sind unter Führungskräften nicht nur der Vorstand selbst, sondern auch die nachfolgenden Führungsstellen zu verstehen. Eine berichtspflichtige Pflichtverletzung durch den Vorstand kann nicht nur darin bestehen, daß der Vorstand einen offensichtlich fachlich oder persönlich ungeeigneten Bewerber mit einer Führungsposition betraut, sondern auch darin, daß eine dermaßen eingeschätzte Führungskraft aus sachfremden Motiven nicht abberufen wird. Gerade die Belassung eines solchen Mitarbeiters auf einer Führungsposition kann im Einzelfall dem Unternehmen großen Schaden zufügen. Eine Personalentscheidung wird häufig dann als pflichtwidrig einzustufen sein, wenn alleine persönliche Beziehungen und Bindungen zwischen Vorstand und nachgeordneter Führungskraft trotz nachweislich fehlendem Erfolg den Ausschlag geben. In der Praxis wird eine Berichterstattung über Verstöße des Vorstandes gegen seine Pflichten bei Besetzung von Führungspositionen eher die seltene Ausnahme bilden, da in den meisten Fällen die Personalfragen vom unternehmerischen Handlungsspielraum des Vorstandes gedeckt sein werden. Die Fälle einer offensichtlichen Fehlbesetzung, in denen die Sekretärin zum Finanzvorstand befördert wird, sind wohl eher selten.

bb. Verstöße gegen sonstige aktienrechtliche Vorschriften

Als sonstige aktienrechtliche Verstöße, die eine Redepflicht des Abschlußprüfers auslösen, kommen insbesondere Verstöße gegen die Berichterstattungspflichten des Vorstands gegenüber dem Aufsichtsrat gem. § 90 AktG, gegen die Buchführungspflicht nach § 91 AktG, gegen die Pflicht zur Einberufung der Hauptversammlung nach § 121 II AktG, gegen die Pflicht zur Vorbereitung und Ausführung von Hauptversammlungsbeschlüssen nach § 83 II AktG und gegen die Verpflichtung gem. § 92 I AktG bei einem Verlust in der Höhe der Hälfte des

582 *Semler, Unternehmensplanung, ZGR 1983, 1, 13.* Für Semler ist die Besetzung von Führungspositionen sogar die wichtigste Führungsaufgabe des Vorstandes, vgl. *Semler, Leitung § 1 Rn. 20.*

Grundkapitals die Hauptversammlung einzuberufen, in Betracht.[583] Darüber hinaus werden in § 93 III AktG nicht weniger als neun Tatbestände aufgezählt, die Sorgfaltspflichten des Vorstandes zur Kapitalerhaltung begründen.

b. Sonstige Gesetzesverstöße

Es können jedoch auch Verstöße gegen andere als aktienrechtliche Bestimmungen zu einer Berichtspflicht des Jahresabschlußprüfers führen. Man denke nur an Verletzungen von kartellrechtlichen Bestimmungen, die nach § 81 GWB hohe Geldbußen zur Folge haben können oder an Verstöße gegen betriebsverfassungsrechtliche Normen.

In Betracht zu ziehen ist auch die Begehung von Straftaten durch Vorstandsmitglieder. Typische berichtspflichtige Delikte, die im Zusammenhang mit der Vorstandstätigkeit stehen können, sind gegenüber dem eigenen Unternehmen Untreue (§ 266 StGB), Unterschlagung (§ 246 StGB) und Betrug (§ 263 StGB). Gegenüber Dritten – häufig wird es sich hierbei um Gläubiger des Unternehmens handeln – kommen Betrug, Subventionsbetrug (§ 264 StGB), Kreditbetrug (§ 265 b StGB) und Urkundenfälschung (§ 267 StGB) in Betracht. In all diesen Fällen ist der Abschlußprüfer unbedingt und ausnahmslos zu einer Berichterstattung verpflichtet. Aufsehenerregende Fälle wie der Zusammenbruch des Schneider Immobilienimperiums zeigen, daß kriminelle Handlungen des Vorstands oftmals mit einer wirtschaftlichen Krise des Unternehmens verbunden sind.[584] Strafrechtliche Delikte dieser Art werden in aller Regel den Aufsichtsrat verpflichten, von seiner Personalkompetenz nach § 84 III AktG Gebrauch zu machen und eventuelle Schadensersatzansprüche gegen das betreffende Vorstandsmitglied zu prüfen. Von großer Bedeutung können auch Verstöße des Vorstandes gegen verwaltungsrechtliche Bestimmungen sein. Der Abschlußprüfer hat beispielsweise zu berichten, wenn er feststellt, daß eine Betriebsanlage ohne die erforderliche Genehmigung nach Bau- oder Umweltgesetzen betrieben wird. Auch wenn der Abschlußprüfer Verletzungen von Steuer-, Zoll- und Außenhandelsbestimmungen feststellt, hat er zu berichten. Die verbotswidrige Lieferung einer Giftgasanlage in den Irak ist sicherlich ein berichtspflichtiger Tatbestand.

---

583 Vgl. *WP Handbuch Bd. I Abschnitt Q Rn. 125.*

584 Gegen den Bauunternehmer Jürgen Schneider wurde im Juni 1997 im Zusammenhang mit dem Zusammenbruch seines Immobilienimperiums Anklage vor dem Landgericht Frankfurt wegen Kreditbetrugs, Betrugs und Urkundenfälschung erhoben *FAZ v. 27.6.1997, Nr. 146, S. 3.*

3. *Verstöße gegen Satzung und Geschäftsordnung*

Schwerwiegende Verstöße des Vorstandes gegen die Satzung können insbesondere darin bestehen, daß der Vorstand Beschränkungen, die ihm die Satzung auferlegt, überschreitet. In Betracht kommen an dieser Stelle insbesondere die Überschreitung von Vertretungs- und Geschäftsführungsbefugnissen, des festgelegten Unternehmensgegenstandes sowie die Vornahme von Geschäften ohne die nach § 111 IV S. 2 AktG erforderliche Genehmigung.[585] Eine Berichtspflicht besteht nach herrschender Auffassung auch, wenn der Abschlußprüfer schwerwiegende Verstöße gegen die Geschäftsordnung feststellt.[586]

4. *Kriterium „schwerwiegend"*

Ob ein Verstoß gegen Gesetz, Gesellschaftsvertrag oder Satzung schwerwiegend ist, hängt von dem für das Unternehmen damit verbundenen Risiko, der Bedeutung der verletzten Rechtsnorm sowie dem Grad des Vertrauensbruchs ab.[587] Nicht zwingend erforderlich ist dagegen, daß bereits ein Nachteil für die Gesellschaft eingetreten ist. Eine Berichtspflicht ist selbst dann nicht ausgeschlossen, wenn das gegen ein Gesetz verstoßende Geschäft zu einem wirtschaftlichen Vorteil für das Unternehmen führt.[588] Gleichwohl wird das Vorliegen bzw. bereits die Möglichkeit eines Nachteilseintritts ein Hinweis auf einen schwerwiegenden Verstoß darstellen. Entsprechend dem Informationszweck der Norm ist das entscheidende Kriterium für die Aufnahme in den Prüfungsbericht die Frage, ob der Vorstoß Bedenken an der fachlichen und persönlichen Eignung des Vorstandes begründen kann.[589]

5. *Wahrscheinlichkeit eines Verstoßes*

Der Jahresabschlußprüfer war nach dem Wortlaut des Gesetzes in § 321 II HGB a.F. dann zur Berichterstattung verpflichtet, wenn sich die schwerwiegenden Verstöße „erkennen" ließen. Demzufolge war der Abschlußprüfer bereits dann zur Berichterstattung verpflichtet, wenn den Umständen nach von einem Verstoß ausgegangen werden konnte. Das sichere Wissen um das Vorliegen eines Versto-

---

585 *A/D/S § 321 Rn. 85.*

586 Mit überzeugender Begründung *Kropff in Geßler/Hefermehl, § 166 AktG Rn. 29;* zustimmend auch *WP Handbuch Bd. I, Abschnitt Q Rn. 126.*

587 *IDW PS 450, Wpg. 1999, 601, 605.*

588 *Kropff in Geßler/Hefermehl, § 166 AktG Rn. 30.*

589 In diese Richtung auch *IDW Fachgutachten 2/1988. Wpg. 1989, 20, 23.*

sses war nicht erforderlich.[590] Unzweifelhafte Beweise mußten dem Abschlußprüfer nicht vorliegen, begründete Verdachtsmomente reichten aus.

Der bisherige Gesetzeswortlaut („erkennen lassen") wurde nun durch das KonTraG dahingehend geändert, daß über Tatsachen, die schwerwiegende Gesetzesverstöße „darstellen", zu berichten ist.[591] Aufgrund des geänderten Wortlauts ist nun davon auszugehen, daß in Zukunft auf den Abschlußprüfer gesteigerte Aufklärungspflichten zukommen. Die geänderte Formulierung deutet darauf hin, daß die bisherige „Verdachtsberichterstattung" ausgedient hat und das Vorliegen von Gesetzesverstößen nun abschließend zu klären ist. Dies hat die Regierungskommission Corporate Governance auf den Plan gerufen, die als Folge der gesteigerten Rechtsprüfungspflichten eine Zurückhaltung der Abschlußprüfer bei ihrer Berichterstattung über Gesetzesverstöße befürchtet. Daher empfiehlt die Kommission de lege ferenda wieder zum alten Gesetzeswortlaut zurückzukehren.[592] In den Entwurf des Transparenz- und Publizitätsgesetzes ist diese Empfehlung aufgenommen worden.[593] Schließlich soll nach dem Vorschlag der Kommission die Redepflicht über schwerwiegende Gesetzesverstöße zukünftig in einer vom Prüfungsbericht gesonderten Erklärung abgegeben werden, damit nur der Aufsichtsrat und nicht auch die sonstigen Adressaten des Prüfungsberichts über die Verfehlungen des Vorstands informiert werden.

6. Bedeutung der Redepflicht über Gesetzesverstöße

Der grundsätzliche Informationsgehalt der Redepflicht zu Verstößen des Vorstands gegen Gesetz und Satzung für den Aufsichtsrat ist hoch einzuschätzen. Der Aufsichtsrat erhält, wie dargestellt, Anhaltspunkte zur fachlichen und persönlichen Eignung des Vorstands.[594] Mit der Berichterstattungspflicht zu Verstößen des Vorstandes gegen seine Leitungspflicht ist das unternehmerische Handeln des Vorstandes Gegenstand der Berichterstattung. Da die Berichterstattung ihrem Informationszweck nach nicht an eine Bestandsgefährdung oder sonstige Krisensituationen geknüpft ist, erhält der Aufsichtsrat durch die Redepflicht über Gesetzesverstöße bereits dann Informationen über die Qualität des Vorstandes, wenn eine Unternehmenskrise noch nicht eingetreten ist. Ein leistungsfähiges Management und eine funktionsfähige Unternehmensplanung sind wichtige Fak-

---

590 *A/D/S, 5. Aufl. § 321 Rn. 183.*

591 Dennoch hat *A/D/S, 6. Aufl. § 321 Rn. 87* die Kommentierung der 5. Aufl. nahezu unverändert übernommen.

592 *Regierungskommission Corporate Governance, S. 300 f.*

593 *Referentenentwurf des Bundesjustizministeriums vom 26.11. 2001, NZG 2002, S. 78, 80.*

594 Vgl. die Ausführungen in Teil 3, Kap. 4, VIII, 1.

toren, die mitentscheidend für Erfolg oder Mißerfolg eines Unternehmens sind.[595] Die Bedeutung, die der persönlichen Integrität und der fachlichen Qualifikation des Vorstandes für den Erfolg des Unternehmens zugemessen wird, zeigt sich ganz deutlich daran, daß in der Praxis sehr häufig das Bekanntwerden einer Krise mit einem Wechsel der Person des Vorstandsvorsitzenden und einzelner Vorstandsmitglieder einhergeht. Dem „alten Vorstand", der für die Krise verantwortlich ist, traut man die Lösung der Probleme nicht mehr zu. Mit der Person eines neuen Vorstandsvorsitzenden wird dagegen nicht weniger als die Rettung des Unternehmens verbunden.[596] Der Aufsichtsrat kann daher schon zu einem sehr frühen Zeitpunkt, in dem von einer Unternehmenskrise noch nicht die Rede ist, Anhaltspunkte einer drohenden Gefährdung des Unternehmens, die in der mangelnden Eignung seiner Führung liegen, erkennen. Die Redepflicht über Verstöße des Vorstandes gegen seine Leitungspflicht leistet damit einen wichtigen Beitrag zur Insolvenzprophylaxe. Dies gilt, obwohl der primäre Informationszweck der Berichtspflicht nicht die Krisenwarnung ist.

Kapitel 5: Hauptteil des Prüfungsberichts – Darstellung der wirtschaftlichen Lage

Die beschriebenen Krisenwarnpflichten des Abschlußprüfers stehen nicht isoliert im Raum. Sie werden flankiert von umfangreichen weiteren Berichtspflichten, aus denen sich auch Hinweise auf Mißstände und Fehlentwicklungen ergeben können, die (noch) nicht nach § 321 I S. 3 HGB berichtspflichtig sind.[597] Diese weiteren allgemeinen Berichterstattungspflichten werden im folgenden nur insoweit erörtert, als sie mit den Krisenwarnpflichten in Zusammenhang stehen.

Der Prüfer kann zu Beginn des Hauptteils des Prüfungsberichts über die wirtschaftlichen Grundlagen des Unternehmens (dazu unter I.) berichten. Es handelt sich hierbei um eine freiwillige Berichterstattung, die nicht zwingend im Hauptteil, sondern auch an anderer Stelle im Prüfungsbericht erfolgen kann.

Im Rahmen der Berichterstattung nach § 321 II S. 1 HGB ist darzustellen, ob Buchführung, Jahresabschluß und Lagebericht den gesetzlichen Vorschriften entsprechen (dazu unter II.). Der Prüfer hat außerdem gem. § 321 II S. 2 HGB darauf einzugehen, ob der Jahresabschluß insgesamt ein den tatsächlichen Verhält-

---

595 *Leffson, Bilanzanalyse, S. 37.*

596 So wurde beispielsweise der Vorstandsvorsitzende, der zum Jahreswechsel 1993/1994 an den Rand des Konkurses geratenen Metallgesellschaft, fristlos entlassen und durch K. Neukirchen ersetzt, dem der Ruf eines harten Sanierers vorausging.

597 Zum Hauptteil vgl. *Schulze-Osterloh in Baumbach/Hueck, § 41 GmbHG Rn. 85.*

nissen entsprechendes Bild der Vermögens-, Finanz- und Ertragslage vermittelt (dazu unter III.).

Die genannten Berichterstattungspflichten sind nicht speziell auf Krisensachverhalte ausgerichtet und können daher im Unterschied zu den spezifizierten Krisenberichtspflichten als allgemeine Berichterstattungspflichten bezeichnet werden. Diesen allgemeinen Berichterstattungspflichten kann jedoch im Einzelfall für die Krisenberichterstattung des Abschlußprüfers Bedeutung zukommen.

I. Wirtschaftliche Grundlagen

Eine Verpflichtung zur Berichterstattung über die wirtschaftlichen Grundlagen des Unternehmens besteht bereits nach bisher h.M. nicht.[598] Eine Berichterstattung über die Entwicklung der wirtschaftlichen Grundlagen des geprüften Unternehmens entsprach jedoch nach überwiegender Auffassung der langjährigen guten Berufsübung der Wirtschaftsprüfer und wurde von den Berichtsempfängern im allgemeinen auch erwartet. Daran wird zumindest bei Erstprüfungen auch nach Neufassung des § 321 HGB durch das KonTraG festgehalten, auch wenn unverkennbar ist, daß die freiwillige Berichterstattung über die wirtschaftlichen Grundlagen im Zuge der erweiterten Pflichtangaben zur wirtschaftlichen Lage an Bedeutung verloren hat. Es handelt sich aber um eine eigenständige, nicht mit den Berichtspflichten nach § 321 I S. 2, II HGB identische Berichterstattung. [599]

Gerade zum besseren Verständnis der Vorwegbeurteilung des Abschlußprüfers kann es jedoch sinnvoll sein, auch wirtschaftliche Grundlageninformationen in den Bericht aufzunehmen. Adler/Düring/Schmaltz nahmen denn auch zur alten Rechtslage an, daß ausnahmsweise eine Verpflichtung zur Darstellung der wirtschaftlichen Grundlagen bestand, wenn dies zum Verständnis der Krisenwarnpflichten geboten war.[600] Die Darstellung zu den wirtschaftlichen Grundlagen kann dabei wahlweise in den Hauptteil des Berichts als auch in einen Anlagenteil aufgenommen werden, soweit sich nicht ausnahmsweise aus dem

---

598 *WP Handbuch 11. Aufl. Bd. I Abschnitt O Rn. 66, 106 f.; Ludewig, Prüfungsbericht Wpg. 1996, 337, 339; Warnecke, Prüfungsbericht, Wpg. 1960, 201; A/D/S, 5. Aufl. § 321 Rn. 61.*

599 Vgl. *WP Handbuch Bd. I Abschnitt Q Rn. 275; A/D/S § 321 Rn. 144 f.* spricht von „Veränderungen in den ... wirtschaftlichen Verhältnissen“; *Budde/Kunz in BeBiKo, § 321 Rn. 89:* „Entwicklung der wirtschaftlichen Grundlagen“. Die Terminologie ist insoweit nicht ganz einheitlich. *IDW PS 450, Wpg. 1999, 601,610* spricht von einer Darstellung einer „weitergehenden Analyse der wirtschaftlichen Lage“. Es ist unklar, ob damit auch die Darstellung der wirtschaftlichen Grundlagen gemeint ist.

600 *A/D/S, 5. Aufl. § 321 Rn. 61.*

Grundsatz der Klarheit der Berichterstattung eine zwingende Reihenfolge ergibt.[601]

Ziel der Darstellung der wirtschaftlichen Grundlagen muß es sein, dem Aufsichtsrat einen Überblick über die Geschäftstätigkeit des Unternehmens zu vermitteln. Im Unterschied zu den gesetzlich explizit geregelten Berichterstattungspflichten nach § 321 HGB handelt es sich dabei nicht um eine primär problemorientierte Darstellung, sondern vielmehr um eine Zusammenstellung von Basisinformationen zur Geschäftstätigkeit des Unternehmens. Der Abschlußprüfer kann Angaben zu Geschäftsbereichen, Arbeitnehmerzahlen, Produktionsstätten, Produktprogrammen, Produktionstechniken, Auftragsbestand, Marktanteilen, Investitionen und sozialen Belangen machen.[602] Da davon auszugehen ist, daß pflichtgemäß handelnde Aufsichtsratmitglieder bereits über einen Teil der Informationen verfügen, hat der Abschlußprüfer sein Augenmerk insbesondere darauf zu richten, die grundlegenden Veränderungen, die sich in diesen Bereichen gegenüber den Vorjahren ergeben, darzustellen. Die verbalen Darstellungen sind um Kennziffern und Vergleichszahlen zu ergänzen. Die aufgezählten Berichtsinhalte machen deutlich, daß die tatsächliche wirtschaftliche Lage aufzuführen ist und nicht nur dem Jahresabschluß zu entnehmende Informationen weiterzugeben sind.

II. Feststellungen nach § 321 II S. 1 HGB

Nach § 321 II S. 1 HGB ist im Prüfungsbericht darzustellen, ob die Buchführung, der Jahresabschluß und der Lagebericht den gesetzlichen Vorschriften entsprechen.[603] Der Abschlußprüfer kann auch in diesem Zusammenhang verpflichtet

---

601 Für eine Aufnahme in die Anlagen, *Budde/Kunz in BeBiKo, § 321 Rn. 89.*

602 *WP Handbuch Bd. I Abschnitt Q Rn. 275; A/D/S § 321 Rn. 144; Budde/Kunz in BeBiKo, § 321 Rn. 89;* Beispiele zur Rechtslage vor KonTraG: *Warnecke, Prüfungsbericht, Wpg. 1960, 201, 204; IDW Fachgutachten 2/1988. Wpg. 1989, 20, 22.*

603 Die bisher in § 321 II S. 1 HGB geforderte „Darstellung" der Übereinstimmung mit den gesetzlichen Vorschriften soll nach dem *Referentenentwurf des Transparenz- und Publizitätsgesetzes des Bundesjustizministeriums vom 26.11. 2001, NZG 2002, S. 78, 80* einer bloßen Feststellungspflicht weichen. Damit soll auf eine "Darstellung von unwesentlichen und unproblematischen Teilen des Jahresabschlusses verzichtet werden können". So die Begründung zum *Referentenentwurf des Bundesjustizministeriums vom 26.11. 2001, S. 65* (erhältlich im Internet unter www.bmj.de). Desweiteren soll der Prüfer nach dem Referentenentwurf in diesem Zusammenhang künftig auch über Beanstandungen berichten, die zwar nicht zu Auswirkungen auf das Testat geführt haben, die aber für die Überwachung des geprüften Unternehmens von Bedeutung sind.

sein, Angaben zu machen, die zumindest konkludent Aussagen zur wirtschaftlichen Lage enthalten.

1. Buchführung

Eine Berichterstattung über wesentliche Mängel der Buchführung wird in vielen Fällen auch eine Stellungnahme zur wirtschaftlichen Lage darstellen. Ordnung und Leistungsfähigkeit des Rechnungswesens sind bedeutende interne Faktoren für ein Unternehmen.[604] Verläßliche und aktuelle Rechnungslegungsdaten sind wichtige Entscheidungsgrundlagen für die Geschäftsführung. Symptomatisch für viele Unternehmenkrisen ist, daß die Buchführung über längere Zeit vor Stellung des Konkursantrages unordentlich und unvollständig geführt wird. So ist die verspätete Fertigstellung des Jahresabschlusses für die kreditgebenden Banken ein wichtiges Krisensymptom.[605] Von der Berichterstattung nach § 321 II S. 2 HGB kann daher im Einzelfall auch eine Krisenwarnfunktion ausgehen. Das folgende, der Praxis entnommene Berichterstattungsbeispiel zeigt schulmäßig, welche Mängel vorliegen können und wie über sie zu berichten ist:

> „Im Berichtsjahr hat die Gesellschaft ein neues EDV-System für das Finanz- und Rechnungswesen eingeführt. Da das System nahezu ohne Probephase direkt zum Einsatz kam und die Mitarbeiter nicht in ausreichendem Maße geschult wurden, kam es zu erheblichen Störungen, insbesondere in der Kontokorrentbuchhaltung und der Kostenrechnung. Es wurden auch Geschäftsvorfälle außerhalb des Systems bearbeitet, was zu weiteren Abstimmungsschwierigkeiten führte. Zeitweise gab es Buchungsrückstände von bis zu vier Monaten. Der Aussagewert der von der Gesellschaft im Berichtsjahr erstellten Monatsabschlüsse ist daher nur sehr eingeschränkt. ... Wir empfehlen der Gesellschaft, die Arbeitsabläufe insgesamt zu überarbeiten und interne Kontrollmechanismen einzubauen."

Der Abschlußprüfer hat nicht nur über die Gesetzmäßigkeit der Finanzbuchhaltung, sondern auch über die Ordnungsmäßigkeit der Kostenrechnung zu berichten, da diese insbesondere für die Berechnung der Herstellungskosten wichtige Bewertungsinformationen liefert. Der Abschlußprüfer hat zu berichten, ob die Geschäftsvorfälle vollständig, richtig und zeitnah gem. § 239 II HGB erfaßt werden. Die Fehlerursachen sind zu benennen. Auf die Beeinträchtigung der Aussagekraft von – auf den Daten der Buchhaltung aufbauenden – weiterführenden Berechnungen ist hinzuweisen. So wird beispielsweise die Unternehmensplanung des Vorstandes unter Zuhilfenahme der Daten aus Finanz- und Betriebsbuchhaltung erstellt, so daß Fehler in diesem Bereich von großer Bedeutung sein kön-

---

604 *Leffson, Bilanzanalyse, S. 36 f.*
605 *Groß, Sanierung, S. 5.*

nen. Auch zur Ausübung seiner Kontrollfunktion benötigt der Vorstand dringend verläßliche Daten.

Über gravierende Mängel des die Buchführung kontrollierenden internen Kontrollsystems (fehlende Kontrollen, Funktionstrennungen) ist auch dann zu berichten, wenn die festgestellten Mängel noch zu keinem Fehler geführt haben, aber zu einem Fehler führen können.[606] Für den Aufsichtsrat von Bedeutung und damit von der Berichtspflicht des Abschlußprüfers umfaßt sind auch schwerwiegende Organisationsfehler und die Ineffizienz der Buchführung.[607] Kropff nennt als Beispiel für einen berichtspflichtigen Organisationsmangel, daß die erforderlichen Zahlen nur mit erheblichem Mehraufwand aus der Buchführung zu ziehen sind.[608]

Eine Berichterstattung wie im vorgenannten Beispiel, die die Unzuverlässigkeit der Buchführung dokumentiert, stellt für den Aufsichtsrat ein Alarmzeichen erster Güteklasse dar. Der Abschlußprüfer kann in einem solchen Fall neben einer deutlichen Berichterstattung nach § 321 II S. 2 HGB verpflichtet sein – soweit es sich nicht nur um eine singuläre Schwäche des Unternehmens handelt – zusätzlich eine Krisenwarnung nach § 321 I S. 3 HGB über entwicklungsbeeinträchtigende oder bestandsgefährdende Tatsachen in den Prüfungsbericht aufzunehmen.[609]

2. *Weitere geprüfte Unterlagen*

Neu in § 321 II S. 1 HGB eingefügt worden ist der Passus, daß nicht nur über die Gesetzes- und Satzungskonformität von Buchführung, Jahresabschluß und Lagebericht zu berichten ist, sondern daß auch darauf einzugehen ist, ob die „weiteren geprüften Unterlagen“ diesen Anforderungen gerecht werden. Der Begriff der weiteren geprüften Unterlagen kann nicht aus sich heraus näher definiert werden, sondern muß im Zusammenhang mit den Prüfungspflichten des Jahresabschlußprüfers gesehen werden. Der Begriff der weiteren Unterlagen umfaßt alle die nicht bereits zur Buchführung zählenden Unterlagen, zu deren Prüfung der Abschlußprüfer verpflichtet ist, will er seinen Prüfungsauftrag erfüllen. Beispielsweise hat der Jahresabschlußprüfer bei der Prüfung des Lageberichts eine Vielzahl von betriebswirtschaftlichen Unterlagen durchzusehen, um sich ein Bild von der Situation des Unternehmens machen zu können. Seine Pflichtlektüre reicht

606 *WP Handbuch Bd. 1, Abschnitt Q Rn. 172; Ludewig, Prüfungsbericht Wpg. 1996, 337, 342.*
607 A.A.: *WP Handbuch Bd. 1, Abschnitt Q Rn. 167; A/D/S § 321 Rn. 94.*
608 *Kropff in Geßler/Hefermehl, § 166 AktG, Rn. 14.*
609 *A/D/S § 321 Rn. 95.*

dabei von Marktstudien, Finanzplänen bis hin zu Investitionsrechnungen.[610] Unter Beachtung des weiten Ermessensspielraums des Vorstandes bei der Erstellung dieser Unterlagen hat der Abschlußprüfer zu prüfen, ob diese Unterlagen gemessen an betriebswirtschaftlichen Grundsätzen plausibel sind. Nur dann wird der Vorstand seinen gesetzlichen Sorgfaltspflichten nach §§ 76, 93 AktG gerecht, die insoweit den gesetzlichen Prüfungsmaßstab bilden. Von einer Plausibilität wird man unter Bezugnahme auf die bei der Prüfung der wirtschaftlichen Lage entwickelten Grundsätze ausgehen können, wenn der Vorstand alle wesentlichen Entscheidungsgrundlagen sowie Risiken und Chancen angemessen berücksichtigt hat.[611] Der Abschlußprüfer kann an dieser Stelle darauf aufmerksam machen, daß einzelne dem Vorstand vorliegende Entscheidungsgrundlagen nicht sachgerecht sind. Für den Aufsichtsrat ist dies ein Hinweis darauf, daß hier Defizite liegen, auf deren Beseitigung er hinzuwirken hat.

3. Jahresabschluß

Auch im Rahmen der Berichterstattung über die Gesetzmäßigkeit des Jahresabschlusses gem. § 321 II S. 1 HGB können den Angaben des Jahresabschlußprüfers Informationen zur wirtschaftlichen Lage des Unternehmens entnommen werden. Der Abschlußprüfer hat an dieser Stelle über Unregelmäßigkeiten der Rechnungslegung, insbesondere Bilanzfälschungen, aber auch bloße Fehler zu berichten. Insbesondere Bilanzfälschungen stellen ein alarmierendes Warnsignal dar und werden regelmäßig zu einer weiteren Berichterstattung nach § 321 I S. 3 HGB führen. Eindeutiger und daher von noch größerer Bedeutung sind vom Jahresabschlußprüfer geäußerte Zweifel an der Annahme der Going-concern-Prämisse (§ 252 I Nr. 2 HGB). Sie erfordern zwingend eine zusätzliche Berichterstattung nach § 321 I S. 2 und 3 HGB.

4. Lagebericht

Der Jahresabschlußprüfer hat gem. § 321 II S. 1 HGB nicht vertretbaren, schönfärberischen Darstellungen der wirtschaftlichen Lage und der weiteren Berichtsinhalte nach § 289 HGB entgegenzutreten und seine gegenteilige Auffas-

---

610 *WP Handbuch Bd. I Abschnitt Q Rn. 164; A/D/S § 321 Rn. 93; Budde/Kunz in BeBiKo, § 321 Rn 48.*

611 Vgl. zu dem gesamten Themenbereich Ermessen des Vorstandes/Prüfungsumfang des Jahresabschlußprüfers unter Teil 2, Kap. 4, II.

sung darzulegen.[612] An dieser Stelle kann es zu einer expliziten Erörterung von Teilaspekten der wirtschaftlichen Lage kommen.

III. Bild der Vermögens-, Finanz- und Ertragslage nach § 321 II S. 2 HGB

Der Jahresabschlußprüfer hat nach § 321 II S. 2 HGB auch darauf einzugehen, ob der Jahresabschluß insgesamt ein den tatsächlichen Verhältnissen entsprechendes Bild der Vermögens-, Finanz- und Ertragslage der Kapitalgesellschaft vermittelt. Anknüpfend an die Terminologie des Gesetzes wird dieser Abschnitt des Prüfungsberichts als Gesamtaussage bezeichnet.[613] Zweck der Neuregelung ist, daß der Abschlußprüfer explizit eine Aussage zur Übereinstimmung des Jahresabschlusses mit der Generalnorm des § 264 II HGB trifft. Für die Beurteilung dieser Frage kann der Abschlußprüfer auf seine Darstellung der Vermögens-, Finanz- und Ertragslage bei der Aufgliederung und Erläuterung der Posten des Jahresabschlusses Bezug nehmen bzw. an dieser Stelle eine entsprechende Darstellung aufnehmen.[614] Eine Darstellung der Vermögens-, Finanz- und Ertragslage im Prüfungsbericht wird als zwingend angesehen. Inbesondere im Fall einer angespannten wirtschaftlichen Lage ist eine problemorientierte Darstellung zur Information des Aufsichtsrats geboten.[615] Der Abschlußprüfer hat bei seiner Darstellung der Vermögens-, Finanz- und Ertragslage alle Quellen, die Gegenstand der Jahresabschluß- und Lageberichtsprüfung waren, zu nutzen.[616] Dies eröffnet dem Abschlußprüfer aufgrund der auch die wirtschaftliche Lage erfassenden Prüfungspflichten beträchtliche Darstellungsmöglichkeiten, mit denen entsprechende Pflichten korrespondieren. Mit dem problemorientierten Prüfungsansatz des KonTraG wäre es inbesondere nicht vereinbar, wenn die Darstellung nur in einer mehr oder weniger kommentierten Wiedergabe von Jahresabschlußpositionen besteht. Von Interesse für den Aufsichtsrat sind gerade die Informationen, die er nicht dem Jahresabschluß entnehmen kann. Daran hat sich die Berichterstattung, die auch mit betriebswirtschaftlichen Kennzahlen und Zeitvergleichen zu arbeiten hat, zu orientieren.

---

612 Vgl. die umfangreichen Erläuterungen zur Prüfung des Lageberichts unter Teil 2 Kap. 3, III. sowie *WP Handbuch Bd. 1 Abschnitt Q Rn. 234m.w.N.*.

613 *Schulze-Osterloh in Baumbach/Hueck, § 41 GmbHG Rn. 87; WP Handbuch Bd. I Abschnitt Q Rn. 187.*

614 *IDW PS 450, Wpg. 1999, 601,608; WP Handbuch Bd. I Abschnitt Q Rn. 187 ff; A/D/S § 321 Rn. 109,119; Budde/Kunz in BeBiKo, § 321 Rn 56,90.*

615 *IDW PS 450, Wpg. 1999, 601,608; WP Handbuch Bd. I Abschnitt Q Rn.203.*

616 *WP Handbuch Bd. I Abschnitt Q Rn. 207; A/D/S § 321 Rn. 109,119*: keine umfassende betriebswirtschaftliche Analyse; *Budde/Kunz in BeBiKo. § 321 Rn 90.*

Der Referentenentwurf des BMJ zum Transparenz- und Publizitätsgesetz sieht eine Reform der Berichterstattungs nach § 321 II S. 2 HGB vor.[617] Nach dem geplanten § 321 II S. 4 HGB-E soll der Abschlußprüfer in diesem Zusammenhang insbesondere auch darauf eingehen, „welchen Einfluß Änderungen in den Bewertungsgrundlagen einschließlich der Ausübung von Bilanzierungs- und Bewertungswahlrechten sowie sachverhaltsgestaltende Maßnahmen insgesamt auf die Darstellung der Vermögens-, Finanz- und Ertragslage haben“. Der Gesetzesentwurf betont damit die auch schon bisher bestehende Verpflichtung des Abschlußprüfers Angaben zur Bilanzpolitik des Vorstandes und deren Auswirkungen auf den Jahresabschluß zu machen.[618]

Die geplante Gesetzesänderung kann als späte Reaktion auf den Fall „Hypo-Vereinsbank“ gewertet werden.[619] Die Bayrische Hypotheken- und Wechselbank AG hatte sich Anfang der neunziger Jahre in der Grundstücks- und Projektentwicklung in den neuen Bundesländern engagiert. Die aufgrund des danach einsetzenden Abschwungs in der Immobilienwirtschaft notwendig gewordenen Abschreibungen und Rückstellungen wurden nicht in ausreichendem Umfang in der Rechnungslegung der Bank berücksichtigt. Im Rahmen der Fusion mit der Bayrischen Vereinsbank wurde die unterlassene Risikovorsorge publik und führte zu erheblichem Aufsehen. Der festgestellte Jahresabschluß 1997 der HypoBank war nichtig. Vorstände wurden entlassen, die betroffene Prüfungsgesellschaft stand im Kreuzfeuer der öffentlichen Kritik.

Der Abschlußprüfer steht in einer solchen Situation vor der anspruchsvollen Aufgabe, eine eigene Prognose zur Entwicklung des Immobilienmarktes abzugeben und ggf. die Ertragswertprognosen des Vorstandes als unplausibel zu korregieren.

Nachfolgend sollen beispielhaft eine Reihe von berichtspflichtigen Sachverhalten, die typischerweise nicht im Jahresabschluß enthalten sind, aufgeführt werden. Die genannten Sachverhalte sind nach der hier vertretenen Auffassung bereits de lege lata berichtspflichtig.[620] Der geplanten Gesetzesänderung durch

---

617 *Referentenentwurf des Bundesjustizministeriums vom 26.11. 2001, NZG 2002, S. 78, 80.*

618 Vgl. zur sachverhaltsgestaltenden und sachverhaltsabbildenden Bilanzpolitik die Ausführung in Teil 2, Kap. 2, I; sowie zur Bilanzpolitik im Rahmen des § 264 II HGB Teil 2, Kap. 3, II., 2.

619 Zum Sachverhalt *Wüstemann, Mängel, S. 19, 26 ff.*

620 Vgl. zu den nachfolgenden Beispielen insbesondere die detaillierte Darstellung im *WP Handbuch Bd. I Abschnitt Q Rn. 211 ff* sowie auch *Coenenberg/Günther, HWRev. Ertragslage, Sp. 476, 481ff.; Baetge/Feidicker, HWRev., Vermögens- und Finanzlage, Sp. 2086, 2091 ff.; Breycha/Schäfer in Küting/Weber § 321 Rn. 40 ff.; Olbrich, Prüfung, S. 329 ff., Ludewig, Prüfungsbericht Wpg. 1996, 337, 339 ff.; Plendl, Berichterstattung, S. 74 ff; Selchert, Veränderungen, BB 1984, 1719, 1720.*

das Transparenz- und Publizitätsgesetz kommt insoweit nur eine klarstellende Bedeutung zu.

1. Vermögenslage

Gegenstand der Berichterstattung über die Vermögenslage sind Abweichungen des tatsächlichen gegenüber dem bilanziell ausgewiesenen Vermögen. Abweichungen in dem Bereich der Vermögenslage werden sich vor allem daraus ergeben, daß in den bilanzierten Vermögenswerten des Unternehmens stille Reserven liegen. Hauptcharakteristikum der stillen Reserven ist gerade, daß der einem Vermögensgegenstand anhaftende Wert nicht in voller Höhe im Jahresabschluß ausgewiesen ist. Dabei muß ein Schwerpunkt der Berichterstattung des Jahresabschlußprüfers darin liegen, auf die Veränderungen der stillen Reserven hinzuweisen. Erhebliche Wertverluste bei den stillen Reserven führen dazu, daß das Unternehmen nicht mehr wie bisher durch die Aufdeckung von stillen Reserven Verluste kompensieren kann. Für den Aufsichtsrat kann dies im Hinblick auf die Überlebensfähigkeit der Gesellschaft eine wichtige Information sein. Der Abschlußprüfer hat beispielsweise über Vorkommnisse zu berichten, die zu einer Verringerung des originären Firmenwertes führen. Auch der Verlust oder eine Wertminderung wichtiger Vermögensgegenstände, die nicht aktiviert werden können, wie beispielsweise selbstgeschaffene Patente, Schutzrechte und Marken, wird eine Berichtspflicht des Prüfers zur Folge haben. Eine Entwertung kann beispielsweise durch Neuentwicklungen von Produkten durch Wettbewerber, das Auslaufen von Schutzrechten und behördliche Produktionsverbote von statten gehen. Neben der Berichtspflicht über den Bestand und die Veränderung von stillen Reserven kann auch eine Veränderung der Eigentumsverhältnisse an bilanzierten Vermögensgegenständen, wie sie bei Sale-and-lease-back Geschäften auftritt, berichtspflichtig sein. Sale-and-lease-back Geschäfte werden regelmäßig ein Hinweis auf eine Unternehmenskrise sein.

2. Finanzlage

Der Jahresabschluß enthält nur partiell Informationen über die Finanzierungssituation und die Liquidität des Unternehmens. Zukünftige Entwicklungen und Sachverhalte, die sich nicht zwingend in Zahlungsmittelbeständen bzw. Zahlungsmittelbewegungen niederschlagen, werden nicht vom Jahresabschluß erfaßt.[621] Die zukünftige Entwicklung ist im Bereich der Finanzlage von besonderer Bedeutung, da von der Zahlungsfähigkeit das Schicksal des Unternehmens

621 Zum Begriff der Finanzlage *Baetge/Feidicker, Finanzlage, HWRev. Sp. 2086, 2093.*

abhängt. Unabdingbarer Bestandteil der Prüfung und Berichterstattung sind daher Finanzpläne, die unter Angabe des voraussichtlichen Kreditrahmens den künftigen Cash-Flow als Differenz aus den Ein- und Auszahlungen angeben. Der Prüfer hat anhand dieser Pläne ein Urteil über die künftige Zahlungsfähigkeit des Unternehmens abzugeben. Der Jahresabschlußprüfer hat über Veränderungen in den Deckungsverhältnissen, die beispielsweise bei einer nicht fristenkongruenten Finanzierung von langfristigem Vermögen mit kurzfristig zur Verfügung stehendem Eigenkapital entstehen, zu berichten.

Der Prüfer hat außerdem über die Veränderung von liquiditätsbindenden und liquiditätsentziehenden Faktoren zu berichten. Zu ersteren zählen beispielsweise der Anstieg von Lagerbeständen. Zu letzteren zählen zunehmende Kreditverbindlichkeiten, Verpflichtungen aus Investitionsvorhaben und langfristigen Verträgen, aber auch die Insolvenz von Großkunden wegen des damit verbundenen Ertragsausfalls. Berichtspflichtig sind auch Veränderungen, die eine Erschwerung der Liquiditätsbeschaffung zur Folge haben. Dazu zählen die Verminderung von Finanzierungsspielräumen, Ausschöpfung oder Herabsetzung von Kreditlinien, das Fehlen von Sicherheiten für potentielle Kreditgeber, geänderte Zahlungsbedingungen von Großkunden sowie eine sinkende Innenfinanzierungskraft des Unternehmens.

3. Ertragslage

Die Gewinn- und Verlustrechnung bietet einen groben Überblick über die Erfolgsquellen des Unternehmens unterteilt in die Kategorien „ordentliches Betriebsergebnis", „ordentliches betriebsfremdes Ergebnis" (Finanzergebnis) und „außerordentliches Ergebnis". Der Jahresabschluß erlaubt jedoch keine differenzierte Beurteilung der Erfolgspotentiale eines Unternehmens. Auch die in der bisherigen Berichtspraxis häufigen Kennzahlen zur Analyse der Aufwands- und Ertragsstruktur und zur Rentabilität erlauben allenfalls eine retrospektive Beurteilung der Ertragslage.

Der Jahresabschlußprüfer hat die negative Entwicklung einzelner Ertragsquellen und die Ursachen offenzulegen. Umsatzrückgänge in einzelnen Sparten sind berichtspflichtig. Der Abschlußprüfer hat auch über nachteilige Veränderungen der Stellung des Unternehmens mit seinen Produkten im Markt, der Leistungs- und Funktionsfähigkeit des Vertriebs, von Forschung und Entwicklung, Produktion und Personal zu berichten. Der Prüfer hat, wenn er als Ursache eines eingetretenen oder zu erwartenden Umsatzrückgangs eine unattraktive Produktpalette oder das Aufkommen neuer Wettbewerber ausgemacht hat, darauf hinzuweisen. Zu beachten bleibt auch, daß nachteilige Veränderungen nicht nur in sinkenden Erträgen und gestiegenen Aufwendungen bestehen können, sondern auch darin, daß ein Unternehmen betriebswirtschaftlich gebotene Aufwendungen, die zur Zukunftssicherung notwendig und üblich sind, über einen längeren Zeitraum unterläßt. Dies wird dann der Fall sein, wenn ein Unternehmen, daß in einem forschungsintensiven oder werbeintensiven Markt tätig ist, keine Forschungs- oder Werbeaufwendungen tätigt.

IV. Zwischenbewertung

Im Rahmen seiner allgemeinen Berichtspflichten kann der Prüfer verpflichtet sein, den Aufsichtsrat auf Sachverhalte hinzuweisen, die Anhaltspunkte für eine Unternehmenskrise beinhalten. Der eigentlichen Krisenberichterstattung nach § 321 I S. 3 HGB kommt dann in solchen Fällen die Aufgabe zu, durch die zu begründende Klassifizierung als entwicklungsbeeinträchtigend oder bestandsgefährdend die Dimension des Sachverhalts zu verdeutlichen.

Die grundsätzliche Bedeutung der allgemeinen Berichtspflichten für eine Krisenwarnung liegt darin, die mehr punktuell ausgerichtete Redepflicht um allgemeine und umfassende Informationen zur wirtschaftlichen Lage zu ergänzen.

Darüber hinaus hat der Abschlußprüfer innerhalb der allgemeinen Berichtspflichten die Möglichkeit, Sachverhalte, die die Schwelle zur redepflichtigen Krise nach § 321 I S. 3 HGB nicht überschreiten, die aber gleichwohl auf nachteilige Entwicklungen der wirtschaftlichen Lage hindeuten, darzustellen.

Kapitel 6: Berichterstattung nach § 321 IV HGB

Der Jahresabschlußprüfer hat nach § 321 IV HGB seine Beurteilung darüber abzugeben, ob der Vorstand seiner Verpflichtung für ein angemessenes Risikomanagement zu sorgen, nachgekommen ist. Der Prüfer hat auf Mängel hinzuweisen und sogar Maßnahmen zu benennen, die das interne Überwachungssystem verbessern können. Dem Aufsichtsrat werden Informationen über Schwachstellen in der Unternehmensorganisation gegeben.[622] Gleichzeitig erhält der Aufsichtsrat mit der Berichterstattung, daß der Vorstand – seinem Auftrag ein Risikomanagement einzurichten und zu überwachen – nicht nachgekommen ist, einen Hinweis auf einen Verstoß der Vorstandes gegen seine Leitungspflichten nach §§ 76, 93 II AktG. Bei der Berichterstattung nach § 321 IV HGB handelt es sich somit um einen gesetzlich geregelten Sonderfall der Berichterstattung nach § 321 I S. 3 HGB über schwerwiegende Gesetzesverstöße des Vorstandes.

---

622 Vgl. die Gesetzesbegründung *BT Drucksache 13/9712, S. 29.*

Kapitel 7: Klarheit und Deutlichkeit der Krisenberichterstattung

Eine aufsichtsratgerechte Berichterstattung setzt nicht nur voraus, daß der Abschlußprüfer die notwendigen Berichtsinhalte nach § 321 HGB in seinen Prüfungsbericht aufnimmt, sondern daß er die Krisensachverhalte auch verständlich, übersichtlich und eindeutig darlegt. Daran scheint es in der Vergangenheit gefehlt zu haben. In bemerkenswerter Offenheit schildert der langjährige Vorstands- und Aufsichtsratsvorsitzende einer der größten deutschen Wirtschaftsprüfungsgesellschaften Forster die Versäumnisse der Wirtschaftsprüfer.[623] „Wir schreiben unser Fachchinesisch und wenden uns in erster Linie an Bilanzfachleute. ... Unsere Aufmerksamkeit gilt gleichermaßen wichtigen und weniger wichtigen Sachverhalten. Wir neigen dazu, bei kritischen Feststellungen Formulierungen zu verwenden, die nicht mit der Tür ins Haus fallen, sondern Beanstandungen gewissermaßen in Watte verpacken. Unsere Prüfungsberichte enthalten zum Teil Zahlenfriedhöfe und vernachlässigen mitunter den Grundsatz multum, non multa. Die ständigen Wiederholungen von Zahlen, die den Mitgliedern des Aufsichtsrats bereits aus der Bilanz, der Gewinn- und Verlustrechnung und dem Anhang bekannt sind und die ihnen der Vorstand dann auch noch in einer Sitzung vortragen wird, sind kaum dazu angetan, zu einer intensiven Lektüre des Prüfungsberichtes zu verleiten. Die Prüfungsberichte sind, mit einem Wort, wenig aufsichtsratsgerecht.“

Die aufgezählten Sachverhalte verstoßen allesamt gegen die Verpflichtung des Abschlußprüfers, klar und problemorientiert zu berichten.[624] Der Gesetzgeber hat mit dem KonTraG in § 321 I S. 1 HGB denn auch die Verpflichtung des Jahresabschlußprüfers aufgenommen, mit der gebotenen Klarheit zu berichten. Aus dem Informationszweck des § 321 HGB folgte jedoch auch nach alter Gesetzeslage zwingend, daß die Berichterstattung sich an diesen Kriterien zu orientieren hat. Die Informationsfunktion der Berichterstattung könnte sonst leicht unterlaufen werden. Der BGH hat in seinem Urteil vom 15.12.1954 indirekt auch zu dieser Verpflichtung des Abschlußprüfers Stellung bezogen: „Im gezogenen Rahmen der Redepflicht darf die Rücksicht auf das eigene persönliche Verhältnis zu einzelnen Vorstands- oder Aufsichtsratmitgliedern keine Rolle spielen ...; Zurückhaltung ist hier nicht am Platze.“[625] Der BGH hat damit nicht nur das „Ob“ der Berichterstattung, sondern auch das „Wie“ angesprochen. Unter Berücksichtigung der von Forster angesprochenen typischen Berichtsmängel lassen sich die folgenden Berichtsgrundsätze formulieren:

623 *Forster, Aufsichtsräte, AG 1995, 1, 3.*
624 *IDW PS 450, Wpg. 1999, 601,602.*
625 *BGHZ 16, 17, 26.*

I. Allgemeines Sprach- und Darstellungsniveau

Der Abschlußprüfer hat sich in seinem Sprach- und Darstellungsniveau an der Sachkunde des Aufsichtsrats zu orientieren. Dies wirft zunächst die Frage auf, ob sich der Abschlußprüfer an der tatsächlichen individuellen Sachkunde der einzelnen Aufsichtsratmitglieder des jeweiligen Aufsichtsrats zu orientieren hat oder ob auf einen rechtlich verbindlichen Mindestqualifikationsstandard abzustellen ist. Eine individuelle Bestimmung der Qualifikation des jeweiligen Aufsichtsrats liegt erkennbar außerhalb des Aufgabenbereichs des Abschlußprüfers. Hinzukommt, daß es sich bei einem Aufsichtsrat unter Qualifikationsgesichtspunkten selten um ein homogen besetztes Gremium handelt, so daß der Prüfer vor der unmöglichen Aufgabe stände, einen Durchschnittsqualifikationswert zu ermitteln. Aus diesem Grunde ist nicht auf die tatsächliche Sachkunde des Aufsichtsrats abzustellen, sondern es ist vielmehr festzustellen, ob die Aufsichtsräte zur sorgfaltsgemäßen Ausübung ihrer Aufgaben bestimmte rechtlich verbindliche Mindestvoraussetzungen benötigen, an denen sich der Abschlußprüfer orientieren kann.

Im Aktienrecht existiert keine ausdrückliche Regelung, die bestimmte Qualifikationsanforderungen an die Sachkunde der Aufsichtsratmitglieder stellt. Gleichwohl wird angenommen, daß dem Gesetz eine bestimmte Mindestanforderung an die Sachkunde der Aufsichtsratmitglieder entnommen werden kann. Der Bundesgerichtshof hat aus dem in § 111 V AktG verankerten Gebot der eigenverantwortlichen und höchstpersönlichen Amtsausübung des Aufsichtsrats den Schluß gezogen, daß jedes Aufsichtsratmitglied, auch die Arbeitnehmervertreter, die Mindestkenntnisse und Fähigkeiten besitzen müsse, um alle normalerweise anfallenden Geschäftsvorgänge auch ohne fremde Hilfe zu verstehen und sachgerecht beurteilen zu können.[626] Der Sachkunde kommt dabei haftungsrechtliche Relevanz und Bedeutung als Bestellungsvoraussetzung zu.[627]

Diese noch recht allgemeinen Mindestanforderungen an die Sachkunde des Aufsichtsrats lassen sich anhand der dem Aufsichtsrat zugewiesenen (Über-

---

626 Hertie- Entscheidung *BGHZ 85, 293, 295 f.;* vgl. auch *Escher-Weingart, Partner, NZG 1999, 909, 918; MünchHdb. AG/Hoffmann-Becking § 33 Rn 5; Hommelhoff, ZGR 1983, 551, 571 f.; Schwark, FS Werner 1984, S. 841, 847f.;* a.A.: *Wardenbach, Interessenkonflikte, S. 180;* der eine aus § 111 V AktG abgeleitete Mindestqualifikation ablehnt. Aus § 111 V AktG folge nur, daß das Gesetz überhaupt eine Sachkunde des Aufsichtsrat voraussetzt.

627 Vgl. dazu *Wardenbach, Interessenkonflikte, S. 165 ff., 262 ff,* der überzeugend die im *MünchHdb. AG/Hoffmann-Becking § 30 Rn 2* vertretene Auffassung, nach der eine bestellungsrechtliche Relevanz der Sachkunde abzulehnen ist, widerlegt.

wachungs)Pflichten konkretisieren.[628] Eine effektive Überwachung bedingt, daß die einzelnen Aufsichtsratmitglieder bezüglich der Vorgänge, die Gegenstand der Überwachung sind, ein Mindestmaß an Sachkunde besitzen. Mit der Überwachungstätigkeit des Aufsichtsrats muß ein entsprechendes Maß an Sachkunde korrespondieren. Der Umfang der vorauszusetzenden Sachkunde hängt auch davon ab, ob es sich um eine Plenumsaufgabe iSd § 107 III S. 2 AktG handelt, die eine Mitwirkung des einzelnen Aufsichtsratsmitglieds erfordert, oder um eine sonstige Aufgabe, die eine Plausibilitätsbetrachtung einer von einem Ausschuß oder anderen Aufsichtsratmitgliedern erarbeiteten Entscheidung verlangt.

Die Überwachungsaufgabe des Aufsichtsrats stellt eine Plenumsaufgabe dar.[629] Die daraus resultierenden Mitwirkungspflichten erfordern, daß das einzelne Aufsichtsratmitglied in der Lage ist, sich ein Bild von dem entscheidungsrelevanten Sachverhalt zu machen und eigenverantwortlich zu entscheiden.[630] Bezogen auf die Überwachungsaufgaben nach § 90 I Nr. 1-4 AktG des Aufsichtsrats bedeutet dies, daß das einzelne Aufsichtsratmitglied Kenntnisse zur Bedeutung der dort aufgeführten betriebswirtschaftlichen Berichtsinhalte besitzen muß, um beispielsweise die angemessene Berücksichtigung von Risiken in der Unternehmensplanung und die Aussagekraft von Rentabilitätskennziffern einschätzen zu können.[631]

Die Aufsichtsratmitglieder müssen auf den einzelnen Überwachungsfeldern Grundkenntnisse haben, um die zur Überwachung notwendige Sachkunde zu besitzen. Über ein spezielles Fachwissen müssen die Aufsichtsratmitglieder hingegen nicht verfügen, auch wenn dies in der Praxis sicherlich wünschenswert ist.[632] Insbesondere vertiefte Bilanzkenntnisse sind nicht erforderlich.

Der Abschlußprüfer hat sich bei seiner Berichterstattung an diesem Kenntnisstand zu orientieren. Der Abschlußprüfer hat deshalb das von Forster angesprochene „Fachchinesisch“ zu vermeiden, d.h. er hat sich so auszudrücken, daß ein Aufsichtsratmitglied, dessen Sachkunde den rechtlichen Mindestanforderungen entspricht, den Ausführungen ohne Schwierigkeiten folgen kann.[633] Der Ab-

---

628 *Wardenbach, Interessenkonflikte, S. 183 f.*

629 Nach h.M. ungeschriebene Plenumsaufgabe. Eine Delegation von einzelnen Überwachungsaufgaben wird jedoch als zulässig angesehen. Zulässig ist auch eine rein vorbereitende Bearbeitung von Plenumsaufgaben durch Ausschüsse. *Lutter/ Krieger, Rechte, § 6 Rn. 259 f.; Geßler in Geßler/Hefermehl/Eckhard/ Kropff, § 107 AktG, Rn.77 f.; Mertens, Kölner Komm. § 107 Rn. 89 f.*

630 So überzeugend: *Wardenbach, Interessenkonflikte, S. 190 f.;* der weitgehendere Qualifikationsanforderungen an die Sachkunde, vgl. *Prühs, Sachverstand, AG 1970,347, 350;* widerlegt.

631 *Wardenbach, Interessenkonflikte, S. 211 ff.*

632 *Götz, Überwachung, AG 1995, 337, 346.*

633 *Escher-Weingart, Partner, NZG 1999, 909, 918.*

schlußprüfer hat ggf. Begriffe und Zusammenhänge zu erläutern. Die Bedeutung und Herleitung der verwendeten Kennzahlen ist kurz darzustellen. Zahlendarstellungen sind nur dann einzusetzen, wenn sie einen verbal zu umschreibenden Sachverhalt sinnvoll ergänzen. Zahlenfriedhöfe sind zu vermeiden. Insbesondere bei der Darstellung der künftigen Entwicklung sind Planzahlen, die als Schätzwerte eine Scheingenauigkeit vortäuschen, um qualitatitive Beschreibungen zu ergänzen.[634]

II. Schwerpunktberichterstattung

Der Abschlußprüfer hat wesentliche Sachverhalte gegenüber nicht wesentlichen Sachverhalten herauszustellen. Für das einzelne Aufsichtsratmitglied muß aus dem Sachvortrag das jeweilige Gewicht des einzelnen Berichtspunkts erkennbar sein.. Weniger bedeutsame Informationen hat der Abschlußprüfer verkürzt darzustellen. Wiederholungen sind – soweit sie nicht zur zusammenhängenden Darstellung eines Sachverhalts geboten sind – zu vermeiden.

III. Unzulässigkeit einer verschleiernden Berichterstattung

Im Unterschied zur allgemeinen Verpflichtung des Abschlußprüfers sich verständlich unter Vermeidung eines „Fachchinesisch" auszudrücken, geht es in dieser Fallgruppe darum, daß der Abschlußprüfer pflichtwidrig handelt, der wesentliche Aussagen bewußt nur in verschlüsselter, versteckter oder beschönigender Form in den Prüfungsbericht aufnimmt.[635] Der Abschlußprüfer hat ohne Rücksichtnahme auf finanzielle Bindungen gegenüber der Gesellschaft und persönliche Bindungen gegenüber dem Vorstand auch über Sachverhalte zu berichten, die Zweifel an der fachlichen und persönlichen Eignung des Vorstandes aufkommen lassen und auch zur Ablösung des Vorstandes führen können. Hier ist insbesondere an die Berichterstattung des Abschlußprüfers über Bestandsgefährdungen und Gesetzesverstöße zu denken. Liegen die Krisenursachen, zu deren Darstellung der Abschlußprüfer verpflichtet ist, in einer Fehlentscheidung des Vorstandes, so hat der Abschlußprüfer mit der gleichen Intensität und Deutlichkeit darüber zu berichten, wie wenn die Krise auf einem unvorsehbaren Ereignis beruht. Der Abschlußprüfer hat sich zu vergegenwärtigen, daß eine ver-

634 *Leffson, Bilanzanalyse, S. 37 f.*

635 Vgl. dazu *Kropff in Geßler/Hefermehl, § 166 AktG Rn. 33; A/D/S § 321 Rn. 40; Claussen, Kölner Komm. § 321 Rn. 38.*

schlüsselte Kritik, versteckte Hinweise und nur dem eingeweihten Leser erkenntliche semantische Feinheiten von der Mehrzahl der Aufsichtsräte nicht in der wahren Bedeutung erkannt werden. Der Prüfungsbericht kann in einem solchen Falle seine Informationsfunktion nicht erfüllen.

Ein Beispiel dafür liefert die Prüfungsberichterstattung zum VW-Devisenskandal im Jahre 1985/86. Die VW-AG hatte durch Finanzspekulationen Verluste in dreistelliger Millionenhöhe erlitten, da nach betrügerischen Vorgängen von VW-Mitarbeitern der angebliche Kontraktpartner – die Ungarische Nationalbank – die Erfüllung der Devisenterminkontrakte verweigerte. Der Jahresabschlußprüfer des Geschäftsjahres 1985 hatte im Prüfungsbericht auf einen dieser Devisenterminkontrakte mit der Feststellung hingewiesen, daß ein Erfüllungsrisiko von 182 Mio. DM bestehe, jedoch scheinbar beschwichtigend hinzugefügt, daß keine Zweifel an der Bonität der Bank gehegt würden.[636] Nach den Usancen der Wirtschaftsprüferzunft soll der Hinweis auf ein einzelnes Geschäft verbunden mit einer Betonung der Bonität des Geschäftspartners als deutlicher Hinweis auf Gefahren verstanden werden. Es hat jedoch keiner der zum Teil sehr erfahrenen Aufsichtsräte auf die Feststellung reagiert und den Sachverhalt hinterfragt. Eine den Grundsätzen der Klarheit und Deutlichkeit verpflichtete Berichterstattung hätte das fragliche Geschäft an hervorgehobener Stelle im Prüfungsbericht vollumfänglich beschreiben, auf Verlustrisiken wortwörtlich hinweisen und ggf. auch einen möglichen Verstoß des Vorstandes gem. § 321 I S. 3 HGB gegen seine Kontrollpflichten nach § 76 AktG erwähnen müssen.

Der Grund für derartige Verstöße gegen den Berichtsgrundsatz der Klarheit liegt häufig darin, daß gerade die für den Vorstand kritischen Passagen im Prüfungsbericht, die zu seiner intensivierten Kontrolle durch den Aufsichtsrat führen können, regelmäßig mit dem Vorstand des Unternehmens durchgesprochen werden und auf dessen Druck hin abgeschwächt werden. Laut Kropff wird in der Schlußbesprechung zwischen Abschlußprüfer und Vorstand um „einzelne Formulierungen gerungen“.[637] Es bleibt abzuwarten, ob diese nicht mit den gesetzlichen Berichtspflichten des Abschlußprüfers vereinbare Praxis auch vor dem Hintergrund der geänderten Bestimmungen über die Weiterleitung des Prüfungsberichts gem. § 321 V HGB Bestand hat.[638]

---

636 Der Sachverhalt wurde lt. *Spiegel 7/1989, S. 109* in einem Bericht des Bundesrechnungshofs gerügt. Vgl. dazu auch bei den Fallgruppen.Teil 4, Kap. 2, V.

637 Vgl. auch zum vorstehenden *Kropff in Geßler/Hefermehl, § 166 AktG Rn. 33;* so auch *Hommelhoff, Position II, BB 1998, 2625, 2628.*

638 Vgl. dazu die Ausführungen in Teil 1, Kap. 3, I. und III.

Teil 4: Prüfungs- und Berichtspflichten in Fallgruppen

Der hier vertretene Prüfungsansatz bedarf der Konkretisierung. Im folgenden werden anhand von fünf Fallgruppen exemplarisch Prüfungshandlungen und Berichtsinhalte des Abschlußprüfers benannt. Die einzelnen Fallgruppen basieren auf betriebswirtschaftlichen Kriterien und wurden im Hinblick auf typische Krisenursachen sowie auf besonders risikoreiche Unternehmensbereiche gebildet. Es bestehen die folgenden Fallgruppen: „Absatz- und Produktionskrisen", „Expansion als Krisenursache", „Krisenursache Investitionen" und „Unternehmenskrisen durch Finanzderivate". Den besonderen Gefahren, die einzelnen Branchen immanent sind, wird mit der Fallgruppe „Risiken im Anlagenbau" Rechnung getragen. Den Fallgruppen vorangestellt werden dabei reale Unternehmenskrisenfälle. Anhand dieser Krisenfälle werden dann exemplarisch Prüfungs- und Berichtspflichten benannt, die der idealtypische Abschlußprüfer nach dem hier vertretenen Prüfungsansatz vorzunehmen hat.

Es ist dabei nicht die Intention, ein Werturteil über die Tätigkeit der mit den einzelnen Krisenfällen befaßten Abschlußprüfer abzugeben. Weder ist im Einzelfall bekannt, ob die Prüfer eine Krisenwarnung abgegeben haben noch ist für einen Außenstehenden erkennbar, ob die im Nachhinein an die Öffentlichkeit gelangten Tatsachen auch für den Abschlußprüfer wirklich erkennbar waren. Ein wesentlicher Unsicherheitsfaktor besteht auch darin, daß die Informationen zu den Krisensachverhalten zu einem wesentlich Teil Veröffentlichungen der Wirtschaftspresse entnommen wurden. Auch die übrigen Quellen – wirtschaftswissenschaftliche Abhandlungen und Gerichtsurteile zu einzelnen Krisenfällen – stellen keine Gewähr für die Richtigkeit der darin enthaltenen Informationen dar. Schließlich ist zu berücksichtigen, daß sich mit dem KonTraG auch die gesetzlichen Rahmenbedingungen der Jahresabschlußprüfung geändert haben.

Kapitel 1: Absatz- und Produktionskrisen

Nach den Maximen der Betriebswirtschaftslehre behauptet sich nur das Unternehmen am Markt, das die Nachfragerwünsche genau analysiert, die absatzpolitischen Instrumente Produkt- und Preispolitik, Werbung und Distribution zielgerichtet einsetzt und damit den Nachfragerwünschen besser entgegenkommt als die Konkurrenz.[639] In engem Zusammenhang mit dem Absatzbereich eines Unternehmens steht die Produktion. Im Mittelpunkt der Produktionsplanung stehen Festlegungen der einzelnen zu produzierenden Güter und ihrer Eigenschaften, des Kapazitätsrahmens für Betriebsmittel und Arbeitskräfte, des Fertigungsverfahrens und der Standortplanung.[640] Über Erfolg und Krise eines Unternehmens entscheidet wesentlich die Fähigkeit der Unternehmensführung, die richtigen Absatz- und Produktionsentscheidungen zu treffen.

Welche Möglichkeiten hat nun der Jahresabschlußprüfer im Rahmen seines oben definierten Prüfungsauftrags, Absatz- und Produktionskrisen wahrzunehmen, und welche Berichtspflichten treffen ihn? Anhand des nachfolgenden Beispielfalls soll dem nachgegangen werden.

Fall 1: AEG im Vergleichsverfahren[641]

Das 1883 von Emil Rathenau gegründete Traditionsunternehmen AEG (Allgemeine Elektrizitäts-Gesellschaft) war u.a. in dem Geschäftsfeld der technischen Haushaltsgeräte tätig. Die AEG war in den Jahren 1965-1973 in diesem Bereich durch den Zukauf von kleineren Haushaltsgeräteherstellern expandiert. Die Zukäufe sowie das eigene Haushaltsgerätegeschäft entwickelten sich jedoch nicht wie geplant. Von 1974 an wurden allein in dem Geschäftsfeld Haushaltsgeräte dreistellige Millionenverluste pro Geschäftsjahr erzielt. Im Jahre 1982 erwirtschaftete das Geschäftsfeld bei einem Umsatz von rund 3 Mrd. DM einen Betriebsverlust von 243 Mio. DM. Die Verluste in den Bereichen Haushaltsgeräte und Kraftwerksbau führten dazu, daß die AEG am 9.8.1982 ihre Zahlungsunfähigkeit erklärte und Vergleichsantrag stellte. Die Ursachen der Krise im Haushaltsbereich wurden in Strategiedefiziten in der Sortiments- und Markenpolitik, der mangelnden Abstimmung zwischen Vertrieb und Produktion, überhöhten Produktionskosten und Überkapazitäten gesehen.

I. Wirtschaftliche Grundlagen

Der Abschlußprüfer hat sich bei der Prüfungsplanung über die wirtschaftlichen Grundlagen des Unternehmens zu informieren, diese Informationen in seine Dauerakte aufzunehmen und fortlaufend zu aktualisieren.[642] Im Rahmen seiner Be-

---

639 *Wöhe, Betriebswirtschaftslehre, S. 514 ff.*

640 *Wöhe, Betriebswirtschaftslehre, S. 347 ff.*

641 Die nachstehenden Informationen zum Fall AEG sind der Fallstudie von *Oechsler Schormair, Krisenmanagment, S. 1 ff.* entnommen, die die wichtigsten Tageszeitungen und Wirtschaftsmagazine, sowie die Geschäftsberichte ausgewertet haben und zu einem ausführlichen Fallszenario zusammengefügt haben.

642 Vgl. zur Prüfung des wirtschaftlichen Umfelds im Rahmen der Prüfungsplanung *IDW PS 230, Wpg. 2000, 842.*

schäftigung mit den wirtschaftlichen Grundlagen hat sich der Abschlußprüfer über die Branche(n) des von ihm zu prüfenden Unternehmen kundig zu machen, sich mit den hauptsächlichen Produkten und ihren Vertriebswegen, bedeutenden Kunden und Lieferanten, den Marktverhältnissen und -anteilen des Unternehmens zu beschäftigen. Nach Abschluß der Prüfungsplanung muß sich der Abschlußprüfer ein ungefähres Bild von der Stellung des Unternehmens in den Absatzmärkten machen können. Im Falle der AEG bedeutet dies, daß ein Abschlußprüfer in den Jahren 1973/1974 – also rund acht Jahre vor Stellung des Vergleichsantrags – im Rahmen der Prüfungsplanung nach heutigem Prüfungsverständnis die folgenden Kenntnisse zur Stellung der AEG in den Absatzmärkten haben mußte: Die AEG steht im jeweiligen Haushaltsgerätemarkt, der deutliche Sättigungstendenzen aufweist und von Überkapazitäten gekennzeichnet ist, starken in- und ausländischen Wettbewerbern gegenüber. Die AEG hat Marktanteile alleine durch Zukäufe von Wettbewerbern hinzugewonnen. Der Markt ist gekennzeichnet durch einen starken Preisdruck.[643]

Eine solche erste Diagnose muß für den Abschlußprüfer Anlaß sein, sich näher mit der Absatzlage des Unternehmens zu beschäftigen.

II. Analyse von Daten der Rechnungslegung

Bedeutsam für die wirtschaftliche Lage eines Unternehmens sind auch seine Kapital- und Finanzierungsverhältnisse. Die Eigenkapitalverhältnisse des Unternehmens, seine Fähigkeit zur Eigen- und Fremdfinanzierung sind wichtige Anhaltspunkte für seine wirtschaftliche Überlebensfähigkeit. Aussagekräftige Hinweise auf die Kapitalverhältnisse und die Finanzierungssituation des Unternehmens können sich aus einer Jahresabschlußanalyse ergeben. Daher kann es bereits in der Planungsphase sinnvoll sein, eine Jahresabschlußanalyse durchzuführen.[644] Auf die eingeschränkten Möglichkeiten der Kennzahlenanalyse des Jahresabschlusses, insbesondere ihren Vergangenheitsbezug, wurde bereits hingewiesen. Als alleiniges Prüfungsmittel der wirtschaftlichen Lage ist die Jahresabschlußanalyse daher abzulehnen. Analysen von Rechnungslegungsdaten können lediglich bei der Prognose von Unternehmenskrisen als ergänzendes Instrument hinzugezogen werden.[645]

---

643 Vgl. zum AEG Sachverhalt *Oechsler/Schormair, Krisenmanagment, S. 20.*

644 Vgl. zu Plausibilitätsbetrachtungen des Jahres- bzw. eines Zwischenabschlusses in der Planungsphase *WP Handbuch Bd.I, Abschnitt R Rn. 68 f*; zur Berücksichtigung des Jahresabschlusses in der Planungsphase *IDW PS 230, Wpg. 2000, 842, 844.*

645 So z.B. zur Eignung der Kapitalflußrechnung zur Krisenprognose *Wehrheim, Kapitalflußrechnung, DStR 1997, 1699.*

Oechsler/Schormair haben allerdings am Beispiel der AEG nachgewiesen, daß man mitunter auch mit vergleichsweise konventionellen Kennzahlenanalysen des Jahresabschlusses Krisensymptome aufdecken kann.[646] Die beiden Wirtschaftswissenschaftler haben die Entwicklung der Eigenkapitalquote, der Eigenkapitalrentabilität sowie der Ergebnisquellen der AEG untersucht. Das Ergebnis sieht wie folgt aus: Das Eigenkapital der AEG Telefunken hat sich von 1970 bis 1982 halbiert. Eine besonders deutliche Verringerung der Eigenkapitalquote erfolgte dabei im Geschäftsjahr 1974. Im gleichen Zeitraum verdoppelte sich der Zinsaufwand. Entsprechend hat sich auch die Eigenkapitalrentabilität als erfolgsorientierte Kennzahl in dem Zeitraum von 1970 bis 1982 dramatisch veringert. Im Jahre 1974 war der Verlust mehr als halb so groß wie das Eigenkapital.

Die Ergebnisquellenanalyse, die die Gewinn- und Verlustrechnung in ein ordentliches betriebsfremdes und ein außerordentliches Ergebnis aufteilt, zeigt deutlich die Krisensituation, in der sich das Unternehmen seit 1974 befand. In ihrem unternehmerischen Kerngeschäft erzielte die AEG seit 1974 nur Verluste, die allein durch den Verkauf von Sachanlagevermögen und Beteiligungen zeitweise ausgeglichen bzw. gemindert werden konnten. Hohe Verluste beim Betriebsergebnis wurden somit durch Überschüsse aus dem ordentlichen betriebsfremden und dem außerordentlichen Ergebnis kompensiert. Die bedrohliche Situation der AEG war folglich mittels der Jahresabschlußanalyse am Ende des Geschäftsjahres 1974, mithin acht Jahre vor Einleitung des Vergleichsverfahrens zu erkennen.

Der Jahresabschlußprüfer hat die Ergebnisse seiner Jahresabschlußanalyse in seinen Prüfungsbericht aufzunehmen und im Rahmen seiner Redepflicht über bestandsgefährdende Tatsachen gem. § 321 I S. 3 HGB ausführlich zu erläutern.

III. Prüfung der Vorratsbewertung

Der Jahresabschlußprüfer kann sich jedoch nicht mit der Darstellung der Jahresabschlußanalyse begnügen. Aus § 321 I S. 3 HGB ergibt sich, daß er auch zur Darstellung der Krisenursachen verpflichtet ist. Anhaltspunkte hierfür kann er im Rahmen der Rechnungslegungsprüfung bei der Prüfung der Bilanzierung und Bewertung der unfertigen und fertigen Erzeugnisse erlangen. Der Abschlußprüfer hat seine Prüfung so auszurichten, daß er eine verläßliche Aussage über die Notwendigkeit und Angemessenheit von nach dem Niederstwertprinzip erforderlichen Abschreibungen gem. § 253 III HGB treffen kann. Abschreibungen nach § 253 III HGB sind dann notwendig, wenn die Herstellungskosten, die auf den

646 Vgl. *Oechsler/Schormair, Krisenmanagment, S. 7 ff.*

Absatz- oder Beschaffungsmärkten zu erzielenden Preise überschreiten und somit die Realisierung mit einem Verlust verbunden wäre. Der unter den Herstellungskosten liegende Verkaufserlös kann in der mangelnden Attraktivität der Erzeugnisse, zu hohen Produktionskosten des Unternehmens, einem allgemeinen Preisverfall auf dem Markt – um nur einige der möglichen Ursachen zu nennen – begründet sein. Diese Faktoren sind überwiegend Ausdruck einer Absatzkrise. Gesetzmäßigkeitsprüfung und Prüfung der wirtschaftlichen Lage gehen an dieser Stelle ineinander über. Bei der Prüfung der Realisierbarkeit der Herstellungskosten am Absatzmarkt hat der Abschlußprüfer die erwarteten Erlöse des neuen Geschäftsjahrs mit der tatsächlichen Entwicklung der Absatzpreise bis zum Prüfungszeitpunkt zu vergleichen. Zu diesem Zwecke hat er Einsicht in Rechnungen, Preislisten, Lieferverträge, aber auch Verkaufs- und Produktionspläne zu nehmen.[647] Anhand dieser Unterlagen hat der Abschlußprüfer festzustellen, ob die Wertansätze zum Jahresabschlußstichtag ein realistisches Bild ergeben.

Ein weiteres Indiz für eine Absatzkrise und notwendige Abschreibungen ist, daß sich die Bestände an fertigen und unfertigen Erzeugnissen jahresabschlußwirksam erhöht haben. Der Abschlußprüfer kann daher bereits aus Veränderungen der Bestandszahlen gegenüber den Vorjahren auf Absatzprobleme schließen. In dem Beispielsfall AEG hatten sich im Jahre 1974 die Bestände an Halb- und Fertigprodukten gegenüber dem Vorjahr um rund zwei Drittel erhöht. Mittels spezifischer Kennziffern, wie der Umschlagshäufigkeit einzelner Produkte und der Reichweite der Lagerbestände, die er mit Werten branchengleicher Unternehmen zu vergleichen hat, kann der Abschlußprüfer weitere Informationen über den Absatzerfolg und die Lagerbestände erhalten.[648] Er hat darauf zu achten, daß neben den bei der Jahresabschlußanalyse anzuwendenden allgemeinen Kennzahlen auch unternehmens- und branchenspezifische Kennzahlen Anwendung finden. So wird beispielsweise die Absatzstärke eines Supermarktes mit der Kennzahl „Umsatz je Quadratmeter Ladenfläche" gemessen.[649]

Nach bisher h.M. hatte der Abschlußprüfer damit – von der Systemprüfung der Inventur abgesehen – idR ausreichende Prüfungshandlungen unternommen, um sich von der Notwendigkeit von Abschreibungen der Erzeugnisse zu überzeugen.[650]

---

647 Vgl. die Prüfungshandlungen in *IDW, Abschlußprüfung, S. 69, 98.*

648 Vgl. *IDW, Abschlußprüfung, S. 75;* zu der Bedeutung dieser Kennziffern *Oehler, Alarmkennziffern, S. 65.*

649 *WP Handbuch Bd. I, Abschnitt R Rn. 316.*

650 *IDW, Abschlußprüfung, S. 68 ff., 97; WP Handbuch Bd. I, 11. Aufl., Abschnitt P Rn. 347.* Vgl. auch die Ausführungen von *Clemm, Krisenwarner, WPK-Mitt. 2/1995, 65, 71,* aus denen sich ergibt, daß eine Marktanalyse nicht zum Pflichtprüfungsprogramm gehörte. Zur Inventurprüfung: Der Jahresabschlußprüfer hat bei der Prüfung

Der Abschlußprüfer kann jedoch wie dargestellt seine Prüfungs- und Berichtspflichten in bezug auf die Angaben des Vorstandes im Lagebericht nur erfüllen, wenn er über die genannten Prüfungshandlungen hinaus die künftige Entwicklung der Absatzlage des Unternehmens untersucht. Insoweit ist eine betriebswirtschaftliche Analyse des Absatzmarktes erforderlich.[651] Hauptgegenstand der betriebswirtschaftlichen Analyse des Abschlußprüfers ist die Absatzplanung, die Grundlage der unternehmerischen Absatzentscheidungen des Vorstandes ist und zu der der Vorstand aus seiner Leitungsaufgabe nach § 76 I AktG verpflichtet ist.[652] Eine sorgfältige Absatzplanung setzt primär voraus, daß das Unternehmen mittels einer Marktanalyse alle entscheidungsrelevanten Daten über den Absatzmarkt ermittelt.[653] Das Unternehmen hat systematisch Informationen über die Wünsche und Verhaltensweisen von Käufern, Konkurrenten und Absatzmittlern (Händlern) zu sammeln und auszuwerten. Der Abschlußprüfer hat im Wege einer Systemprüfung zunächst festzustellen, ob das Unternehmen über geeignete Organisationseinheiten – sprich ein Marketing – verfügt, das diese Aufgaben wahrnimmt[654] Durch Ablaufpläne und -anweisungen muß gesichert sein, daß die Marktinformationen im Unternehmen auch ausgewertet und weitergegeben werden. Das Fehlen bzw. eindeutige Mängel der Absatzplanung verpflichten den Abschlußprüfer zu einer Berichterstattung nach § 321 I S. 3 HGB über einen Verstoß des Vorstandes gegen seine Leitungspflicht. Gleichzeitig ist bei Berichterstattung gem. § 321 IV HGB darauf einzugehen, daß das interne Überwachungssystem nicht besteht bzw. nicht den Anforderungen entspricht. Ein funktionierendes Absatzmarketing ist nämlich auch ein wesentliches Instrument zur gem. § 91 II AktG obligatorischen Erfassung von Marktrisiken. Im Fall der AEG soll der damalige Verkaufsvorstand auf die Frage nach der Marketingkonzeption der AEG im Haushaltsgerätebereich geantwortet haben: „Marketing geht in unserer Branche nicht, das ist was für Zigaretten."[655] Angesichts der scharfen Wettbe-

---

der Inventur darauf zu achten, ob innerhalb des Unternehmens wirksame Vorkehrungen bestehen, die mit ausreichender Sicherheit gewährleisten, daß nicht gängige, veraltete Bestände identifiziert und aussortiert werden. Der Abschlußprüfer, der feststellt, daß entsprechende Sicherungsmechanismen nicht oder nicht in ausreichender Form bestehen, wird in verstärktem Umfang Einzelprüfungen vornehmen müssen.

651 Vgl. *Sieben/Gatzen/Husemann, Unternehmensanalyse, Wpg. 1988, 606, 608.*

652 Vgl. Teil 3, Kap. 4, VIII. 2.a. und *Lutter, Unternehmensplanung, AG 1991, 249, 251.*

653 Zur Bedeutung und Funktionsweise der Marktforschung vgl. *Wöhe, Betriebswirtschaftslehre, S. 481 ff., 491 ff.*

654 Zum Marketing vgl. *Schierenbeck, Betriebswirtschaftslehre, S. 254.*

655 *MM 10/82, S. 14.*

werbssituation im Haushaltsgerätebereich handelt es sich hier um einen eindeutig berichtspflichtigen Sachverhalt. Die Prüfungs- und Berichtspflichten des Abschlußprüfers lassen sich anhand der einzelnen Marketingfelder Produktpolitik, Preisgebung, Kommunikation (Werbung) und Distribution näher konkretisieren.[656]

1. Produktpolitik

Im Bereich der Produktpolitik können sich Risiken bis hin zur Existenzgefährdung daraus ergeben, daß ein Unternehmen seine Produktpalette nicht oder nicht rechtzeitig an gewandelte Marktsituationen anpaßt. Der Prüfer kommt nicht umhin, sich selbst über die Stellung der Produkte im Markt, Markttrends, technische Entwicklungen und Bedarfsverschiebungen auf den Absatzmärkten kundig zu machen. Man wird vom Abschlußprüfer allerdings nicht erwarten können, daß er eine ausgefeilte Produktanalyse durchführt. Dies würde auf eine Zweckmäßigkeitsprüfung hinauslaufen. Er hat jedoch in kritischen Phasen, wenn Konkurrenten Produktinnovationen entwickeln, neue Wettbewerber in den Markt drängen oder Substitutionsprodukte auf den Markt gebracht werden, im Gespräch mit dem Vorstand festzustellen, ob das Unternehmen die Herausforderung erkannt hat und vertretbare Antworten parat hat. Dies läßt sich an dem Beispiel AEG verdeutlichen. Die AEG hat in den Jahren vor dem Vergleich auf Produktinnovationen und -variationen der Wettbewerber nicht oder nur verspätet reagiert: Im Bereich Küchengeräte hat sie das kontinuierlich wachsende Geschäft mit kompletten Einbauküchen den Wettbewerbern Miele, Bosch und Bauknecht überlassen und hat sich auf den Verkauf von Einzelgeräten (Kühlschränke, Herde und Spülmaschinen) beschränkt. Auf diese Weise wurden in erheblichem Umfang Marktanteile im Haushaltsgerätebereich eingebüßt.[657] Der Abschlußprüfer, der gem. § 317 IV HGB auch die konkrete Funktionsfähigkeit des Überwachungssystems zu prüfen hat, muß in einem vergleichbaren Fall im Prüfungsbericht darauf hinweisen, daß die Risikoanalyse und -identifikation des Unternehmens die Verschiebung des Konsumentenverhaltens nicht erkannt hat. Hingegen hat der Abschlußprüfer von einer Berichterstattung Abstand zu nehmen, wenn eine Änderung des Nachfragerverhaltens noch nicht zu meßbaren Marktanteilsverlusten geführt hat und der Vorstand plausibel darlegen kann, daß es sich nicht um eine nachhaltige Marktveränderung handelt. Es ist nicht die Aufgabe des Abschlußprüfers, alternative Marketingstrategien auszutüfteln. Letzteres würde den

---

656 *Wöhe, Betriebswirtschaftslehre, S. 514 ff.*
657 Vgl. zum AEG Sachverhalt *Oechsler/Schormair, Krisenmanagment, S. 22.*

unternehmerischen Ermessensspielraum des Vorstandes verletzen und dem Abschlußprüfer die Rolle eines Unternehmensberaters zuweisen.

2. Preispolitik

Die Preispolitik des Unternehmens hat der Abschlußprüfer dahingehend zu prüfen, ob das Unternehmen bei der Preisbildung die Preise der Konkurrenz, die Kostenstruktur des eigenen Unternehmens und das Nachfrageverhalten der Konsumenten berücksichtigt. Eine ordnungsgemäße Absatz- und Produktionsplanung macht es beispielsweise erforderlich, daß das Unternehmen mittels einer Dekkungsbeitragsrechnung den Kostendeckungspunkt (sog. break eaven point) ermittelt, d.h. den Punkt, an dem die Summe der erzielten Deckungsbeiträge die Fixkosten überschreitet.[658] Der Abschlußprüfer hat seine Prüfung darauf auszurichten, ob das Rechnungswesen diese und ähnliche Informationen in zuverlässiger Form zur Verfügung stellt.

Im Falle der AEG hätte ein Abschlußprüfer beispielsweise feststellen können, daß die Haushaltsgeräte aufgrund der höheren Produktionskosten durchweg teurer angeboten wurden als technisch vergleichbare Geräte der Konkurrenz, ohne daß dies durch besondere Faktoren gerechtfertigt war. In Zusammenhang mit einer (Absatz)krise kann ein solcher Umstand den Abschlußprüfer zu einer Berichterstattung über entwicklungsbeeinträchtigende bzw. bestandsgefährdende Tatsachen gem. § 321 I S. 3 HGB verpflichten.

3. Kommunikations- und Distributionspolitik

Nach den genannten Grundsätzen stehen auch Werbung und Distribution des Unternehmens auf dem Prüfstein des Abschlußprüfers. Der Abschlußprüfer hat nicht die Qualität einer Werbekampagne zu beurteilen, er wird jedoch nachhaken müssen, wenn Anhaltspunkte dafür vorliegen, daß – wie bei der AEG geschehen – ein technologisch innovatives Produkt wie ein Kondensationstrockner in einem ansonsten werbeintensiven Markt ohne flankierende Werbeunterstützung buchstäblich auf den Markt geworfen wird.[659] Der Trockner, dessen Entwicklung zunächst die Konkurrenz erschütterte, hatte auf dem Markt keinen Erfolg. Die Produktion wurde eingestellt, der Konkurrent Miele machte mit der gleichen

658 Unternehmen benötigen Angaben darüber, welchen Beitrag ein Produkt zur Dekkung der Fixkosten leistet,um darüber entscheiden zu können, ob die Produktion lohnt und welche Preise anzusetzen sind. Zur Notwendigkeit einer Deckungsbeitragsrechnung *Köhler, Marketing, HWRev. Sp. 1269, 1273; Wöhe, Betriebswirtschaftslehre, S. 1156 ff.*

659 *Oechsler/Schormair, Krisenmanagment, S. 22.*

Technologie das Geschäft. Das Fehlen einer Werbestrategie bzw. die offensichtliche Fehlerhaftigkeit derselben, die beispielsweise darin bestehen kann, daß die Werbung ein Medium benutzt, das offensichtlich nicht geeignet ist, die anvisierte Zielgruppe zu erreichen, kann damit auch Gegenstand einer Berichterstattung durch den Abschlußprüfer sein. Insbesondere bei Unternehmen der Konsumgüterindustrie, bei denen die Werbung eine zentrale Bedeutung für den Absatzerfolg hat, wird der Abschlußprüfer darauf achten, daß das Unternehmen regelmäßig die Wirksamkeit der Werbemaßnahmen kontrolliert (sog. Werbeerfolgskontrolle).[660]

V. Fragenkatalog zur Absatzprüfung

1. Stellung des Unternehmens im Markt

Hat sich der Marktanteil des Unternehmens erheblich verringert?

Sind neue Wettbewerber in den Markt getreten?

Ist das Produkt des Unternehmens durch Substitutionsprodukte bedroht?

Gibt es im Markt erfolgreiche Produktinnovationen?

Hat sich die Finanzkraft und Struktur von Wettbewerbern durch Fusionen, Unternehmenskäufe oder Produktionsverlagerungen ins Ausland verändert?

2. Marktanalyse und unternehmensinterne Information

Verfügt das Unternehmen über eine funktionierende Marktforschung?

Wird sowohl das Verhalten der Käufer als auch das der Konkurrenten beobachtet? Werden die Preise und Eigenschaften der Konkurrenzprodukte ermittelt?

Ist gewährleistet, daß andere Abteilungen, wie beispielsweise die Forschungs- und Entwicklungsabteilung, Kenntnis von den Ergebnissen der Marktforschung erlangen?

Liefert das Rechnungswesen zuverlässige Informationen über die Produktkosten, Absatzzahlen etc.? Wird eine Wirtschaftlichkeitsrechnung für einzelne Produkte durchgeführt?

Werden Veränderungen der politischen, rechtlichen und ökonomischen Rahmenbedingungen registriert?

---

660 *Köhler, Marketing, HWRev. Sp. 1269, 1275; Wöhe, Betriebswirtschaftslehre, S. 592 ff.*

3. *Produkt-, Preis-, Kommunikations- und Distributionspolitik*

Erfolgt eine Anpassung an geänderte Marktsituationen durch Produktinnovationen und -variationen? Werden erfolglose Produkte vom Markt genommen?

Unterscheidet sich das Alter der Produktpalette wesentlich von dem der wichtigsten Konkurrenten?

Finden die Ergebnisse der Marktforschung und des Rechnungswesens Berücksichtigung bei der Absatzplanung ?

Liegen die Preise des Unternehmens über denen der wichtigsten Wettbewerber? Wenn dies der Fall ist, gibt es für den Nachfrager nachvollziehbare Gründe dafür? Gewährt das Unternehmen über das branchenübliche Maß hinaus Rabatte, Boni und Skonti? Wird regelmäßig überprüft, ob die Preise kostendekkend sind?

Hat das Unternehmen eine Werbestrategie oder wird Werbung nach dem „Gießkannenprinzip" verteilt? Erfolgt die Markteinführung in einer werbeintensiven Branche ohne flankierende Werbemaßnahmen? Gibt es dafür plausibele Gründe?

Liegen Anhaltspunkte vor, daß die Produkte nicht die Zielgruppen erreichen? Sind die Produkte des Unternehmens bei den wichtigsten branchentypischen Distributoren im Sortiment?

VI. Produktion

1. Allgemeines

Ein wesentliches Ziel der Produktionsplanung ist es, die Produktionskosten gering zu halten, damit bei wettbewerbsfähigen Preisen ausreichende Gewinne erzielt werden.[661] Die Höhe der Produktionskosten hat damit über den Verkaufspreis entscheidenden Einfluß auf den Absatzerfolg. Der Abschlußprüfer hat sich im Rahmen der Prüfung der Gesetzmäßigkeit der Herstellungskosten der Erzeugnisse nach § 255 II HGB mit der Kostenstruktur des Unternehmens zu befassen. Der Jahresabschlußprüfer hat mit Hilfe des Betriebsabrechnungsbogens, der der Verrechnung der Primärkosten auf die Kostenstellen dient und der die Zurechnung der Gemeinkosten auf die Kostenträger vorbereitet, die richtige Erfassung

---

661 Vgl. zu den Aufgaben der Produktionsplanung *Wöhe, Betriebswirtschaftslehre, S. 417 ff.;* grundsätzlich zur Revision der Produktion *Kern, Produktionswirtschaft, HWRev. Sp. 1427.*

der Einzelkosten und der Gemeinkostenzuschläge festzustellen.[662] Diese Prüfung alleine ist jedoch in der Regel wenig geeignet, dem Abschlußprüfer eine Beurteilung über die Höhe der Produktionskosten zu ermöglichen. Erst der Vergleich zu anderen Unternehmen erlaubt eine Beurteilung, ob die Produktionskosten als niedrig oder hoch zu bewerten sind. Der Betriebsvergleich kann unter Einsatz spezifischer Kennziffern (Anteil der Personalkosten an der Gesamtleistung des Unternehmens, Produktivitätskennziffern) erfolgen.[663]

Steht dem Abschlußprüfer die entsprechende Kalkulation der wichtigsten Wettbewerber zur Verfügung, wird ein Betriebsvergleich keine Schwierigkeiten bereiten. Ist dies nicht der Fall, kann der Abschlußprüfer aus Berichten über die Zahl der beschäftigten Arbeitnehmer, den Automatisierungsgrad, erfolgte Rationalisierungsvorhaben, Ort und Zahl der Produktionsstandorte, der Preispolitik u.ä. Faktoren, wie sie Geschäftsberichten, Verbandsstudien und Presseveröffentlichungen entnommen werden können, wichtige Rückschlüsse auf die Kostenstruktur der Konkurrenz erlangen.

Dies läßt sich plastisch am Beispiel der AEG belegen.[664] Der AEG-Haushaltsgerätebereich hatte zeitweilig zwölf Produktionsstandorte in Deutschland. Herde, Kühlschränke und Waschmaschinen liefen jeweils an zwei verschiedenen Standorten vom Band, was einen Doppelaufwand nicht nur in der Produktion, sondern auch bei der Verwaltung und Entwicklung mit sich brachte, mit der Folge, daß die Konkurrenten der AEG ihre Produkte meist billiger verkaufen konnten. Eine im Vergleich zur Konkurrenz bestehende Vielzahl von Produktionsstandorten kann daher für einen Prüfer ein deutlicher Hinweis auf nachteilige Kostenstrukturen sein. Auch im Vergleich zu den Wettbewerbern überhöhte Mitarbeiterzahlen können ein Warnsignal sein. So erwirtschafteten im Haushaltsgerätebereich beim Konkurrenten Siemens 13.000 Mitarbeitern einen geringfügig höheren Umsatz als die AEG mit 21.000 Arbeitnehmern.[665] Wenn es sich wie im Falle der AEG um schwerwiegende Produktionskostennachteile handelt, ist der Jahresabschlußprüfer verpflichtet, die ungünstige Kostensituation und ihre Gründe im Rahmen einer Krisenberichterstattung gem. § 321 I S. 3 HGB zu nennen.

---

662 *IDW, Abschlußprüfung, S. 91, WP Handbuch Bd. I, Abschnitt R Rn. 416 ff.*

663 Vgl. zur Bedeutung der Kennzahlen *Oehler, Alarmkennziffern, S. 83, 107.*

664 *Oechsler/Schormair, Krisenmanagment, S. 21.*

665 Siemens kaufte allerdings etwas mehr Fertigprodukte zu vgl. *Oechsler/Schormair, Krisenmanagment, S. 21.*

2. *Fragenkatalog zur Produktionsplanung*

Kann dem Unternehmen eine wirtschaftliche Produktionsplanung bescheinigt werden?

Ist die Zahl, Größe und Art der Produktionsstandorte dem Unternehmen unter wirtschaftlichen Gesichtspunkten angemessen? Werden unrentable Produktionsstätten aufrechterhalten?

Steht die Personalbesetzung in der Produktion in einem offensichtlichen Mißverhältnis zum Produktionsumfang?

Übersteigt der Materialeinsatz deutlich die branchentypischen Verhältnisse?

Wird die Produktion regelmäßig auf Rationalisierungsmöglichkeiten untersucht?

Kapitel 2: Expansion als Krisenursache

Bei der Erörterung des Falles AEG blieb bisher ein Sonderproblem unberücksichtigt, daß in vergleichbarer Form häufiger zu wirtschaftlichen Schwierigkeiten führt. Ein Großteil der Probleme der AEG war nicht alleine „hausgemacht“, sondern „zugekauft“. Damit ist die Expansionsstrategie der AEG im Unternehmensbereich Haushaltsgeräte angesprochen, die darin bestand, daß die AEG in den Jahren 1965-1973 die konkurrierenden Haushaltsgerätehersteller Küppersbusch, Linde, Neff, Zanker, BBC-Hausgeräte und Zanussi übernommen bzw. Beteiligungen erworben hatte. Der Kauf der Unternehmen war als unternehmerisches Engagement gedacht. Dem Vorstand der AEG ist es jedoch aufgrund einer fehlenden Produkt-, Produktions- und Personalstrategie nicht gelungen, die erworbenen Gesellschaften zu integrieren und ein tragfähiges Gesamtkonzept für den Unternehmensbereich Haushaltsgeräte zu entwickeln, mit der Folge, daß im Jahre 1982 nicht nur die AEG Telefunken AG, sondern auch die Tochtergesellschaften Küppersbusch, Zanker und Neff Vergleich anmelden mußten. Der Fall AEG zeigt, daß der Erfolg einer Unternehmensaquisition auch davon abhängt, ob das Unternehmen mit dem Kauf eine tragfähige Strategie verfolgt und diese auch konsequent umsetzt. Unternehmen, die hingegegen beim Kauf von Unternehmen nur auf Opportunitäten reagieren, sind weniger erfolgreich.[666] Das Fehlen bzw. die Fehlerhaftigkeit einer Expansionsstrategie kann für das übernehmende Unternehmen fatale Folgen haben. Konzernrechtliche und kaufvertragliche Verlusttragungspflichten können zur Insolvenz beider Gesell-

666 *Jung, Unternehmenskauf, S. 405 ff.; Ganzert/Kramer, Due Diligence Review, Wpg. 1995, 576, 577 f.*

schaften führen. Dies bedeutet, daß sich auch der Jahresabschlußprüfer im Rahmen seiner Prüfung der wirtschaftlichen Lage mit der Expansionsstrategie zu befassen hat Bei produktionsorientierten Unternehmenskäufen kann die Zielsetzung beispielsweise darin bestehen, durch die Zusammenlegung der Produktionsanlagen optimale Betriebsgrößen zu erreichen und damit Kosteneinsparungen zu erzielen.[667] Der Abschlußprüfer hat von einer ordnungsgemäßen Strategieplanung auszugehen, wenn Planungsrechnungen belegen, daß langfristig die Senkung von Produktionskosten durch den gemeinsamen Einkauf von Roh- und Betriebsstoffen, den Austausch von Fertigungsmethoden und die gegenseitige Nutzung bestehender Kapazitäten erreicht werden kann. Bei anderen Unternehmenskäufen steht hingegen die Stärkung der Stellung im Absatzmarkt im Vordergrund. In diesen Fällen werden zumeist Unternehmen gekauft, deren Produkte in einer bestimmten Form zu denen des kaufenden Unternehmens passen. Der Abschlußprüfer hat dann darauf zu achten, daß die Strategie zentrale Punkte, wie das Marktpotential, das Produktsortiment, die Preisstrategie sowie die Vertriebswege umfaßt und nachvollziehbar regelt. Die Integration erfolgt in diesen Fällen in dem die Unternehmen nach Produktgruppen zusammengefaßt werden.[668] Dies erfordert auch, daß in der Phase nach der Akquisition personelle und organisatorische Dispositionen getroffen werden müssen, die die Integration vollziehen. Mögliche Synergieeffekte müssen zumindest überschlägig erfaßt und beziffert werden. Der Abschlußprüfer hat darauf zu achten, daß die Ziel- und Maßnahmenkataloge neben den Chancen auch die Risiken bezeichnen. Nur dann wird der Abschlußprüfer dem geprüften Unternehmen gem. §§ 91 II AktG, 321 IV HGB ein den gesetzlichen Anforderungen entsprechendes internes Überwachungssystem bescheinigen können. Im Fall der AEG bestand das erklärte Ziel der Unternehmenskäufe darin, die Marktführerschaft zu erlangen.[669] Eine Strategie, die die einzelnen am Markt gut eingeführten Traditionsmarken nach ihren individuellen Stärken in verschiedene Markt- und Preissegmente positionierte, lag jedoch nicht vor. Eine Zusammenlegung der zahlreichen Produktionsstandorte erfolgte nicht. Mögliche Synenergieeffekte wurden nicht genutzt. Im Gegenteil: die Unternehmen konkurrierten weiter miteinander. Das Fehlen einer integrierenden Organisationsstruktur auf Managementebene führte zu Interessenkonflikten zwischen den einzelnen Unternehmen. So war beispielsweise der für den gesamten Produktbereich Spül- und Waschmaschinen der AEG zuständige Leiter gleichzeitig für den Vertrieb von Zanker-Produkten verantwortlich. Er war zudem ein Mit-

---

667 Zu den nachfolgend beschriebenen, sowie weiteren Zielsetzungen einer Aquisiton und den erforderlichen Planungen *Jung, Unternehmenskauf, S. 34 ff.; Wöhe, Betriebswirtschaftslehre, S. 323 ff.*

668 *Jung, Unternehmenskauf, S. 36 f, 357 f.*

669 Zum Fall *AEG Oechsler/Schormair, Krisenmanagment, S. 20 f.*

glied des ehemaligen Zankermanagements. Als im Jahre 1980 die Auslandsnachfrage nach Spül- und Waschmaschinen spürbar anstieg, konnte nur die AEG-Tochter Zanker liefern. Die Summe der genannten Strategiedefizite und Koordinationsmängel kann es dem aufmerksamen Jahresabschlußprüfer ermöglichen, sich anbahnende Krisen frühzeitig zu erkennen. Voraussetzung einer sachgemäßen Strategieplanung ist dabei zunächst, daß der Käufer noch vor Abschluß des Unternehmenskaufvertrags im Rahmen einer Due Diligence die erforderlichen rechtlichen, steuerlichen und vor allem auch betriebswirtschaftlichen Informationen über das Erwerbsobjekt einholt. In der juristischen Literatur ist mittlerweile anerkannt, daß eine Akquisitionsentscheidung des Vorstands nur dann sorgfaltsgemäß ist, wenn ihr eine sorgfältige Prüfung der wirtschaftlichen und rechtlichen Verhältnisse des Kaufobjekts vorausgegangen ist.[670] In derartigen Fällen hat der Abschlußprüfer im Prüfungsbericht seine warnende Stimme zu erheben. Die Berichterstattung darf in diesem Falle nicht erst dann einsetzen, wenn das Kind in den Brunnen gefallen ist.

Das der in der Praxis häufige Zukauf von Marktanteilen gegenüber dem oftmals langsameren Wachstum aus eigener Kraft Risiken in sich bergen kann, zeigt auch das folgende Beispiel.

Fall 2: Expansion der IBH[671]

Der Baumaschinenhersteller IBH AG kaufte von 1975 bis 1982 über ein Dutzend marode Baumaschinenhersteller, darunter traditionsreiche Adressen wie Hanomag Hannover, weitgehend zum Nulltarif auf. Aus den kleinsten Anfängen im Jahre 1975 entstand so innerhalb von acht Jahren ein Baumaschinenkonzern, der 1983 einen Umsatz von 2.5 Mrd DM anpeilte. Die schnelle Expansionspolitik wurde der IBH zum Verhängnis. Die Wirtschaftsprüfungsgesellschaft, die die Abschlüsse der IBH prüfte, wies den Aufsichtsrat im Juli 1983 auf existenzbedrohende Verluste hin. Am 4.11.1983 meldete der Vorstandsvorsitzende Esch Vergleich für die IBH AG an. Der Anschlußkonkurs wurde am 13.12.1983 beantragt. In Verbindung mit den wirtschaftlichen Schwierigkeiten der IBH war zuvor die Hausbank der IBH – die Privatbank SMH – zusammengebrochen. Strafrechtliche Ermittlungen gegen den Vorstand der IBH führten zur Verurteilung von Esch und weiterer Vorstandsmitglieder.[672]

---

670 *Werner, Haftungsrisiken, ZIP 2000, 989, 991; Kiethe, Vorstandshaftung, NZG 1999, 976.*

671 Fall bei *Oechsler/Schormair, Krisenmanagment, S. 70.* Im Unterschied zur Fallstudie AEG haben Oechsler/Schormair außer Presse und Geschäftsberichten im Fall IBH noch den Bericht des Konkursverwalters ausgewertet.

672 Die im IBH Fall aufgedeckten Bilanzmanipulationen, Bankrottdelikte waren nur Symptom und nicht Ursache der Krise. Sie werden daher nicht weiter berücksichtigt.

Im Gegensatz zu dem Fall AEG bestand im Fall IBH an Strategien zur Integration und Entwicklung der aufgekauften Unternehmen kein Mangel. Das Rezept, nach dem die IBH zum weltweit drittgrößten Baumaschinenhersteller hinter den Branchenriesen Caterpillar und Komatsu werden sollte, bestand darin, bei den aufgekauften sanierungsbedürftgen Unternehmen die Belegschaften zu reduzieren, die Fertigung durch Übergang zur Großserienproduktion zu straffen, die Produktpalette um branchenfremde Produkte zu bereinigen, den Vertrieb zu intensivieren und die Gesellschaften dezentral zu führen. Anhand des Falles IBH läßt sich aber verdeutlichen, daß die Prüfungspflichten des Jahresabschlußprüfers nicht nur auf das Vorliegen einer Strategie, sondern auch auf deren Plausiblität gerichtet sein muß, ohne daß die Abschlußprüfung deswegen zu einer Zweckmäßigkeitsprüfung der Geschäftspolitk wird.

Im Fall der IBH mußte ein branchenkundiger Abschlußprüfer bei der Prüfung der Plausibiltät der Marktanalysen des IBH Vorstandes stutzig werden. Die Expansion der IBH fand von Anfang an in einer Zeit statt, in der die Konjunktur auf dem Baumaschinenmarkt weltweit rückläufig war und in der selbst die Marktführer Caterpillar und Komatsu ihre Kapazitäten nur zu rund 60 % auslasten konnten. Darauf beruhten hohe Lagerbestände, woraus wiederum ein Preiskampf entstand. Die Situation, in der sich die IBH befand, war dabei noch ungünstiger als die der Konkurrenten, da diese aufgrund moderner Technologie kostengünstiger produzieren konnten. Der Abschlußprüfer ist in einer solchen Situation zumin dest gehalten, energisch nachzufragen, aufgrund welcher Umstände das Unternehmen erhofft, sich der Branchenentwicklung entziehen zu können. Die Entwicklung traf die IBH zu einem Zeitpunkt, in dem sie zur Durchführung des Sanierungskonzeptes einen hohen Liquiditätsbedarf hatte. Die Umsetzung des Sanierungskonzepts geriet ins Stocken. Insbesondere der Personalabbau konnte wegen der damit verbundenen Sozialplanverbindlichkeiten nicht weiter durchgeführt werden. Der Abschlußprüfer ist in einer solchen Situation verpflichtet, sich über den Fortgang der Sanierungsbemühungen zu erkundigen. Im Fall IBH war der Sanierungsstillstand durch einen Vergleich der Ist-Personalzahlen mit den Planzahlen erkennbar. Dies muß für den Abschlußprüfer Anlaß zu einer entsprechenden Berichterstatttung im Prüfungsbericht sein.

Auch der Bundesgerichtshof hat sich zur Frage der Sorgfaltspflichten bei der Finanzierung von Unternehmenskäufen geäußert. In seinem Urteil vom 4.7.1977 hat er entschieden, daß der Verwaltungsrat einer Publikumspersonengesellschaft sorgfaltswidrig entsprechend §§ 116, 93 AktG handelt, wenn er zuläßt, daß das Unternehmen eine Beteiligung an einer anderen Gesellschaft erwirbt, ohne daß die Gesamtfinanzierung gesichert ist.[673] Eine gesicherte Finanzierung steht dem-

---

673 *BGH AG 1978, 79, 81.*

nach nicht im unternehmerischen Ermessen des Vorstands.[674] In dem entschiedenen Fall waren die angesprochenen Banken nicht zu einer Finanzierung bereit. Auch im Fall IBH konnte der Abschlußprüfer einen Hinweis auf die fehlende finanzielle Solidität des Konzepts darin sehen, daß die deutschen Großbanken aufgrund der von ihnen durchgeführten Marktanalysen in seltener Einmütigkeit ein Kreditengagement bei der IBH ablehnten. Die Finanzierung sollte sodann alleine – ungewöhnlich bei einem Unternehmen dieser Größe – von der Privatbank SMH übernommen werden. Grundsätzlich läßt sich feststellen, daß ein sorgfaltsgemäß handelnder Abschlußprüfer in vergleichbarer Situation bereits Jahre vor dem Zusammenbruch erkennen muß, daß mit der ungezügelten Expansion im Stile der IBH die unternehmerische Risikobereitschaft in unverantwortlicher Weise überspannt wird. Im Falle IBH hat der Vorstand seinen unternehmerischen Handlungsspielraum durch die überaus riskante Geschäftspolitik deutlich überschritten. Der Grundsatz der Rechtsprechung, daß es stets naheliegender sein muß, daß sich das Geschäft für das Unternehmen als Vorteil erweist, als daß es zu seiner Schädigung führt, wurde mißachtet.[675]

Fragenkatalog zum Unternehmenskauf

Verfolgt das Unternehmen mit dem Kauf eines Unternehmens eine bestimmte Zielsetzung?

Sind konkrete Ziele und Maßnahmenkataloge formuliert worden?

Wurde das gekaufte Unternehmen einer umfangreichen Due Diligence unterzogen?

Ist dabei das Unternehmen unter wirtschaftlichen und rechtlichen Gesichtspunkten untersucht worden? Liegen in dem Markt des erworbenen Unternehmens besondere Risiken? Wurden die wichtigsten Unternehmensbereiche wie Produktion, Absatz, Organisation, Personal des erworbenen Unternehmens einer Stärken-Schwächen Analyse unterzogen?

Handelt es sich bei dem gekauften Unternehmen um einen Sanierungsfall? Liegen detaillierte Sanierungsstrategien vor?

Ist die Finanzierung des Kaufpreises und der Umstrukturierungsmaßnahmen gesichert?

Liegt das Unternehmen bei der Integration/Sanierung der gekauften Gesellschaft hinter den Plandaten zurück?

---

674 So das *OLG Jena, NZG 1999, 121.*

675 *OLG Zweibrücken, NZG 1999, 506, 507.*

Kapitel 3: Risiken im Anlagenbau

Die Notwendigkeit einer Prüfung, die die Besonderheiten der Branche und des Unternehmens in ihr Kalkül miteinbezieht, wurde bereits mehrfach angesprochen. Besonders eindringlich zeigt diese Notwendigkeit der nachfolgende Krisenfall aus dem Bereich des Anlagenbaus. Unter Anlagenbau wird die Errichtung von Produktions- und Infrastrukturanlagen in Einzelherstellung verstanden.[676] Darunter fällt beispielsweise der Bau von kompletten Fabriken, Raffinerien, Wasser- und Zementwerken.

Der Anlagenbau ist durch eine Reihe von Grundmerkmalen gekennzeichnet, die ihn von anderen Branchen deutlich unterscheiden. Die Bandbreite des Leistungsumfangs im Anlagenbau reicht innerhalb eines Projekts oftmals von der Ingenieurleistung bis zur Fertigung der technischen Anlage. Die Gesamtlaufzeit eines einzelnen Auftrages erstreckt sich häufig über mehrere Jahre. Das Auftragsvolumen kann bei einem einzelnen Auftrag mehrere Milliarden DM erreichen und damit den Jahresumsatz eines mittleren Anlagenbauers übersteigen. Zumeist geht das Anlagenbauunternehmen daher Kooperationen mit anderen Unternehmen ein, um einen Auftrag zu erfüllen.[677] Als weiteres Charakteristikum des Anlagenbaus ist zu berücksichtigen, daß die deutschen Anlagenbauunternehmen überwiegend auf ausländischen Märkten, insbesondere auch in Entwicklungsländern tätig sind, denen häufig ein hoher Verschuldungsgrad und eine Devisenknappheit eigen ist, was zur Folge hat, daß die Lieferung von Großanlagen mit Gegengeschäften bzw. besonderen Finanzierungsabkommen gekoppelt wird.[678] Die genannten Grundkennzeichen stellen gleichzeitig auch große Verlustrisiken dar, die den Chancen des jeweiligen Geschäfts gegenüberstehen. Bereits aus dieser Aufzählung läßt sich erahnen, daß der Abschlußprüfer, der mit den Besonderheiten des Anlagenbaus nicht vertraut ist, Schwierigkeiten bei der Erkennung von Risiken haben wird. Die besonderen Risiken des Großanlagenbaus sind mit den oben genannten Prüfungshandlungen zum Absatz und zur Produktion von Konsumgütern nicht zu erfassen, obwohl die Lieferung und Fertigung von Anlagen auch eine Absatz- und Fertigungsleistung darstellt. Die Besonderheiten des Anlagenbaus werden an dem folgenden Krisenfall deutlich.

---

676 *Arbeitskreis"Internes Rechnungswesen" der Schmalenbach - Gesellschaft, zfbf Sonderheft (28) 1991, 4.*

677 *Weiss, Kooperationen, zfbf 1981, 947, 948 f.; Arbeitskreis"Internes Rechnungswesen" der Schmalenbach - Gesellschaft, zfbf Sonderheft (28) 1991, 4, 9.*

678 Der Anteil der Auslandsaufträge der im Arbeitskreis Großanlagenbau des VDMA zusammengeschlossenen Maschinenbaufirmen lag im Durchschnitt des Zeitraums 1970 bis 1989 bei 74 % vgl. *Arbeitskreis"Internes Rechnungswesen" der Schmalenbach - Gesellschaft, zfbf Sonderheft (28) 1991, 4, 13.*

Fall 3: Verlustgeschäfte der KHD Humboldt Wedag AG[679]

Die Tochtergesellschaft des Motorenherstellers Klöckner-Humboldt-Deutz, der Kölner Anlagenbauer Wedag AG, hatte Anfang der neunziger Jahre einen Vertrag über die Lieferung von drei Zementwerken nach Saudi-Arabien im Wert von 1.3 Milliarden Mark abgeschlossen. Die Wedag hatte sich auf das Geschäft eingelassen, obwohl bereits vor Abschluß der Verträge bekannt war, daß die Aufträge mit Verlust abgeschlossen werden würden. Der Vorstand rechnete zum einen damit, daß den Aufträgen schon bald besser kalkulierte Nachfolgeaufträge folgen würden. Zum anderen wurde die bei Abschluß des Vertrages fällige Anzahlung in Höhe von 225 Mio. DM zur Verbesserung der Liquiditätslage der schwer angeschlagenen Gesellschaft, die über Jahre nur Verluste erwirtschaftet hatte, genutzt. Die über die Jahre aufgelaufenen Verluste hatte der Vorstand durch Bilanzmanipulationen verborgen. Am 24. Mai 1996 wurde bekanntgegeben, daß die eingetretenen und drohenden Verluste aus den Saudi-Arabien-Aufträgen sich bis zu diesem Zeitpunkt auf einen Betrag von 600 Mio. DM kumuliert hatten. Die Verluste brachten den gesamten KHD Konzern in eine existenzielle Krise. Nur durch eine konzertierte Aktion unter Beteiligung der Deutschen Bank, der Stadt Köln und der Arbeitnehmerschaft konnte das Unternehmen vor dem Konkurs gerettet werden.

Bis auf ein Vorstandsmitglied wurde der komplette Vorstand seiner Ämter enthoben. Der bereits aufgestellte Jahresabschluß 1995 war wegen der fehlenden Berücksichtigung der Risiken aus den Saudi-Arabien-Aufträgen nichtig. Daher wurde der Jahresabschluß unter dem neu berufenen Vorstand der Gesellschaft neu aufgestellt. Die Wedag AG wies nun einen Jahresfehlbetrag von 779 Mio. DM auf, der im wesentlichen auf die Verluste im Zementgeschäft zurückzuführen war.

I. Prüfung der langfristigen Fertigung

Die betriebswirtschaftlichen Besonderheiten des Anlagenbaus haben Auswirkungen auf die bilanzrechtliche Behandlung der Geschäfte des Anlagenbaus und damit auch auf die Prüfungspraxis des Jahresabschlußprüfers. Die bilanzrechtlichen Aspekte des Anlagenbaus werden in der Literatur entsprechend den langjährigen Auftragslaufzeiten unter dem Stichwort der „langfristigen Fertigung“ problematisiert.

---

679 Zum Sachverhalt vgl. Lagebericht und Jahresabschluß der KHD Humbold Wedag AG zum 31.12.1995, *Bundesanzeiger 1996 Nr. 210, S. 19460;* vgl. auch die Entscheidung des *OLG Köln v. 17.2.1998 , ZIP 1998, 994* zur Nichtigkeit der Vorstandsentlastung im Falle KHD; sowie *Die Welt v. 20.8.96, S. 11; FAZ v. 9.8. 96; MM 7/96 S. 26; WW Nr. 23/96 S. 51 und Nr. 24/96 S. 54.*

1. Abschreibungen und Rückstellungen

Drohende Verluste aus einzelnen Aufträgen können als Abschreibungen oder Rückstellungen bei der Bilanzierung zu beachten sein. Die bilanzrechtliche Behandlung von drohenden Verlusten hängt dabei entscheidend davon ab, ob die Auftragsfertigung für das konkrete Objekt bereits angelaufen ist.

Der Abschlußprüfer hat – soweit die Fertigung bereits aufgenommen wurde – die Aktivierung der Herstellungskosten für erbrachte Teilleistungen zu prüfen. Er hat sich zu vergewissern, ob die aktivierten Teilleistungen nach § 253 III HGB auf einen niedriger liegenden Wert abgeschrieben werden müssen. Eine Abschreibung ist vorzunehmen, wenn die angefallenen Selbstkosten einschließlich der künftig anfallenden Herstellungs- und sonstigen Kosten den Nettoverkaufspreis übersteigen und somit eine Kostendeckung nicht gegeben ist.[680] Die aktivische Absetzung geht als Ausprägung des Niederstwertprinzips der Bildung einer Rückstellung für drohende Verluste aus schwebenden Geschäften gem. § 249 I S. 1 HGB vor. Darüber hinaus kommt nach erfolgter Abschreibung eine Rückstellung dann in Betracht, wenn der aus dem Auftrag drohende Verlust den Betrag der aktivierten Herstellungskosten übersteigt.[681]

Die genannten Grundsätze gelten jedoch nur, wenn bereits mit der Fertigung begonnen wurde. Wurde dagegen die Fertigung noch nicht aufgenommen und zeichnet sich von Anfang an ein Verlust ab, ist eine Rückstellung zu bilden, da mangels aktiverungsfähiger Herstellungskosten eine Abschreibung ausscheidet.[682]

2. Teilgewinnrealisierung

Die langfristige Fertigung wirft außerdem das Problem auf welcher Jahresabschlußperiode die Gemeinkosten und Gewinne zuzurechnen sind. Die Gewinnzurechnung erfolgt, indem anstelle der Herstellungskosten die Forderung gegen den Abnehmer gebucht und der Ertrag vereinnahmt wird. Je später der Zeitpunkt der Gewinnvereinnahmung liegt, umso geringer ist die Gefahr, daß Gewinne ausgeschüttet werden, die durch spätere unerwartet auftretende Kosten des Auftrags aufgezehrt werden.[683] Andererseits kann ein später Gewinnausweis

680 *Ellrott/Schulz/Bail, Beck' scher Bilanzkommentar, § 253 HGB Rn. 524.*

681 *Freidank, Fertigungsprozesse, DB 1989, 1197,1200; Ellrott/Schulz/Bail, Beck' scher Bilanzkommentar, § 253 HGB Rn. 524,* sowie *Clemm/Nonnenmacher, Beck' scher Bilanzkommentar, § 249 HGB Rn. 78.*

682 *Clemm/Nonnenmacher, Beck' scher Bilanzkommentar, § 249 HGB Rn. 78.*

683 Nach der sogen. completed contract Methode ist eine Gewinnrealisierung erst mit vollständiger Vertragserfüllung möglich.

in den Anfangsjahren zu einer zu ungünstigen bzw. in dem eigentlichen Realisierungsjahr zu einer zu günstigen Darstellung der wirtschaftlichen Lage führen, so daß den Anforderungen des § 264 II HGB an den Jahresabschluß, ein den tatsächlichen Bedingungen entsprechendes Bild der wirtschaftlichen Lage zu zeichnen, nicht entsprochen wird.[684]

Die in den USA übliche Praxis, die Gewinne entsprechend dem Baufortschritt nach der „percentage of completion" Methode zu vereinnahmen und so für eine gleichmäßige Verteilung der Gewinne über die Jahre zu sorgen, ist mit dem in § 252 I Nr. 4 2. HS HGB kodifizierten Realisationsprinzip unvereinbar.[685] Die Zulässigkeit einer Teilgewinnrealisierung bei langfristiger Auftragsfertigung ist umstritten und wird überwiegend verneint.[686]

Von einer beachtlichen Mindermeinung wird jedoch vertreten, daß in bestimmten Ausnahmefällen eine Teilgewinnrealisierung zulässig sein soll. Danach besteht ein Wahlrecht auf Teilgewinnrealisierung, wenn es sich um eine langfristige, über ein Jahr hinausgehende Fertigung, die in kalkulatorisch abgrenzbare Teilleistungen zerlegbar ist, handelt und der Einblick in die Ertragslage des Unternehmens ohne Teilgewinnrealisierung nicht unwesentlich beeinträchtigt würde.[687]

Eine Teilgewinnrealisierung scheidet hingegen auch nach dieser Auffassung dann aus, wenn Risiken drohen, die den geplanten Stückgewinn aufzehren oder gar zu einem negativen Erfolgsbeitrag führen. In diesem Fall sind ggf. zur Antizipation des drohenden Verlustes die genannten Abschreibungen und auch Rückstellungen vorzunehmen.[688] Bei der Risikobetrachtung sind die Teilrisiken der noch ausstehenden Teilleistungen, aber auch die Risiken, die im Gesamtvertrag liegen, insbesondere das Gesamtfunktionsrisiko sowie unvorhersehbare Risiken

684 *Busse v. Colbe, Langfristige Fertigung, HWRev. Sp. 1197, 1198.; Höfken, Anlagengeschäft, zfbf Sonderheft (20) 1986, 101, 104 f.*

685 So *Busse v. Colbe, Langfristige Fertigung, HWRev. Sp. 1197, 1200 f.;* offener dagegen *Höfken, Anlagengeschäft, zfbf Sonderheft (20) 1986, 101, 106 f.*

686 Vgl. zum Meinungsstand zu Zulässigkeit der Teilgewinnrealisierung und den Bewertungswahlrechten bei Ermittlung der Herstellungskosten *Ellrott/Schmidt-Wendt in BeBiKo, § 255 HGB Rn. 457 ff. m.w.N.; Schulze-Osterloh in Baumbach/Hueck, § 42 GmbHG, Rn. 91 m.w.N...*

687 Vgl. die Ausführungen in dem in der Rechnungslegungs- und Prüfungspraxis überaus bedeutsamen Kommentar *A/D/S § 252 HGB Rn. 88 m.w.N.* sowie *Wiedmann in Ebenroth/Boujong/Joost, § 252 Rn. 26; WP Handbuch Bd. I, Abschnitt E Rn. 232. Freidank, Fertigungsprozesse, DB 1989, 1197, 1199; Schmidt/Walter, Teilgewinnrealisierung, DB 1994, 2353, 2355; Selchert in Küting/Weber, Rechnungslegung § 252 Rn. 90* geht sogar von einem „generell anerkannten GoB" aus. Für eine Teilgewinnrealisierung durch Einbeziehung der Sondereinzelkosten des Vertriebs sprechen sich *Ellrott/Schmidt-Wendt in BeBiKo, § 255 HGB Rn. 462* aus.

688 *Freidank, Fertigungsprozesse, DB 1989, 1197,1200.*

angemessen zu berücksichtigen.[689] Kein Fall der Teilgewinnrealisierung, sondern der zwingend vorzunehmenden Gewinnrealisierung liegt vor, wenn selbständig abrechenbare Teilleistungen vorliegen, die von einem vertraglichen Gesamtfunktionsrisiko nicht erfaßt werden.[690]

Für welche Meinung sich der Abschlußprüfer auch immer entscheidet, er hat sich immer ein umfassendes Bild von den wirtschaftlichen Risiken der Anlagengeschäfte zu machen. Die Rechnungslegungsprüfung des Jahresabschlußprüfers geht daher mit einer umfassenden betriebswirtschaftlichen Risikoprüfung einher. Im folgenden soll versucht werden, einige der typischen Risiken und die damit verbundenen Prüfungshandlungen des Abschlußprüfers näher aufzuzeigen.

II. Prüfung der Risiken des Anlagenbaus

Im Zentrum des unternehmerischen Handelns des Vorstandes eines Anlagebauunternehmens steht das Erkennen, die Steuerung und die Beherrschung der Risiken. Insoweit ist auch von einem Risikomanagement die Rede.[691] Der Verpflichtung zur Überwachung und Vermeidung von Risiken nach § 91 II AktG kommt daher im Anlagenbau anerkanntermaßen eine besondere Bedeutung zu.[692] Die geschäftspolitische Maßgabe der Unternehmensführung eines ordnungsgemäß handelnden Anlagebauunternehmens besteht jedoch nicht darin, jedes wirtschaftliche Risiko zu vermeiden – das wäre das Ende einer unternehmerischen Betätigung im Anlagenbau -, sondern darauf zu achten, daß Chancen und Risiken bei einem Anlagenauftrag in einem ausgewogenen Verhältnis zueinander stehen.[693] Der Abschlußprüfer hat bei seiner Prüfung und Berichterstattung dieser besonderen Risikosituation Rechnung zu tragen. Die Aufgabe des Jahresabschlußprüfers besteht darin, die übermäßigen Risiken herauszufiltern, die den Eintritt schwerwiegender Nachteile bis hin zur Existenzgefährdung für das geprüfte Unternehmen wahrscheinlich erscheinen lassen. Die Risiken haben dabei im wesentlichen drei Ursachenbereiche: *Erstens* die Kalkulation des Angebotspreises ist fehlerhaft, da die Komplexität der Aufgabenstellung verkannt wird. *Zweitens* nach dem Vertrag ist das Anlagebauunternehmen einseitig zur Tragung von Risiken ver-

---

689 Vgl. die Mindermeinung zur Teilgewinnrealisierung.

690 *Ellrott/Schmidt-Wendt in BeBiKo, § 255 HGB Rn. 461 m.w.N.; Schulze-Osterloh in Baumbach/Hueck, § 42 GmbHG, Rn. 91 m.w.N.; Backhaus, Gewinnrealisierung, zfbf (32) 1980, 347, 356.*

691 *Höfken, Anlagengeschäft, zfbf Sonderheft (20) 1986, 101, 110.*

692 *Eschenbruch, Bauindustrie, NZBau 2000, 217.*

693 Vgl. *Arbeitskreis"Internes Rechnungswesen" der Schmalenbach - Gesellschaft, zfbf Sonderheft (28) 1991, 17, 39 f.*

pflichtet. *Drittens* in der Abwicklungsphase werden Mehrkosten nicht erfaßt und können nicht gesteuert werden.[694] Diese einzelnen Risikobereiche sollen im folgenden näher betrachtet werden:

1. Systemprüfung des Planungs- und Kontrollwesens

Seiner Aufgabe, Bestandsrisiken zu ermitteln, wird der Abschlußprüfer zunächst dadurch gerecht, daß er das Planungs- und Kontrollwesen des zu prüfenden Anlagebauunternehmens auf seine Fähigkeit untersucht, Risiken zu erkennen und angemessen zu verarbeiten. Das Planungs- und Kontrollwesen des Unternehmens ist das entscheidende Instrumentarium eines Anlagebauunternehmens zur Risikosteuerung. Die Planungsrechnungen dokumentieren als Grundlage der Entscheidungsfindung die zu erwartenden Folgen möglicher Maßnahmen, während die Kontrollrechnungen die Ergebnisse der durchgeführten Maßnahmen aufzeigen und die Abweichungen der Ist- von den Sollwerten festhalten. Bei den anzuwendenden Rechnungsmethoden der Planungs- und Kontrollrechnungen handelt es sich im wesentlichen um Kosten- und Erlösrechnungen.[695]

a. Projektbezogene Planung

Die Einzelfertigung des Anlagenbaus bringt es mit sich, daß das Unternehmen bei seiner Kalkuation in nur sehr beschränktem Umfang auf Erfahrungen aus bereits durchgeführten Projekten zurückgreifen kann. Der Abschlußprüfer wird daher von einer ordnungsgemäßen Planung und Kontrolle in aller Regel nur ausgehen können, wenn die Planungs- und Kontrollrechnung projektbezogen ausgestaltet ist.[696] Die handelsrechtlich vorgeschriebene Gewinn- und Verlustrechnung wird in aller Regel alleine nicht den Anforderungen der Planung und Kontrolle im Anlagenbau gerecht, da sie vergangenheitsbezogen ist und keine projektbezogene Kontrolle ermöglicht.

b. Angebotskalkulation und Auftragscontrolling

Der Abschlußprüfer hat darauf zu achten, daß Planungs- und Kontrollrechnungen in den verschiedenen Phasen eines Projekts eingesetzt werden. Aufgabe der sog.

---

694 *Arbeitskreis "Internes Rechnungswesen" der Schmalenbach - Gesellschaft, zfbf Sonderheft (28) 1991, 113, 163.*

695 *Arbeitskreis "Internes Rechnungswesen" der Schmalenbach - Gesellschaft, zfbf Sonderheft (28) 1991, 113, 114.*

696 *Arbeitskreis "Internes Rechnungswesen" der Schmalenbach - Gesellschaft, zfbf Sonderheft (28) 1991, 113, 114, 156 f.*

Angebots- oder Vorkalkulation ist es, die Selbstkosten des Projekts in dem Stadium noch vor Erteilung des Auftrages hochzurechnen und auf dieser Basis ein Angebot abzugeben.[697] Auch der Bundesgerichtshof hat sich zur Notwendigkeit der Überwachung der Angebotskalkulation durch den Vorstand geäußert. In einem Urteil vom 28.10.1971 hat er festgestellt, daß es grundsätzlich zu den Pflichten eines Vorstandsmitgliedes gehört, „wenigstens überschlägig an Hand der Unterlagen" zu überprüfen, ob die Angebotskalkulation stimmig ist, soweit es sich gemessen an der Auftragssumme um einen für das Unternehmen bedeutsamen Vorgang handelt.[698] In dem entschiedenen Fall hatte es der Vorstand versäumt, ein Schiffsbauangebot zu überprüfen. Dadurch wurde ein Kalkulationsfehler übersehen, woraufhin das Angebot zum Schaden der Gesellschaft bedeutend niedriger ausfiel, als dies eigentlich der Fall sein sollte. Hierfür machte der BGH den Vorstand nach § 93 AktG haftbar.

Auf die Prüfungspraxis des Abschlußprüfers übertragen bedeutet dies, daß der Prüfer darauf zu achten hat, daß die Angebotskalkulation vom Vorstand persönlich in angemessener Weise überwacht wird. Dies gilt entsprechend auch für alle weiteren Bereiche der Kalkulation.

Nach Vertragsschluß und Aufnahme der Fertigung ist das Auftragscontrolling, bestehend aus der *Auftragskalkukation*, die auf der Basis des abgeschlossenen Vertrags ein Auftragsbudget erstellt, und der *mitlaufenden Auftragskalkulation*, einer Systemprüfung zu unterziehen.[699] Insbesondere die Leistungsfähigkeit der mitlaufenden Auftragskalkulation, die die Aufgabe hat, bis zur Auftragsabrechnung bereits eingetretene, aber vor allem auch zukünftige Abweichungen der Ist-Kosten von den Soll-Kosten festzustellen, gibt Hinweise darauf, ob das Unternehmen alle wesentlichen Risiken berücksichtigt hat. Die mitlaufende Auftragskalkulation ist ein Teil des internen Kontrollsystems eines Unternehmens. Schwerwiegende Organisations- und Kommunikationsmängel zwischen den kaufmännischen und technischen Abteilungen, die dazu führen, daß Informationen über Risiken nicht weitergeleitet werden, sind dem aufmerksamen Abschlußprüfer ein Hinweis darauf, daß möglicherweise nicht alle wesentlichen Kostenrisiken erfaßt werden.[700] Der Abschlußprüfer hat festzustellen, ob durch Organisationspläne und Stellenbeschreibungen die Aufgabenzuständigkeiten und

697 *Arbeitskreis"Internes Rechnungswesen" der Schmalenbach - Gesellschaft, zfbf Sonderheft (28) 1991, 113, 119 ff.*

698 *BGH WM 1971, 1548.*

699 *Arbeitskreis"Internes Rechnungswesen" der Schmalenbach - Gesellschaft, zfbf Sonderheft (28) 1991, 113, 143 ff.*

700 Zu der erforderlichen organisatorischen Einbindung der mitlaufenden Auftragskalkulation vgl. *Arbeitskreis"Internes Rechnungswesen" der Schmalenbach - Gesellschaft, zfbf Sonderheft (28) 1991, 113, 152 f.*

Kompetenzen sowie die zu einer wirksamen internen Kontrolle wichtigen Funktionstrennungen geregelt sind. Des weiteren müssen Verfahrensbeschreibungen, Richtlinien und Formulare einen ordnungsgemäßen Inhalt und Ablauf des Arbeitsprozesses vorgeben. Nicht zuletzt hat der Abschlußprüfer auch die Funktionsfähigkeit der internen Revision zu prüfen. Bei den vorgenannten Prüfungspunkten handelt es sich im wesentlichen um Handlungen, die der Abschlußprüfer im Grunde auch bei einer Prüfung des Buchführungs- und Kontrollsystems außerhalb des Anlagenbaus anzuwenden hat. Im Anlagenbau hat der Abschlußprüfer jedoch zusätzlich zu prüfen, ob das Rechnungswesen den spezifischen Anforderungen des Anlagenbaus gerecht wird. So hat der Prüfer beispielsweise nicht pauschal die Verwendung von Formularen, die der Sicherung von Arbeitsabläufen dienen können, zu prüfen, sondern gezielt die Verwendung von sog. Änderungsanzeigen, mit deren Hilfe drohende Änderungen des Auftragsbudgets von der verursachenden bzw. erkennenden Stelle unverzüglich weitergeleitet werden sollen, zu überprüfen.[701] Gleiches gilt für die regelmäßige Erstellung von Auftragsberichten, die in verdichteter Form die aktuellen Auftragsinformationen enthalten, und Auftragskostenanalysen, die fortlaufend die Kosten bis zum Auftragsende hochrechnen.[702] Der Abschlußprüfer hat im übrigen zu prüfen, ob sichergestellt ist, daß die Ergebnisse der Kontrollrechnungen wieder in die Planungsrechnungen einfließen und ggf. Entscheidungskorrekturen auslösen. Die Ergebnisse seiner Prüfung hat der Abschlußprüfer in seine Berichterstattung gem. § 321 IV HGB über die Qualität des internen Überwachungssystems aufzunehmen.

2. Einzelprüfung des Rechnungswesens

Nach erfolgter Systemprüfung kann sich der Abschlußprüfer nicht mit der abschließenden Frage an den Unternehmensvorstand begnügen, ob bei den einzelnen Projekten auch alle Risiken bekannt und einkalkuliert sind. Er hat sich durch detaillierte Prüfungsfragen und Kontrollhandlungen von der Richtigkeit der Angaben zu überzeugen. Dabei erfordert die Projektbezogenheit des Anlagenbaus vom Abschlußprüfer eine projektbezogene Prüfungsweise.

Der Abschlußprüfer hat zu prüfen, ob in der Angebotskalkulation der Ansatz der Einzelkosten plausibel aus Mengengerüsten und Angeboten von Subunternehmern, die gerade im Anlagenbau häufig eingesetzt werden, abgeleitet wird.

---

701 Zu der Verwendung von Änderungsanzeigen im Anlagenbau sowie weiteren Beispielen vgl. *Arbeitskreis"Internes Rechnungswesen" der Schmalenbach - Gesellschaft, zfbf Sonderheft (28) 1991, 113, 152.*

702 Vgl. *Arbeitskreis"Internes Rechnungswesen" der Schmalenbach - Gesellschaft, zfbf Sonderheft (28) 1991, 113, 154.*

Die Zurechnung der Gemeinkostenzuschläge muß vertretbar sein und die Wagniszuschläge müssen die individuellen Risiken des Projekts in angemessener Form berücksichtigen.[703] Die durch die Einzelfertigung bedingte fehlende Vergleichbarkeit einzelner Projekte hat jedoch zur Folge, daß auch der erfahrene, branchenkundige Abschlußprüfer, insbesondere dort, wo mittels Mengengerüsten Kosten ermittelt werden, nicht mehr als eine Plausibilitätsbewertung treffen kann. Eine präzisere Beurteilung wird dem Abschlußprüfer nur dann möglich sein, wenn beispielsweise bezifferte Angebote von Subunternehmern vorliegen, die eine präzise Überprüfung erlauben. Der Abschlußprüfer wird sich im wesentlichen darauf verlassen müssen, daß Erfahrungssätze, die beispielsweise den Einsatz von Ingenieurstundenzahlen bei bestimmten Projekttypen betreffen, eingehalten werden.

Kommen dem Abschlußprüfer Zweifel an der Ordnungsmäßigkeit der Wertansätze, wird er zunächst durch Befragung des Unternehmens versuchen, eine Klärung herbeizuführen. Lassen sich seine Zweifel nicht ausräumen, hat er ggf. einen technischen Sachverständigen hinzuzuziehen.[704]

Die Möglichkeiten des Abschlußprüfers, das Vorliegen eines Verlustgeschäfts zu erkennen und seine Rechtfertigung zu überprüfen, sind naturgemäß dann eingeschränkt, wenn dem Abschlußprüfer und Aufsichtsrat gefälschte Kalkulationen vorgelegt werden. Auch dann ist jedoch nicht ausgeschlossen, daß der Abschlußprüfer ein Verlustgeschäft erkennen kann. Der Abschlußprüfer hat ein gesundes Mißtrauen an den Tag zu legen, wenn ihm beispielweise bekannt wird, daß Konkurrenten mit vergleichbarer Kostenstruktur durch das zu prüfende Unternehmen erheblich unterboten werden. So hat die KHD Wedag bei Abschluß ihrer mit Verlusten belasteten Zementgeschäfte ihren deutschen Wettbewerber Krupp-Polysius trotz vergleichbarer Kostenstruktur massiv unterboten, so daß in der Branche bereits über Verlustgeschäfte der KHD Wedag spekuliert wurde.[705] In einem solchen Fall hat sich der Abschlußprüfer ggf. auch unter Heranziehung von Sachverständigen besonders intensiv mit der Kalkulation zu befassen. Auch hier ist von Vorteil, wenn sich der Abschlußprüfer in der Branche auskennt und sich über die Kostenstruktur der wichtigsten Wettbewerber kundig macht.

Der Abschlußprüfer, der zu dem Ergebnis kommt, daß bewußt unter Selbstkosten ein Vertrag abgeschlossen wird und damit Verluste einkalkuliert werden, hat zu prüfen, ob die mit Vertragsabschluß erforderlichen Rückstellungen für

---

703 In der Praxis ist eine Vollkostenkalkulation notwendig *Arbeitskreis "Internes Rechnungswesen" der Schmalenbach - Gesellschaft, zfbf Sonderheft (28) 1991, 113, 140.*

704 Zur Heranziehung von Sachverständigen (Rechtsanwälten) durch den Abschlußprüfer bei offenen Rechtsfragen vgl. *Müller, H:-P. in Treuarbeit, S. 35, 49.*

705 Vgl. *WW Nr. 24/1996 S. 54.*

drohende Verluste aus schwebenden Geschäften gebildet wurden. Im Ausgangsfall KHD Wedag wurde im Wege der Bilanzfälschung auf die Bildung von Rückstellungen verzichtet. Dennoch wird nicht jedes Verlustgeschäft den Abschlußprüfer zu einer Berichterstattung nach § 321 I S. 3 HGB verpflichten. Gerade im Anlagenbau werden häufiger Verlustgeschäfte eingegangen, um mit einer Referenzanlage den angesichts der Einzelfertigung wichtigen Nachweis zu erbringen, daß eine bestimmte Anlagentechnik beherrscht wird.[706] So hat auch die KHD Wedag den Auftrag über den Bau dreier Zementwerke in Saudi Arabien in der Hoffnung auf besser dotierte Folgeaufträge angenommen, obwohl das interne Rechnungswesen bereits mit einem Verlust rechnete. Referenzgesichtspunkte dürfen jedoch nur dann eine Rolle spielen, wenn gesichert ist, daß die Verluste zeitkongruent durch Gewinne aus anderen Aufträgen gedeckt sind und zwischenzeitlich keine Liquiditätsengpässe auftreten können. Vage Hoffnungen auf spätere Folgeaufträge – wie im Falle der KHD Wedag – reichen dagegen alleine nicht aus. Der Abschlußprüfer hat sich in solchen Fällen folglich zu vergewissern, ob konkrete Gewinnaussichten anderer Projekte und die künftige Entwicklung der Liquiditätslage den Abschluß eines Verlustgeschäfts rechtfertigen.

3. Prüfung der Verträge

Besondere Bedeutung kommt der Prüfung des Anlagenvertrages durch den Abschlußprüfer zu. Der Abschlußprüfer hat den Anlagenvertrag einschließlich aller späteren Ergänzungsabreden, des laufenden Schriftverkehrs mit Auftraggeber und Subunternehmern und allen Abrechnungen in seine Prüfung miteinzubeziehen.[707] Besondere Bedeutung kommt bei der Bewertung der Risiken der individuellen Gestaltung des Anlagenvertrags zu. Gerade bei wirtschaftlich schwachen Unternehmen bzw. in Zeiten schlechter Konjunktur besteht die Gefahr, daß der Vertragsabschluß um den Preis unkalkulierbarer Haftungs- und Leistungspflichten angestrebt wird. Aus den zahlreichen Risiken seien hier exemplarisch einige aufgezeigt:

Die Vereinbarung eines *Festpreises* führt dazu, daß der Anlagenbauer das Preisänderungsrisiko trägt, was im Falle von Kostensteigerungen, die bei komplexen Großanlagen keine Seltenheit sind, zu schweren Verlusten führen kann. In der Praxis sollte daher das Risiko aus der Vereinbarung eines Festpreises im Rahmen der Angebotskalkulation durch die Bildung eines Festpreiszuschlages

---

706 *Arbeitskreis"Internes Rechnungswesen" der Schmalenbach - Gesellschaft, zfbf Sonderheft (28) 1991, 113, 141 f.*

707 Vgl. *IDW, Abschlußprüfung, S. 94 f.* zur langfristigen Fertigung.

ausgeglichen werden.[708] Auch besonders umfangreiche *Gewährleistungsrechte* des Auftraggebers können dem Unternehmen gefährlich werden. Nachbesserungspflichten des Unternehmens, Minderungsrechte des Vertragsgegners für angebliche oder wirkliche Mängel der Anlage können in Verbindung mit einer Zurückhaltung des Kaufpreises durch den Auftraggeber angesichts der mit internationalen Verträgen verbundenen Rechtsunsicherheit existenzgefährdende Ausmaße erreichen. Nicht kalkulierbare Haftungsrisiken drohen, wenn es das Anlagebauunternehmen in den Vertragsverhandlungen mit dem Auftraggeber nicht schafft, die Haftung für Folgeschäden auszuschließen.[709] Auch lange oder gar revolvierende *Verjährungs- und Garantiefristen* können zusätzliche Gefahren schaffen. Die Überschreitung von Fertigstellungsterminen durch das Anlagebauunternehmen führt regelmäßig zu *Vertragsstrafen*, die in der Praxis bis zu 20 % des gesamten Auftragswertes ausmachen können. Besonders zu berücksichtigen sind außerdem noch *Fremdwährungsrisiken* bei Auslandsgeschäften und das im Anlagenbau bei Auftraggebern aus wirtschaftlich instabilen Ländern besonders bedeutsame *Delkredererisiko* der Zahlungsunfähigkeit des Auftraggebers.[710]

Daß es sich bei den aufgezählten Risiken nicht alleine um theoretische Erwägungen der juristischen und betriebswirtschaftlichen Literatur handelt, zeigt der Fall KHD Wedag. Die Wedag war vertraglich dazu verpflichtet, zusätzliche Kosten in dreistelliger Millionenhöhe, die beim Bau der Zementwerke durch zusätzliche Baumaßnahmen zur Erdbebensicherheit der Zementwerke, der Bodenverdichtung und wegen mangelhafter Ausführung im Bereich der Elektrik notwendig wurden, zu tragen. Außerdem geriet die KHD Wedag mit der Fertigstellung eines Zementwerkes in Zeitverzug, so daß hohe Vertragsstrafen fällig wurden. Auch letzterer Umstand wurde vom Vorstand der KHD Wedag verschleiert. Der Abschlußprüfer hat daher die in der Vertragsgestaltung liegenden Risiken unter Hinzuziehung eines erfahrenen Juristen zu analysieren. Anhand einer Auswertung des Schriftverkehrs und der Einholung von Bestätigungen bei Subunternehmern und Auftraggeber wird der Abschlußprüfer in Erfahrung bringen, ob vertragliche Ansprüche geltend gemacht werden.

---

708 Vgl. zu den gebräuchlichen Vertragsklauseln *Arbeitskreis "Internes Rechnungswesen" der Schmalenbach - Gesellschaft, zfbf Sonderheft (28) 1991, 17, 22;* zu buchmäßigen Erfassung *Höfken, Anlagengeschäft, zfbf Sonderheft (20) 1986, 101, 113.*

709 Vgl. zu den Gewährleistungs- und Folgeschadenrisiken *Kirchgässer, Anlagenvertrag, zfbf Kontaktstudium (33) 1981, 936, 941, 944, Höfken, Anlagengeschäft, zfbf Sonderheft (20) 1986, 101, 115, Spiller, Risiken, zfbf Kontaktstudium (31) 1979, 209, 212.*

710 Vgl. zu den summarisch aufgezählten Einzelrisiken *Arbeitskreis "Internes Rechnungswesen" der Schmalenbach - Gesellschaft, zfbf Sonderheft (28) 1991, 17, 23 ff.*

Den Baufortschritt kann er anhand von Plänen und technischen Zeichnungen nachvollziehen und die Vorlage von Abnahmeerklärungen verlangen. Bei Großprojekten mit einem hohen Auftragswert wird man sich fragen müssen, ob der Abschlußprüfer nicht auch verpflichtet ist, sich ggf. in Begleitung eines Sachverständigen einen unmittelbaren Eindruck vor Ort – dies gilt selbst dann, wenn der Bauort wie im Fall KHD Wedag in Saudi-Arabien liegt – zu verschaffen.[711] Die Jahresabschlußprüfung muß mehr beinhalten „als einen Vergleich von Papier mit Papier".[712]

Der Abschlußprüfer, der Risiken identifiziert, hat diese auf ihre finanziellen Auswirkungen zu prüfen. Gegensteuernde Maßnahmen des Unternehmens, inbesondere auch Risikoentlastungen durch Versicherungen (Hermes Exportversicherung) hat er zu beachten. Bei besonders großer finanzieller Reichweite der Risiken hat er im Rahmen seiner Prüfungs- und Berichterstattungspflichten geringere Anforderungen an die Eintrittswahrscheinlichkeit zu stellen.

III. Bewertung

Zusammenfassend läßt sich feststellen, daß die Prüfung eines Unternehmens des Großanlagenbaus umfangreiche branchenspezifische, wirtschaftliche, juristische und technische Kenntnisse und Erfahrungen des Abschlußprüfers voraussetzt. Dies gilt im Grundsatz auch für jede andere Branche. Der Abschlußprüfer hat sich bei der Prüfungsplanung darauf einzurichten, d.h. er hat bei der personellen Planung darauf zu achten, daß an den entscheidenden Stellen branchenkundige Mitarbeiter eingesetzt werden. Ggf. ist durch die Hinzuziehung von externen technischen und juristischen Sachverständigen sicherzustellen, daß besonders komplexe Sachverhalte angemessen beurteilt werden können. Der Abschlußprüfer ist damit jedoch nicht von seiner Verantwortung entbunden, selbst die entsprechenden Branchenkenntnisse aufzuweisen.

---

711 Auch im Falle des IBH Konkurses wäre eine Ortsbesichtigung im Rahmen der Teilnahme an einer körperlichen Inventaraufnahmen hilfreich gewesen. Bei der IBH Tochtergesellschaft Wibau AG wurde nach dem Konkurs festgestellt, daß auf einem Lagerplatz 6 Betonpumpen mit einem Wert von 1.8 Mio. DM lagerten, die für Algerien bestimmt waren. Das Geschäft war nicht zustande gekommen, trotzdem wurde aber eine Rechnung mit Datum vom 29.12.1982 ausgestellt und gebucht. Die Abschlußprüfer, die die körperliche Inventaraufnahmen nicht beaufsichtigten, gerieten in die Kritik. Vgl. zum Sachverhalt *Oechsler/Schormair, Krisenmanagment, S. 78.*

712 *Sieben/Gatzen/Husemann, Unternehmensanalyse, Wpg. 1988, 606, 609.*

Führt das Unternehmen eine projektbezogene Kostenrechnung durch?

Verfügt das Unternehmen über eine leistungsfähige Angebotskalkulation und ein Auftragscontrolling? Existiert ein funktionsfähiges Berichtswesen? Werden Änderungsanzeigen verfaßt und ausgewertet?

Kontrolliert der Vorstand die Kalkulation bedeutsamer Aufträge?

Sind die Einzelkosten aus Mengengerüsten und Angeboten nachvollziehbar abgeleitet? Sind die Gemeinkosten- und Wagniszuschläge angemessen?

Werden Wettbewerber mit vergleichbarer Kostenstruktur in auffälliger Weise unterboten?

Liegen Anhaltspunkte dafür vor, daß das Unternehmen bewußt Verlustaufträge eingeht, um Referenzanlagen erstellen zu können?

Sind Gewährleistungs- und Haftungsfragen im Vertragswerk einseitig zu Lasten des Anlagebauunternehmens geregelt? Ist bei Vereinbarung eines Festpreises ein Festpreiszuschlag miteinkalkuliert worden? Sind Vertragsstrafen vereinbart? Besteht die Gefahr, daß das Unternehmen daraus in Anspruch genommen wird?

Sind entsprechende Schritte (Bestätigungen, Ortsbesichtigungen, Sichtung des Schriftverkehrs) eingeleitet worden, um die Angaben des Unternehmens zu überprüfen?

Kapitel 4: Krisenursache Investitionen

Gegenstand von Investitionen können wie in den Fällen AEG und IBH Finanzanlagen in Form von Unternehmensbeteiligungen sein. In der Praxis spielen jedoch auch Investitionen in Sachgüter, die sog. Realinvestitionen, eine große Rolle. Mit jeder Investition stellt sich zwangsläufig die Frage, ob ausreichend Kapital zu ihrer Realisierung bereitsteht. Schierenbeck bringt das, was jeder Häuslebauer weiß, kurz und knapp auf den Punkt: „Investitionen sind zu finanzieren!"[713] Im folgenden gilt das Augenmerk den Risiken der Finanzierung von Investitionen in Sachanlagen sowie den damit verbundenen Prüfungs- und Berichtspflichten des Jahresabschlußprüfers. Auch dazu zunächst ein Fall:

---

713 *Schierenbeck, Betriebswirtschaftslehre, S. 313.*

Fall 4: Fehlinvestitionen der Sachsenmilch AG[714]

Ende 1991 wurde das Dresdner Molkereiunternehmen Sachsenmilch AG, eine Tochtergesellschaft der Südmilch AG, als erstes ostdeutsches Unternehmen an die Börse gebracht. Die Aktienemission diente der Finanzierung einer neuen Molkerei in Dresden. Die im Börsenprospekt genannten Baukosten der Molkerei von 110 Mio. DM wurden jedoch weit überschritten. Hinzu kam, daß die Sachsenmilch molkereitechnisches Wissen, dessen Wert zweifelhaft war, über einen „Strohmann" von ihrer Mutter Südmilch für DM 38 Mio. erworben hatte. Die Kostenerhöhung und der „Know-how Vertrag" hatten die Zahlungsunfähigkeit des Unternehmens zur Folge, so daß die Sachsenmilch im Juli 1993 Konkurs anmelden mußte. Wenig später meldete die Muttergesellschaft Südmilch Vergleich an.

I. Investitionen im Jahresabschluß

Im Rahmen der Prüfung der Rechnungslegung hat sich der Jahresabschlußprüfer mit der Investitionspolitik des Unternehmens zunächst im Rahmen der Prüfung der Sachanlagen und des nach § 268 II HGB vorgeschriebenen Anlagenspiegels auseinanderzusetzen. Der Prüfer erhält dabei einen Einblick in die Altersstruktur der Sachanlagen und damit auch Hinweise auf den künftigen Investitionsbedarf. Laufende Investitionsprojekte des Unternehmens werden im Jahresabschluß im Anlagevermögen unter dem Bilanzposten „Anlagen im Bau" ausgewiesen. Daraus ergibt sich die Verpflichtung des Abschlußprüfers, sich mit der Bilanzierung der noch nicht fertig gestellten Investitionen in Sachanlagen zu beschäftigen.

Einblicke in die Unternehmensfinanzierung erhält der Jahresabschlußprüfer bei der Prüfung des Ausweises von Eigenkapital und Verbindlichkeiten in der Bilanz.[715] Der Prüfer kann sich an dieser Stelle ein Bild von der Selbstfinanzierungskraft des Unternehmens und seinen Kreditverpflichtungen machen. Je höher die Eigenkapitalquote des Unternehmens ist, desto mehr Reserven stehen für Investitionen zur Verfügung und desto größer ist die Kreditwürdigkeit des Unternehmens.

II. Investitions- und Finanzplanung

Die Fähigkeit eines Unternehmens, unter Aufrechterhaltung des finanziellen Gleichgewichts wichtige Zukunftsinvestitionen durchzuführen, ist von existenzi-

---

714 Sachverhalt aus *WW Nr. 31/30.7.1993, S. 10; Nr. 32/6.8.1993, S. 86; Nr. 17/22.4.1994, S.44; FAZ v. 17. 6. 1997, S. 18 u. v. 18.6.1997, S. 24* .

715 *Farr, Insolvenzprophylaxe, S. 217.*

eller Bedeutung.[716] Einerseits muß sichergestellt werden, daß dem Unternehmen moderne Betriebsmittel zur Verfügung stehen, die dafür sorgen, daß die Produkte in ihrer Sachqualität und ihrem Preis wettbewerbsfähig sind. Andererseits muß zu jeder Zeit die Liquidität -sprich die Fähigkeit eines Unternehmens, jederzeit seine Zahlungsverpflichtungen erfüllen zu können – gesichert sein. Hinzu kommt, daß der Kapitaleinsatz rentabel sein soll, d.h. daß eine angemessene Verzinsung des eingesetzten Kapitals erreicht werden soll.

Die bisher genannten Prüfungshandlungen im Rahmen der Rechnungslegungsprüfung reichen jedoch alleine nicht aus, um existenzbedrohende Finanzierungslücken oder die Unwirtschaftlichkeit einer Investition zu diagnostizieren. Sie bieten sich jedoch als Ausgangspunkt einer mehr zukunftsgerichteten Prüfung der Bereiche Investition und Finanzierung an, da der Abschlußprüfer auf diese Weise Kenntnis von laufenden und geplanten Investitionsprojekten erhält. Der Abschlußprüfer, der eine Bewertung der Investitionstätigkeit und der damit verbundenen Finanzierung eines Unternehmens im Hinblick auf mögliche Krisenentwicklungen zu treffen hat, muß bei den Investitions- und Finanzrechnungen des Unternehmens ansetzen.[717] Aufgabe von Investitionsrechnungen ist es, die Investitionsentscheidungen zu optimieren, die Realisierung der Investitionsprojekte zu fördern und die Durchführung der Investitionsprojekte zu überwachen. Der Investitionsrechnung kommt in der Praxis eine große Bedeutung zu, da Investitionsentscheidungen häufig mit hohem Kapitaleinsatz, langfristiger Kapitalbindung und weitreichenden Auswirkungen auf den Produktions-, Absatz- und Finanzierungsbereich verbunden sind.[718] Von entscheidender Bedeutung ist dabei, daß die Investitionsrechnung vor Realisierung des Investitionsprojekts durchgeführt wird. Man spricht dann auch von einer Investitionsplanung. Bei der Investitionsplanung handelt es sich nicht nur um eine betriebswirtschaftliche Notwendigkeit, sondern auch um eine Rechtspflicht des Vorstandes. Die allgemeine Planungs- und Kontrollpflicht des Vorstandes nach den §§ 76 I, 93 I AktG umfaßt auch die Bereiche Investitionen und Finanzen.[719] Auch in der Rechtsprechung des Bundesgerichtshofs ist grundsätzlich anerkannt, daß der Vorstand verpflichtet ist, Investitionen sorgfältig zu planen und vorzubereiten, indem er beispielsweise Kalkulationen über die Rentabilität zu erstellen hat.[720] Der BGH hat in seiner Entscheidung vom 16.11.1961 festgestellt, daß es dem Vorstand eines Unternehmens nicht zum Vorwurf gemacht werden kann, daß sich ein Objekt als unrentabel erweist. Dies sei „eine Folge, die trotz sorgfältigster Planung“ eintre-

716 *Leffson, Bilanzanalyse, Rn. 65 f.*
717 *Farr, Insolvenzprophylaxe, S. 215.*
718 *Wöhe, Betriebswirtschaftslehre, S. 742.*
719 *Lutter, Unternehmensplanung, AG 1991, 249, 251.*
720 *BGH v. 16.11.1961 WM 1962, 109, 112.*

ten könne. Eine Sorgfaltspflichtverletzung liege aber in der mangelhaften Planung und Vorbereitung. Im übrigen muß man auch davon ausgehen, daß der Vorstand seine Verpflichtung nach § 91 II AktG für ein Risikomanagement Sorge zu tragen, verletzt, wenn er keine Vorkehrungen trifft, um Risiken bei Investitionsprojekten zu erfassen. Der Abschlußprüfer ist nach § 317 IV HGB verpflichtet, das Vorliegen eines Risikomanagements im Investitionsbereich zu überprüfen. Beim Fehlen einer angemessenen Risikoerfassung ist der Abschlußprüfer nach § 321 IV HGB verpflichtet, im Prüfungsbericht darüber zu berichten.

1. Prüfung der Investitionsüberwachung

Ein System zur Kontrolle von laufenden und bereits realisierten Investitionen ist in großen Industrieunternehmen weit verbreitet. Die Investitionskontrolle bildet einen Teil des internen Kontrollsystems.[721] Die Aufgaben der Investitionskontrolle bestehen im wesentlichen darin, den Erfolg der Investitionspolitik zu sichern, Schwachstellen im Planungsprozeß aufzudecken, Fehlentwicklungen zu korrigieren und Manipulationen zu verhindern.[722] Eine Systemprüfung der Investitionskontrolle gibt dem Abschlußprüfer Aufschluß darüber, ob das interne Kontrollsystem grundsätzlich geeignet ist, Fehlplanungen und -entwicklungen, die das Unternehmen gefährden können, rechtzeitig aufzudecken. Umfang und Zahl der Einzelprüfungen hängt entscheidend davon ab, ob das Unternehmen über Mechanismen verfügt, die die (Liquiditäts)risiken aus Investitionsentscheidungen wirksam begrenzen. Dazu können beispielsweise Investitionsrichtlinien beitragen. In Investitionsrichtlinien kann festgelegt werden, welche Mitarbeiter, Ausschüsse und Instanzen in den unterschiedlichen Phasen der Entscheidungsprozesse zu beteiligen sind. Investitionsrichtlinien, die vom Investitionsantrag bis zur Entscheidung ein bestimmtes Verfahren festlegen, können dafür Sorge tragen, daß alle Beteiligten zu dem Vorhaben Stellung nehmen können und somit eine ordnungsmäßige Aufbereitung der Entscheidungsgrundlagen gewährleistet ist.[723] Das Risiko einer Fehlallokation von Unternehmensressourcen kann damit vermindert werden. Insbesondere ist auch darauf zu achten, daß eventuell bestehende Zustimmungsvorbehalte zugunsten des Aufsichtsrats beachtet werden.

Der Eintritt von Liquiditätslücken kann dadurch verhindert werden, daß das Unternehmen durch zeitnahe und regelmäßige Kontrollrechnungen die Einhal-

---

721 Über die Verbreitung und Ausgestaltung von Investitionskontrollen zu bereits realisierten Investitionen gibt die Abhandlung von *Lüder, Investitionskontrolle, zfbf 1980, 351* Aufschluß.

722 *Lüder, Investitionskontrolle, zfbf 1980, 351, 356.*

723 *Arbeitskreis "Finanzierung" der Schmalenbach - Gesellschaft, Investitions-Controlling, zfbf 1994, 899, 901.*

tung der Ergebnisse der Investitionsrechnung und der Finanzplanung laufend feststellt. Abweichungen der Ist-Werte von der Soll-Planung müssen sofort erfaßt werden, damit Kostenüberschreitungen eingegrenzt werden können.[724]

2. *Überschreitung des Ausgabenbudgets*

Der Abschlußprüfer darf es nicht bei der dargestellten Systemprüfung des unternehmensinternen Überwachungssystems belassen, wenn wie im Fall Sachsenmilch ein oder mehreren Investitionsprojekten gemessen an ihrem Investitionsvolumen eine herausragende Bedeutung zukommt. Der Abschlußprüfer hat sich zu diesem Zwecke zunächst das Investitionsprogramm, aus dem sich die geplanten und laufende Projekte samt Investitionsvolumen ergeben, nebst Finanzplan vorlegen zu lassen. Bei geplanten Investitionsvorhaben ist ein gewichtiger Prüfungspunkt die Frage, ob das aufgestellte Ausgabenbudget in seiner Höhe plausibel ist.[725] Eine Überschreitung des Budgets ist weitgehend ausgeschlossen, wenn bei der Fremdvergabe mit dem Auftragnehmer ein Festpreis vereinbart wurde. Im Falle des Molkereineubaus bei der Sachsenmilch war mit dem beauftragten Bauunternehmer vereinbart, daß die Abrechnung auf Grundlage der tatsächlich anfallenden Kosten zu erfolgen habe. Eine Kostendeckelung war somit nicht vereinbart. Der Abschlußprüfer hat bei einer solchen vertraglichen Gestaltung seine Prüfung mit besonderer Sorgfalt vorzunehmen.

Bei bereits im Bau befindlichen Anlagen hat der Abschlußprüfer darauf zu achten, ob sich nennenswerte Überschreitungen des Investitionsbudgets abzeichnen. Im Gespräch mit technischen Abteilungen, durch Sichtung des Schriftverkehrs zwischen geprüftem Unternehmen und den mit der Durchführung beauftragten Unternehmen und durch Kenntnisnahme von behördlichen Genehmigungen -um nur einige Beispiele zu nennen-, hat der Abschlußprüfer festzustellen, ob technische Notwendigkeiten, veränderte Anforderungen an die Leistungsfähigkeit der Anlage, behördliche Auflagen u.ä. zu Kostensteigerungen zu Lasten des auftraggebenden Unternehmens führen können. Ein Hinweis auf die mangelnde Zuverlässigkeit der Investitionsplanung ist es im übrigen auch, wenn es bereits in der Vergangenheit zu Überschreitungen des Investitionsbudgets kam.

Ein zweiter Prüfungsschritt des Abschlußprüfers besteht darin, festzustellen, wie sich eventuelle Überschreitungen des Investitionsbudgets auf die Liquidität des Unternehmens auswirken. Dies kann anhand eines Finanzplans geschehen. Der Prüfer hat darauf zu achten, daß der Finanzplan die Einnahmen und Ausgaben lückenlos und möglichst zeitlich präzise wiedergibt. Der Abschlußprüfer

---

724 *Blohm, Investitionsprüfung, HWRev. Sp. 918, 921.*
725 *Blohm, Investitionsprüfung, HWRev. Sp. 918, 919.*

kann so feststellen, ob bereits kleinere Überschreitungen des Investitionsbudgets zu Liquiditätsengpässen führen oder ob das Unternehmen über ausreichende „Liquiditätspolster“ verfügt. Ist ersteres der Fall, kann der Jahresabschlußprüfer zu einer Krisenwarnung nach § 321 I S. 3 HGB über drohende Bestandsgefahren verpflichtet sein.

III. Fragenkatalog

1. Investitionsplanung

Werden Investitionsentscheidungen mit der nötigen Sorgfalt geplant?
Stellt das Unternehmen Investitionsrechnungen und Ausgabenbudgets auf?

2. Investitionskontrolle

Verfügt das Unternehmen über eine leistungsfähige Investitionskontrolle?
Hat das Unternehmen Investitionsrichtlinien aufgestellt?
Werden Abweichungen vom Investitionsbudget erfaßt?

3. Projektprüfung

Werden mit den Auftragnehmern der Investionsprojekte Festpreise vereinbart?

Liegen Anhaltspunkte vor, daß bei einem laufenden Investitionsprojekt das Budget überschritten wird? Lassen technische Änderungen, behördliche Auflagen u.ä. erwarten, daß das Budget überschritten wird?

Sind dadurch Liquiditätsengpässe zu befürchten?

Kapitel 5: Unternehmenskrisen durch Finanzderivate

An den Finanzmärkten hat sich in den letzten Jahren verstärkt ein Wandel zu neuen Anlage- und Finanzierungsleistungen vollzogen, die unter der Bezeichnung „Finanzderivate“ bzw. zur Unterscheidung von den traditionellen Finanzierungsinstrumenten als „Finanzinnovationen“ Eingang in die betriebliche Praxis und die Betriebswirtschaftslehre gefunden haben.[726] Gleichzeitig sind einige der

---

726 Zum Begriff und zu ihrer Bedeutung vgl. *Scharpf, Finanzierungsinstrumente, BFuP 1995, 166; Wöhe, Betriebswirtschaftslehre, S. 737 ff., Perridon/Steiner, Finanzwirtschaft, S. 275 ff.*

spektakulärsten Unternehmenskrisen der letzten Jahre mit dem Begriff der Finanzderivate verbunden. Dabei finden die Finanzderivate nicht, wie man annehmen könnte, nur bei Banken Anwendung, sondern werden gerade auch in Industrie- und Handelsunternehmen genutzt. Das Hauptaugenmerk der nachfolgenden Ausführungen liegt auf dem letztgenannten Bereich der Nichtbanken, da die Nutzung der Derivate diese Unternehmen vor besondere Anwendungs- und den Prüfer vor entsprechende Überwachungsprobleme stellt.

I. Grundsätzliches

Was sind Derivate? Im satirischen Wörterbuch von Hakelmacher heißt es dazu: „Von anderen Finanzgeschäften abgeleitete Transaktionen, die einem russischen Roulette gleichen, an dem viele ohne Kenntnis der Spielregeln teilnehmen".[727] Diese nicht ganz ernst zu nehmende Aussage deutet bereits ein wenig von der Problematik der Finanzderivate und ihrer Relevanz für die vorliegende Arbeit an. Der Gesetzgeber hat in § 2 II Nr. 1 und 2 Wertpapierhandelsgesetz (WpHG) eine Definition des Begriffs der Finanzderivate gegeben. Danach sind Derivate Termingeschäfte, deren Preis unmittelbar oder mittelbar von der Entwicklung des Börsen- oder Marktpreises von Wertpapieren, Geldmarktinstrumenten, Zinssätzen bzw. anderen Erträgen oder Waren bzw. Edelmetallen abhängt. Auch bestimmte Devisentermingeschäfte gehören zu den Finanzderivaten. Derivative Finanzierungsinstrumente bestehen entweder aus zweiseitig bindenden Verträgen (Termingeschäfte) oder aus einseitig verpflichtenden Rechtsgeschäften (Optionsgeschäfte).[728]

Im Laufe der Jahre wurden eine Reihe von verschiedenen Geschäftsformen, an dieser Stelle seien nur Zins- und Währungsswaps (Tauschgeschäfte), Optionsgeschäfte, Caps und Floors genannt, geschaffen.

Es können im wesentlichen zwei Motive unterschieden werden, die ein Unternehmen veranlassen können, derartige Geschäfte abzuwickeln:[729] Zum einen

727 *Hakelmacher, Hakelmachers ABC, S. 67.*

728 Vgl. auch die Definition im Rundschreiben des *Bundesaufsichtsamtes für das Versicherungswesen (BAV), R 3/2000 vom 19.10.2000, S. 2 f.*. Neben den standardisierten, an Börsen gehandelten Kontrakten werden auch individuell vereinbarte Geschäfte, sogenannte Over the counter (OTC) Kontrakte, mit vergleichbaren Inhalten an nicht organisierten Märkten, den sogen. Forward Markets, gehandelt. Zu den Begriffen vgl. *Schwarzkopf, Finanzinnovationen, HWRev. Sp. 537, 538; Scharpf, Finanzierungsinstrumente, BFuP 1995, 166, 167; Perridon/Steiner, Finanzwirtschaft, S. 299 ff.*

729 *Vgl. Perridon/Steiner, Finanzwirtschaft, S. 306 ff.*

lassen sich Währungs-, Zins- oder Preisrisiken aus einem Grundgeschäft durch den Abschluß einer genau entgegengerichteten Position am Terminmarkt, deren Wertänderungen die Wertänderungen des Grundgeschäfts kompensieren sollen, minimieren. Finanzderivate werden insoweit zur *Absicherung von Grundgeschäften* eingesetzt. Derartige Transaktionen werden als Hedging bezeichnet. Zum anderen werden die Finanzderivate auch zu *Spekulationszwecken* in der Erwartung auf zukünftige Markt- und Kursentwicklungen eingegangen, ohne daß ein entsprechendes, abzusicherndes Grundgeschäft besteht. Insoweit handelt es sich um besonders risikoreiche Derivatgeschäfte, da im Falle einer unerwarteten Kursentwicklung eine Kompensationswirkung mangels eines Grundgeschäftes nicht eintreten kann.[730] Versicherungsunternehmen dürfen nach § 7 II S. 2 2. HS VAG nur die erstgenannten Absicherungsgeschäfte betreiben, weil diese vom Gesetzgeber als weniger riskant eingestuft werden.[731] Inhalt und Risiken der Finanzderivate werden an den nachfolgend aufgeführten Krisenfällen aus der Praxis deutlich:

Fall 5: Öltermingeschäfte der Metallgesellschaft[732]

Die MG Refining & Marketing (MGRM), eine amerikanische Tochtergesellschaft des Frankfurter Unternehmens Metallgesellschaft AG (MG), war auf den internationalen Märkten als Ölhändler tätig. Die MGRM hatte seit 1991 mit ihren Kunden, zumeist Einzelhändlern, langfristige Öllieferungsverträge zu Festpreisen vereinbart. Die MGRM machte bei dieser Vertragsgestaltung bei fallenden Ölmarktpreisen Gewinne, da sie dann das Öl billiger einkaufen konnte, als sie es nach den Verträgen verkaufen mußte. Umgekehrt mußte die MGRM bei steigenden Ölpreisen mit Verlusten rechnen, da sie das Öl teuerer einkaufen mußte, als sie es abgeben konnte. Die MGRM war also im Falle eines Ölpreisanstiegs einem erheblichen Preisrisiko ausgesetzt. Sie sicherte daher mit einer Hedging-Strategie die langfristigen Lieferverbindlichkeiten durch den Kauf von Future- und OTC-Kontrakten ab. Dabei wurde jedoch der hohe Liquiditätsbedarf der gewählten Absicherungsstrategie unterschätzt.[733] *Der aufgelaufene Verlustvortrag der Metallgesell-*

730 *v. Randow, Derivate, ZGR 1996, 594, 595.*

731 Zum Schutzzweck des § 7 II VAG vgl. *v. Randow, Derivate, ZGR 1996, 594, 611;* vgl. auch das Rundschreiben des *Bundesaufsichtsamt für das Versicherungswesen, Rundschreiben R 3/2000 vom 19.10.2000. S. 3.*

732 Der Sachverhalt wurde den Abhandlungen von *Kropp, Öltermingeschäfte, ZBB, 1995, 14, Spremann/Herbeck, Metallgesellschaft, zfbf Sonderheft (38) 1997, 155; Hansen, Fall MG; AG 1994, R 44;* sowie den folgenden Presseveröffentlichungen entnommen: *WW Nr. 51/17.12.1993 S. 116 - 118; Nr. 3/14.1.1994 S. 36 - 43; Nr. 41/7.10.1994 S. 60 - 67.* Die nachfolgende Abhandlung stellt eine stark vereinfachte, auf einige wesentliche Punkte verkürzte Darstellung der komplexen Geschehnisse am Ölterminmarkt dar.

733 Nach Ansicht einer Reihe amerikanischer Professoren, unter ihnen der amerikanische Nobelpreisträger Merton Miller, war das Hedging der MGRM-Verantwort-

schaft (MG) wurde zum Jahreswechsel 93/94 mit rund 4 Mrd. DM beziffert, wobei allein auf die Ölttermingeschäfte der MGRM ein Anteil von rund 2,3 Mrd. DM entfiel. Die Metallgesellschaft mußte gem. § 92 I AktG das Bestehen eines Verlustes, der die Hälfte des Grundkapitals überstieg, anzeigen.[734] *Die MG konnte nur durch eine umfangreiche Liquiditätshilfe der Großaktionäre und Gläubigerbanken vor dem Konkurs gerettet werden. In der Folgezeit wurde die angeblich mangelhafte Überwachung von Aufsichtsrat und Jahresabschlußprüfer in der Öffentlichkeit stark kritisiert.*

Der Fall Metallgesellschaft war beileibe kein Einzelfall. Der Handel mit Finanzderivaten – an dieser Stelle seien nur der Zusammenbruch der Barings Bank, die Verluste der National Westminster Bank und des britischen Getränkekonzerns Allied Lyons, jeweils in dreistelliger Millionenhöhe, genannt – war auch in zahlreichen anderen Fällen der Auslöser für Unternehmensverluste.[735]

II. Besondere Risiken der Finanzderivate

Die Prüfungspflichten des Jahresabschlußprüfers hängen entscheidend von den spezifischen Risiken, die mit den Finanzderivaten verbunden sind, ab.

1. Risikoerhöhende Faktoren

Derivatgeschäfte sind anders als gewöhnliche Vertragsverhältnisse, bei denen beide Parteien Vorteile aus dem Vertrag ziehen können, ein „Nullsummenspiel", da jedem Gewinner notwendigerweise ein Verlierer gegenübersteht.[736] Bereits geringe Schwankungen der Marktparameter können dazu führen, daß Unternehmen hohe finanzielle Einbußen erleiden. Hinzu kommt, daß bei Derivaten häufig ein geringer Kapitaleinsatz genügt, um in kurzer Zeit Positionen mit hohem Han-

---

lichen nicht zu beanstanden. *Culp/Miller, M., Metallgesellschaft, ZBB 1995, 2;* Die Verluste am Futuremarkt seien erst durch die voreilige und panische Auflösung der Futurepositonen durch den Aufsichtsrat entstanden. Eventuelle Liqudätätsengpässe hätten nach dieser Ansicht leicht durch Liquiditionskredite der beteiligten Banken überwunden werden können. Kropp hat nachgewiesen, daß die Panikthese von Miller nicht zutrifft. Vgl. zu der Diskussion *Culp/Miller, M., Metallgesellschaft, ZBB 1995, 2; Kropp, Öltermingeschäfte, ZBB, 1995, 14, 21 ff, Hanke in WW Nr. 41/7.10.1994 S. 63.*

734 Vgl. *Bundesanzeiger Nr. 9 v. 14.1.1994.*

735 Die Barings Bank wurde durch manipulatorische Spekulationsgeschäfte des Nick Leeson ruiniert. NatWest Markets hat durch betrügerische Zinsoptionsgeschäften von Mitarbeitern 240 Mio. DM verloren. *FAZ Nr. 62 v. 14.3.1997 S. 29.* Zu den Devisentermingeschäften von Allied Lyons vgl. *Ernst & Young, Derivatives, S. 28.*

736 Vgl. auch zum folgenden *v. Randow, Derivate, ZGR 1996, 594, 595 ff.*

delsvolumen und entsprechend hohem Risiko aufzubauen. Demgegenüber beschränken im normalen Geschäftsverkehr das Eigenkapital und die Kreditwürdigkeit eines Unternehmens häufig seinen Aktionsradius im Hinblick auf riskante Transaktionen. Der Einsatz bzw. der Nachweis besonderer Finanzkraft ist bei Abschluß der Geschäfte nur insoweit erforderlich, als im Börsenhandel Sicherheitsleistungen (sog. Margins) auf speziell dazu bei der Börse eingerichtete Konten zu leisten sind. Das Instrumentarium der Sicherheitsleistung dient dem Schutz des Vertragspartners, verhindert jedoch nicht die Selbstgefährdung des am Derivatehandel teilnehmenden Unternehmens. Des weiteren werden Kontrakte über Finanzderivate oft ohne ausgiebige Dokumentation und Kommunikation in großer Eile geschlossen. Die zivilrechtliche Einordnung dieser Kontrakte ist dabei häufig noch unklar. Das Rechtsrisiko bei Finanzderivaten ist daher besonders hoch einzuschätzen.

Einer schnellen und wirkungsvollen Überwachung des Derivatehandels durch Vorstand, Aufsichtsrat und Abschlußprüfer steht entgegen, daß der Derivatehandel durch eine hohe Komplexität und eine niedrige Transparenz gekennzeichnet ist. Erfolg oder Mißerfolg offenbaren sich selbst dem kundigen Betrachter erst bei intensiver Beschäftigung mit den einzelnen Geschäftstypen und den Märkten, auf die sie sich beziehen. Bei laufenden Kontrakten werden von den Überwachungsorganen prognostische Fähigkeiten verlangt, um künftige Entwicklungen einschätzen zu können. Eine ordnungsgemäße Überwachung setzt demnach voraus, daß der Abschlußprüfer über finanzwirtschaftliche Kenntnisse und Erfahrung auf dem Gebiet der Finanzderivate verfügt.[737]

2. Fehler- und Mißbrauchsmöglichkeiten

Die genannten Strukturen bestimmen die Fehler- und Missbrauchsmöglichkeiten. Die Charakteristik der Finanzderivate als Nullsummenspiel setzt voraus, daß insbesondere der Marktteilnehmer, der sich auf Spekulationsgeschäfte einläßt, zum Erfolg einen Wissensvorsprung gegenüber anderen Marktteilnehmern besitzen muß. Diese Konstellation birgt leicht die Gefahr der Überschätzung in sich. Vor allem dann, wenn Anfangserfolge suggerieren, daß das Marktgeschehen voraussehbar ist, besteht die Gefahr, daß das Handelsvolumen in gefährliche Höhen getrieben wird. Umgekehrt besteht die Versuchung, erlittene Erluste durch besonders riskante Derivatgeschäfte wieder auszugleichen. Entsprechen Sachkunde und charakterliche Eignung der Mitarbeiter, Kontrollmechanismen, organisatorische Gestaltung der befaßten Abteilungen sowie die notwendige sachliche Ausstattung mit spezifischer Software und Kommunikationsmitteln nicht den hohen

737 *Steiner, BFuP Meinungsspiegel, 1995, 247.*

Anforderungen, so ist die Gefahr von folgenschweren Fehlern und Täuschungen groß.

3. Konsequenzen für den Abschlußprüfer

Der Jahresabschlußprüfer muß die Risiken der Finanzderivate bei der Prüfungsplanung und -durchführung berücksichtigen. Der Abschlußprüfer hat die Prüfung in dem Bewußtsein anzugehen, daß er mit den Finanzderivaten eine Gefahrenquelle für den Bestand eines Unternehmens prüft.[738] Demzufolge müssen die Finanzderivate einen Schwerpunkt der Prüfung des Abschlußprüfers darstellen. Eine Verpflichtung, den Bereich Finanzderivate einer intensiven Prüfung zu unterziehen, ergibt sich nicht nur aus der Prüfungspflicht zum Going-Concern-Prinzip und Lagebericht, sondern auch daraus, daß der Abschlußprüfer nach §§ 317 IV, 321 IV HGB verpflichtet ist, die Angemessenheit des Risikomanangements des Vorstands zu prüfen. In der Gesetzesbegründung zu § 91 II AktG werden die Finanzderivate als einzige Risikogruppe ausdrücklich genannt.[739] Dies betont die Bedeutung, die der Gesetzgeber der Überwachung der Finanzderivate zugemessen hat.

III. Konzepte und Stellungnahmen zum Risikomanagement von Finanzderivaten

Verschiedenen Institutionen und Verbände haben sich der Gefahren der Finanzderivate angenommen und haben Verordnungen und Empfehlungen entwickelt, die unter dem Begriff des Risikomanagements Vorschläge zur Handhabung der Finanzderivate und der mit ihnen verbundenen Risiken enthalten. Die Verordnungen und Empfehlungen richten sich zum Großteil an das Management der angesprochenen Unternehmen, unter denen besonders Banken und Versicherungen angesprochen sind, zum Teil aber auch direkt an den Jahresabschlußprüfer als externes Prüfungsorgan. Im folgenden soll zunächst ein Überblick über die verschiedenen Verordnungen und Empfehlungen gegeben werden und die Möglichkeiten der Anwendung dieser Erkenntnisse auf die hier diskutierten Fallkonstellationen – die Jahresabschlußprüfung von Nichtkreditinstituten, die im Derivategeschäfte tätig sind – angesprochen werden.

---

738 Lutter hat die Rohstoff- und Devisentermingeschäfte als Beispiele für typische Gefahrenquellen genannt, auf die der Abschlußprüfer im Rahmen seiner Berichtspflicht nach § 321 II HGB a.F. zu achten hat. Vgl. *Lutter, Information, S. 106.*

739 *BT-Drucksache, 13/9712, S. 15.*

1. Verordnungen und Schreiben der Banken- und Versicherungsaufsicht

Die Bundesaufsichtsämter für das Kreditwesen und das Versicherungswesen haben teils auf dem Verordnungswege, teils durch Rundschreiben verschiedene Regelungen zur Behandlung von Finanzderivaten erlassen.[740]

Das Bundesaufsichtsamt für das Kreditwesen (BAK) hat Anforderungen an die Organisation und Kontrolle des Derivategeschäfts der Banken formuliert. In dem Rundschreiben werden im einzelnen die von der Geschäftsführung zu setzenden Rahmenbedingungen, die Voraussetzungen an die Organisation von Handel und Abwicklung der Finanzderivate und das notwendige Risikomanagement behandelt. Bei dem Rundschreiben handelt es sich um die Mitteilung von Rechts- und Verwaltungsgrundsätzen, deren Nichtbeachtung bankenaufsichtliche Maßnahmen nach sich ziehen kann. Eine direkte Geltung der BAK-Feststellungen für Nichtbanken scheidet aus, da Unternehmen anderer Branchen nicht der Bankenaufsicht nach § 6 KWG unterliegen. Es stellt sich jedoch die Frage, ob die für Kreditinstitute aufgestellten Anforderungen zur Konkretisierung der Sorgfaltsplichten des Vorstandes einer Aktiengesellschaft, die kein Kreditinstitut iSv § 1 KWG ist, herangezogen werden können. Für eine Übertragung der Bankengrundsätze auf Unternehmen anderer Branchen spricht folgendes:

Im Gegensatz zur Gewährung von Darlehen handelt es sich beim Handel mit Finanzderivaten nicht um eine Tätigkeit, die nach § 1 KWG ausschließlich Kreditinstituten vorbehalten ist. Finanzderivate haben, wie die Krisenfälle Metallgesellschaft, VW und Klöckner belegen, auch in Industrie- und Handelsunternehmen eine weite Verbreitung gefunden. Gerade bei international operierenden

---

740 Folgende Rundschreiben sind von Bedeutung: Die *BAK- Schreiben v. 24.2.1975 und 30.12.1980* wurden durch das *Schreiben v. 23.10.1995, I 4-32-3/86 "Mindestanforderungen an das Betreiben von Handelsgeschäften der Kreditinstitute"*, zitiert nach *Meynen/Fülbier/Tischbein, KWG; C 3.11* ersetzt. Von Relevanz sind des weiteren: *Rundschreiben 1/2000 vom 17.1.2000, I 4-42-5/97: „Mindestanforderungen an die Ausgestaltung der Internen Revision der Kreditinstitute“*; sowie das *Rundschreiben 5/2001 vom 12.9.2001, I 4-42-2/2001: „Ergänzende Hinweise zu den Mindestanforderungen an das Betreiben von Handelsgeschäften der Kreditinstitute Revisionsberichte und Marktgerechtigkeitsprüfung.“* Die Rundschreiben sind unter *www.bakred.de* auf der Internetseite des BAK abrufbar.
Vergleichbare Grundsätze hat das Bundesaufsichtsamt für das Versicherungswesen (BAV) erlassen, die jedoch aufgrund der Beschränkungen in § 7 II VAG spezifischer auf die Verhältnisse im Versicherungsgeschäft zugeschnitten sind. Das *BAV Rundschreiben R 7/95 vom 21.11.1995* wurde durch das *Rundschreiben R 3/2000 vom 19.10.2000* ersetzt. Die neueren Rundschreiben des BAV sind im Internet unter *www.bav-bund.de* abrufbar. Zur Rechtsnatur von Rundschreiben von Aufsichtsbehörden vgl. *BAK Schr. v. 23.10.1995 in Meynen/Fülbier/Tischbein, KWG; C 3.11 S.3.*

Unternehmen der hier untersuchten Größenordnung werden Zins- und Währungsrisiken durch den Einsatz von Finanzderivaten minimiert. Die Unternehmen sind in der Regel an einer sicheren Kalkulationsgrundlage interessiert, auch wenn ihnen damit die Möglichkeit genommen ist, an lukrativen Zins- und Wechselkursänderungen teilzuhaben.[741] Das Handelsvolumen großer Konzerne bleibt nicht hinter dem kleinerer Kreditinstitute zurück.[742] In zahlreichen Fällen werden dabei die Transaktionen über eigene Händlerteams ohne die Vermittlung von Kreditinstituten abgeschlossen.[743] Die vom BAK herausgegebenen Sorgfaltsanforderungen sind daher nicht *branchenspezifisch* und damit auf den Bankensektor beschränkt anzusehen, sondern als auf den *Geschäftsbereich* Finanzderivate bezogene Sorgfaltsregeln zu verstehen.[744] Einige Unternehmen haben dies bereits erkannt und messen die Leistungsfähigkeit ihres internen Kontrollsystems an den vom BAK aufgestellten Grundsätzen. So geht beispielsweise Siemens davon aus, daß das hauseigene Risikomanagement und die interne Organisation den Anforderungen des BAK genügen.[745]

Gegen die Übertragung der bankenrechtlichen Organisations- und Kontrollvorschriften wird eingewandt, daß die Nichtbanken anders als die Kreditinstitute durch den mit der Einhaltung verbundenen Aufwand zu sehr belastet werden, weil sie nicht von Größen- und Spezialisierungsvorteilen profitieren.[746] Die erhöhten Überwachungskosten könnten dazu führen, daß der Aufwand der Derivate höher wird als die Erträge mit der Folge, daß der Derivatenhandel unattraktiv würde.[747] Dagegen läßt sich jedoch einwenden, daß die Kosten zumindest

---

741 Zur Verbreitung und Akzeptanz von Wechselkurssicherungsgeschäften vgl. *FAZ Nr. 185, v. 12.8.97, S. 19.* Danach sind Kurssicherungsgeschäfte weit verbreitet. Auch professioinelle Kapitalanleger achten darauf, daß die Unternehmen, in die sie investieren, sich gegen Wechselkursveränderungen absichern. Am Beispiel der Schwarz-Pharma AG, die auf Sicherungsgeschäfte im Jahr 1996 verzichtete und deren Umsatzwachstum zur Hälfte auf positiven Währungsgeschäften beruhte, wurde jedoch auch deutlich, daß die Unternehmen damit auf Gewinnmöglichkeiten verzichten.

742 VW soll innerhalb von 3 Jahren rund 70 000 Transaktionen im Devisenbereich mit einem jährlichen Volumen von rd. 100 Mrd. DM durchgeführt haben, vgl. *WW Nr. 48/24.11.1989, S. 148.*

743 Vgl. das Interview mit A. Crockett, dem Chef der Bank für Internationalen Zahlungsausgleich in *MM 5/1994, S. 133, 135.*

744 So im Ergebnis auch *Scharpf, Finanzierungsinstrumente, BFuP 1995, 166, 168 ff.;* in Nuancen anders *v. Randow, Derivate, ZGR 1996, 594, 623 f.*, der den Sorgfaltsgeboten im Nichtbankenbereich die Bedeutung von "Referenzpunkten einer Sorgfaltsbestimmung" zuschreibt.

745 Vgl. *o.V., ZfgK 1996, 8.*

746 *v. Randow, Derivate, ZGR 1996, 594, 625.*

747 So eine Meldung zu den zunehmenden Organisations- und Kontrollpflichten im Versicherungswesen in *o.V. ZfV 1995, 689.* Ob gewollter Widerspruch oder Parodie

größeren Aktiengesellschaften ohne weiteres zugemutet werden können. Was von der kleinen Privatbank verlangt wird, sollte auch von Siemens geleistet werden können. Ein Unternehmen, das sich auf derart riskante Geschäftstypen einläßt, muß sich auch an den damit verbundenen Anforderungen messen lassen. Ist das Unternehmen nicht in der Lage, die Sorgfaltsvoraussetzungen zu erfüllen, hat es auf den Handel mit Finanzderivaten zu verzichten. Die dargestellten Besonderheiten des Derivatehandels, insbesondere die sich rasch potenzierenden Risiken, machen eine professionelle Handhabung unumgänglich. Im übrigen erlaubt das BAK-Schreiben vom 23.10.1995 ausdrücklich eine flexible Handhabung der organisatorischen Anforderungen abhängig vom Geschäftsumfang der Derivate und der Betriebsgröße.[748] Diese Erleichterungen, die auch kleineren Instituten den Marktzugang ermöglichen sollen, können entsprechend auf Unternehmen anderer Branchen angewandt werden. Die im BAK-Schreiben vom 23.10.1995 genannten Anforderungen an den Derivatehandel sind daher auch außerhalb des Kreditwesens zur Bestimmung der vom Vorstand gem. § 93 I AktG einzuhaltenden Sorgfalt heranzuziehen.[749]

Daß auch dem Berufsstand der Wirtschaftsprüfer die Beschäftigung mit Finanzderivaten nicht fremd ist, zeigt § 11 PrüfbV. Der Jahresabschlußprüfer von Kreditinstituten hat nach § 29 I KWG die wirtschaftlichen Verhältnisse der Institute zu prüfen und darüber zu berichten. Die notwendigen Berichtsinhalte sind in der nach § 29 IV KWG erlassenen Prüfungsberichtsverordnung (PrüfbV) vom 17. Dezember 1998 detailliert aufgezählt.[750] Nach § 11 PrüfbV hat der Abschlußprüfer in seinem Prüfungsbericht, über die Ordnungsmäßigkeit des internen Kontrollsystems und der Handelsorganisation bezogen auf Finanzderivate zu berichten. Der Abschlußprüfer, der die in § 11 PrüfbV genannten Prüfungspflichten auch bei Nichtkreditinstiuten anwendet, wird seinen Sorgfaltspflichten genüge getan haben, wenn nicht besondere Verfehlungen oder Sorgfaltspflichtverstöße zu einer vertieften Prüfung zwingen. § 11 PrüfbV stellt somit auch für die Prüfung von außerhalb des Bankenbereichs liegenden Unternehmen einen Mindestprüfumfang auf.[751] Zusammen mit § 11 PrüfbV stellt insbesondere das BAK-Schreiben vom 23.10.1995 ein geschlossenes Regelwerk dar, das sowohl die vom Unternehmen einzuführenden Sicherungsinstrumentarien als auch die Prüfungspflichten des Jahresabschlußprüfers erfaßt.

---

des Schicksals noch auf der gleichen Seite wird mitgeteilt, daß die Nordstern Allgemeine Versicherungs AG im Derivatehandel Millionenverluste erzielt hat.

748 *BAK Schr. v. 23.10.1995 in Meynen/Fülbier/Tischbein, KWG; C 3.11 S.1, 12.*

749 So grundsätzlich auch *Prahl/Naumann, Financial Instruments, Rn. 30.*

750 *BGBl.Jg.1998 I S. 3694.*

751 So auch *Scharpf, Finanzierungsinstrumente, BFuP 1995, 166, 170.*

2. *Stellungnahme des IDW*

Die allgemeinen Fachgutachten und Stellungnahmen des Instituts der Wirtschaftsprüfer gelten grundsätzlich auch für die Prüfung der Finanzderivate. Im Hinblick auf die Aufdeckung von Mißbrauchstatbeständen ist die Verlautbarung des IDW HFA 7/1997 zur Aufdeckung von Unregelmäßigkeiten einschlägig.[752] Eine speziellere Informationsquelle über die Prüfungspflichten des Jahresabschlußprüfers zu Finanzderivaten stellt jedoch die Stellungnahme des Bankenfachausschusses (BFA) des IDW 2/1993 zur „Bilanzierung und Prüfung von Financial Futures und Forward Rate Agreements" dar.[753] Danach hat der Abschlußprüfer im Hinblick auf die Risiken der Finanzderivate einzelne Geschäfte, das interne Kontrollsystem sowie die Tätigkeit der internen Revision zu prüfen. Außerdem ist die Stellungnahme des BFA 3/95 „Währungsumrechnung bei Kreditinstituten" heranzuziehen.[754] Die beiden letztgenannten Fachgutachten wenden sich nach der Intention des IDW an den Bankenprüfer. Sie enthalten jedoch auch Anhaltspunkte für den Abschlußprüfer einer Nichtbank.

3. *Sonstige Empfehlungen*

Die Group of Thirty (G 30), eine internationale Expertenkommission, hat im Jahre 1993 zwanzig Empfehlungen (recommendations) zum Risikomanagement der Finanzderivate herausgegeben.[755] Die praxisbezogenen Empfehlungen zu Handhabung von Derivaten, die in der nationalen und internationalen Literatur Ausgangspunkt zahlreicher Veröffentlichungen sind, beschäftigen sich vorrangig mit den Fragen Geschäftspolitik, Beherrschung von Kredit- und Marktrisiko und Organisationsproblemen.[756]

4. *Bewertung*

Die Ansätze der genannten öffentlichen und privaten Verbände zum Risikomanagement von Finanzderivaten überschneiden sich im wesentlichen. Danach ist es

---

752 *IDW HFA 7/1997, FN 1998,7. Vgl. dazu ausführlich Teil 2, Kap. 2, II.*

753 *BFA 2/1993 Wpg. 1993,517.*

754 *BFA 3/95 Wpg. 1995, 735.*

755 *G 30, Derivatives.* Die G 30 Empfehlungen sind in einer Kurzfassung bei *Scharpf/ Epperlein, Risikomanagement, BFuP 1995, 209, 212* und *Ernst & Young, Derivates* abgedruckt. Sie werden im folgenden nach *Ernst & Young, Derivates* zitiert.

756 Auf der Basis der Recommendations der G 30 Studie hat die internationale Prüfungs- und Beratungsgesellschaft *Ernst & Young, Derivates* eine Untersuchung bei 16 im Derivategeschäft tätigen Banken durchgeführt.

zur Begrenzung der mit den Derivaten verbundenen Risiken erforderlich, daß das Unternehmen *Richtlinien einer risikobegrenzenden Geschäftspolitik* aufstellt, *organisatorische Kontrollmechanismen* einführt und sich intensiv mit den *spezifischen Risikofaktoren* auseinandersetzt. Im folgenden sollen diese Kernpunkte im Hinblick auf die damit verbundenen Prüfungs- und Berichtspflichten weiter vertieft werden.

IV. Prüfung der Geschäftspolitik

Es zählt zu den originären Aufgaben des Vorstandes, für den Einsatz von Finanzderivaten eine Unternehmenspolitik aufzustellen.[757] Die beschriebenen Risiken und Mißbrauchsmöglichkeiten machen es unumgänglich, daß der Vorstand Finanzderivate zur „Chefsache" erklärt.[758] Dies gilt insbesondere, wenn es darum geht, die grundsätzlichen Leitlinien des Derivatehandels in Form einer Geschäftspolitik zu erarbeiten. Die Bestimmung einer Unternehmenspolitik und die Überwachung ihrer Anwendung und Einhaltung liegt nicht im unternehmerischen Ermessen des Vorstandes.[759] Ohne klare geschäftspolitische Zielsetzungen der Unternehmensleitung lassen sich weder Kontrollstrukturen einrichten noch laufende Transaktionen auf ihre Vereinbarkeit mit den Unternehmenszielen überprüfen.[760] Dem Abschlußprüfer obliegt es in diesem Zusammenhang, sich in Gesprächen mit dem Vorstand wie auch mit den verantwortlichen Derivatehändlern über die geschäftspolitische Ausrichtung des Unternehmens in Sachen Derivate, insbesondere die Risikobereitschaft, das Eingehen von Spekulationsgeschäften, aber auch über einzelne Hedgingstrategien zu informieren. Sinnvoll ist in diesem Zusammenhang auch, daß sich der Abschlußprüfer Strategiepapiere, Organisationspläne, Kontroll- und Ablaufanweisungen vorlegen läßt.

1. Anforderungen an die Fachkunde des Vorstandes

Voraussetzung einer ordnungsgemäßen Unternehmenspolitik ist, daß das zuständige Vorstandsmitglied die Fachkunde haben muß, um eine eigenständige Beurteilung des Risikogehalts treffen zu können. Der BGH hat in einem Haftungsfall eines GmbH-Geschäftsführers festgestellt, daß das Verhalten eines Vorstandes

---

757 *BAK Schr. v. 23.10.1995 in Meynen/Fülbier/Tischbein, KWG; C 3.11 S. 5.*
758 *KPMG, Financial Instruments, S. 27.*
759 Vgl. *v. Randow, Derivate, ZGR 1996, 594, 605.* Allgemein zur Planungs-und Überwachungspflichtung vgl die Ausführungen und Nachweise unter Teil 3, Kap. 4, VII. 2.a.
760 *Prahl/Naumann, Financial Instruments, Rn. 30.*

bzw. eines Geschäftsführers sich an den Sorgfaltsanforderungen des § 93 AktG bzw. § 43 GmbHG zu messen hat und nicht an den individuellen Eigenschaften seiner Person.[761] Die Sorgfaltspflichten eines Vorstandes verändern sich mit den Aktivitäten, die das Unternehmen tätigt. Daher hat sich der Vorstand auch über neue Geschäftstypen wie die Finanzderivate kundig zu machen, soweit sich das Unternehmen ihrer bedient. Der Vorstand sollte gerade im Bereich der Finanzderivate nach der einfachen Maxime „Don't do what you cannot control" verfahren.[762] Gewinnt der Abschlußprüfer in seinen Gesprächen den Eindruck, daß der Vorstand zu einer Beurteilung nicht in der Lage ist, hat der Abschlußprüfer ohne Rücksicht auf persönliche Befindichkeiten darüber zu berichten.

2. *Spekulative Finanzgeschäfte*

Die geschäftspolitischen Vorgaben des Vorstandes müssen konkret darüber Auskunft geben, welches Maß an Risiko ein Unternehmen bereit ist, im Derivatehandel einzugehen.[763] Eine der zentralen Inhalte der Unternehmenspolitik des Vorstandes ist es daher, den Kreis der erlaubten Geschäfte zu bestimmen. Durch eine abschließende Aufzählung der erlaubten Geschäfte lassen sich besonders riskante Geschäftstypen ausschließen. Dem Vorstand kommt grundsätzlich auch bei der Frage des Einsatzes der Finanzderivate ein Ermessensspielraum zu. Der Bundesgerichtshof hat sich in der Klöckner Entscheidung ausdrücklich zur Zulässigkeit von Spekulationsgeschäften geäußert.[764] Der Entscheidung lag der folgende Sachverhalt zugrunde:

Fall 6: Ölterminspekulationen der Klöckner & Co. KGaA[765]

Die Klöckner & Co. KGaA geriet im Jahre 1987 durch spekulative Termingeschäfte mit Rohöl in erhebliche wirtschaftliche Schwierigkeiten, obwohl sie in anderen Unternehmensbereichen sehr positive Ergebnisse erzielte. Die Klöckner & Co. KGaA ließ bei ihren Terminspekulationen am Ölmarkt Positionen offen, obwohl im Sommer 1988 infolge des Verfalls des Ölpreise bereits hohe Verluste entstanden waren und schloß darüber hinaus

---

761 *BGH v. 16.2.1981 WM 1981, 440, 442* zu den Sorgfaltspflichten eines GmbH Geschäftsführers, der Ware auf Kredit an ein Schwindelunternehmen lieferte und sich im Haftungsprozeß als "kaufmännisch nicht sonderlich versiert" bezeichnete.

762 *Prahl, BFuP Meinungsspiegel 1995, 246.*

763 *Prahl/Naumann, Financial Instruments, S. 30.*

764 *BGHZ 119, 305, 331 = BGH ZIP 1992, 1542, 1551.* In der Entscheidung geht es um Rückerstattungsansprüche und den Schadensersatzansanspruch des Genußrechtsinhabers, der darauf beruhte, daß die Geschäftsführung mit den Ölterminspekulationen sorgfaltswidrig handelt.

765 Sachverhalt nach *BGH Urteil v. 5.10.1992* in *BGHZ 119, 305, 331.*

sogar in noch größerem Umfang weitere Kontrakte ab, um durch immer höhere Einsätze die enstandenen Verluste wieder auszugleichen. Die Terminkontrakte dienten nicht der Preisabsicherung von Verträgen über physische Ware, sprich Öllieferungen, sondern alleine Spekulationszwecken. Nachdem Verluste in Höhe von 700 Mio. DM aufgelaufen waren, konnte Klöckner nur durch das Eingreifen der Deutschen Bank vor der Zahlungsunfähigkeit gerettet werden.

Nach dem Urteil des BGH ist die Zulässigkeit von Spekulationsgeschäften einer zweistufigen Rechtmäßigkeitskontrolle zu unterziehen. Auf der ersten Stufe ist zu prüfen, ob derartige Geschäfte noch dem Gegenstand des Unternehmens nach § 23 III Nr. 2 AktG unterfallen, wie er sich aus der jeweiligen Satzung des Unternehmens ergibt. Sollten die Spekulationsgeschäfte mit der Satzung vereinbar sein, ist weiter zu prüfen, ob solche Geschäfte von einem seriösen Kaufmann schlechterdings noch verantwortet werden können.

a. Vereinbarkeit mit dem Unternehmensgegenstand

Der Abschlußprüfer hat daher zunächst festzustellen, ob Spekulationsgeschäfte mit dem Unternehmensgegenstand vereinbar sind. Der Unternehmensgegenstand ist gem. § 23 III Nr. 2 AktG für alle nach dem 1.1.1965 gegründeten Gesellschaften in der Satzung näher zu bezeichnen.[766] In aller Regel werden jedoch die Satzungsregelungen zum Unternehmensgegenstand keine expliziten Ausführungen zur Zulässigkeit von Finanzinnovationen enthalten. Üblich sind vielmehr allgemein gehaltene Aussagen zum Unternehmensgegenstand, wie anhand der Satzung des Automobilherstellers VW verdeutlich werden soll. Dort heißt es: Unternehmensgegenstand ist „die Herstellung und der Vertrieb von Fahrzeugen und Motoren aller Art"; ferner ist die Gesellschaft berechtigt „alle Geschäfte vorzunehmen, die mit dem Zweck des Unternehmens zusammenhängen oder ihm unmittelbar oder mittelbar förderlich erscheinen".[767] Die Zulässigkeit von Finanzderivaten ergibt sich bei derartigen Satzungsklauseln aus einer „teleologischen, wirtschaftlich vernünftigen" Interpretation des Unternehmensgegenstandes.[768] Danach sind Unternehmenstätigkeiten mit dem Satzungsgegenstand vereinbar, wenn sie in einem engen Sachzusammenhang zu dem Unternehmensgegenstand stehen oder als Hilfsgeschäfte zu den eigentlichen Unternehmenstätigkeiten einzustufen sind.[769] Das Vorliegen eines Hilfs- oder Annexgeschäfts wird man bei Sicherungsgeschäften, die sich auf ein vom Unternehmensgegenstand erfaßtes

766 Vgl. zur Bedeutung des § 23 III AktG *Hüffer, AktG, § 23 Rn. 21.*

767 Vgl. zu den Verlusten bei VW *Fall 7.* Angaben aus *WW Nr. 25/12.6.1987, S. 105.*

768 Vgl. zum Begriff und den Grenzen des Unternehmensgegenstandes *Säcker in FS Lukes, S. 547, 551.*

769 *Säcker in FS Lukes, S. 547, 550 f.*

Grundgeschäft beziehen, zwanglos annehmen können. Hingegen stehen spekulative Devisentermingeschäfte, wie sie VW über Jahre hin betrieben hat, mit dem in der Satzung genannten Unternehmensgegenstand – Fahrzeugbau und -vertrieb – in keinem Zusammenhang, sondern stellen eine eigenständige, auf Gewinnerzielung gerichtete Tätigkeit dar. Der Abschlußprüfer muß daher die Satzungskonformität der Derivatgeschäfte immer dann einer juristischen Prüfung unterziehen, wenn das Unternehmen Spekulationsaspekte in seine Derivateplanung aufnimmt. Ggf. hat der Abschlußprüfer über einen schwerwiegenden Verstoß des Vorstandes gegen die Satzung der Gesellschaft gem. § 321 I S. 3 HGB zu berichten.

b. Verstoß gegen unternehmerische Sorgfaltspflichten

Nach Ansicht des BGH ist es einem seriösen, verantwortungsbewußt denkenden und handelnden Kaufmann nicht verwehrt, zur Absicherung von Verträgen über physische Ware Terminkontrakte abzuschließen. Der BGH stellt aber klar, daß Finanzspekulationen nicht mehr von der unternehmerischen Handlungsfreiheit des Vorstandes gedeckt sind. Dies gilt nach Auffassung des BGH nicht ausschließlich, aber insbesondere dann, wenn die Geschäfte abgeschlossen werden, um – wie der Kläger in seinem Vortrag feststellte – „in der Art eines Roulettespielers durch immer höhere Einsätze die entstandenen Verluste im Vabanquespiel wieder auszugleichen“. Die Auffassung des BGH deckt sich mit der Auffassung von Schneider, der Devisentermingeschäften einen hochspekulativen, pflichtwidrigen Charakter bescheinigt, wenn es an einem zu sichernden Grundgeschäft fehlt.[770] Der BGH hat daher im Falle Klöckner grundsätzlich eine Sorgfaltspflichtverletzung des Vorstandes gem. § 93 I AktG angenommen und eine Schadensersatzpflicht aus positiver Vertragsverletzung gegenüber dem Genußscheininhaber, der infolge der Spekulationen sein Genußkapital verloren hatte, bejaht. Der vom Bundesgerichtshof festgestellten Unvereinbarkeit von Spekulationsgeschäften mit den Sorgfaltspflichten eines ordnungsgemäßen Kaufmanns ist grundsätzlich zuzustimmen. Einen Vorbehalt wird man allein bei den Unternehmen machen müssen, die den Nachweis erbringen können, daß sie über besondere Spezialkenntnisse und ausgeprägte Sicherungsmechanismen verfügen, so daß sich das Risiko nicht von den „normalen“, jedem unternehmerischen Handeln immanenten Gefahren unterscheidet. Spekulationsgeschäfte wird man bei diesen Unternehmen nicht als sorgfaltswidrig ansehen können. An die Kenntnisse und Strukturen sind jedoch hohe Voraussetzungen zu stellen. Auf die Jahresabschlußprüfung haben die Feststellungen des BGH die folgenden Auswirkungen:

---

770 *U. Schneider in Scholz, GmbHG, § 43 Rn. 80.*

Der Jahresabschlußprüfer hat zunächst durch sorgfältige Prüfung festzustellen, ob das Unternehmen Finanzderivate auch zu Spekulationsgeschäften einsetzt und damit womöglich seinen unternehmerischen Handlungsspielraum verletzt. Die Abgrenzung von Absicherungsgeschäften zur Spekulation kann im Einzelfall schwierig sein. Die Übergänge sind, wie das Beispiel Metallgesellschaft zeigt, oft fließend [771] Die MGRM hatte sich am Futuremarkt übersichert, d.h. sie war im Verhältnis zu den eingegangenen Öllieferungsverpflichtungen übermäßig viele Future- und OTC-Kontrakte eingegangen. Damit waren die überschießenden Finanzderivate nicht mehr Teil einer Absicherungsstrategie, sondern Gegenstand einer Spekulation. So wird denn auch vermutet, daß das große Handelsvolumen der Derivate darauf beruhte, daß die Spekulation die eigentliche Triebfeder war.[772]

Stellt der Jahresabschlußprüfer fest, daß die spekulativen Kontrakte nicht durch besondere Umstände noch als verantwortungsbewußtes kaufmännisches Handeln qualifiziert werden können, ist eine Berichterstattung unumgänglich. Im Abschluß von spekulativen Finanzgeschäften liegt ein Verstoß gegen die Verpflichtung des Vorstandes zu sorgfältiger Unternehmensleitung gem. §§ 76 I, 93 I AktG. Ein besonderes Warnsignal für den Abschlußprüfer auf eine Krise des Unternehmens muß es in diesem Zusammenhang sein, wenn das Unternehmen in seiner Planung mit Gewinnen aus Derivatgeschäften rechnet, die Verluste im eigentlichen Kerngeschäft ausgleichen sollen oder in der Vergangenheit ein entsprechender Verlustausgleich bereits stattgefunden hat.[773] In einem solchen Fall besteht die besondere Gefahr, daß der Vorstand hochriskante Derivatgeschäfte eingeht, um wirtschaftliche Schieflagen zu verdecken und dabei auch noch die Sanierung des Kerngeschäfts versäumt. Ein besonders eindrucksvolles Beispiel stellt in diesem Zusammenhang der spektakuläre Konkurs des westfälischen Sportbodenherstellers Balsam im Jahre 1994 dar.[774] Das Unternehmen glich u.a. durch Devisenoptionsgeschäfte die seit 1985 regelmäßig anfallenden Verluste im Kerngeschäft aus. So erzielte die Balsam AG im Jahre 1993 bei einem Gesamtumsatz von 460 Mio. DM Einnahmen aus Zinsoptionsgeschäften in Höhe von 124 Mio. DM.

Im Prüfungsbericht kann der Jahresabschlußprüfer infolge von Spekulationsgeschäften zu einer Berichterstattung über schwerwiegende Gesetzesverstösse des Vorstandes nach § 321 I S. 3 HGB verpflichtet sein. Die kritischen Anmerkungen des Bundesgerichtshofs zu spekulativen Finanzderivaten sowie die

---

771 *Gebhardt, Finanzinstrumente, BFuP 1996, 557, 559.*
772 *Kropp, Ölttermingeschäfte, ZBB, 1995, 14, 30 f.*
773 *v. Randow, Derivate, ZGR 1996, 594, 601.*
774 Zum Sachverhalt vgl. *WW Nr. 26/24.6.1994, S. 42.*

in dem Urteil zum Ausdruck kommende grundsätzliche Akzeptanz von Finanzkontrakten zu Sicherungszwecken, dem sogen. Hedging, darf jedoch nicht als Freibrief für das Hedging mißverstanden werden. Die Annahme eines uneingeschränkten unternehmerischen Handlungsspielraum des Vorstandes zum Hedging würde an der wirtschaftlichen Realität vorbeigehen. Auch beim Hedging können Fehler und Mißbrauchsfälle zu schweren Verlusten und Unternehmenskrisen führen.

V. Bewertung und Steuerung von Risiken

Die Notwendigkeit für den Abschlußprüfer, sich näher mit den Risiken von Finanzderivaten zu befassen, ergibt sich nicht nur aus seiner Funktion als Krisenwarner. Auch die Prüfung der ordnungsgemäßen Bilanzierung und Bewertung erfordert eine detailierte Betrachtung der Risiken.[775] Die Risiken aus Derivatge-

775 Die Darstellung der Bilanzierung und Bewertung der Finanzderivate orientiert sich an den Aufsätzen von *Scharpf, Finanzierungsinstrumente, BFuP 1995, 166, 190; Meinungsspiegel in BFuP, 1995, 230 ff; Gebhardt, BFuP 1996, 557, 570:*
Derivative Finanzinstrumente sind sog. bilanzunwirksame, weil schwebende Geschäfte. Ansprüche und Verpflichtungen aus schwebenden Geschäften sind nach den Grundsätzen ordnungsgemäßer Buchführung grundsätzlich nicht zu bilanzieren. Das Realisationsprinzip schreibt vor, daß Gewinne dann realisiert sind, wenn der zur Leistung verpflichtete Vertragspartner erfüllt hat. Jedoch sind ggf gem. § 249 I HGB, der eine Konkretisierung des Imparitätsprinzips darstellt, Rückstellungen für drohende Verluste aus schwebenden Geschäften zu bilden. Der Abschlußprüfer hat sich folglich damit zu beschäftigen, ob aus den Finanzkontrakten der Eintritt eines Verlustes droht. Die strenge Anwendung des Grundsatzes der Einzelbewertung nach § 252 I Nr. 3 HGB hätte dabei zur Folge, daß beim Hedging das Grundgeschäft und das Sicherheitsgeschäft unabhängig voneinander zu bewerten wären. Dies würde aufgrund der Gegenläufigkeit der Positionen zwangsläufig dazu führen, daß immer ein Verlust ausgewiesen würde, obwohl bei wirtschaftlicher Gesamtbetrachtung ein solcher nicht entstanden ist. Die Einsicht, daß die strikte Anwendung des Einzelbewertungsgrundsatzes zu einer der Wertung der Generalklausel des § 264 II HGB entgegenstehenden Darstellung der Ertragslage führen würde, hat dazu geführt, daß unter den folgenden Voraussetzungen die Bildung von Bewertungseinheiten vorgeschrieben wird.. Bei der abzusichernden Position muß ein Währungs-, Zins- oder sonstiges Preisrisiko vorliegen, daß durch den Einsatz eines Derivates abgesichert werden soll. Zwischen Grund- und Sicherungsgeschäft muß ein erkennbarer wirtschaftlicher Zusammenhang bestehen. Die Gewinnchancen und die Verlustrisiken aus Grund- und Sicherungsgeschäft müssen den gleichen Entstehungsgrund haben. Außerdem ist eine tatsächliche Kompensationswirkung, dergestalt, daß eine enge Korrelation der Preis- und Kursentwicklung der abzusichernden Position und des Absicherungsinstruments gegeben sein muß, erforderlich. Es dürfen keine erheblichen Restrisiken bestehen.

schäften lassen sich einordnen in Marktpreis-, Bonitäts-, Liquiditäts- und Rechtsrisiken.[776]

1. Marktpreis- und Liquiditätsrisiko

Die Veränderungen von Zinsen, Währungen, Aktienkursen, Rohstoffpreisen etc. - sprich der Marktfaktoren (Underlyings)-, die den Derivaten bei Absicherungsgeschäften zugrunde liegen, beeinflußen maßgeblich deren Wert. Insoweit wird von dem (Markt)preisrisiko gesprochen.[777] Der Abschlußprüfer hat darauf zu achten, daß regelmäßig sämtliche abgeschlossenen Geschäfte anhand der Marktwerte neu bewertet werden. Bei einem größeren Geschäftsvolumen ist entsprechend dem BAK-Schreiben und den Empfehlungen der Group of Thirty eine Marktbewertung täglich vorzunehmen.[778] In der Herstatt-Entscheidung hat der BGH festgestellt, daß bei Devisengeschäften eine tägliche Kontrolle der Devisenpositionen angebracht sein kann, da anderenfalls die ordungsgemäße Überwachung der Angestellten durch den Vorstand in Frage steht.[779] Die tägliche Kontrolle führt zu einer Risikoquantifizierung und erlaubt ggf. kurzfristige Korrekturen, bevor größere Verluste auflaufen können. In die Marktpreisbewertung sind auch geschlossene Hedging-Positionen einzubeziehen, so daß Mängel in der Hedging-Strategie aufgedeckt werden können. Außergewöhnliche Marktpreisänderungen sind sofort einer Analyse zu unterziehen, damit die Risiken identifiziert werden können.[780]

Eine besondere Bedeutung kommt der Frage zu, ob die Unternehmensleitung Limits zur Begrenzung des Marktpreisrisikos gesetzt hat und diese regelmäßig auf ihre Einhaltung kontrolliert werden.[781] Die sog. Limits stellen Grenzwerte für das Engagements in Finanzderivaten dar. Nach Erfahrungen der Wirtschaftsprüfungsgesellschaft KPMG setzt die Geschäftsführung in der Praxis Limits wie folgt: „Die Verluste eines Geschäftsjahres aus Aktivitäten in Financial Instruments dürfen qua geschäftspolitischer Vorgabe beispielsweise kein solches Aus-

---

776 Ausführlich zu den Risikoursachen *Krumnow in FS Havermann, S. 345, 354 ff; v. Randow, Derivate, ZGR 1996, 594, 626 ff.; Scharpf/Epperlein, Risikomanagement, BFuP 1995, 209, 222.*

777 *Krumnow in FS Havermann, S. 343, 354 f.*

778 *G 30 Recommendation 2 "Marking to Market"*, wiedergegeben und kommentiert bei *Ernst & Young, Derivatives, S. 14; BAK Schr. v. 23.10.1995 in Meynen/Fülbier/Tischbein, KWG; C 3.11 S. 8, 10.*

779 *BGH v.12.7.1979 in BGHZ 75, 120, 133 = AG 1980, 53, 56.*

780 *BAK Schr. v. 23.10.1995 in Meynen/Fülbier/Tischbein, KWG; C 3.11 S. 9*

781 *G 30 Recommendation 5 "Measuring Market Risk* bei *Ernst & Young, Derivatives, S. 18; BAK Schr. v. 23.10.1995 in Meynen/Fülbier/Tischbein, KWG; C 3.11 S. 9.*

maß annehmen, daß die geplante Dividende ausfallen muß."[782] Eine solche grundsätzliche Grenzwertbestimmung ist jedoch nur ausreichend, wenn sie durch spezifische Limits für einzelne Marktpreisänderungsrisiken ergänzt wird.

Regelmäßig sind auch die Auswirkungen potentieller Marktänderungen in Simulationsstudien zu berücksichtigen. Dabei sind auch sog. „Worst case" Szenarien zu entwickeln.[783] Solche Szenarien müssen die Auswirkungen auf das gesamte Unternehmen und inbesondere auf die Zahlungsfähigkeit des Unternehmens erfassen. Die hohe Komplexität der dabei von Vorstand und Abschlußprüfer zu beurteilenden Sachverhalte zeigt sich an dem eingangs dargestellten Krisenfall Metallgesellschaft. Die Metallgesellschaft hatte die Wechselwirkungen zwischen Marktpreisrisiken und Liquiditätsbelastung mißachtet.[784] Die Ölhandelsgesellschaft MGRM hatte mit Einzelhändlern Öllieferungsverträge zu Festpreisen mit Laufzeiten von in der Regel fünf oder zehn Jahren vereinbart. Da die MGRM im Falle eines Ölpreisanstiegs einem erheblichen Preisrisiko beim Einkauf ausgesetzt war, sicherte sie mit einer Hedging-Strategie die langfristigen Lieferverbindlichkeiten durch den Kauf von Futures an der New York Mercantile Exchange (NYMEX) und durch OTC-Kontrakte ab. Die Hedging Strategie bestand darin, daß die Metallgesellschaft sich durch den revolvierenden Kauf kurzfristiger Futures mit gleichem Kontraktvolumen wie die längerfristigen Lieferverpflichtungen den Anspruch auf die Lieferung einer entsprechenden Ölmenge zu einem unter dem Lieferpreis liegenden Preis sicherte. Dabei war das Hedging so konzipiert, daß Gewinne und Verlust aus der Future-Position sich genau gegenläufig zur Wertentwicklung der Lieferposition entwickelten. Im Falle einer Ölpreissteigerung über den Festpreis der Liefervereinbarungen hinaus kompensierte der Gewinn aus den Futures die Verluste aus den Lieferverträgen, im Falle einer Ölpreissenkung war der Verlust aus den Futures durch die Gewinne aus den Lieferverträgen abgesichert. Lieferverträge und Hedgingstrategie waren dabei so abgestimmt, daß eine Ertragsspanne von 3 $ pro Barrel Öl festgeschrieben war.[785]

Die auf den ersten Blick perfekte Hedging-Strategie hatte jedoch einen Schwachpunkt. Sie war mit einem hohen Liquiditätsbedarf verbunden. Die Lieferverträge und das Hedging waren nicht fristenkongruent aufeinander abgestimmt. Die sinkenden Ölpreise führten entsprechend der oben genannten Ab-

---

782 *KPMG, Financial Instruments, S. 77.*

783 *G 30 Recommendation 6 "Stress Simulations"* bei *Ernst & Young, Derivatives, S. 23; BAK Schr. v. 23.10.1995 in Meynen/Fülbier/Tischbein, KWG; C 3.11 S. 9.*

784 Die nachfolgende Darstellung gibt den komplexen Sachverhalt stark vereinfacht wieder. Zu den Einzelheiten des Falles vgl. *Kropp, Ölttermingeschäfte, ZBB, 1995, 14; Spremann/Herbeck, Metallgesellschaft, zfbf Sonderheft (38) 1997, 155, 166 f.*

785 *Kropp, Öltermingeschäfte, ZBB, 1995, 14, 16 f.*

stimmung zu Auszahlungen aus den nur kurz laufenden Futurekontrakten, während die Einzahlungen aus den langfristigen Lieferverträgen im Durchschnitt erst später erfolgten. Der dadurch entstandene Liquiditätsbedarf wurde dabei noch durch einen weiteren Faktor wesentlich verstärkt. Die Futurekontrakte wurden als Börsenwerte über eine sog. Clearingstelle der NYMEX gehandelt, die die Haftung für die Vertragserfüllung der Vertragspartner übernimmt. Die Clearingstelle verlangt jedoch -um das damit von ihr übernommene Ausfallrisiko gering zu halten-, daß bei Abschluß der Kontrakte sowie entsprechend den börsentäglich zu ermittelnden Gewinnen und Verlusten aus Veränderungen des Terminpreises Sicherheiten in Form von Wertpapieren und Geld, sog. Margins geleistet werden müssen.[786] Unterschreitet das zu führende Guthaben auf dem zu diesem Zwecke eingerichteten Margin-Konto eine vorgegebene Untergrenze, so verlangt die Börse zur Wiederauffüllung einen Nachschuß (Margin call). Im Falle der Metallgesellschaft führte der im Jahre 1993 drastisch gesunkene Ölpreis zu hohen Nachschußpflichten, die die Liquidität der Gesellschaft stark belasteten. Als dann die Liquiditätsschwierigkeiten durch Presseveröffentlichungen bekannt wurden, verdoppelte die NYMEX die geforderte Margin nach den für solche Fälle geltenden Regeln (Supermargin), so daß die MGRM weitere Finanzmittel zuschießen mußte. Auch die OTC-Partner der MGRM forderten erhöhte Sicherheitsleistungen. Ingesamt mußte die MGRM im Jahre 1993 Auszahlungen in Höhe von 1,3 Mrd. $ aus den Absicherungskontrakten vornehmen. Die Hedging Strategie war in Erwartung steigender Ölpreise getroffen worden, die zu keinen Liquiditätsschwierigkeiten geführt hätten. Dagegen hatte die MGRM die Auswirkung fallender Ölpreise auf den Cash-Flow nicht bedacht.

Das vorstehende Beispiel zeigt, daß der Abschlußprüfer unter dem Stichwort Liquiditätsrisiko nicht nur zu prüfen hat, ob das Unternehmen seinen Zahlungspflichten gegenüber seinen Kontraktpartnern, sondern auch gegenüber den Clearingstellen nachkommen kann.[787] Dies erfordert, daß der Vorstand eine unterschiedliche Marktpreisszenarien berücksichtigende Liquiditätsplanung erstellt, die sämtliche Auszahlungen, d.h. auch Abschlußgebühren, externe Verwaltungsgebühren und zu erbringende Sicherheitsleistungen berücksichtigt.[788] Der Abschlußprüfer hat sich zunächst von der Existenz einer Liquiditätsplanung, dem

786 Vgl. zur Marginberechnung *Perridon/Steiner, Finanzwirtschaft, S. 280 ff.* sowie im Falle MG *Kropp, Öltermingeschäfte, ZBB, 1995, 14, 17.*

787 Vgl. zum umfassenden Begriff des Liquiditätsrisiko bei Finanzderivaten *v. Randow, Derivate, ZGR 1996, 594, 628; BAK Schr.v. 23.10.1995 in Meynen/Fülbier/ Tischbein, KWG; C 3.11 S.10. Spremann/Herbeck, Metallgesellschaft, zfbf Sonderheft (38) 1997, 155, 166, 188* sprechen insoweit auch von einem Cash-Flow Risiko.

788 Dies ist auch Inhalt der *G 30 Recommendation 7 "Investing and Funding Forecasts"* bei *Ernst & Young, Derivatives, S. 24.*

Vorliegen von Planungsvorgaben des Vorstandes sowie von Planungskontrollen, die Abweichungen von dem geplanten Ablauf erfassen, zu überzeugen. Dabei war zumindest im Falle der Metallgesellschaft nicht erforderlich, daß jeder einzelne Kontrakt eingesehen wurde, da die MGRM im wesentlichen mit nur drei verschiedenen Vertragstypen und einer gleichbleibenden Hedging Strategie arbeitete. Insoweit konnte das Risiko im Wege einer Gruppenprüfung bewertet werden. Daß es sich bei Liquiditätsrisiken durch Marginszahlungen nicht um einen Einzelfall handelt, zeigt der Fall Klöckner. Auch in diesem Fall wurde die Liquidität dadurch belastet, daß Unternehmen an die Clearing-Stellen immer höhere Nachschüsse zahlen mußte, um die aufgelaufenen Verluste auszugleichen.[789]

Die Berichterstattungspflichten des Abschlußprüfer richten sich danach, ob das Unternehmen eine Liquiditätsprognose erstellt hat. Ist dies nicht der Fall, besteht darin ein Verstoß gegen die Planungspflicht nach § 76 I AktG, über den nach § 321 I S. 3 HGB zu berichten ist. Ist eine Liquditätsprognose erstellt und ergibt sich daraus ein möglicher Liquiditätsengpaß, hat der Abschlußprüfer über bestandsgefährdende Tatsachen gem. § 321 I S. 3 HGB zu berichten.

2. *Kreditrisiko*

Das Kreditrisiko, auch Adressenausfall- oder Bonitätsrisiko genannt, bezeichnet das Risiko, daß ein Geschäftspartner des zu prüfenden Unternehmens zahlungsunfähig wird.[790] Der Abschlußprüfer hat über das Vorliegen des Bonitätsrisikos sowie über Vorkehrungen zu seiner Begrenzung zu berichten. Auch der Abschlußprüfer einer Nichtbank hat sich davon zu überzeugen, daß das Unternehmen derivative Geschäfte grundsätzlich nur mit solchen Kontraktpartnern tätigt, die im Ruf unzweifelhafter Bonität stehen.[791] In diesem Zusammenhang ist es unerläßlich, daß die Geschäftsführung für eine abschließende Aufzählung aller potentiellen Geschäftspartner und Makler sorgt, mit denen ein Geschäftsabschluß zulässig ist. Sie kann sich dabei beispielsweise an von speziellen Kreditagenturen herausgegebenen Ratingfaktoren orientieren.[792]

Im oben dargestellten Falle Klöckner hatte das Unternehmen in einer Rahmenvereinbarung bewußt das gesamte Ausfallrisiko für Termingeschäfte in eige-

---

789 *BGHZ 119, 305, 331 = BGH ZIP 1992, 1542, 1551.*

790 Zu den Anforderungen an das Risikomanagement von Kreditrisiken *G 30 Recommendation 12 "Independent Credit Risk Management"* bei *Ernst & Young, Derivatives, S. 32.*

791 *Scharpf/Epperlein, Risikomanagement, BFuP 1995, 209, 222 f.; G 30 Recommendation 10 "Measuring Credit Exposure"* bei *Ernst & Young, Derivatives, S. 29; BAK Schr. v. 23.10.1995 in Meynen/Fülbier/Tischbein, KWG; C 3.11 S. 9 f.*

792 *KPMG, Financial Instruments, S. 75.*

nem Namen für eine Gesellschaft übernommen, deren Kreditwürdigkeit von den übrigen Teilnehmern des Rohöl-Terminmarktes und den zuständigen Clearing-Stellen derart niedrig eingeschätzt wurde, daß die Gesellschaft wegen des hohen Ausfallrisikos für den Handel an den Terminmärkten nicht zugelassen war. Sicherheiten hatte sich Klöckner nicht geben lassen. Der Jahresabschlußprüfer hat bei derartigen Vertragsgestaltungen nachzufragen, wie es denn um die Bonität und Seriosität des eingeschalteten Unternehmens bestellt ist. Dem Abschlußprüfer mußte sich auch die Frage aufdrängen, warum der Kontraktpartner nicht selbst am Ölterminmarkt zugelassen war. Werden dem Abschlußprüfer Zweifel an der Bonität eines Geschäftspartners bekannt, ist ein Hinweis im Prüfungsbericht angebracht.

3. Rechtsrisiko

Das Rechtsrisiko besteht in der Gefahr, daß vertragliche Ansprüche nicht durchsetzbar sind, weil sie entweder nicht ausreichend dokumentiert oder ihnen die rechtliche Wirksamkeit versagt wird.[793] Die Bedeutung des Rechtsrisikos beim Handel mit Finanzderivaten wurde der Fachwelt deutlich, als 1987 britische Kommunen, die mit Banken Swap-Geschäfte abgeschlossen hatten, erfolgreich die Übernahme von Verlusten aus diesen Geschäften verweigerten, weil die Verträge unwirksam waren. Die Gemeinden hatten mit dem Abschluß der Geschäfte ihre satzungsmäßigen Befugnisse überschritten.[794]

Das Rechtsrisiko kann durch den Einsatz von umfassenden Rahmenvereinbarungen mit den Kontraktpartnern, der Dokumentation der Kontrakte in Schriftform, der Verwendung von Musterverträgen, der Beschränkung des Handels auf standardisierte Produkte und die regelmäßige juristische Überprüfung von einzelnen Kontrakten erheblich reduziert werden.[795] Der Abschlußprüfer hat sich davon zu überzeugen, daß die genannten oder ähnliche Maßnahmen Teil des internen Kontrollsystems sind. Besonders bedeutsame Verträge bzw. Vertragsmuster hat er bei Zweifeln an ihrer Ordnungsmäßigkeit unter Heranziehung eines juristischen Sachverständigen zu prüfen.

---

793 *Scharpf/Epperlein, Risikomanagement, BFuP 1995, 209, 225; v. Randow, Derivate, ZGR 1996, 594, 629.*

794 Zum Sachverhalt vgl. *Ernst & Young, Derivatives, S. 34 f.*

795 *G 30 Recommendations 13 "Master Agreements", 15 "Promoting Enforceability"* bei *Ernst & Young, Derivatives, S. 33 f.; BAK Schr. v. 23.10.1995 in Meynen/Fülbier/ Tischbein, KWG; C 3.11 S. 10 f.*

Oberster Grundsatz für die Durchführung von Derivatgeschäften ist eine klare und überschneidungsfreie funktionale Trennung von Handel, Abwicklung und Kontrolle, Rechnungswesen und Risikocontrolling.[796] Neben einer rein organisatorischen Trennung der genannten Bereiche setzt dies vor allem voraus, daß die Arbeitsabläufe in den einzelnen Bereichen hinreichend deutlich und detailliert festgelegt werden. Liegt ein solches internes Kontrollsystem nicht vor, gilt die von der Wirtschaftsprüfungsgesellschaft KPMG getroffene Feststellung: „In einer unklaren Gemengelage von tatsächlichen und vermeintlichen Zuständigkeiten geht die Verantwortlichkeit für einzelne Risikopositionen allzuleicht verloren."[797] Fehler- und Manipulationsmöglichkeiten nehmen zu. Die Einführung und Überwachung einer Funktionentrennung steht daher nicht im unternehmerischen Ermessen des Vorstandes, sondern gehört zu seinen Pflichtaufgaben, die der Abschlußprüfer vollumfänglich überprüfen und bewerten kann. In der Praxis der Abschlußprüfung gewinnt die Prüfung des internen Kontrollsystems gerade bei Finanzderivaten stark an Bedeutung.[798] Die Einsicht in Funktionsbeschreibungen und Organisationsübersichten erlaubt es dem Abschlußprüfer, eine erste Bewertung zu treffen, ob die genannten Mindestvoraussetzungen bestehen.

In der Praxis ist es nach wie vor nicht selten, daß nicht einmal eine Funktionstrennung von Handel und Abwicklung besteht.[799] Häufig beschäftigen sich in Unternehmen nur kleine Expertenteams mit wenigen Mitarbeitern mit den Finanzderivaten. Die hohe Komplexität sowie die ständige Weiterentwicklung der Finanzderivate und die damit verbundenen Verständnisprobleme für Mitarbeiter, die nicht ständig mit Finanzderivaten befaßt sind, bringen es mit sich, daß die Abwicklung nicht nach „außen" vergeben wird, sondern innerhalb des Expertenteams von den Händlern mitbearbeitet wird.[800] Für den kundigen Abschlußprüfer wird die fehlende Funktionstrennung von Handel und Abwicklung ein Warnsignal allererster Güteklasse darstellen, da mit der Vereinigung von Handel und Abwicklung in einer Hand den Fehler- und Manipulationsmöglichkeiten „Tor

---

796 Vgl. z.B. *BFA 2/1993 Wpg. 1993, 517, 518; BFA 3/1995Wpg. 1995, 735, 737; G 30 Recommendations 17 "Systems"*bei *Ernst & Young, Derivatives, S. 36.* Zur Trennung von Handel und Abwicklung (sogen. Wertpapiertechnik) im Versicherungswesen vgl. *BAV R 3/2000 S. 7 ff.*

797 *KPMG, Financial Instruments, S. 79.*

798 *Meinungsspiegel in BFuP 1995, 230, 245 ff.; IDW BFA 2/1993, Wpg. 1993, 517, 518.*

799 *Langenbucher/Blaum, Gesetzesverstöße, DB 1997, 437, 439.*

800 *Prahl, BFuP Meinungsspiegel 1995, 246.*

und Tür" geöffnet ist.[801] Dies soll, da es sich um einen zentralen Gefahrenpunkt bei Finanzderivaten handelt, näher untersucht werden.

1. Handel und Abwicklung

Im Handelsbereich des Unternehmens werden die Derivatgeschäfte abgeschlossen. Sie sind dort im Idealfall unverzüglich mit allen wichtigen Abschlußdaten auf sog. Händlerzetteln (Dealing Tickets) direkt in der EDV zu erfassen.[802] Nachfolgend sind die Abschlußdaten mit allen Unterlagen unverzüglich an die Abwicklung weiterzuleiten.

Aufgabe der Abteilung Abwicklung und Kontrolle ist es neben der Kontrolle der Richtigkeit und Vollständigkeit der Händlerangaben, die Abwicklung der Handelsabschlüsse hinsichtlich ihrer Art, Größenordnung und der vereinbarten Bedingungen auf Besonderheiten und Abweichungen von den vorgegebenen Abläufen und Limits zu untersuchen.

Zweck dieser Kontrolle ist es u.a. zu verhindern, daß geheime Nebenabsprachen mit Händlern und Kontrahenten geschlossen werden, ganze Geschäfte verschwiegen werden bzw. nicht existierende Positionen konstruiert werden, um beispielsweise das Vorliegen eines geschlossenen Geschäfts vorzutäuschen. Solche Fälle sind in der Praxis immer wieder anzutreffen.[803] Mittel der Kontrolle des Handels durch die Abwicklung sind vor allem Bestätigungen, die bei Maklern und bei Kontrahenten eingeholt werden. Die Saldenbestätigungen enthalten die wichtigsten Geschäftsdeterminanten wie beispielsweise den Abschlußzeitpunkt, den kontrahierten Kapitalbetrag, die Währung, die Fälligkeit, Zu- und Abflußzeitpunkte. Abweichungen der Saldenbestätigungen von den Angaben des Händlers sind aufzuklären. Der Fall VW zeigt jedoch, wie die Wirksamkeit von Saldenbestätigungen, die an sich ein probates Mittel zur Aufdeckung von Fehlern und Manipulationen sind, unterlaufen werden kann, wenn die notwendige Trennung von Handel und Abwicklung nicht strikt durchgeführt wird.

801 Im Fall des Konkurses der britischen Barings-Bank im Jahre 1995 gab es keine scharfe Trennung von Handel und Abwicklung, so daß der Baringsmitarbeiter Leeson seine Spekulationen ungehindert durchführen konnte, *o.V., Derivate, ZfgK 1995, 1185.*

802 *KPMG, Financial Instruments, S. 79.*

803 *Langenbucher/Blaum, Gesetzesverstöße, DB 1997, 437, 439.*

Fall 7: Devisenskandal bei VW[804]

Der Automobilhersteller Volkswagen AG (VW) betrieb seit 1978 Devisengeschäfte zeitweilig mit einem Volumen von über 100 Mrd. Dollar jährlich. In die roten Zahlen und in die Schlagzeilen der Presse gerieten die Devisengeschäfte von VW durch einen Akt von Freundeshilfe. Der Devisenhändler Joachim Schmidt hatte in der Hoffnung auf steigende Dollarkurse bei Devisenterminspekulationen durch fallende Dollarkurse Millionen verloren. Der mit ihm befreundete VW Chefdevisenhändler hatte sich bereit erklärt, die fällig gewordenen Terminkontrakte in das Portfolio von VW zu übernehmen und bis zu einem Wiederanstieg des Dollar zu prolongieren. Um die interne Revision von VW zu täuschen, wurden in die VW Buchhaltung gefälschte Unterlagen –insbesondere Bestätigungsschreiben- eingeschleust, die die Ungarische Nationalbank, einen Geschäftspartner des in die Klemme geratenen Devisenhändlers, als Endabnehmer der Termindollar auswiesen. Die Ungarische Nationalbank verweigerte jedoch die Erfüllung mit der Folge, daß VW die Terminkontrakte selbst übernehmen und für die aufgelaufenen Verluste in Höhe von rund 500 Mio. DM einstehen mußte.

Die Täuschung durch die gefälschten Bestätigungen der Ungarischen Nationalbank konnte nur gelingen, weil Absendung und Eingang der Bestätigungen nicht von der Abwicklungsabteilung ausgingen – eine solche scheint es zu diesem Zeitpunkt bei VW nicht gegeben zu haben – sondern direkt von den Händlern veranlaßt werden konnte. Die Devisenhändler konnten somit als „Herren des Bestätigungsverfahrens“ Bestätigungsvordrucke fälschen sowie Absendung und Zugang der Bestätigungen fingieren. Nicht umsonst wird im BAK-Schreiben vom 23.10.1995 darauf hingewiesen, daß sichergestellt werden muß, daß die Bestätigungen von der Abwicklung abgeschickt werden und die eingehenden Bestätigungen nicht in den Handel gelangen dürfen.[805]

Der Abschlußprüfer, der bei seiner Prüfung ein solch manipulationsfreundliches Bestätigungsverfahren vorfindet, darf nicht weiter auf die Bestätigungen vertrauen, sondern muß im Gegenteil alle wesentlichen Positionen einer Einzelprüfung unterziehen. Auf das Fehlen eines internen Kontrollsystems muß er im Prüfungsbericht gem. § 321 IV HGB hinweisen.

2. *Interne Revision*

Der Abschlußprüfer hat durch Einzelprüfungen festzustellen, ob die von der Geschäftsführung ausgegebenen Rahmenbedingungen, insbesondere aber die Limits, die die Obergrenze eines bestimmten Handelsvolumens bestimmen und damit der Risikosteuerung dienen, eingehalten werden. Das Fehlen einer Abwicklungsab-

804 Fall VW bei *WW Nr. 25, 12.6.1987, S. 104; HB Nr. 85, v. 3.5.1989 u. Nr. 221, 15.11.1989; Spiegel, Nr. 7/1989 S. 109; SZ v. 6.2.1989; FAZ v. 9.2.1990.*

805 *BAK Schr. v. 23.10.1995 in Meynen/Fülbier/Tischbein, KWG; C 3.11 S. 13 f.*

teilung machte sich im Fall VW auch hier bemerkbar. Obwohl der Vorstand des Unternehmens im Jahre 1982 konkrete Handelslimits ausgab, die den Umfang des Handelsvolumens einschränkten, wurden diese nicht eingehalten. Eine weitere Überwachung durch den Vorstand erfolgte nicht. Ein Vorstand, der die Einhaltung der von ihm herausgebenen Geschäftspolitik nicht überwacht, handelt sorgfaltswidrig. So hat der Bundesgerichtshof in der Herstatt-Entscheidung vom 12.7.1979 festgestellt, daß der Vorstand Devisengeschäfte seiner Angestellten sorgfältig zu überwachen hat.[806] Die eigentliche Überwachungstätigkeit kann der Vorstand dabei auf spezialisierte Abteilungen wie die interne Revision übertragen. Im Falle VW kam den Devisenhändlern nicht nur zustatten, daß kein internes Kontrollsystem bestand, sondern auch, daß sie über 4 Jahre nicht von der internen Revision des Unternehmens überprüft wurden. Das BAK hat minutiös festgehalten, welche Prüffelder in unregelmäßigen Abständen von der internen Revision zu überwachen sind.[807] Aufgabe des Jahresabschlußprüfers ist es an dieser Stelle festzustellen, ob die interne Revision ihrer Kontrollverpflichtung regelmäßig nachkommt. Sein besonderes Augenmerk hat der Abschlußprüfer auch darauf zu richten, ob die interne Revision den nötigen Sachverstand besitzt und selbigen durch ständige Schulungen an die Entwicklungen im Bereich der Finanzderivate anpaßt.[808] Im übrigen hat der Prüfer auch darauf zu achten, daß die interne Revision unabhängig ist. Die Unabhängigkeit zeigt sich auch darin, daß sie zumindest in ihrer Berichterstattung und der Wertung der Prüfungsergebnisse nicht dem Direktionsrecht der Geschäftsführung unterworfen sein sollte.[809]

Zusammenfassend läßt sich feststellen, daß der Abschlußprüfer in einer mit dem Fall VW vergleichbaren Situation auf das nahezu völlige Fehlen eines internen Kontrollsystems im Prüfungsbericht hinweisen muß, auch ohne daß bereits ein konkreter Verlustfall vorliegt. Angesichts der besonderen Risiken, die mit den Finanzderivaten verbunden sind, reicht es nicht aus, daß es der Abschlußprüfer bei einem allgemeinen Hinweis im Prüfungsbericht beläßt. Der Abschlußprüfer wird gem. § 321 IV HGB auf einen Verstoß des Vorstandes gegen seine Leitungspflicht nach § 91 II AktG hinweisen müssen. Darüber hinaus kann sogar eine Berichterstattung über entwicklungsbeeinträchtigende oder bestandsgefährdende Tatsachen nach § 321 I S. 3 HGB, ohne daß bisher konkrete Verluste eingetreten sind, in Frage kommen, wenn die Mißstände im Derivatenhandel ein solches Ausmaß erreichen, daß jederzeit mit schweren Verlusten gerechnet werden muß.

806 *BGHZ 75, 120, 133 = BGH AG 1980, 53, 56.*
807 *BAK Schr. v. 23.10.1995 in Meynen/Fülbier/Tischbein, KWG; C 3.11 S. 16 f.*
808 *Schmekel, BFuP Meinungsspiegel 1995, 244*
809 Vgl. das BAK: *Rundschreiben 1/2000 vom 17.1.2000, I 4-42-5/97: „Mindestanforderungen an die Ausgestaltung der Internen Revision der Kreditinstitute".*

VII. Fragenkatalog

1. Verantwortung des Vorstandes und Geschäftspolitik

Hat das Unternehmen eine geschäftspolitische Strategie zum Einsatz von Derivaten?

Werden nach dieser Planung Derivate auch zu Spekulationszwecken eingesetzt? Sind nach dem Unternehmensgegenstand Spekulationsgeschäfte zulässig? Entsprechen die Spekulationsgeschäfte den vom BGH aufgestellten Anforderungen an eine verantwortungsbewußte Unternehmensführung? Ist der Vorstand zu einer eigenständigen Beurteilung der Risiken in der Lage?

2. Risikoerkennung und -steuerung

Ermittelt das Unternehmen regelmäßig potentielle Risiken? Wird das Marktpreis-, das Liquiditäts-, das Bonitäts- und das Rechtsrisiko ermittelt? Werden Szenarien für verschieden Marktpreisentwicklungen aufgestellt?

Stellt das Unternehmen regelmäßig Liquiditätsplanungen für den Bereich der Finanzderivate auf? Werden dabei auch mögliche Marginszahlungen berücksichtigt? Ergibt sich aus der Finanzplanung ein Liquiditätsengpaß?

Wird regelmäßig das Kreditrisiko von Kontrahenten geprüft?

Bedient sich das Unternehmen der Hilfe von Maklern, deren Bonität und Seriosität zweifelhaft ist? Bestehen außergewöhnliche Vertragsgestaltungen mit Maklern und Kontrahenten, die dem Unternehmen einseitig Risiken auflasten?

Werden die vom Unternehmen benutzten Verträge regelmäßg auf Rechtsfehler überprüft?

3. Organisation

Verfügt das Unternehmen über ein funktionierendes internes Kontrollsystem? Sind Handel und Abwicklung getrennt?

Fordert die Abwicklung unverzüglich Saldenbestätigungen bei Kontrahenten und Maklern an?

Ist gesichert, daß zurückkommende Saldenbestätigungen nicht an den Handel gelangen?

Werden die vom Vorstand ausgegebenen Limits eingehalten? Wird die Einhaltung kontrolliert? Wann wurden Handel und Abwicklung das letzte Mal von der internen Revision geprüft? Wird die interne Revision regelmäßig geschult?

Teil 5: Zusammenfassung

Die Prüfungs- und Berichtspflichten des Jahresabschlußprüfers stellen sich wie folgt dar.

Kapitel 1: Abschlussprüfer und Aufsichsrat

I. Der Aufsichtsrat benötigt umfangreiche Informationen, um seine umfassende – alle Aspekte der wirtschaftlichen Lage der Gesellschaft betreffende – Überwachungsaufgabe wahrnehmen zu können. Der Vorstand kann jedoch gerade in Krisensituationen ein Interesse daran haben, Informationen bezüglich der wirtschaftlichen Situation der Gesellschaft zurückzuhalten oder gar zu verfälschen. Der Abschlußprüfer besitzt grundsätzlich die notwendige Unabhängigkeit, um diese Informationsfunktion wahrzunehmen. Durch das KonTraG ist die Unabhängigkeit des Abschlußprüfers weiter gestärkt worden. Der gesetzliche Prüfungsauftrag des Abschlußprüfers erfordert eine kritische Distanz zum Vorstand. Der Abschlußprüfer kann Beratungsaufgaben gegenüber dem zu prüfenden Unternehmen nur übernehmen, wenn dadurch der gesetzliche Prüfungsauftrag nicht beeinträchtigt wird. Der Wirtschaftsprüfer ist somit ein geeigneter Informationspartner des Aufsichtsrats.

II. Seit Einführung des Instituts der Jahresabschlußprüfung im Jahre 1931 kommt dem Jahresabschlußprüfer eine Hilfsfunktion gegenüber dem Aufsichtsrat zu, die auch die Verpflichtung zur Krisenwarnung umfaßt. Die Krisenwarnfunktion wurde von der Rechtsprechung und vor allem durch den Gesetzgeber in mehreren Gesetzesnovellen weiter ausgebaut. Zuletzt wurden durch das KonTraG die Prüfungs- und Berichtspflichten des Jahresabschlußprüfers im Hinblick auf die wirtschaftliche Lage nochmals erweitert.

III. Der Jahresabschluß gibt nur ein selektives Bild der wirtschaftlichen Lage. Bestimmte wirtschaftliche Sachverhalte werden nicht oder nur zeitverzögert abgebildet. Eine frühzeitige Krisenwarnung setzt daher voraus, daß nicht allein die wirtschaftliche Lage, wie sie sich aus dem Jahresabschluß ergibt, sondern zusätzlich die davon abweichende Geschäftslage analysiert wird.

Eine Prüfung der Geschäftslage umfaßt grundsätzlich auch eine Kontrolle der Geschäftsführung.

Kapital 2: Prüfungspflichten

I. Die Möglichkeiten des Jahresabschlußprüfers zur Krisenwarnung hängen entscheidend von dem Umfang seiner gesetzlichen Prüfungspflichten ab. Nach der überkommenen Auffassung der h.M. ist die Jahresabschlußprüfung eine Prüfung der Gesetzmäßigkeit der Rechnungslegung. Bereits bei der Prüfung der Rechnungslegung kann der Abschlußprüfer Krisenindizien feststellen: Die ergebnisverbessernde Bilanzpolitik ist in aller Regel ein Indiz dafür, daß sich das Unternehmen in einer Krise befindet. Der Jahresabschlußprüfer hat des weiteren seine Prüfung so auszurichten, daß er Bilanzmanipulationen aufdecken kann. Auch bei Bilanzfälschungen, die zu einem geschönten Ausweis der wirtschaftlichen Lage im Jahresabschluß führen, handelt es sich häufig um Begleiterscheinungen einer wirtschaftlichen Krise. Der Abschlußprüfer hat seine Prüfung mit der gebotenen beruflichen Skepsis durchzuführen. Die Fälschung von Buchführungsunterlagen kann z.T. durch einfache Prüfungshandlungen aufgedeckt werden. Grundsätzlich hängt die Aufdeckung von Fälschungen aber von den Umständen des Einzelfalls ab und kann nicht in jedem Fall garantiert werden. Zur Aufklärung von bilanzwirksamen Eigentums- und Vermögensschädigungen des geprüften Unternehmens ist der Abschlußprüfer ebenfalls verpflichtet. Der Jahresabschlußprüfer ist zur Aufdeckung von sonstigen Gesetzesverstößen verpflichtet, wenn diese bilanzwirksam sind bzw. wenn er im Laufe der Prüfung Hinweise auf Verstöße erhält. Auswirkungen auf den Jahresabschluß können sich auch daraus ergeben, daß infolge von Gesetzesverstößen das Going-Concern-Prinzip in Frage steht. Die genannten Aufklärungspflichten entsprechen internationalen Prüfungsstandards.

II. Darüber hinausgehende Prüfungsverpflichtungen ergeben sich aus dem in § 252 I Nr. 2 HGB verankerten Going-Concern-Prinzip, der Generalnorm § 264 II HGB, den Lageberichtsbestimmungen des § 289 HGB und der Verpflichtung zur Prüfung des unternehmenseigenen Überwachungssystems nach §§ 317 IV HGB, 91 II AktG. Die genannten Bestimmungen verpflichten den Jahresabschlußprüfer, sich intensiv mit der Geschäftslage des Unternehmens auseinanderzusetzen und sich insbesondere mit den Risiken der wirtschaftlichen Situation zu befassen. Das KonTraG hat diesen Aspekt durch die Neufassung der Prüfungsbestimmungen zum Lagebericht und zum Überwachungssystems des Vorstandes weiter gestärkt.

III. Der Jahresabschlußprüfer hat bei der Prüfung der Geschäftslage einen unternehmerischen Handlungsspielraum des Vorstandes zu beachten, soweit es sich um die Bewertung von noch nicht verifizierbaren Prognoseentscheidungen des Vorstandes handelt. Zuletzt hat der BGH in seiner Arag/Garmenbeck-Entscheidung diesen Aspekt betont und festgestellt, daß der Vorstand seinen unternehmerischen Ermessenspielraum erst dann überschreitet, wenn die Grundlagen der Entscheidung nicht ordnungsgemäß ermittelt werden oder unverantwortliche Risiken eingegangen werden. Der daraus resultierende Prüfungsansatz einer eingeschränkten Prüfung der wirtschaftlichen Lage stimmt insoweit mit dem Prüfungsansatz nach § 53 HGrG überein, der zur Prüfung öffentlicher Unternehmen entwickelt wurde.

Kapitel 3: Berichtspflichten

I. Die im Gesetz angelegte Vertraulichkeit des Prüfungsberichts ist zu wahren. Anderenfalls besteht die Gefahr, daß brisante Nachrichten nicht oder nur verschlüsselt in den Prüfungsbericht aufgenommen werden.

II. Im Rahmen der neu in das Gesetz aufgenommenen „Vorwegbeurteilungspflicht" nach § 321 I S. 2 HGB hat der Abschlußprüfer zu Beginn des Prüfungsberichtes einen kurzen und prägnanten Hinweis auf die wirtschaftliche Lage des Unternehmens zu geben. Die eigentliche Redepflicht, der eine detaillierte Darstellung der Krisensachverhalte vorbehalten ist, hat der Vorwegbeurteilung der Lage zu folgen. Die „allgemeinen" Berichtspflichten nach § 321 II HGB sind im Anschluß daran in den Prüfungsbericht aufzunehmen. Sie können ebenfalls Hinweise auf Krisensachverhalte enthalten. Beispielsweise kann eine Berichterstattung nach § 321 II S. 1 HGB über eine grob fehlerhafte Buchführung ein Hinweis auf eine Krisensituation sein. Im Rahmen seiner Berichterstattungspflicht nach § 321 II S. 2 HGB hat der Abschlußprüfer die Aspekte der wirtschaftlichen Lage, die im Jahresabschluß keine Abbildung erfahren haben, in seinen Prüfungsbericht aufzunehmen. Insbesondere aufgrund des Vergangenheitsbezugs des Jahresabschlusses werden damit in der Regel umfangreiche Darstellungspflichten zur Geschäftslage verbunden sein. Der Leser des Prüfungsberichts kann hieraus wichtige Informationen über die wirtschaftliche Lage des Unternehmens erhalten, die zum besseren Verständnis der Redepflicht beitragen können. Im übrigen hat der Abschlußprüfer an dieser Stelle die Möglichkeit, auf negative wirtschaftliche Entwicklungen hinzuweisen, die (noch) nicht den für eine Berichterstattung nach § 321 I S. 3 HGB erforderlichen Erheblichkeitsgrad aufweisen.

III. Die Redepflicht nach § 321 I S. 3 HGB erlaubt mit der Differenzierung zwischen bestandsgefährdenden und entwicklungsbeeinträchtigenden Tatsachen eine nach der Schwere der Lage abgestufte Berichterstattung. Dabei sind auch erst künftig drohende Gefahren in die Berichterstattung aufzunehmen. Die Stellungnahme erfordert eine wertende Betrachtung des Abschlußprüfers. Der Abschlußprüfer hat die Krisensachverhalte samt Ursachen umfassend darzustellen. Zur Gewinnung von Bewertungsmaßstäben hat der Abschlußprüfer auf betriebswirtschaftliche Methoden wie Betriebs- und Branchenvergleiche abzustellen. Ein Zeitvergleich alleine reicht nicht aus. Methoden zur Objektivierung der Redepflicht wie die multivariative Diskriminanzanalyse haben sich bisher in Prüfungspraxis und Literatur noch nicht durchgesetzt.

IV. Die Verpflichtung des Jahresabschlußprüfers nach § 321 I S. 3 HGB über schwerwiegende Verstöße der gesetzlichen Vertreter oder von Arbeitnehmern gegen Gesetz oder Satzung zu berichten, ist bisher nicht in ihrer wahren Dimension erkannt worden. Die Berichtspflicht soll dem Aufsichtsrat Aufschluß darüber geben, ob Zweifel an der fachlichen und persönlichen Eignung des Vorstands bestehen. Der Abschlußprüfer hat infolgedessen auch über Verstöße des Vorstandes gegen seine gesetzliche Leitungspflicht nach §§ 76, 93 AktG zu berichten. Nach h.M. ist der Vorstand zur Unternehmensplanung, Unternehmenskontrolle, Unternehmenskoordination und zur Ausübung der Personalkompetenz bei der Besetzung von Führungspositionen verpflichtet. Kommt der Vorstand seinen Aufgaben nicht oder nicht angemessen nach, und überschreitet er damit seinen unternehmerischen Handlungsspielraum, hat der Abschlußprüfer seine Redepflicht auszuüben. Damit ist eine Beurteilung der Geschäftsführung verbunden. Auch bei der Verpflichtung des Vorstands, für ein angemessenes Risikomanagement zu sorgen, handelt es sich um eine gesetzliche Hervorhebung der allgemeinen Leitungaufgabe. Die bestehende Prüfungs- und Berichtspflicht des Jahresabschlußprüfers nach §§ 317 IV, 321 IV HGB stellt insoweit nur eine Konkretisierung der Berichtspflicht nach § 321 I S. 3 HGB dar.

V. Der Abschlußprüfer ist schon wie bisher verpflichtet, seine Berichterstattung klar und deutlich vorzunehmen. Dies ist nun durch das KonTraG ausdrücklich in § 321 I S. 1 HGB im Gesetz geregelt und hat gerade im Hinblick auf die Krisenwarnpflichten eine große Bedeutung.

Kapitel 4: Ergebnis der Fallgruppen

I. Bisher existiert kein Prüfungskatalog, der zur Prüfung der Geschäftslage uneingeschränkt herangezogen werden kann. Am ehesten können noch die Prüfungsgrundsätze nach § 53 HGrG herangezogen werden, da auch dieser Prüfungsansatz von der Wahrung eines unternehmerischen Ermessensspielraums ausgeht. Nachteilig für eine Übertragung des Prüfungskatalogs wirkt sich jedoch aus, daß einige Prüfungsbereiche, die in der privaten Wirtschaft von Bedeutung sind, in dem auf öffentlich-rechtliche Versorgungsunternehmen zugeschnittenen Prüfungskatalog nicht enthalten sind.

II. Der Abschlußprüfer wird -um seiner Prüfungspflicht zur Geschäftslage nachkommen zu können- im Regelfall die Unternehmensbereiche Absatz, Produktion, Finanzierung und Investition auf besondere Bestandsrisiken prüfen müssen. Andere Unternehmensfelder können im Einzelfall je nach Art des Unternehmens und der jeweiligen Situation, in der es sich befindet, hinzukommmen bzw. vorgenannte Bereiche können wegfallen. So ist beispielsweise daran zu denken, daß der Abschlußprüfer die Expansion eines Unternehmens auf das Bestehen und die tatsächliche Durchführung einer entsprechenden Strategie untersucht.

III. Besondere Bedeutung kommt nach Auffassung des Gesetzgebers der Risikoprüfung bei Gesellschaften zu, die mit Finanzderivaten handeln. Der Abschlußprüfer hat mit besonderer Aufmerksamkeit das Bestehen eines internen Kontrollsystems zu prüfen. Die vom Bundesaufsichtsamt für das Kreditwesen aufgestellten Grundsätze zum Derivatehandel von Banken können zur Ermittlung der Sorgfaltspflichten des Vorstandes herangezogen werden.

IV. Unabdingbare Voraussetzung jeder Jahresabschlußprüfung ist schließlich, daß der Abschlußprüfer über intensive Branchenkenntnisse verfügt. Nur so ist der Abschlußprüfer in der Lage, die spezifischen Risiken einer Branche zu erfassen. Die Anforderungen an die Ordnungsmäßigkeit eines betrieblichen Rechnungswesen, die Vertragspraxis u.ä. sind – wie das Beispiel aus dem Anlagenbau zeigt – je nach Branche sehr unterschiedlich. Fehlen dem Abschlußprüfer bestimmte rechtliche oder technische Kenntnisse, hat er einen Sachverständigen hinzuzuziehen.

MIX
Papier | Fördert gute Waldnutzung
FSC® C083411

Kolibri 360 GmbH
Ferdinand-Jühlke-Straße 7
99095 Erfurt, Deutschland
produktsicherheit@kolibri360.de

Druck:
CPI Druckdienstleistungen GmbH
im Auftrag der
Kolibri 360 GmbH
Ferdinand-Jühlke-Str. 7
99095 Erfurt